Formation Administration

Concours

La note de synthèse

Catégories A et B

Pierre Gévart, coordinateur
Directeur du Cned – institut de Lille

Gérard Castex
Magistrat

Daniel Tant
Correcteur au Cned, formateur
et correcteur au CNFPT
Chargé de mission à l'inspection
générale du Pas-de-Calais

Nouvelle édition revue et augmentée

La note de synthèse

Sommaire

II Exemples commentés de notes

Présentation

Pratiquement absente de la formation initiale délivrée par les lycées, la note sur dossier est devenue une épreuve phare des concours administratifs. C'est souvent un exercice nouveau pour le candidat qui hésite parfois quant à la façon de l'aborder, comme pour le fonctionnaire qui tente un concours interne.

Note de synthèse, note administrative, note résumant les éléments d'un dossier, note de synthèse à partir d'un dossier à caractère technique pouvant comporter des éléments chiffrés, rédaction à partir des éléments d'un dossier soulevant un problème d'organisation ou de gestion rencontré par une collectivité territoriale, rapport faisant appel à l'esprit d'analyse et de synthèse du candidat, autant de libellés différents, autant d'épreuves de concours ou d'examens professionnels qui, en définitive, recouvrent des approches fortement similaires.

D'une façon schématique, il s'agit toujours d'analyser un dossier fourni aux candidats puis d'en rédiger une synthèse répondant à la consigne figurant dans le libellé du sujet.

Il existe, certes, quelques différences, mais celles-ci portent plus sur la forme que sur le fond : elles seront signalées à chaque fois que cela sera nécessaire, sachant qu'elles n'ont que peu de conséquences sur la méthodologie à utiliser. Celle-ci est largement commune à toutes ces épreuves.

La partie méthodologique de cet ouvrage devrait donc permettre au lecteur de prendre en la matière l'assurance que confère toujours une technique bien comprise et bien maîtrisée. Elle s'appuiera sur l'un des exemples de dossier de note présentés à la suite de la méthodologie. D'autres exemples de dossier vous seront ensuite proposés, assortis de corrigés types et de quelques conseils de rédaction.

Méthodologie de la note

Les différents types de « note »

L'importance de la gestion du temps

Analyser le sujet

La liste des documents et le survol du dossier

L'exploitation du dossier

La recherche de la problématique
et la construction du plan

La rédaction

Les différents types de « note »

Même si les différents types de note sur dossier se ressemblent beaucoup, il est important de bien comprendre en quoi ils peuvent différer, et pourquoi il est nécessaire pour le candidat de bien savoir face à quel type d'épreuve il se trouve.

Typologie

Note de synthèse ou note administrative, rapport ou étude de cas ? Il ne s'agit pas des mêmes épreuves, et donc des mêmes demandes. Il est important de bien comprendre à la fois ce qui leur est commun et ce qui les distingue.

La note de synthèse

Une note de synthèse est un texte relativement court (4 à 6 pages, mais nous y reviendrons) qui, comme son nom l'indique, donne une synthèse d'un certain nombre de documents (le dossier), réunis autour d'un thème particulier souvent précisé dans le sujet. Ce n'est pas une épreuve de connaissances ou de culture, le devoir doit donc s'appuyer exclusivement sur les pièces du dossier, **sans aucun apport qui ne soit expressément sollicité**. La note de synthèse se présente sous la forme d'un devoir structuré en plusieurs parties, avec une introduction et une conclusion. Elle doit pouvoir être lue de manière indépendante, en dehors de tout renvoi vers le dossier. Elle n'est pas censée refléter l'avis du rédacteur, ni s'appuyer sur d'autres données que celles qui sont proposées.

Exemple de sujet

Les non-titulaires dans la fonction publique.

Une note de synthèse n'est pas non plus un résumé de texte. En effet, le résumé de texte est un exercice tout différent, qui consiste à redire ce qu'exprime un texte plus long, ou parfois un ensemble de textes, avec un nombre limité de mots. En aucun cas une note de synthèse ne doit être abordée ainsi : il ne s'agit surtout pas de résumer les uns à la suite des autres les documents proposés, mais d'en extraire ce qui en constitue les idées fortes et de les réorganiser.

Elle n'est pas non plus une note administrative.

La note administrative

Plus délicate est la différence à opérer entre note de synthèse et note administrative. Celle-ci, en effet, se présente formellement d'une manière proche de la note de synthèse, avec un sujet, une liste de documents et un dossier. Mais elle correspond à une commande, avec une « mise en situation ». C'est-à-dire qu'il vous est demandé de vous « mettre dans la peau » d'un fonctionnaire à qui est passée une commande précise.

Elle peut déboucher sur un plan d'action, et même sur une (ou des) proposition(s). Dans ce cas, comme pour la note de synthèse « pure », son rédacteur devra faire preuve d'objectivité, mais en plus, il devra rester « réaliste » ; il ne s'agira pas d'inventer des solutions au problème posé, de recommander des propositions imaginaires. Les solutions proposées ne pourront provenir que du dossier et seulement du dossier. En effet, celui-ci contient absolument tous les éléments, toutes les informations permettant aux candidats de répondre à la consigne. Toutefois, la note « à propositions » semble de plus en plus rarement utilisée dans les concours de la fonction publique territoriale.

En réalité, la limite est parfois mouvante entre les deux exercices. Il arrive ainsi qu'on vous demande d'« instrumentaliser » une note de synthèse, de l'assortir de propositions. Bien entendu, si cette demande est expressément formulée, il faut s'exécuter, mais uniquement dans ce cas. L'épreuve qui s'intitule « note de synthèse » est par défaut une note de synthèse à part entière, avec toutes ses caractéristiques telles que rappelées plus haut.

Le sujet comporte souvent de nombreux éléments de contexte (lieu, date, conditions, etc.) qui ne sont pas là uniquement pour le décor, mais **dont il faut tenir compte**, et une commande qui **oriente** déjà le travail.

Exemple de sujet

Vous êtes attaché, chargé du bureau de la gestion des ressources humaines dans une commune de quinze mille habitants. La mise en congé de maladie de deux agents de la cantine des écoles incite le maire à recruter des personnels temporaires pour les remplacer. A cette occasion, il vous demande de lui faire une synthèse générale sur l'emploi des non-titulaires dans la fonction publique, puis de lui dire comment il doit procéder pour réaliser son projet.

Ici, le dossier est donné :
1) pour préciser le contexte ;
2) pour orienter la recherche de solutions.

C'est sans doute le plus souvent de la note administrative pure que se rapprochera **la note sur dossier** ou **la note de gestion des collectivités**, etc. Mais en même temps, elle comportera quasiment toujours des éléments de synthèse pure ainsi que des éléments d'analyse juridique.

Le rapport

Le rapport figure plus souvent, quant à lui, dans les épreuves d'examens internes de type professionnel.

De ce fait, il aura plus naturellement vocation à posséder un caractère « pratique » permettant au destinataire (supérieur hiérarchique ou élu) de prendre une décision en toute connaissance de cause, en la choisissant au besoin parmi celles que le rédacteur lui proposera (si le sujet l'impose).

L'étude de cas

L'étude de cas se caractérise comme la note administrative par **une mise en situation**, mais celle-ci est alors très détaillée et se rapporte à une situation précise, pour laquelle il va falloir mener une analyse juridique, être capable de résumer la situation en en extrayant les éléments qui posent problème, et enfin émettre des proposition ou des avis précis.

Exemple de sujet

Vous êtes l'adjoint au directeur des ressources humaines du département de H... Dans le cadre du plan emploi-jeunes, le département avait recruté trois cents jeunes en qualité de médiateurs sociaux. Aujourd'hui, quarante-sept de ces jeunes sont encore employés sous ce statut, mais ce dispositif est placé en extinction et le conseil général n'a prévu que dix créations de postes permettant une pérennisation.

Le président du conseil général ne souhaite cependant pas abandonner les intéressés sans chercher à les aider. Il vous demande donc d'étudier le cadre juridique dans lequel il pourrait en reprendre dix dans le cadre budgétaire nouveau, et de lui proposer des critères pour définir lesquels seront conservés. Par ailleurs, il souhaite savoir si le nouveau dispositif d'aide à l'emploi des jeunes que vient d'adopter la région rend le département éligible, et à quelles conditions, et quelle serait l'incidence financière et la pérennité d'emplois ainsi créés. Il ne souhaite cependant pas aller au-delà de dix. Il vous demande enfin de lui proposer des voies pour créer une cellule de reclassement d'emplois pour les personnes concernées qui ne pourraient être reprises dans la structure.

Cette fois, on ne vous demande plus aucun travail de synthèse. Tout le devoir est tourné vers la recherche et la mise au point de solutions aux problèmes posés. C'est réellement un travail d'application.

Cependant, il est rare qu'un concours pousse à ce point la professionnalisation des épreuves, excepté toutefois les examens professionnels organisés pour accéder à certains grades (exemple : pour le passage du grade d'attaché à celui d'attaché principal). Mais qui peut le plus peut le moins, et la réussite d'un tel exercice ne peut que vous entraîner à mieux réussir encore une note administrative plus classique.

Bilan typologique

La frontière entre ces différentes épreuves est mouvante, parfois « floue ». Ainsi, une épreuve de note administrative pourra vous demander, en votre qualité de rédacteur (d'attaché) de la collectivité de X... « de faire la synthèse du dossier joint en dégageant plus particulièrement l'intérêt de la réglementation étudiée pour la collectivité de X... ».

En définitive, si le libellé de l'épreuve fournit une indication très importante sur le travail qui vous est demandé, ne vous « bloquez » pas sur celui-ci. Étudiez plutôt très attentivement le sujet : il contient toutes les consignes à respecter.

Déterminer le type de la note

Le texte officiel

Le libellé officiel du texte est votre première piste et la plus importante. Le tableau qui suit (pages 11 et 12), non exhaustif et valable à la fin 2006, montre la diversité des rédactions. Ce n'est bien entendu pas le jour du concours qu'il faut s'y intéresser, mais pendant la préparation. Vous n'aborderez pas votre entraînement de la même façon si votre épreuve dure cinq heures ou si elle se limite à trois, ni si le texte vous précise que c'est strictement une note de synthèse (SASU) ou au contraire s'il évoque « l'aptitude à dégager des solutions appropriées » (IRA), ou s'il indique de « proposer une synthèse éventuellement assortie de proposition » (ingénieur territorial en chef interne).

Cette lecture du texte est donc votre premier bagage. Mais nous l'avons vu plus haut, à partir d'une définition assez claire, il se peut que le sujet tire plus d'un côté ou de l'autre.

Le contenu du sujet

Le contenu du sujet lui-même, la manière dont il est rédigé, vous renseigne un peu plus. Si le sujet consiste à vous demander d'établir une note de synthèse sans autre précision, c'est une note de synthèse. Mais si, après cette commande, on vous demande en outre de proposer, par exemple, un plan d'action, cela devient une note administrative.

Inversement, une note avec mise en situation précise peut aboutir à une commande se bornant à une synthèse du dossier, même si cette synthèse peut être orientée par le sujet...

Les conséquences sur le travail à conduire

La connaissance plus précise de ce qui vous est demandé n'a pas un simple intérêt documentaire. Au-delà d'une méthode générale valable pour tous les sujets, des adaptations vont devoir s'opérer en fonction du type d'épreuve. Et cela commence dès l'exploitation du dossier. Lecture exhaustive *(établissez une synthèse à partir du dossier joint)* ou lecture ciblée *(rédigez une note relative à la mise en application des textes joints dans la commune X...)*, plan libre ou plan prédéterminé *(après avoir rappelé le dispositif, vous analyserez...)*, nécessité de dégager une ou des propositions ou non : tout cela dépend à la fois de l'intitulé de l'épreuve et des termes précis du sujet.

Le libellé officiel des différents types de note dans les concours

Concours	Type d'épreuve	Durée et coefficient
SASU externe	Rédaction d'une note de synthèse à partir de documents pouvant comporter des éléments chiffrés (données statistiques, comptables, financières, commerciales et administratives simplifiées).	3 heures coef. 3
SASU interne	Rédaction d'une note administrative à partir d'un dossier à caractère technique pouvant comporter des éléments chiffrés (données statistiques, comptables, financières, commerciales et administratives simplifiées) permettant de vérifier les qualités d'analyse et de synthèse du candidat.	3 heures coef. 3
IRA externe	Note de synthèse, cas pratique ou explication de documents à partir d'un dossier de 25 pages maximum portant sur la matière choisie lors de l'inscription au concours.	3 heures coef. 2
IRA interne	Rédaction, à partir d'un dossier à caractère administratif, d'une note permettant de vérifier les qualités d'analyse et de synthèse du candidat, ainsi que son aptitude à dégager des solutions appropriées.	4 heures coef. 4
Lieutenant de police externe	Rédaction d'une note de synthèse à partir de documents pouvant comporter des éléments chiffrés (données statistiques, comptables, financières, commerciales et administratives simplifiées).	3 heures coef. 3
Lieutenant de police interne	Rédaction d'une note de synthèse à partir d'un dossier sur un sujet en rapport avec la sécurité intérieure.	4 heures coef. 4
Secrétaire administratif externe	Rédaction d'une note de synthèse à partir de documents pouvant comporter des éléments chiffrés (données statistiques, comptables, financières, commerciales et administratives simplifiées).	3 heures coef. 3
Secrétaire administratif interne	Rédaction d'une note administrative à partir d'un dossier à caractère technique pouvant comporter des éléments chiffrés (données statistiques, comptables, financières, commerciales et administratives simplifiées) et permettant de vérifier les qualités d'analyse et de synthèse du candidat.	3 heures coef. 3
Secrétaire des Affaires étrangères externe et interne	Rédaction d'une note de synthèse à partir d'un dossier portant sur des questions internationales : la société internationale, le droit international public et les relations internationales depuis 1914.	4 heures coef. 7 (externe) et coef. 8(interne)
Secrétaire de chancellerie externe	Rédaction d'une note de synthèse à partir de documents pouvant comporter des éléments chiffrés (données statistiques, comptables, financières, commerciales et administratives simplifiées).	3 heures coef. 3
Secrétaire de chancellerie interne	Rédaction d'une note administrative à partir d'un dossier à caractère technique pouvant comporter des éléments chiffrés (données statistiques, comptables, financières, commerciales et administratives simplifiées) permettant de vérifier les qualités d'analyse et de synthèse du candidat.	3 heures coef. 3
Inspecteur des impôts externe	*Option E* : Note de synthèse à partir de plusieurs textes et/ou documents à caractère administratif.	3 heures coef. 5
Chef de service pénitentiaire interne	Rédaction d'une note de synthèse à partir de documents fournis.	4 heures coef. 3
Attaché territorial externe	Rédaction d'une note ayant pour objet de vérifier l'aptitude des candidats à l'analyse d'un dossier soulevant un problème d'organisation ou de gestion rencontré par une collectivité territoriale.	3 heures coef. 3
Attaché territorial interne	Rédaction, à l'aide des éléments d'un dossier soulevant un problème d'organisation ou de gestion rencontré par une collectivité territoriale, d'un rapport faisant appel à l'esprit d'analyse et de synthèse du candidat, à son aptitude à situer le sujet traité dans son contexte général et à ses capacités rédactionnelles.	4 heures coef. 4

Concours	Type d'épreuve	Durée et coefficient
Rédacteur territorial externe	Note de synthèse à partir d'un dossier portant sur des notions générales relatives aux missions, compétences et moyens d'action des collectivités territoriales.	3 heures coef. 3
Rédacteur territorial interne	Le choix de l'option s'effectue lors de l'inscription au concours. Note administrative à partir d'un dossier sur l'un des domaines suivants : – les finances, budgets et interventions économiques des collectivités territoriales ; – le droit public en relation avec les missions des collectivités territoriales ; – l'action sociale des collectivités territoriales ; – le droit civil en relation avec les missions des collectivités territoriales.	3 heures coef. 4
Examen professionnel d'intégration des secrétaires de mairie dans le corps des attachés	Rédaction, à partir des éléments d'un dossier soulevant un problème d'organisation ou de gestion rencontré par une collectivité, d'un rapport faisant appel à l'esprit d'analyse et de synthèse du candidat, à son aptitude à situer le sujet traité dans son contexte général et à ses capacités rédactionnelles.	4 heures coef. 1
Rédacteur chef examen professionnel cat. B	Rédaction d'une note à partir d'éléments d'un dossier sur les activités des collectivités territoriales, visant à mesurer l'esprit d'analyse et de synthèse du candidat.	3 heures
Animateur territorial interne cat. B	Note à partir d'une étude de cas sur les fonctions d'animation permettant de mesurer la capacité du candidat à analyser une situation et à décider dans son contexte professionnel.	3 heures coef. 4
Animateur territorial chef examen professionnel de cat. A	Note à partir d'une étude de cas sur les fonctions d'animation permettant de mesurer la capacité du candidat à analyser une situation et à décider dans son contexte professionnel.	3 heures
Conseiller territorial socio-éducatif cat. A	Note de synthèse à partir d'un dossier portant sur l'action des collectivités territoriales dans le domaine des activités sanitaires, sociales et socio-éducatives.	4 heures coef. 4
Assistant socio-éducatif cat. B	Rédaction d'un rapport établi à partir d'un dossier portant sur une situation en relation avec les missions du cadre d'emplois concerné.	3 heures coef. 1
Technicien supérieur territorial cat. B	Conc. externe : rédaction d'un rapport établi à partir d'un dossier portant sur la spécialité au titre de laquelle le candidat concourt, pour apprécier capacités d'analyse et de synthèse. Conc. interne : note établie à partir de l'analyse d'un dossier tenant compte du contexte technique, juridique ou financier.	3 heures coef. 2 3 heures coef. 4
Ingénieur territorial externe cat. A	Analyse d'un dossier et rédaction d'une note tenant compte du contexte technique, économique ou juridique.	5 heures coef. 5
Ingénieur territorial interne cat. A	Rédaction d'une note à partir d'un dossier portant sur la spécialité choisie.	4 heures coef. 3
Ingénieur territorial examen professionnel	Rédaction d'une note.	4 heures coef. 3
Ingénieur territorial en chef interne	Rédaction d'une note visant à faire l'analyse du dossier et proposer une synthèse éventuellement assortie de proposition – sujet technique.	4 heures coef. 5
Lieutenant des sapeurs pompiers Externe et interne	Note de synthèse à partir d'un dossier d'actualité suivie de la présentation d'une note formulant des propositions argumentées sur une question posée au candidat	4 heures coef. 4
Commissaire de police nationale interne/externe	Rédaction d'une note à partir d'un dossier à caractère général.	4 heures coef. 4
Contrôleur du travail interne	Rédaction d'une note administrative.	3 heures coef. 4

Les attentes du jury

Le candidat à un concours administratif doit avant tout prouver au jury qu'il possède un certain nombre de qualités permettant de l'identifier comme un futur bon fonctionnaire. Les différentes épreuves proposées aux concours reçoivent dès lors mission de révéler plus précisément tel ou tel ensemble de capacités recherchées. Ainsi, le devoir de culture générale permet-il de déceler la valeur du candidat dans ce domaine, l'intérêt qu'il porte à l'actualité, aux problèmes du monde. Il permet également de jauger les qualités de rédaction, de structuration de la pensée et les capacités d'analyse. L'épreuve orale (l'entretien avec le jury), outre qu'elle offre au jury la possibilité de vérifier son premier diagnostic, donne aussi au candidat l'occasion de montrer sa capacité à faire face à un entretien, à répondre à des questions variées avec clarté, à rappeler (en concours interne) la richesse de son expérience professionnelle.

La note de synthèse, comme son nom l'indique, est d'abord vouée à la révélation de l'esprit de synthèse du candidat. Elle requiert aussi, comme la dissertation, des qualités d'écriture, d'organisation et d'analyse mais, contrairement à l'épreuve de culture générale, elle exige du candidat ces qualités que l'on attend du fonctionnaire et que sont l'objectivité, la réserve, la prise de recul.

Et à ce titre, vous perdrez toujours à vous en tenir à un ton général, à ne pas utiliser les éléments de mise en situation présents dans le sujet comme dans les éléments du dossier ; en revanche, vous gagnerez des points en démontrant votre professionnalisme par la formulation de propositions pratiques, concrètes et réalistes.

Un document pratique

Dans sa rédaction, la note sur dossier doit permettre au donneur d'ordre (non pas le jury, mais le donneur d'ordre fictif relevant de la mise en situation) de trouver rapidement les réponses aux questions posées. Il ne faut donc pas chercher à produire un plan qui soit le plus original possible, ni se contraindre à un cadre très formaliste du style « deux parties / quatre sous-parties », mais viser à l'efficacité et à l'adéquation du plan à la commande.

Un document opératoire

Le devoir que vous rendez doit être conçu de telle manière que, dans une situation réelle, il permette rapidement à votre donneur d'ordres de passer à l'action. Si, par exemple, un choix est à opérer, vous devez poser celui-ci très clairement, bien montrer les différentes options, leurs avantages, leurs inconvénients et, enfin, proposer un choix argumenté.

Exemple

Dans un sujet relatif aux aires de jeux, vous êtes amené à signaler que deux solutions existent pour la gestion de ces aires : la délégation ou la régie. La délégation est plus coûteuse, elle oblige, si la dépense dépasse le seuil légal, à recourir à une procédure de marché public, mais en revanche, elle offre à la collectivité une plus grande sécurité juridique. En revanche, la régie est moins coûteuse et a l'avantage de permettre une implication plus grande des personnels municipaux. Néanmoins, elle présente le désavantage de laisser à la charge du maire le risque maximum.

En fonction de votre façon d'appréhender le problème, ou de la manière dont se présente la mise en situation, vous aurez alors à proposer un choix. Ainsi, si dans le sujet le maire privilégie la sécurité juridique, vous suggèrerez le choix de la délégation.

Un document professionnel

Vous devez rendre un devoir en tous points identique à la note que vous auriez à établir en situation réelle. Cela doit se traduire dans la forme et dans le fond.

Dans la forme, le devoir se présentera comme une note professionnelle, avec en-tête, objet et introduction purement fonctionnelle (nous y reviendrons plus loin). Sur le fond, vous vous efforcerez de vous mettre réellement en situation, afin de prouver que vous êtes un bon professionnel. Aussi, tout en restant dans le cadre de la commande, vous aurez à cœur de signaler tout ce qui vous semblera pertinent.

Exemple

Dans le sujet sur les aires de jeu, vous lisez dans le texte d'un décret que toutes les aires de jeu, même existantes, doivent faire l'objet d'un rapport accompagné d'un dossier complet. N'oubliez pas de le signaler, même si la commande ne porte explicitement que sur les aires nouvelles. En gardant le silence, vous commettriez une faute, puisque vous auriez risqué de mettre votre supérieur en difficulté en n'attirant pas son attention sur ce point.

Vous devez maintenant commencer à vous faire une idée assez précise de l'exercice qui est attendu de vous. Pour être complet, ajoutons que pour traiter et rédiger la note sur dossier, si l'intitulé de l'épreuve le permet, il peut arriver qu'on vous demande également de faire appel à votre **expérience personnelle** et aussi, tout simplement, à votre **bon sens.** Mais attention : pour les concours de la fonction publique territoriale, en particulier, ceci est rarement vrai ; le contenu de la note sur dossier ne doit pas faire appel à des apports extérieurs à ce dossier, quelle qu'en soit la nature.

✔ Ce qu'il faut retenir

Les épreuves de note sur dossier font appel, quel que soit leur type, à une méthodologie largement commune. Cependant, il est important pour vous d'avoir bien compris quel genre d'épreuve, précisément, se pose à vous : d'abord en ayant bien lu et compris le texte officiel, puis en utilisant les termes du sujet, et enfin en vous interrogeant sur les attentes du jury.

L'importance de la gestion du temps

Il en va du candidat à un concours comme de l'athlète dans une épreuve de fond ou du cycliste dans une course à étapes : il doit d'abord être capable de gérer son effort dans le temps. Gérer son temps, et apprendre à le faire, est donc un souci premier dans la préparation au concours.

Bien entendu, il est parfois possible de « bricoler », de « piloter à vue » pour s'arranger pour finir dans le délai donné. Conclusions bâclées, devoirs déséquilibrés et mal bâtis en résultent souvent. A l'inverse, on trouve aussi des devoirs trop courts, de peur de ne pas arriver à finir... Tout cela n'est pas bon. Quant à l'expédient consistant à rendre avec le devoir inachevé une feuille de brouillon, quelle erreur et quelle illusion ! Cette feuille sera la plupart du temps éliminée avant la remise au correcteur et, si elle échappe à ce premier tri, elle ne fera qu'attirer son attention sur l'incapacité du candidat à maîtriser son temps.

Il faut donc apprendre à le faire. Et cet apprentissage, au-delà des quelques principes qui vous sont ici exposés, ne peut être que pratique. Comme les sportifs auxquels il était tout à l'heure fait allusion, le candidat doit s'entraîner. Il doit le faire dans les conditions les plus proches de celles du concours, dans la mesure du possible en continu, dans le calme, et **toujours en temps limité.**

Tel candidat à un concours, particulièrement brillant dans un cycle préparatoire, avait ainsi négligé cette astreinte durant tout son entraînement. Les devoirs qu'il rendait alors étaient toujours excellents, mais rédigés en huit ou dix heures. Le jour du concours, il ne put rendre qu'une première partie, et donc échoua. C'est le danger qu'il vous faut éviter.

Construire un canevas

Il faut entamer la rédaction d'une note de synthèse, comme d'ailleurs lors de toute épreuve, non dans l'esprit d'une course contre la montre mais dans celui de remplir un programme. Ainsi, dégagé de l'inquiétude de ne pas réussir à finir à temps, il devient possible de mobiliser toute son énergie pour le traitement du dossier lui-même. Mais pour respecter un programme, encore faut-il l'avoir construit, et l'avoir fait d'une manière réaliste.

La construction du canevas

L'essentiel, pour inscrire dans le temps un canevas de travail, est d'abord d'en définir les différents éléments. C'est sans doute moins facile pour la note que pour d'autres épreuves, puisque nous verrons plus loin que le temps à accorder au sujet est fortement dépendant de ce sujet lui-même, et que le temps à accorder au dossier dépend de la dimension de ce dossier. Les trois premières étapes (lecture du sujet, de la liste des documents et survol du dossier) seront donc ici rassemblées en une « prise de contact », suivie d'une exploitation du dossier, puis d'un classement des idées et d'une élaboration du plan, avant de passer à la rédaction. Il importe donc de définir quelle durée prendra chacune de ces étapes.

Le tableau suivant vous donne une norme de départ :

Durée de l'épreuve	3 heures	4 heures	5 heures
Prise de contact	15 mn	15 mn	20 mn
Exploitation du dossier	50 mn	1 h 05	1 h 35
Problématique et élaboration du plan	25 mn	25 mn	30 mn
Rédaction	1 h 15	2 h	2 h 20
Relecture	5 mn	5 mn	5 mn
Joker	10 mn	10 mn	10 mn

Bien entendu, il ne s'agit là que de propositions qu'il vous revient d'adapter à votre pratique personnelle comme à la réalité du dossier. Ainsi, pour la phase « problématique et élaboration du plan » (épreuves en 3 ou 4 heures), certains prendront 20 minutes et d'autres 30 minutes. La durée moyenne de 25 minutes indiquée plus haut évoluera en fonction de votre expérience acquise pendant les entraînements.

Mais adapter cette grille à votre pratique personnelle suppose que vous en ayez une, c'est-à-dire que vous vous entraîniez régulièrement, en ajustant progressivement les durées indicatives proposées dans le tableau. Ainsi, vous pourrez vous rendre compte qu'il vous faut généralement un peu plus de temps pour exploiter les documents et un peu moins pour rédiger, ou l'inverse. Modifiez alors la grille jusqu'à ce que vous arriviez au « programme idéal ».

Celui-ci, cependant, pourra encore connaître un dernier ajustement quand vous aurez le dossier en main, en fonction de la taille de ce dernier : s'il est très volumineux, peut-être faudra-t-il accorder un peu plus de temps à son exploitation en utilisant à cet effet le « joker » de 10 minutes. Mais c'est la seule entorse que vous pourrez vous permettre, faute de vous voir contraint à rédiger dans l'urgence, et bientôt dans la panique.

Muni d'un canevas bien construit, ajusté autant qu'il le faut, il est maintenant nécessaire de s'y tenir.

S'en tenir au canevas

Rien ne servirait de construire un canevas si, en effet, c'était aussitôt pour ne pas le respecter. Le respecter, cela veut dire ne pas perdre de temps, mais aussi ne pas en gagner exagérément.

Perdre du temps, c'est s'exposer à ne plus disposer du temps nécessaire pour terminer la rédaction : devoir à la fin bâclée, incomplet peut-être : vous voilà mal parti pour la note ! Chaque minute que vous perdrez par rapport à votre planning risque de vous être fatale à la fin de l'épreuve : pensez-y ! Toutefois, comme il est bon de disposer d'un peu de souplesse, je vous conseille de vous réserver ce « joker » de 10 minutes pour une relecture finale de votre devoir. Mais paradoxalement, toute minute gagnée peut également vous être fatale, si pour cela vous avez « bâclé » une des étapes préliminaires à la construction du devoir.

Nous reviendrons plus loin sur l'importance des différentes étapes. Donnez à chacune le temps qui lui revient. Si la prise de contact vous paraît achevée au bout de 10 minutes quand vous en aviez prévu 15, interdisez-vous de passer tout de suite à l'étape suivante : vous n'avez certainement pas encore tiré tout ce qu'il y avait à tirer du sujet et de la liste : posez votre stylo et relisez-les, imprégnez-vous en. Si vous avez fini le dépouillement plus vite que prévu, revenez aux documents, assurez-vous que vous n'avez rien laissé passer d'important. Si le plan s'impose en 2 minutes au lieu de 20, remettez-le en cause, testez-le, astreignez-vous à respecter votre propre règle ! C'est déjà beaucoup. Mais la gestion du temps va encore plus loin...

Le dépouillement du dossier

La lecture rapide

Il est bien évident que **la lecture linéaire, totale et systématique** de l'ensemble des documents constituant le dossier **doit être exclue**. Elle doit l'être d'abord parce que le temps imparti ne permet pas au candidat de se livrer à cet exercice. Elle doit l'être encore parce qu'une telle lecture n'est ni utile ni rentable ; elle peut même devenir nuisible. Les informations contenues dans le texte ne sont en effet pas toujours pertinentes pour le sujet à traiter. Certaines, en venant encombrer, parasiter vos notes de lecture et votre mémoire, n'auraient d'autre effet, en plus du temps, que de faire perdre clarté et cohérence à votre travail.

Mais comment parvenir à identifier ce qui est rentable, utile, et ce qui ne l'est pas, sans avoir justement tout lu auparavant ? La réponse est double : d'une part, il faut savoir ce qu'on cherche (et si vous avez correctement effectué la phase de prise de contact avec le dossier, cela doit être acquis), d'autre part, il est nécessaire de maîtriser au moins quelques éléments de méthode de lecture rapide. Nous y reviendrons plus loin.

Calibrer le temps du dépouillement

La nécessité d'un « calibrage » du temps de dépouillement des documents est liée, elle aussi, à la plus ou moins grande maîtrise des techniques de la lecture rapide. Ici encore l'entraînement, et surtout l'analyse pratique des problèmes techniques que vous y aurez rencontrés, sera votre guide.

Si vous maîtrisez bien la lecture rapide et que jamais, à l'entraînement, vous n'avez dépassé le temps imparti, très bien. Vous aurez peut-être même la possibilité de revenir sur tel ou tel document pour confirmer une première analyse. Mais si vous la maîtrisez moins bien et qu'il vous est déjà arrivé, en entraînement, de vous trouver « à court de temps », de déborder, alors, il faut « calibrer ». Calibrer, cela signifie limiter la durée d'étude de chaque document, soit en divisant le temps d'étude par le nombre de documents, soit en pondérant selon la longueur de chacun de ceux-ci.

Et surtout, tenez-vous à ce calibrage ! N'allez pas, le jour de l'épreuve, céder à l'angoisse d'avoir « raté quelque chose », à la tentation perfectionniste. Plus que jamais, en l'occurrence, « le mieux est l'ennemi du bien », ce dernier étant un devoir achevé, bien construit, terminé dans les temps et sans précipitation. Chaque minute grappillée en plus au stade du dépouillement sera une minute en moins pour rédiger !

Le temps de rédaction

La rédaction elle-même constitue, en matière de gestion du temps, la pierre d'achoppement ultime. Ce n'est pas la moindre. Il ne suffit pas en effet de commencer à écrire au moment voulu : il faut encore être capable d'achever dans les délais et de s'affranchir de toute inquiétude à ce sujet. A cet égard, il est nécessaire que le rédacteur se connaisse bien lui-même, ou plutôt connaisse bien sa vitesse d'écriture. Là encore, c'est affaire d'entraînement.

Chacun d'entre nous a une vitesse d'écriture différente (d'écriture lisible et soignée, bien sûr) qui doit être déterminée avec exactitude en temps nécessaire par page de copie de concours. Entraînez-vous donc sur des feuilles de même format (le format A4 convient) et calculez. S'il vous a fallu deux heures pour écrire six pages directement, sans brouillon préalable, vous savez que vous disposez d'une rapidité de vingt minutes par page, dix minutes par demi-page. Si vous écrivez dix pages en une heure trente : neuf minutes par page ; trois pages en une heure trente : trente minutes par page.

Vous vous étonnerez peut-être que, dans cette partie consacrée à la gestion du temps, nous ne parlions pas de la vitesse de lecture, mais de la vitesse d'écriture. La vitesse de lecture, nous y viendrons en traitant de l'exploitation du dossier. Mais la vitesse d'écriture est beaucoup plus importante que ce qu'on croit souvent ; chacun de nous possède la sienne. Et il est inutile de chercher à la modifier. En effet, cette vitesse est étroitement liée à celle de la pensée. Bien entendu, si vous prenez des notes, vous pouvez écrire vite, même sans employer d'abréviations, et ceci se traduit seulement par une altération de votre qualité d'écriture. Mais alors, ce n'est pas vous qui « décidez », tandis que pour passer un concours, c'est bien votre cerveau qui conduit.

Quand on corrige des copies de concours, on repère très bien le moment où le candidat « panique » et décide d'accélérer : c'est aussi celui où la pensée n'arrive plus à suivre, où l'expression s'altère et où parfois, la cohérence se perd.

Pour maîtriser ce phénomène, vous devez connaître votre vitesse d'écriture, puis programmer votre rédaction.

Connaître sa vitesse d'écriture

Combien de pages êtes-vous capable d'écrire en une heure d'épreuve ? Si vous ne le savez pas encore, profitez des premiers devoirs pour la mesurer. Si en une heure vous avez, par exemple, rédigé trois pages, cela signifie que vous avez une vitesse d'écriture d'une page par 20 minutes, ou encore d'1/2 page par 10 minutes. La 1/2 page est une bonne unité de mesure. Dans l'exemple choisi, cela signifie qu'en 1 heure 30 vous pouvez rédiger 4 pages 1/2. La longueur de votre devoir est donc celle-là : 4 pages 1/2.

Si vous écrivez plus lentement ou plus serré (1/2 page en 15 minutes), votre devoir fera trois pages. Si votre écriture est très aérée et que vous écrivez une page en 10 minutes, votre devoir en fera 9, c'est aussi simple que cela. Ceci connu, il faut passer à la programmation.

Programmer la rédaction

Quand vous commencez à rédiger, vous venez juste de terminer l'élaboration du plan. Vous savez combien de parties il aura et quelle importance relative vous allez leur donner.

Exemple de plan

- Introduction
- I. Le point sur le problème (deux sous-parties)
- II. Analyse d'une difficulté (II. 1) et propositions (II. 2).

Vous pourrez établir le programme suivant (en supposant que vous commencez à rédiger à 10 h 30) :

Partie à rédiger	Longueur	Durée	Horaire (début 10 h 30)
Introduction	1/2 page	10 mn	10 h 40
I. Point sur le problème	2 pages	40 mn	11 h 20
II. 1 Analyse	1 page	20 mn	11 h 40
II. 2 Propositions	1 page	20 mn	12 h 00 (fin)

Il vous suffit maintenant de continuer en respectant scrupuleusement votre programmation. N'oubliez pas : si vous décidez d'écrire une page de plus pour le point I, il faudra en faire une de moins sur les deux autres parties, et votre devoir sera déséquilibré.

Il n'y a pas de norme précise en ce domaine car cela ne dépend pas seulement de la vitesse pure, mais aussi du type d'écriture : large avec beaucoup d'espace, petite et resserrée, etc. Sachant donc de combien de temps vous disposez pour rédiger, vous connaissez ainsi, en la transposant, la longueur du devoir à fournir.

Pas de norme, non plus, pour ce qui est de la longueur : quatre pages, six pages, huit pages... Rien n'est fixé et tout dépend de votre propre écriture, à moins que le libellé du sujet n'implique une longueur précise ; auquel cas, bien entendu, vous vous attacherez à respecter celle-ci. En l'absence d'une telle consigne, vous devrez affecter à chaque partie du plan telle longueur de page et vous y tenir strictement. Nous reviendrons le moment venu sur les techniques précises à mobiliser pour ce faire.

Après cet aperçu sur l'importance primordiale de la gestion du temps, il est maintenant possible d'aborder la prise de contact avec le dossier.

✔ Ce qu'il faut retenir

La gestion du temps est essentielle pour réussir une épreuve de note. Connaissez-vous vous-même, en vous entraînant en temps réel, et élaborez un programme qui sera le même pour tous les sujets et que vous respecterez sans aucune faiblesse.

Pensez aussi à programmer non seulement le contenu (le plan), mais le volume (la longueur des différentes parties) de votre note.

Analyser le sujet

La prise de contact avec le dossier comporte trois étapes essentielles :

– **la lecture du sujet** proprement dit, qui est le texte ou la phrase, de longueur et de contenu variables, servant à introduire ou à présenter le dossier et souvent à préciser le sens de ce qui est attendu ;

– **l'exploitation de la liste des documents**, qui implique la mise en œuvre d'un certain nombre de techniques destinées à « faire parler » cette énumération pour la transformer en véritable clef d'accès au dossier ;

– **le survol rapide des pièces du dossier**, différent d'une lecture rapide et dont la fonction est de préciser certains points du sujet, de fournir une première connaissance de celui-ci et de lever certaines ambiguïtés.

Exemples de sujets

Les quelques sujets qui suivent vous donneront une idée de la grande variété de ce qui peut introduire une épreuve de note sur dossier. Bien entendu, n'importe quel sujet ne correspond pas à n'importe quel concours. Pour vous donner une idée du vôtre, renseignez-vous, procurez-vous les annales des concours précédents.

Exemples

Sujet 0 :
« Rédiger une note de synthèse à partir du dossier suivant... »

Sujet 1 :
« La formation » (inspecteur principal du Trésor).

Sujet 2 :
« Placé auprès du chef du bureau des affaires européennes à la préfecture du département de N., entièrement situé en zone éligible aux fonds européens, il vous est demandé une note rappelant l'esprit du dispositif et précisant si celui-ci peut intervenir pour faciliter le développement touristique de la ville de V., et comment. » (secrétaire administratif de préfecture)

Sujet 3 :
« Vous êtes rédacteur territorial dans la commune de X. pourvue d'une grande zone industrielle. Le directeur général des services vous demande de lui rédiger une note concernant les pôles de compétitivité.

Il s'agira d'une note "synthétique" qui présentera les grandes lignes de cette nouvelle politique publique et ses implications éventuelles pour la commune de X. » (rédacteur territorial)

Sujet 4 :
« Vous venez de prendre vos fonctions à la direction générale des services d'une importante communauté d'agglomération (dénommée ici CA). Celle-ci a, par le passé, choisi de confier l'exécution d'un certain nombre de ses missions à des entreprises privées, selon des modalités diverses. L'ordonnance du 17 juin 2004 a encore élargi le champ des possibilités.

Le directeur général des services doit co-animer une réunion de présentation de ces contrats de partenariat que l'établissement pourrait être amené à conclure. A cette fin, il vous demande, à l'aide des seuls documents joints, de lui rédiger une note présentant les différentes caractéristiques du dispositif existant. Cette note est susceptible d'être distribuée aux participants. » (attaché territorial)

Sujet 5 :
« Vous êtes secrétaire administratif affecté dans un service universitaire d'information et d'orientation.
Dans le cadre d'un forum, votre chef de service vous demande de rédiger une note à l'attention des futurs étudiants précisant les objectifs et les principes de l'harmonisation du dispositif européen de l'enseignement supérieur au sein du système universitaire français. »

Sujet 6 :
« L'adjoint du directeur régional de l'environnement, dont vous êtes le collaborateur, vous demande de réaliser une synthèse sur le réchauffement climatique, en vue d'une intervention qu'il doit effectuer au cours d'une conférence administrative. » (catégorie A)

La lecture du sujet

Le sujet de la note de synthèse est en quelque sorte la première pièce du dossier, si on met à part un type de sujet minimaliste, à vrai dire de moins en moins fréquent : « Rédiger une note de synthèse à partir du dossier suivant » (sujet 0).

En règle très générale, **le sujet dispose d'un contenu informatif** et, contrairement à d'autres pièces du dossier dont les informations fournies peuvent être pour certaines superflues, inutiles ou redondantes, **chacune des informations qu'il comporte est utile**. Il est donc particulièrement important d'attacher à la lecture du sujet toute l'attention voulue et de s'assurer que toutes ces informations ont bien été identifiées, et répertoriées.

Le temps nécessaire à cette analyse doit se mesurer à l'aune du sujet lui-même. En effet, la longueur et la richesse peuvent en être très variables. Nous avons déjà vu un sujet à contenu informatif nul. Prenons maintenant les sujets 1 et 2 de la liste ci-dessus. Information minimale pour le sujet 1, commande précise pour le sujet 2. Vous pouvez également constater que la quantité d'information n'est pas seule en cause, mais également leur qualité, leur variété.

Parfois un détail peut revêtir une importance capitale. Ainsi, l'indication du nombre d'habitants d'une collectivité dans un sujet peut ne pas être anodine. En effet, bon nombre de réglementations applicables dans les collectivités territoriales dépendent du nombre d'habitants.
Par exemple, les modalités de recensement de la population sont différentes selon que la commune possède plus ou moins de 10 000 habitants. Il en va de même en matière électorale, financière.

La variété des informations apportées

Il est toujours aventureux de proposer une typologie car celle-ci peut rapidement se révéler réductrice, simpliste, voire, à l'extrême, mutilante. Pourtant, il s'agit bien de l'exercice auquel nous allons nous livrer maintenant. Les informations apportées par le sujet relèvent en effet toujours d'une réponse à l'une des questions suivantes :

- De quoi s'agit-il ? (le thème)
- Quel est le contexte ? (mise en situation et environnement)
- Qu'attend-on du rédacteur ? (la commande)
- Quel plan veut-on voir appliquer ?

Nous allons les envisager successivement.

Le thème

Il y a lieu ici de préciser un point de vocabulaire. Le thème du devoir, c'est-à-dire l'idée directrice autour de laquelle a été construit le dossier, n'est pas ici synonyme de « sujet », terme ne désignant que le texte introductif dans son ensemble. Le thème peut être donné de façon évidente par le sujet. Ainsi, dans le sujet 1 (voir page 16), le thème constitue-t-il à lui tout seul l'ensemble du texte. C'est encore le cas dans le sujet 3.

Mais parfois le thème n'apparaît pas avec suffisamment de netteté. C'est le cas dans le sujet 2. Le thème ici n'est ni « les fonds européens », ni « le développement touristique ». C'est « l'apport des fonds européens au développement touristique d'une ville ». C'est bien au candidat, à vous, qu'il appartient de le reformuler. Attention, cette reformulation doit être la plus neutre possible. C'est la réponse à la question toute simple : « De quoi s'agit-il ? » La formulation doit également être la plus courte possible ; elle ne doit pas se présenter comme une problématique. C'est une locution nominale, même longue, comme pour le sujet 2, et donc sans verbe.

Efforcez-vous, en recherchant dans des annales ou des manuels des sujets de note de synthèse, de toujours parvenir à répondre à la question du thème. Et bien entendu, quand vous traitez le dossier, inscrivez-le sur la feuille où est imprimé le sujet. C'est votre information phare, celle qui peut vous éviter de vous fourvoyer.

Toutefois, ce thème ne doit pas, dans votre esprit, remplacer le sujet lui-même Ainsi, dans le sujet 6, le thème est « Le réchauffement climatique », mais le sujet inclut aussi des éléments de contexte.

Le contexte

Le contexte dans lequel est placé le traitement de la note de synthèse n'est pas anodin. Il peut, dans certains cas, orienter le choix d'un plan, d'une problématique, d'un éclairage à donner plus particulièrement sur tel ou tel point.

Bien entendu, certains sujets (voir le sujet 1) n'incluent aucun élément de contexte et il faut dans ce cas se fonder sur les informations fournies par la liste ou par les documents eux-mêmes. Mais la plupart du temps, le sujet comprend une mise en situation. Il importe donc de bien savoir le « questionner » pour se donner les moyens d'en extraire toutes les indications contextuelles.

La mise en situation concerne tout d'abord celui qui rédige, en l'occurrence vous-même. Ainsi, le sujet 2 vous renseigne-t-il très précisément sur le rôle que vous êtes censé tenir : vous vous trouvez placé à un poste X (sans doute de secrétaire administratif, puisque c'est là l'intitulé du concours) dans l'administration préfectorale ; le regard que vous portez est donc celui de l'État. Ceci n'entache en rien la neutralité de votre vision (au contraire !) mais précise l'angle d'observation, et donc d'exploitation privilégiée du dossier et des documents. Vous savez que votre note va servir à répondre à une interrogation des élus de la ville de V., relativement à des projets sur lesquels vous n'avez aucun jugement à formuler.

Si le sujet avait commencé différemment : « placé auprès du maire de V., chargé de... », votre point de vue aurait été différent. Avec la même neutralité, vous pouviez faire davantage de place aux possibilités d'évolution du projet touristique afin qu'il entre bien dans le cadre et, à l'inverse, passer beaucoup plus rapidement sur la procédure interne à l'État.

Vous avez donc répondu à la question **« qui ? »**. Il faut maintenant, si le sujet le permet, savoir **« pour qui ? »**. Le sujet 4 offre cette précision ; ici encore, la réponse est claire : c'est au directeur général des services que vous vous adressez et votre note est destinée à l'informer d'un processus qui a déjà été exploré par la communauté d'agglomération et qui doit être actualisé après l'ordonnance du 17 juin 2004. Vous devez lui fournir des éléments d'information qu'il utilisera lors d'une réunion de présentation qu'il doit co-animer.

A cet égard, on vous indique que votre note est susceptible d'être destinée aux participants (dont la nature n'est d'ailleurs pas précisée) ; objectivité, retenue, neutralité, seront donc d'autant plus de mise.

Dans le cas d'espèce, un autre élément de contexte intervient : la date. C'est la réponse à la question **« quand ? »**. Vous venez de prendre vos fonctions ; de ce fait, vous ne connaissez pas les expériences passées de la communauté d'agglomération dans ce domaine. Mais parfois, la date revêt une autre importance. Ainsi, si un sujet porte sur une mesure décidée par le gouvernement en place jusqu'en année N, puis fondue dans un plan du gouvernement suivant, le traitement de la note sera différent si on vous place avant ou après l'année N. Si le cas se situe avant la fin de l'année N et que vous ayez connaissance de l'évolution des textes sans que celle-ci transparaisse dans le dossier, **vous n'avez pas** à en faire mention dans votre note. Toutefois, on peut imaginer qu'un encadré placé nettement avant ou après le devoir permette de faire passer au jury ce message important : « je me tiens au courant de l'actualité. »

L'élément contextuel de lieu (**« où ? »**) est également important. Dans le sujet 2, le fait d'être dans un département bénéficiant des fonds européens vous permettra d'éliminer, lors de l'exploitation du dossier, tout ce qui ne relève pas de ce cas précis. Nous y reviendrons.

Dans le sujet 3, on ne trouve pas *a priori* les réponses aux quatre questions « qui, pour qui, quand, où ? ». Pourtant, il est possible d'inférer des réponses à partir de plusieurs éléments : la mention du mot « comme », d'une part, et l'intitulé du concours (rédacteur territorial) d'autre part.

Ici la probabilité est que vous soyez en fonction :
– dans une commune où se pose un problème de développement d'une zone industrielle située probablement dans la région Nord-Pas-de-Calais (« où ? ») ;
– que vous y soyez placé directement auprès du directeur général des services (« qui ? ») pour qui vous rédigez cette note (« pour qui ? ») ;
– par défaut, vous vous placez à la date du jour, ou à celle du dernier document lorsque ceux-ci sont tous datés (« quand ? »).

La démarche que nous venons de suivre ne relève pas simplement du jeu ou du simple intérêt intellectuel. Plus tard, en traitant réellement les documents, en réfléchissant au plan et à la rédaction, vous aurez à effectuer des choix et ceux-ci pourront dépendre du contexte. Mieux vaut alors savoir d'où vous parlez et ne pas changer de monture au milieu du gué... Mais l'interrogation du sujet n'est pas terminée pour autant ; présentation du travail à réaliser, il comporte aussi une commande.

● La commande

Tout sujet contient une commande, même le sujet 0 : « Rédiger une note de synthèse... ». Il vous dit ce qu'on attend. Même le sujet *minima* du type du sujet 1 contient une commande implicite, qui serait : « Rédigez une note de synthèse sur le thème de la formation. » Cette commande peut être plus ou moins précise et elle peut orienter la rédaction de la note dans telle ou telle voie.

On peut définir en gros quatre modèles de commande :
– l'information (faire le point sur) ;
– la comparaison (dégager les évolutions) ;
– la problématique (mettre en évidence l'ensemble des questions qui...) ;
– la proposition (dire quelles solutions peuvent être avancées pour...).

1) L'information
Le cas le plus simple est celui de la note d'information. C'est le type de commande auquel correspond le sujet 1. Il est proposé un thème sur lequel on demande de faire le point, à partir du dossier, de la manière la plus claire et la plus complète possible, mais toujours en se limitant strictement au contenu des documents. Un sujet plus long, avec mise en situation, peut d'ailleurs parfaitement correspondre au même type de commande.

C'est le cas du sujet 6 : « L'adjoint du directeur régional de l'environnement, dont vous êtes le collaborateur, vous demande de réaliser une synthèse sur le réchauffement climatique, en vue d'une intervention qu'il doit effectuer au cours d'une conférence administrative. »

2) La comparaison – l'évolution
La commande peut également impliquer un élément comparatif ou évolutif. La question qui vous est alors posée est : « Qu'est-ce qui change ? » ou « Qu'est-ce qui est différent ? », « Quelle est l'évolution ? ». Il faudra dès lors en tenir compte et, sans pour autant négliger de poser le cadre général, rechercher systématiquement dans le dossier justement ce qui constitue nouveauté, différence ou évolution. Parfois, le titre des documents sera alors une aide directe : « Ce qui change dans... », « Le nouveau dispositif d'aides... » ; sinon, vous chercherez les mots clés annonçant le changement. Quant au plan, il devra annon-

cer dans sa structure même l'accent mis sur le caractère comparatif de la commande.

Voici un exemple de sujet amenant le candidat à comparer, à décrire une évolution :
Sujet 7 : « L'allocation personnalisée d'autonomie (APA) a remplacé la prestation spécifique dépendance (PSD) qui avait montré quelques insuffisances. Votre maire vous demande de lui rédiger une note présentant ce nouveau dispositif et les raisons expliquant cette évolution. »

3) La problématique
Vous allez devoir, pour structurer votre plan, construire une problématique. Il arrive que le sujet laisse transparaître cette problématique, ou au moins des éléments de celle-ci, avec des formulations comme : « faites le bilan des différents problèmes qui... », ou encore « ... une note de synthèse dans laquelle vous montrerez les interrogations qui... ». Si ce n'est pas le cas, cela ne veut pas dire qu'il faut exclure la recherche d'une problématique, bien au contraire. Mais si c'est le cas, il serait fort dangereux de n'en rien faire. Il faut vous servir de ces informations qui ont été volontairement mises à votre disposition.

Encore faut-il, à cet égard, bien connaître le sens des mots utilisés : par exemple, que veut dire l'expression « faire le bilan de... » ? Ou encore : « vous préciserez la portée et les limites de cette réglementation ». Autant d'expressions dont les mots sont connus mais dont la signification générale doit être parfaitement maîtrisée. Il est essentiel de bien définir ces termes car, en cas de mauvaise interprétation, le risque d'un contresens, même partiel, est très grand.

Le glossaire proposé ci-contre vous donne quelques indications concernant ces mots usuels dont le sens exact n'est pas toujours bien connu. Il vous présente une liste non exhaustive de mots parfois utilisés dans les sujets. Connaître leur signification vous fera gagner du temps le jour de l'épreuve et vous évitera de commettre un contresens, même partiel, dans le tout début de l'épreuve.

4) La proposition
Dans ce dernier cas de figure, on se trouve à la lisière de la note administrative. C'est le cas très net du sujet 3 : « ... et ses implications éventuelles... ». Toutefois cette indication n'implique pas ici un choix comme aurait pu l'être la demande suivante : « ... qui présentera les grandes lignes de cette nouvelle politique publique et proposera les démarches à effectuer pour en bénéficier. » Vous devez donc répondre en gardant la neutralité de règle, en rassemblant toutes les réponses ou toutes les solutions présentes dans les documents, dont vous pourrez cependant montrer avantages et inconvénients.

Si plusieurs propositions doivent être présentées, efforcez-vous d'établir un classement cohérent en finissant par celle qui vous paraît la plus intéressante. Ce peut être, par exemple, la plus facile à mettre en œuvre, ou la moins onéreuse, ou la plus judicieuse par rapport à la consigne. Vous devrez faire preuve de réalisme en montrant que votre choix résulte bien d'une démarche mûrement réfléchie et argumentée.

Bien sûr, si le sujet se fait plus précis, vous demande expressément de prendre position, faites-le.

Glossaire

Alternative : succession de deux choses, de deux propositions le plus souvent opposées. En d'autres termes, s'il vous est demandé de présenter « *les* alternatives », cela veut dire qu'il y a au moins quatre possibilités.

Analyse : étude en vue de discerner, d'identifier, d'isoler les différentes parties d'un tout et de déterminer ou d'expliquer les rapports qu'elles entretiennent entre elles.

Analytique, étude analytique : étude qui propose une analyse des faits.

Apprécier : déterminer la valeur, l'importance de quelque chose ; estimer les conséquences d'un fait, d'une réglementation.

Aspects : différentes façons dont une réglementation, un fait, se présentent ; différentes manières d'envisager une question, un problème.

Bilan (faire le bilan de...) : résultats positifs et négatifs d'une opération quelconque, d'une réglementation.

Dégager : mettre en valeur un élément en le tirant d'un ensemble qui le valorisait mal.

Difficulté : chose difficile, qui embarrasse, obstacle, empêchement.

Enjeu : ce que l'on peut gagner ou perdre dans une entreprise, un projet.

Évoquer : rendre présent à l'esprit, faire penser à quelque chose, faire apparaître par ses propos, rappeler, décrire, parler de.

Faire état : mentionner, présenter, indiquer.

Faire le point : déterminer où l'on en est dans une affaire, dans un processus quelconque.

Limite : borne, point au-delà duquel ne peuvent aller ou s'étendre une action, une réglementation.

Mettre en perspective : pour un observateur dans une position déterminée, présenter une vue d'ensemble d'éléments divers, voire disparates, en les confrontant les uns aux autres sur différents plans, au travers d'un raisonnement cohérent.

Modalités : particularités qui accompagnent un fait, un acte juridique ; manière, façon (exemple : *le décret fixe les modalités d'application de cette loi* : le décret fixe la façon dont cette loi doit être appliquée).

Montrer : exposer, indiquer mais aussi prouver, démontrer.

Portée : à propos d'un fait, d'une action, capacité de produire un effet, d'atteindre un objectif ; effet, impact, influence.

Présenter : faire connaître, mettre en valeur, soumettre quelque chose à l'estimation, exposer, faire apparaître.

Problématique (nom) : ensemble de questions relatif à un domaine administratif particulier.

Proposer : suggérer un choix, une solution, à l'appréciation de quelqu'un.

Proposition : action de proposer.

Répercussion : conséquence indirecte, contrecoup, retombée.

Synthèse : opération intellectuelle par laquelle on réunit en un tout cohérent, structuré et homogène, divers éléments de connaissance concernant un domaine particulier (la synthèse est l'opération inverse de l'analyse).

● **Les suggestions de plan**

Enfin, il arrive que le sujet en lui-même vous donne des indications de plan. Celles-ci sont parfois imposées, parfois suggérées, ou encore absentes.

Le sujet 2 (voir page 16) est ainsi porteur d'une très nette indication de plan en trois parties :
I. Le dispositif
II. Les mesures pertinentes pour la ville de V.
III. La méthode d'action

Alors que le sujet 1 ou le sujet 6 n'imposent rien, quant à eux. En revanche, le sujet 3 porte une suggestion : celle que l'une des parties du devoir porte plus particulièrement sur les implications éventuelles pour la commune de X. Mais cette suggestion reste très vague. En particulier, le sujet n'impose ni ne suggère rien quant au thème lui-même, et seul l'examen du dossier pourra en dire plus.

Bien souvent, cependant, il n'y a pas d'indication précise de plan : il faudra alors, au terme du traitement des documents, travailler à partir des idées et des arguments récoltés pour en inventer un.

La mise en situation

Un sujet comme le sujet 6 vous « met en situation ». Dès lors, plusieurs questions se posent encore :

– Première question : **d'où allez-vous parler ?** Ici, on ne vous précise pas quelle est votre fonction exacte dans cette direction régionale, mais vous savez que vous êtes un collaborateur de l'adjoint du directeur.

– Deuxième question : **pour qui travaillez-vous ?** Pour l'adjoint d'une direction régionale de l'environnement, c'est-à-dire pour quelqu'un qui a reçu délégation du directeur pour parler en son nom, c'est-à-dire encore et par délégation, encore, pour le préfet de région. Celui qui va utiliser votre texte pour s'adresser lors de la conférence va donc porter la parole de l'État.

– Troisième question : **pourquoi l'adjoint vous adresse-t-il cette demande ?** Le sujet vous renseigne : pour une intervention dans le cadre d'une conférence. Il importera donc certainement de faire passer un message, celui de l'État. Votre devoir ne doit pas être une simple note de synthèse : il doit aller plus loin.

Outre les nombreux renseignements fournis par un court sujet en matière de mise en situation, ce dernier fournit autre chose : il vous précise aussi la commande.

Exemple

Sujet 6 : « L'adjoint du directeur régional de l'environnement, dont vous êtes le collaborateur, vous demande de réaliser une synthèse sur le réchauffement climatique, en vue d'une intervention qu'il doit effectuer au cours d'une conférence administrative. »

L'étude des enjeux et des risques

Pour trouver la problématique, il faut d'abord avoir bien identifié les questions qui se posent et ce qui constitue le terrain d'affrontement. Nous avons déjà réfléchi à cela en lisant le sujet.

Quels sont donc les enjeux et les risques pour les différents acteurs ? On peut estimer qu'ils sont les suivants :

Acteurs	Enjeux	Risques
Adjoint	Informer correctement. Faire passer le message de l'État.	Avoir une communication incomplète. Ne pas être clair.
Membres de la conférence	Avoir le sentiment de recevoir des informations utiles et opératoires.	Ne pas savoir que faire des informations reçues.

A partir de cette analyse, vous pouvez tirer une série de questions qui viennent compléter la commande explicite :
1) Y a-t-il un message à faire passer et lequel ?
2) Quelle politique publique est sous-tendue par ce problème ?
3) Que faut-il mettre en relief ?

Ces questions vous permettent de mieux comprendre la mise en situation et donc d'orienter plus spécifiquement votre rédaction, en donnant à votre devoir une coloration plus professionnelle.

✔ Ce qu'il faut retenir

Nous venons de voir la richesse des indications qu'il y a à tirer de la lecture du sujet. C'est ce qui justifie le temps qui y est accordé. La précision, et parfois l'énonciation du thème, la mise en situation, les suggestions de plan sont autant d'éléments utiles pour la construction qui va ultérieurement vous mener au terme du devoir.

A l'issue de l'analyse du sujet, vous devez connaître le thème, sauf si le sujet est du type minimal, et savoir quel rôle est le vôtre, pour qui vous travaillez, pourquoi, et si possible où et quand ; vous disposez d'une suggestion de plan. Mais si certaines de ces réponses ne sont pas disponibles, il est alors temps de passer à la deuxième pièce du dossier : la liste de documents, et de la soumettre à son tour à votre interrogation.

La liste des documents et le survol du dossier

En règle très générale, après le sujet, le deuxième élément du dossier est constitué par une liste de documents. Celle-ci reprend un certain nombre de renseignements sur les différentes pièces, en attribuant à chacune **un numéro d'ordre** correspondant à la manière dont elles sont classées.

Il ne faut surtout pas s'empresser de tourner la page pour entrer directement dans le vif du sujet : ce serait une grave erreur. Cette liste est davantage qu'une simple énumération : nous verrons qu'elle constitue, en même temps, une clef d'entrée au dossier et un complément du sujet. Encore faut-il savoir l'utiliser, l'améliorer et connaître avec exactitude ce qu'on peut en attendre.

Première approche : lecture de survol et lecture d'orientation

La première approche du dossier ne va donc pas consister en une lecture à proprement parler des documents, mais à un survol. Il va être question, en utilisant au maximum l'environnement de ces textes, d'en **saisir l'orientation générale**, sans entrer encore dans le détail et surtout **sans prendre de notes**, à ce stade.

Apprendre à survoler les documents

Le survol rapide est une technique à part entière. Il ne s'agit pas de lecture rapide. On se trouve ici dans un domaine infra-lectoral. C'est la raison pour laquelle cette phase est intégrée à la prise de contact avec le dossier, et non au dépouillement du dossier lui-même. D'une certaine manière, quand le candidat reçoit la liasse de documents et qu'il la feuillette en un éclair avant toute autre opération, il effectue déjà un premier survol qui va inscrire dans sa mémoire les premiers éléments de forme (volume du dossier, aspect des documents, polices de caractères). Ce geste, chacun le fait ; il est donc spontané, naturel. Il ne s'agit que de le poursuivre, en l'élaborant davantage.

Le survol rapide n'est pas une lecture rapide, nous l'avons dit, ni une lecture en diagonale (en elle-même peu utile) des documents. Cela ne veut pas dire que rien ne sera lu (nous verrons comment procéder), mais qu'il n'y a pas de lecture systématique ni de recherche de sens dans le texte. N'oublions pas la gestion du temps ! La prise de contact, qui inclut la découverte du sujet, le perfectionnement et l'exploitation de la liste et le survol rapide, n'est qu'une petite partie du travail. Nous lui accordons, au total, dix à quinze minutes. Il n'y reste pas une seconde pour la lecture.

Ce survol rapide, ce balayage du dossier, va en compléter la connaissance. Nous avons vu qu'il ne se place pas, chronologiquement, après le travail sur la liste, mais commence avec ce travail, duquel il est en quelque sorte le moyen et la condition. Si la liste des documents demande un travail important de création ou de complément, le survol rapide aura été terminé avant la fin de cette phase. Au contraire, il pourrait intervenir après la découverte d'une liste « parfaite ».

Ce qu'on en attend, ce n'est pas encore la connaissance précise du contenu du dossier, mais celle du contenant, ce terme incluant ici les articles, la forme, l'aspect, la tonalité de ces articles. C'est le préalable à la lecture des documents, non pas une première lecture.

Le survol rapide n'est pas une lecture rapide du dossier.

Le plus important, dans la technique du survol, c'est bien cela : s'interdire réellement la lecture du document, lecture qui constitue une tentation toujours présente mais représente, en même temps, une solution de facilité. C'est le meilleur moyen de jeter aux orties toute la technique d'élaboration de la note, pour se mettre à lire l'un après l'autre, sans ordre, sans fil conducteur, tous les documents du dossier. Ne pas lire, donc, mais laisser glisser le regard sur la feuille, en ne s'arrêtant qu'aux « aspérités » du texte.

Ces aspérités, ce sont le titre, le sous-titre, le chapeau, les sous-titres, les intertitres journalistiques (dont vous aurez bien remarqué qu'ils ne sont pas là pour couper logiquement le texte, comme les sous-titres, mais pour relancer l'intérêt du lecteur et aérer les paragraphes). Ce sont encore la signature, les espaces, les illustrations et leurs légendes. Chacun de ces éléments vient compléter le tableau que vous avait déjà donné l'intitulé repris dans la liste.

Exemple

Voir page 47 le dossier complet correspondant au sujet 6.

Dans l'exemple concret du **document 9** du dossier (reproduit pages 22 et 23), on peut relever de nombreuses aspérités. Avant même d'avoir lu le moindre mot du texte, on sait de quoi il va parler : du climat (a), et particulièrement des perspectives après les accords de Kyoto (b). On sait aussi que l'article est écrit par le président de la mission interministérielle sur l'effet de serre (c), avec en exergue une citation : « une volonté de pédagogie », qui révèle déjà une des orientations du texte. Un chapeau (d) donne en résumé les grandes lignes de l'article, dans le corps duquel deux sous-titres (e) se détachent « Des efforts à accomplir dans les transports » et « Un contrôle nécessaire ».

Ainsi, sans même avoir lu l'article, vous en avez déjà, de manière quasi subliminale, saisi l'essentiel.

Certains documents, à l'inverse du précédent, ne présentent pratiquement pas d'aspérités, pas de signes de piste pour arrêter le regard. C'est un peu le cas du document 8 (« Les instruments économiques de protection de l'environnement »). Prenez la première page : au-delà du titre, c'est le type même du document lisse. On peut d'ailleurs se contenter de ce constat, et réserver à la phase suivante l'exploration du document en question. Mais il est possible aussi de créer dans ce texte des aspérités en cherchant à y repérer des mots clefs.

« Effet de serre », « environnement », « économie », autant d'ensembles de caractères, autant d'aspérités pour permettre non pas de lire, mais de caractériser un texte.

Extrait de *Écologie et Développement durable*, janvier 2006.

Enquête

[d] Après le premier Rendez-vous climat destiné à dresser le bilan du Plan climat 2004, la France a activement participé au succès de la Conférence de Montréal. Un accord est intervenu sur la nécessité de poursuivre l'effort après 2012 et la fin de la première phase du Protocole de Kyoto.

Climat [a]

Quel avenir après

Conférence de presse du 8 décembre 2005 à Montréal : Nelly Olin, entourée de Denys Gauer (*à gche*), Ambassadeur à l'environnement au ministère des Affaires étrangères, et de Jean Jouzel, géochimiste et directeur de l'Institut Pierre-Simon-Laplace.

Pour répondre au défi du changement climatique, la France dispose, depuis juillet 2004, d'un Plan climat. Applicable jusqu'en 2010, il sera renforcé en juillet 2006. Un premier bilan de ce plan a été dressé lors du Rendez-Vous climat, tenu à Paris les 14 et 15 novembre dernier, en présence du Premier ministre et de Nelly Olin. Deux semaines plus tard, Mme la ministre participait à la Conférence de Montréal sur le climat.

Rappelons qu'au terme du Protocole de Kyoto, signé en 1997, 38 pays industrialisés représentant 30 % des émissions mondiales de gaz à effet de serre (GES) se sont engagés à réduire leurs émissions, durant la période 2008-2012, d'au moins 5 % par rapport à leur niveau de 1990. Pour sa part, l'Union européenne s'est engagée à les réduire de 8 %, la France devant obtenir une stabilisation.

L'entrée en vigueur du Protocole en février 2005 n'est que la première étape d'une politique internationale qui devra réduire de moitié les émissions mondiales de GES à l'horizon 2050, pour contenir le réchauffement à moins de 2 °C d'ici à la fin du siècle. Cela suppose que les pays industrialisés devront diviser par quatre leurs émissions, afin de laisser aux pays en développement la possibilité de se développer. Selon le Groupement intergouvernemental d'experts sur l'évolution du climat, ce seuil de 2 °C marque la différence entre un changement important, mais gérable, et un dérapage dépassant nos capacités d'adaptation.

> Les pays industrialisés devront diviser par quatre leurs émissions de GES d'ici à l'horizon 2050.

DES EFFORTS À ACCOMPLIR DANS LES TRANSPORTS

S'agissant de notre pays, à l'issue du Rendez-vous climat, les responsables de la Mission interministérielle sur l'effet de serre (MIES) ont souligné que les projections réalisées pour 2010 confirment la réalité des efforts à accomplir dans tous les secteurs. Certes, en 2003, les émissions de gaz à effet de serre ont connu une diminution provenant du secteur industriel et du traitement des déchets. Mais leur forte croissance dans les transports et l'habitat a entraîné une augmentation générale de 0,5 % par rapport à l'année précédente. Résultat, la MIES met l'accent sur une indispensable baisse de la demande future de transports, notamment du transport aérien, dont la croissance

À SAVOIR

GES : UNE AUGMENTATION CONTENUE

Entre 2002 et 2003, la France a enregistré une augmentation de 0,5 % de ses émissions de gaz à effet de serre (GES). Pour les cinq dernières années (1999-2003), l'augmentation générale (560 M t équivalent CO2) conduit toutefois à un niveau inférieur de 1,4 % à celui de l'année 1990 (564 M t équivalent CO2).

SUR LE WEB

Le site de la MIES
→www.effet-de-serre.gouv.fr

→Le site du MEDD
www.ecologie.gouv.fr

[e]

Interview

« Une volonté de pédagogie »

Jean-Claude Gazeau [c]

Président de la MIES, la Mission interministérielle de l'effet de serre.

« Kyoto » ?

[b]

est particulièrement préoccupante. Elle insiste également sur le transfert nécessaire, en dépit de l'inadaptation actuelle du réseau, d'une partie du fret de la route vers le rail, ainsi que d'une combinaison des deux. Le fret fluvial, qui ne représente que 3 % du transport total, doit être développé.

Rappelons quelques-unes des mesures prises dans notre pays. En matière d'habitat, le crédit d'impôt renforcé pour les économies d'énergie et les énergies renouvelables figure au premier plan des mesures incitatives. De même que l'étiquetage CO2 qui s'étendra, cette année, aussi bien aux voitures qu'aux logements. Pour l'industrie, le Plan national d'affectation des quotas, couvrant 1 127 sites et permettant un plafonnement des émissions de CO2, est en place depuis le début de l'année 2005. L'accent est également mis sur la recherche et les stratégies d'adaptation au changement climatique.

Au niveau international, la France tient, selon les termes employés par Mme Nelly Olin en conclusion du Rendez-vous climat, « *une position forte et résolue* ». Ce qu'elle a prouvé en faisant en sorte – avec les autres pays de l'UE, ainsi que le Canada, le Japon et la Norvège – que la Conférence de Montréal, qui s'est déroulée du 28 novembre au 9 décembre, soit un succès.

[e]

UN CONTRÔLE NÉCESSAIRE Comme le constate Paul Watkinson, responsable de la coordination internationale à la MIES et chef de la délégation technique de la France à Montréal, « *non seulement les 158 pays adhérents sont d'accord pour que le Protocole soit réellement mis en œuvre, avec un vrai système d'observance et de contrôle, mais ils ont aussi conforté le marché du carbone. Notamment par la mise en place, dès 2006, du mécanisme de développement propre avec les pays en développement et de mécanismes analogues avec la Russie et certains pays d'Europe de l'Est. Les pays industrialisés se sont engagés à contribuer à leur financement, au moins jusqu'en 2007* ». Autre succès, les États-Unis se sont finalement ralliés in extremis à l'idée d'une concertation pour renforcer la mise en œuvre de la convention-cadre des Nations unies sur les changements climatiques.

L'évolution de « Kyoto après 2012 » étant enfin acquise, le climat futur de la planète dépend désormais du dialogue entre pays du Nord et du Sud. Un dialogue élargi dont l'avenir est étroitement lié à la volonté de financement de la part des institutions internationales.

À SAVOIR

ÉCO-HABITAT : CRÉDIT D'IMPÔT RENFORCÉ
Parmi les mesures incitatives, le crédit d'impôt passé depuis janvier 2005 à 40 % pour les équipements de production d'énergie renouvelable, et à 25 % pour les matériaux d'isolation, sera encore renforcé en 2006, respectivement à 50 % et 40 %.

MÉCANISME DE DÉVELOPPEMENT PROPRE
Outil innovant, le MDP est le seul mécanisme du Protocole du Kyoto qui implique les pays du Sud, en leur permettant d'accueillir sur leur territoire des projets de réduction d'émissions. En contrepartie, l'investisseur du Nord reçoit des crédits de réduction d'émissions, utilisables pour son compte ou cessibles sur le marché.

À l'issue du Rendez-vous climat, Jean-Claude Gazeau dresse un premier bilan du Plan climat qui a été lancé en 2004.

APRÈS UN AN D'APPLICATION DU PLAN CLIMAT, LA FRANCE SE MAINTIENT-ELLE DANS SES ENGAGEMENTS EN MATIÈRE D'ÉMISSIONS DE GAZ À EFFET DE SERRE ?
Il est encore un peu tôt pour que le Plan ait toute sa visibilité. Mais le maintien des émissions dans les limites prévues semble néanmoins acquis. En 2004, nos émissions sont stables et de même niveau que celles de 1990, conformément à notre engagement de Kyoto. Pour l'instant, la France reste, avec l'Allemagne et la Grande-Bretagne, dans le « peloton de tête » de l'Union européenne.

N'Y A-T-IL PAS DEUX SECTEURS QUI RESTENT DIFFICILES À MAÎTRISER, LES TRANSPORTS ET LE BÂTIMENT ?
S'agissant du transport de voyageurs, on note en 2004 un léger fléchissement de la consommation énergétique. Il résulte surtout des mesures prises pour le respect des limitations de vitesse. Ainsi convergent les politiques menées pour le climat et en faveur de la sécurité routière. Ce qui montre bien que dans ce domaine, comme d'ailleurs dans celui de l'habitat, la sensibilisation du public est cruciale.
Pour les transports encore, je citerai plusieurs mesures. Notre pays a avancé à 2008 l'échéance d'une incorporation de 5,75 % de biocarburants dans l'essence et le gazole, prévue pour 2010 par une directive européenne. Même limitée, la taxe sur les véhicules polluants (au-delà de 200 g de CO2 rejeté par km) est un signe tangible qui traduit, là encore, une volonté de pédagogie. Pour preuve, le parc des véhicules propres, émettant moins de 140 g de CO2/km, croît régulièrement au détriment des véhicules les plus polluants. La moyenne française est de 153 g de CO2/km, en deçà de la moyenne européenne (163 g). Autre mesure incitative, l'étiquette CO2 des véhicules neufs. Signalons aussi le programme de recherche visant à produire, d'ici la fin de la décennie, un véhicule économe (3,5 l/km) et peu émissif en CO2. Parmi les nombreuses mesures concernant l'habitat, je retiendrai la réglementation technique qui sera bientôt mise en place pour les logements neufs, et le diagnostic de performance énergétique qu'il faudra produire, dès juillet 2006, lors de la vente d'un logement neuf.

LE PLAN CLIMAT VA-T-IL ÉVOLUER ?
Il doit être réactualisé tous les deux ans, donc courant 2006. Outre qu'il proposera de nouvelles mesures, le futur Plan climat renforcera les mesures les plus efficaces du plan 2004. L'objectif est de veiller à ménager de bonnes synergies entre notre politique en matière de climat et les grands enjeux du gouvernement, notamment en terme d'emploi, de sécurité routière ou de maîtrise de la demande en énergie.

Ainsi conduit, le survol rapide va vous permettre de caractériser rapidement chaque document. Est-il clair, bien découpé, bien lisible ? Ou au contraire lisse, ou confus ? Est-il, d'après l'étude des mots-clefs, ou indices, pour ou contre le thème, ou ni l'un ni l'autre ?

Le survol rapide vient ainsi abonder votre connaissance de l'enveloppe du dossier, vous fournir des éléments d'orientation supplémentaires. Mais, outre cela, il opère en complément du sujet et en confirmation de votre compréhension de celui-ci. Cette confirmation rapide est essentielle pour la suite, puisqu'elle vous permet de savoir au plus vite où vous allez, et de le faire en puisant le moins possible dans votre capital-temps.

Rendre la liste opérationnelle

Si elle est bien construite, une liste de documents peut apporter un certain nombre d'informations.

Exemple

Voici un extrait de liste :
– *Document n° 5 : décret du 29 octobre 1936 relatif aux cumuls de retraite, de rémunérations et de fonctions. 3 pages.*
– *Document n° 6 : « Cumuls d'emplois publics : quelles limites ? »* – La Gazette*, 8 juillet 1996. 2 pages.*

Ces deux lignes montrent bien ce que peut contenir la liste : le **numéro** du document, d'abord, qui permet le repérage du rédacteur dans le dossier. Deuxième information (doc. 5), le **type de texte** ; toujours indiquée quand il s'agit d'un texte de nature juridique, cette indication est souvent omise quand il s'agit d'un article, d'autant qu'alors la mention de la source (doc. 6 : *La Gazette*) rendrait cette précision superflue. Le **titre du texte** est ensuite mentionné. Dans le premier cas, il précise l'objet précis du texte juridique. Ce type de mention est le plus souvent précis et explicite, et présente l'avantage de donner à connaître immédiatement ce que l'on peut espérer trouver dans le texte. Le titre de l'article n'est pas toujours aussi parlant qu'ici et demande parfois à être éclairci, quand il n'induit pas purement et simplement en erreur. Aucune des deux références ne comporte de nom d'auteur, ce qui, dans certains cas, est une bonne indication. En revanche, l'un et l'autre comportent l'indication précise de la date, renseignement dont nous verrons plus loin quelle peut être l'utilité.

Enfin, chacune de ces lignes se termine par la mention du nombre de pages, et donc de la longueur de chaque document. Numéro, nature, source, titre, (auteur), date, taille sont donc les renseignements pertinents qui devraient figurer sur toute liste. Ce n'est pas toujours le cas. En effet, les listes mises à votre disposition sont souvent incomplètes, ou du moins inexactes.

Voici par exemple celle qui accompagne le dossier introduit par le sujet 6 (que vous retrouverez parmi les sujets traités, page 47).

Exemple

Sujet 6 : liste des documents

1 – Décret n° 98-360 du 6 mai 1998 – texte initial.
2 – Décret n° 2002-213 du 15 février 2002 portant transposition des directives 1999/30/CE du conseil du 22 avril 1999 et 2000/69/CE du Parlement européen et du conseil du 16 novembre 2000 et modifiant le décret n° 98-360 du 6 mai 1998.
3 – Décret n° 2003-1085 du 12 novembre 2003 portant transposition de la directive 2002/3/CE du Parlement européen et du conseil du 12 février 2002 et modifiant le décret n° 98-360 du 6 mai 1998.
4 – Décret n° 2004-195 du 24 février 2004 pris pour l'application de l'article L 222-3 du Code de l'environnement et modifiant le décret n° 98-360 du 6 mai 1998.
5 – Le programme européen sur le changement climatique (PECC) – extrait du site Internet de l'ADEME (Agence de l'environnement et de la maîtrise de l'énergie), 10/06/2006.
6 – Article tiré des *Annales des Mines* (janvier 2006).
7 – « Où en est le marché du CO^2 ? » (*Alternatives économiques*).
8 – Extrait de *Regard sur l'actualité*, n° 302, La Documentation française.
9 – « Quel avenir après Kyoto ? », article de Jean-Claude Gazeau, président de la MIES, mission interministérielle sur l'effet de serre.
10 – Espoir pour une nouvelle génération.
11 – Effet de serre : Kyoto ne suffira pas.
12 – Article.

Reprenons cette liste ligne par ligne :
1 – Décret n° 98-360 du 6 mai 1998 – texte initial.
Il manque ici l'essentiel : l'objet du texte. Pour le connaître, il faut aller vers le document lui-même, en anticipant sur la phase du survol. Il sera alors possible de compléter manuellement :
1 – Décret n° 98-360 du 6 mai 1998 *relatif à la qualité de l'air etc., 2 pages* – texte initial.

On peut comme ici résumer l'objet du texte pour ne pas passer trop de temps à le recopier. On en profite pour indiquer également la taille du document. L'indication qu'il s'agit du *texte initial*, donc non « consolidé », est importante : cela veut dire qu'aucune des modifications apportées par la suite au texte n'y figure. C'est ici important, puisqu'on voit que les documents 2, 3 et 4 viennent justement modifier le document 1. S'il avait été indiqué « version consolidée à une date postérieure au document 4 », il n'aurait même pas été utile de lire les documents 2, 3 et 4.

Continuons :
5 – Le programme européen sur le changement climatique (PECC) – extrait du site Internet de l'ADEME (Agence de l'environnement et de la maîtrise de l'énergie), 10/06/2006.
Cette fois, rien à ajouter, excepté la taille (*2 pages*), qui sera d'ailleurs ajoutée systématiquement pour tous les documents.

6 – Article tiré des *Annales des Mines* (janvier 2006).
Même remarque que pour le document 1, il faut ajouter le titre : *Privatisation partielle d'EDF et lutte contre l'effet de serre.* Et bien sûr : *5 pages.*

7 – « Où en est le marché du CO^2 ? » (*Alternatives économiques*)

Ici, le titre existe, mais il n'est peut-être pas assez explicite pour donner une indication réelle sur le contenu de l'article lui-même. Il faut à nouveau aller au document. Cette fois, c'est le chapeau qui donne la clef : le marché dont il est question, c'est celui des quotas de rejet de CO^2. Le document donne aussi deux noms d'auteur, mais ceux-ci ne valent d'être notés que si vous connaissez ces références. Il donne encore une date. Vous allez donc ajouter : *quotas d'émission de CO^2, mai 2006. 5 pages.*

A titre d'exercice, vous pouvez maintenant considérer les lignes suivantes en repérant dans un premier temps ce qui manque à chacune d'entre elles. Vous pourrez ensuite vous entraîner à compléter.

Vous devriez aboutir à un document ressemblant à ce qui suit :

Sujet 6 : liste des documents

1 – Décret n° 98-360 du 6 mai 1998 – (texte initial) – *relatif à la surveillance de la qualité de l'air et de ses effets sur la santé et l'environnement, etc. 2 pages.*
2 – Décret n° 2002-213 du 15 février 2002 portant transposition des directives 1999/30/CE du conseil du 22 avril 1999 et 2000/69/CE du Parlement européen et du conseil du 16 novembre 2000 et modifiant le décret n° 98-360 du 6 mai 1998. *3 pages.*
3 – Décret n° 2003-1085 du 12 novembre 2003 portant transposition de la directive 2002/3/CE du Parlement européen et du conseil du 12 février 2002 et modifiant le décret n° 98-360 du 6 mai 1998. *1 page.*
4 – Décret n° 2004-195 du 24 février 2004 pris pour l'application de l'article L 222-3 du Code de l'environnement et modifiant le décret n° 98-360 du 6 mai 1998. *2 pages.*
5 – Le programme européen sur le changement climatique (PECC) – extrait du site Internet de l'ADEME (Agence de l'environnement et de la maîtrise de l'énergie), 10/06/2006. *2 pages.*
6 – *Privatisation partielle d'EDF et lutte contre l'effet de serre.* Par Henri Prévot, ingénieur général des Mines. Article tiré des *Annales des Mines* (janvier 2006). *5 pages.*
7 – « Où en est le marché du CO^2 ? » (*Alternatives économiques* n° 247, mai 2006). *5 pages.*
8 – « *Les instruments économiques de protection de l'environnement* » ; extrait de *Regards sur l'actualité* n° 302, La Documentation française. *6 pages.*
9 – « Quel avenir après Kyoto ? », article de Jean-Claude Gazeau, président de la MIES, Mission interministérielle sur l'effet de serre – *Revue « Écologie et développement durable », janvier 2006. 2 pages.*
10 – « Espoir pour une nouvelle génération » – *Revue « L'environnement pour les européens », n° 23, mars 2006. 2 pages.*
11 – « Effet de serre : Kyoto ne suffira pas » – *Guillaume Duval, Alternatives économiques, n° 233, février 2005. 6 pages.*
12 – Article : *« Si la France voulait vraiment réduire ses émissions », Marc Chevallier, Alternatives économiques, n° 233, février 2005. 4 pages.*

Créer une liste

La liste des documents, plus ou moins utilisable, est très souvent présente, mais il arrive qu'elle manque. Dans ce cas, vous vous trouvez en situation « réelle » de travail : vous recueillez un ensemble de pièces, disparates, et vous en faites la synthèse ; et c'est bien entendu à vous de créer la liste. Vous le ferez selon les mêmes principes que ceux qui viennent d'être présentés pour compléter une liste.

L'absence de liste n'est pas une erreur, ni un oubli. C'est un choix délibéré du concepteur du dossier ; un choix qui, souvenez-vous en, n'avantage ni ne handicape personne, puisque tous les candidats disposent du même matériel. Cependant, il peut être intéressant et prudent de poser la question, comme de vérifier que tous les documents sont bien présents, avec la bonne pagination. Faites-le dès le début de l'épreuve, justement à l'occasion de l'exploitation de la liste.

Il peut arriver aussi que, si la liste des documents existe (même de façon incomplète), ceux-ci ne sont pas numérotés et le dossier n'est pas paginé. Dans ce cas, faites vous-même la numérotation et la pagination tout de suite : si vous souhaitez ensuite dégrafer le dossier pour l'exploiter, vous pourrez effectuer très rapidement des regroupements de documents.

En principe, à ce stade des opérations, vous devez être en possession d'une liste utilisable. Cette liste a une double nature, que vous allez devoir exploiter : elle est bien entendu la clef d'entrée naturelle du dossier. Mais elle est aussi, simultanément, le complément du sujet. C'est par ce second aspect que nous allons commencer, l'interrogation de la liste.

Les dernières questions

Après la lecture du sujet et de la liste, un certain nombre de questions restait encore sans réponse. Le survol rapide a constitué la dernière chance de compléter les réponses à vos interrogations.

Il a pu vous permettre de confirmer le thème ou de le rectifier. En effet, on peut imaginer (avec le fameux sujet minimaliste !) que le thème tiré de la lecture de la liste ne soit pas exactement celui auquel on se serait attendu... De même, le lieu. Vous vous apercevrez peut-être que de nombreux documents se rattachent à un même site, à une même région, etc.

Ainsi, l'interrogation est poussée à son terme. Les dernières ambiguïtés sont levées, la prise de contact est achevée. La liste joue véritablement le rôle de complément du sujet, en venant apporter les réponses qui ne se trouvaient pas dans celui-ci, et même d'autres renseignements. Elle permet aussi de confirmer ou d'infirmer certains points de la première analyse.

Avec le sujet minimaliste (*« Rédigez une note de synthèse à partir du dossier suivant »*), c'est elle qui va apporter les premières réponses, même s'il a d'abord fallu la construire de toutes pièces... Prenons la liste jointe au sujet 6 (voir ci-contre) et supposons qu'elle n'ait été introduite que par un sujet minimaliste : un simple coup d'œil permet d'en faire ressortir le thème, qui est ici celui de la modification du climat. Et c'est bien là le premier renseignement apporté par la liste : le thème, ou la confirmation du thème.

Mais **les éléments de contexte** peuvent également y être trouvés : la date qui, par nature, est celle du document le plus récent (puisqu'on se limite au dossier), le lieu, parfois, qui peut ressortir de l'orientation géographique précise et convergente de plusieurs documents. Il faut bien entendu user de ce mode d'investigation avec prudence. Dans un autre dossier, un des documents se situait précisément au Mali. Mais le thème général, qui était celui de la mondialisation, primait : c'eut été une erreur de situer la note dans ce pays ou même de l'orienter préférentiellement vers le tiers-monde. Au contraire, et même en l'absence d'indications précises du sujet, l'existence dans le dossier du sujet 6 d'un nombre significatif de documents traitant de la qualité de l'air incite à donner un éclairage appuyé sur ce point.

Ici, après la lecture du sujet, la question pouvait encore se poser. Il n'est pas précisé quels seront les interlocuteurs présents à cette conférence administrative, ni s'il s'agit de parler du réchauffement climatique d'un point de vue économique, biologique, historique, polémique... La liste, en montant le protocole de Kyoto en épingle et en distinguant également le thème de la qualité de l'air, précise tout cela.

Réponses et confirmations ne limitent cependant pas le domaine dans lequel la note peut jouer à plein son rôle de complément du sujet. Un autre renseignement, d'importance quant à la suite (c'est-à-dire à la rédaction du devoir), y est encore décelable : la tonalité des documents.

– Ceux-ci sont-ils plutôt juridiques (lois, textes réglementaires, actes administratifs...), ce sera alors à une note de synthèse à tonalité juridique qu'il faudra s'atteler, sans en faire pour autant un simple travail de « codification ».

– Seront-ils surtout des rapports, des articles événementiels, des échanges de courrier ? Alors, la note portera sur un problème précis sur lequel il faudra faire le point.

– Comportera-t-elle des textes d'opinions, parfois opposées, des éléments de débat ? Alors la note devra faire le point et rendre compte des éléments de ce débat.

Tout ce que vous aurez ainsi pu faire ressortir de la lecture de la liste, vous l'ajouterez au sujet sous forme d'annotations marginales et complémentaires : vous en faites ainsi réellement votre *vade mecum*, auquel vous vous reporterez fréquemment tout au long du devoir, afin de vous assurer que vous restez bien dans le droit fil de la commande.

Il est temps, maintenant, avant de commencer le dépouillement du dossier, de trouver le document qui, en peu de mots, va vous permettre de savoir « de quoi on parle ».

Les différents textes administratifs

Il est important de bien connaître la nature des textes administratifs que vous pouvez rencontrer dans le dossier.

– **La circulaire** est un document diffusé à l'intérieur d'une administration. Elle est destinée à des fonctionnaires d'État. Son objet est de préciser les modalités d'application d'une mesure. Les circulaires ne sont pas toujours publiées au *Journal officiel*, mais cela n'a que peu d'importance par rapport à l'épreuve de synthèse. Sachez simplement qu'elle ne doit pas interpréter la réglementation qu'elle précise et qu'elle peut faire l'objet d'un recours devant le Conseil d'État.

– **L'instruction**, quant à elle, est une note de service qui émane d'un ou de plusieurs ministres (il s'agit alors d'une instruction interministérielle) et qui est diffusée largement dans les services concernés de l'État. Elle peut faire suite à un arrêté qu'elle vient compléter et être publiée au *Journal officiel*.

Un exemple d'instruction : l'instruction budgétaire et comptable dite « M14 » des communes et de leurs établissements publics administratifs, publiée au *JO* en annexe aux arrêtés ministériels des 9 novembre 1998 et 17 avril 1999.

Une circulaire ou une instruction figurant dans un dossier peuvent s'avérer très intéressantes en ce sens qu'elles peuvent, par exemple, présenter clairement une législation complexe, faire le point de l'évolution de cette législation, à la faveur de la promulgation d'une loi modifiant une plus ancienne portant sur le même objet.

Le document d'entrée

Le document d'entrée, ce n'est pas celui qui porte le numéro 1 sur la liste, du moins pas forcément : c'est celui par lequel vous allez commencer la découverte du dossier. Cela permet d'en dégager quelques caractéristiques : le document d'entrée ne doit pas être trop long. Il doit recouvrir si possible l'ensemble de la problématique même si celle-ci, à ce stade, reste à définir. Il ne doit pas être trop technique. Parmi des textes juridiques, ce pourra être la loi, si elle est bien lisible, ou la circulaire, si elle n'est pas trop longue. L'idéal serait cependant un bon article de presse faisant le point sur le sujet.

Revenons au sujet 6 : pour trouver le document d'entrée, on peut éliminer d'emblée les décrets, trop techniques, de même que les documents 5, 6, 7, 8 et 12, qui ne visent qu'une partie du sujet. Le doc. 11, séduisant, est à la fois trop long (6 pages) et ancien. Restent donc les doc. 9 et 10. Ici, le choix peut rester libre. Un survol approfondi montrera cependant que le 9 est plus riche en informations concentrées. C'est donc le document 9, dont l'auteur est de plus une personnalité, qui sera le document d'entrée.

La lecture du premier document est d'autant plus importante que vous êtes moins bien renseigné sur le sujet. C'est elle en effet qui va, après la prise de contact, vous permettre d'en savoir un peu plus avant de vous lancer dans l'exploitation du dossier proprement dite.

✔ Ce qu'il faut retenir

La liste des éléments du dossier n'est pas une simple table des matières : elle constitue un élément à part entière du dossier. Il est donc nécessaire de la lire, de la compléter et de la questionner. Compléter cette liste n'est pas du temps perdu, au contraire. Le cas échéant, il faut recourir au survol rapide pour préciser le descriptif des différents éléments.

Avant de passer au dépouillement, vous utiliserez encore la liste pour choisir un premier document, destiné à vous éclairer rapidement sur le sujet, puis le document-pivot.

L'exploitation du dossier

Pour exploiter le dossier, il va vous falloir lire les documents. Mais cette lecture doit être à la fois complète et rapide.

La lecture rapide

Il n'est bien entendu pas question de vous donner en quelques paragraphes un cours complet de lecture rapide, des méthodes existent pour cela [1], à moins que vous n'ayiez l'opportunité de participer à un stage.

Pourtant, quelques principes doivent être posés. D'abord, la lecture rapide n'est pas une lecture en diagonale, une lecture glissante où l'œil ne retient rien. C'est au contraire une lecture sélective, organisée. Une lecture surtout qui n'est ni linéaire, ni subvocalisée, ni exhaustive. Il n'est jamais besoin de tout lire, de s'imprégner de chaque mot pour comprendre le sens du texte. Car c'est le sens général du texte qui importe.

Pour autant, rassurez-vous : pratiquer la lecture rapide, s'y entraîner, c'est bien évidemment se donner un atout supplémentaire pour réussir l'épreuve de note de synthèse, mais c'est loin d'être suffisant, ni même vraiment nécessaire. La technique de la note de synthèse qui vous est ici exposée est suffisamment élaborée pour vous permettre d'aboutir même si vous ne détenez pas de record de vitesse de lecture !

Le document-pivot

Nous avons vu dans la partie précédente comment on pouvait déterminer un document d'entrée, afin de se mettre rapidement au courant de la thématique du dossier. Ce document d'entrée est lu rapidement, comme on lit le matin un article de journal, pour s'informer simplement, ce qui signifie sans prendre de notes...

Le document-pivot a une utilisation complètement différente. Ici, au contraire, c'est l'outil à partir duquel vous allez pouvoir définir une grille de lecture et entamer une exploitation intelligente du dossier. Ce document pourra éventuellement être le même que le document d'entrée, mais cela doit rester exceptionnel. L'objectif n'est pas le même, et les critères de choix ne se recouvrent que partiellement.

Le choix et l'exploitation du document-pivot sont une étape indispensable. Elle va vous permettre de vous approprier totalement le dossier en vue de son exploitation rationnelle en lecture dite « approfondie ». C'est l'étape au cours de laquelle vous allez recueillir les informations indispensables à la rédaction de votre note.

1. On peut citer par exemple le *Guide de lecture rapide* de Pierre Gévart, Éd. de l'Étudiant, 2005.

Choisir le document-pivot

C'est celui qui va donner une charpente à votre travail de recherche (car l'exploitation du dossier est un véritable travail de recherche : recherche d'idées, d'arguments, etc.). Vous pourrez, sur le document pivot, greffer les arguments tirés des autres documents, voire les enchaîner, de manière à en faire un tout cohérent. Attention ! Il ne s'agit pas encore d'un plan. Vous en êtes seulement à faire prendre la pâte, pas à l'utiliser.

Le document choisi doit donc recouvrir le champ le plus large à l'intérieur du sujet. En ce sens, les critères ressemblent fort à ceux du choix du document d'entrée. Mais il en est un autre, qui est celui de la structure physique du texte. Est-il ou non divisé en paragraphes pertinents ?

En effet, dans un texte bien rédigé (comme, d'ailleurs, devra l'être le vôtre à la fin de l'exercice), chaque paragraphe doit correspondre à une idée centrale. Il suffit donc d'inverser le mécanisme. Prenons par exemple le premier paragraphe du document 9 (voir p. 22), qui était le document d'entrée. L'idée générale en est celle-ci : *« Il existe en France un plan, le plan climat, pour répondre aux défis du changement climatique. »* Dans le second paragraphe, l'idée maîtresse est : *« Le protocole de Kyoto constitue un engagement chiffré de réduction des émissions de gaz à effet de serre. »* Un paragraphe : une idée. Si la structure du texte répond à ce principe, si les paragraphes à analyser sont assez nombreux, mais pas trop, alors, c'est un bon document-pivot.

C'est la raison pour laquelle nous reprendrons le document 9 comme document-pivot.

Attention ! Parfois, il n'existe pas un document-pivot, mais il faut en réunir deux pour couvrir un champ assez large du sujet (très rarement plus). Le survol rapide permet, là encore, de faire ce choix.

Exploiter le document-pivot

Comme son nom l'indique, il est destiné à devenir le centre de votre recherche ordonnée à travers le dossier. C'est la raison pour laquelle il faut lui accorder une attention soutenue ; son approche revêtira donc encore un caractère systématique, le but étant de débusquer toutes les idées importantes qu'il peut contenir. Pour cela, il faut le lire le crayon ou le stylo à la main et, à toute nouvelle rencontre d'une idée, la noter. Tout le problème étant alors de sortir de cet exercice avec un matériau utilisable, c'est-à-dire qui ne soit pas trop touffu. Comme toujours, il existe une méthode.

Exemple

C'est celle qui utilise le principe vu plus haut : une idée = un paragraphe. Rappelons les deux premières idées : *« Il existe en France un plan, le plan climat, pour répondre aux défis du changement climatique. »* Et, dans le second paragraphe : *« Le protocole de Kyoto constitue un engagement chiffré de réduction des émissions de gaz à effet de serre. »* Formulées ainsi, ces idées sont encombrantes, lourdes à porter en marge ou à noter. On notera donc : *« En France → plan climat »* et *« Kyoto : engagements chiffrés de réduction des GES. »*

Il faut maintenant poursuivre cette application à l'ensemble du texte ; l'idée directrice de chacun de ces paragraphes peut se noter comme il suit :

§ 1 = en France : plan climat ;
§ 2 = Kyoto : engagements chiffrés de réduction des GES ;
§ 3 = un objectif chiffré de 2° maxi de réchauffement ;
§ 4 = France : des efforts nécessaires d'ici 2010 ;
un effort dans les transports ;
§ 5 = mesures déjà prises en France ;
§ 6 = position française à la conférence de Montréal ;
§ 7 = nécessité d'une action concrète et d'un contrôle ;
§ 8 = importance du dialogue Nord-Sud et du financement.

Au total, quand le dépouillement du document-pivot est ainsi achevé, vous disposez d'un certain nombre d'idées, une ou deux par paragraphe (parfois, il faut ne noter qu'une seule idée pour plusieurs paragraphes trop courts, ou au contraire quatre ou cinq pour des paragraphes trop longs ; ce n'est pas le cas ici). Ici, il y en a neuf : c'est un minimum. Il vaut mieux, idéalement, tendre vers une douzaine d'idées. Mais neuf idées vont nous permettre de travailler et particulièrement de construire une grille de lecture.

La grille de lecture

Neuf idées, c'est suffisant pour les travailler afin d'en faire ressortir plusieurs axes :
- Axe 1 : Kyoto et ses suites (§ 2, 6, 7) ;
- Axe 2 : les mesures françaises (§ 1, 4 (a et b), 5) ;
- Axe 3 : la réalité scientifique du phénomène (§ 3) ;
- Axe 4 : les conditions d'une action efficace (§ 8).

C'est cette liste, qui ne correspond en rien à un plan, qui va constituer le pivot de votre recherche. Vous allez pouvoir en effet la noter au milieu d'une feuille de brouillon, par exemple, et y raccrocher (comme des rayons sur le pivot d'une roue) les idées pêchées dans tel ou tel document du dossier.

Le cas échéant, vous rencontrerez peut-être une idée qui ne se rattache à aucun des axes. La solution est simple : il faudra alors compléter le pivot en ajoutant un axe.
Par exemple, ici, le document 5 amène à créer un axe : axe 5 : action de l'Union européenne.

Lire les documents

Muni de cette grille de lecture en cinq axes, vous pouvez maintenant dépouiller concrètement le dossier. Il vous faut cependant répondre encore à deux questions : de quels types de documents disposez-vous, et dans quel ordre allez-vous les aborder ?

● Les différents types de documents

Le dossier à partir duquel se construit une note de synthèse peut se composer de documents de natures très diverses. Celui sur lequel s'appuie cet exposé méthodologique comprend ainsi :

- des textes juridiques (doc. 1 à 4) ;
- des documents contenant des éléments statistiques (doc. 6, 7, 8, 10 et 11) ;
- des articles tirés de la presse quotidienne ou de revues diverses (doc. 7 à 12).

L'approche de ces différents documents ne peut pas être totalement uniforme. Il va donc falloir apprendre à les lire, à savoir ce qu'on peut en tirer et comment le faire.

Nous avons déjà vu, plus haut, que la proportion relative de ces différents documents venait en quelque sorte compléter le sujet en offrant des éléments complémentaires sur l'éclairage donné au thème (est-ce un éclairage plutôt juridique, plutôt une affaire d'opinion, etc. ?). De même, la manière de lire les documents et l'ordre dans lequel doit s'effectuer cette lecture dépendent de la nature (et aussi, il est vrai, du nombre) des documents présentés.

Pour autant, ce qui importe *in fine*, rappelez-vous le toujours, c'est, par définition, de **réussir la synthèse** entre tous les éléments, aussi disparates soient-ils.

– Lire les documents juridiques

Le document 2 est un texte juridique. Comment faut-il le lire ? Il est d'abord utile de bien identifier le document proposé. Ici, on a deux textes : le décret du 16 février 2002 et un arrêté du 23 janvier 2002. La liste des documents identifie le décret, pas l'arrêté. Au surplus, la simple lecture de l'objet de cet arrêté montre que son contenu n'a rien à voir avec le sujet.

Le cas n'est pas rare. Surtout, si cela se produit, n'hésitez pas, ne vous dites pas qu'il y a peut-être dans cet arrêté quelque chose d'intéressant ou d'utilisable. Ne le lisez pas, vous n'avez pas le temps ! Et pour être sûr de résister à cette tentation, barrez d'un trait de stylo ce texte parasite. Il vous reste le décret. Celui-ci se décompose en un titre, en caractères gras, plusieurs lignes de visas, deux articles et les signatures. Vous pouvez tout de suite également biffer le deuxième et dernier article qui est, comme toujours, un article d'application. Les signatures sont les signatures normales pour un tel texte. Il vous reste finalement un document utilisable de taille réduite, avec ses annexes, parmi lesquelles l'annexe II n'est pas utilisable.

Les principes illustrés ici sont ceux qui sont à retenir pour n'importe quel texte juridique. Lisez le titre : s'il est plus large que le thème défini par le sujet, biffez sans aucun état d'âme tout ce qui « dépasse ». Les textes sont souvent munis de titres de chapitres qui facilitent ce travail. Lisez les visas, ils peuvent être intéressants. Et puis bien sûr, lisez les articles, sachant, on l'a dit, que quand il s'agit des paragraphes d'un texte, chacun d'eux correspond souvent à une idée ou à une notion différente.

– Les articles et les rapports

Avec la lecture du document-pivot, vous avez eu une première approche de la manière de lire un article de presse. La méthode peut être la même pour un rapport. Mais il ne s'agit pas de refaire avec chacun des documents le même travail qu'avec le document-pivot, sinon la notion même de pivot n'aurait plus aucun sens. Vous allez cette fois travailler plus rapidement, d'abord en utilisant la technique du « nettoyage ». A cet égard, il y a une grande différence à faire entre les titres et sous-titres qu'on trouve dans les rapports, et les intertitres des articles. Les premiers désignent très précisément le contenu des paragraphes qu'ils précèdent. Si ceux-ci sortent du thème, il n'y a donc aucune raison de ne pas les rayer. Il n'en va pas de même pour les intertitres de la presse, qui ne sont là que pour des raisons visuelles. Utilisez également le « chapeau », ce court texte introductif placé parfois en tête des articles et qui annonce souvent le plan : c'est aussi un bon guide de lecture rapide.

Ceci fait, toujours sans vous attarder et sans lire « tous » les mots, attachez-vous à dégager l'idée maîtresse de chaque paragraphe. Mais ne notez pas systématiquement ; trois cas se présentent en effet :
– ou bien l'idée a déjà été notée sur votre brouillon, et rattachée au pivot ; inutile de la recopier ;
– ou bien c'est une idée neuve rattachable à un des axes, et alors il faut évidemment la noter ;
– ou bien c'est une idée neuve non rattachable, il faut donc ajouter un axe au pivot.

Par exemple, ici, dans le document 11, un encadré, à la troisième page (« D'où vient le changement climatique ? ») peut vous amener à ajouter un **axe 6** : explication et définition du phénomène.

– **Les documents statistiques**

Vous trouverez souvent dans les dossiers un ou plusieurs documents statistiques ou incluant des éléments chiffrés ou graphiquement représentés. Dans notre dossier, ils sont nombreux. Le document 2 vous donne en annexe un certain nombre de séries de valeurs ; le document 7 donne en première page une courbe et un diagramme « en bâtons » et le document 12 comporte, à sa première page, une figuration graphique.

Négliger ces renseignements par répulsion pour les mathématiques ou par crainte de ne pas les comprendre serait une erreur. Pire, une faute. Tous les documents, en effet, doivent être exploités, tous sont utiles, et aucun ne demande pour ce faire un niveau d'expertise supérieur au niveau requis pour passer le concours. Encore une fois, c'est affaire de technique.

• **Comprendre le document :**
avant même de comprendre le contenu du document, il est essentiel de comprendre de quoi il s'agit. Lisez bien le titre. Ici (doc. 2, page 50), le tableau en bas à droite de la seconde page montre l'évolution espérée, année par année, du dépassement autorisé de l'objectif fixé pour les rejets de benzène. Il ne s'agit donc pas de valeurs réelles, mais d'objectifs, et le but n'est pas de passer en absolu de 5 à 1, mais de 5+5 = 10 à 5+1 = 6. Ceci étant, ce niveau de détail n'est pas utile. Il suffit de comprendre que des objectifs ont été fixés pour 2010, avec d'ici-là des objectifs intermédiaires progressifs.

Il est donc essentiel de bien comprendre chacun des termes utilisés : « marge de dépassement », par exemple (de quoi s'agit-il ? par rapport à quoi ?), « objectif de qualité », « valeur limite »...

Il faut ensuite bien comprendre le mode de calcul. Les chiffres ou les représentations graphiques ne veulent rien dire en eux-mêmes mais sont significatifs par rapport à ce qu'ils représentent, et à la manière de les représenter. Il s'agit en fait de bien comprendre ce que dit le document.

Prenons maintenant l'exemple de la courbe et du tableau de la première page du document 7 (page 62) :
– la courbe nous donne le « prix de la tonne de CO^2 sur les marchés européens, en euros ». Le texte, heureusement, vient préciser de quoi il s'agit (car ce pourrait être aussi le prix du gaz qui fait pétiller les sodas !) : « ... le prix du carbone ou, plus exactement, du droit à émettre du carbone. » Il faut survoler le texte un peu plus loin pour comprendre qu'une directive a fixé en 2003 des droits (ou permis) à émettre des polluants sous forme de quotas pour les sites industriels, avec la possibilité de revendre les quotas non utilisés. Pour les entreprises polluantes, il existe ainsi un marché des quotas de CO^2, avec un choix possible entre, soit faire un investissement pour réduire les émissions, soit racheter des quotas à des entreprises « propres ». Dans ce texte, vouloir comprendre la courbe a permis de comprendre le mécanisme ;
– le graphique en bâtons montre, quant à lui, le volume quotidien des échanges de quotas ; tendanciellement, il est visible que celui-ci augmente pendant les dix-huit mois envisagés, mais avec des soubresauts qu'il n'est pas pertinent, pour traiter ce sujet, de chercher ici à expliquer.

• **Analyser en relation avec le sujet :**
l'ayant bien compris, on peut maintenant exploiter le document. Il faut le faire en gardant sans cesse présent à l'esprit le sujet de la note (n'interroger le document que dans ce cadre, même s'il peut dire beaucoup, en dehors du sujet) et en restant objectif. Il faut faire « parler le document » en sélectionnant les données les plus pertinentes et en les transformant en informations exploitables, rattachables au pivot.

Faites-le en allant du général au particulier (la tendance de la courbe avant ses accidents, les totaux du tableau avant les chiffres détaillés) et en ne sollicitant pas les chiffres au-delà de ce qu'ils peuvent donner. Ici (doc. 7), savoir que les prix du CO^2 ont augmenté en juillet 2005 n'est pas intéressant à signaler. En revanche, que le prix ait triplé en dix-huit mois est une information à retenir.

Soyez toujours **critique dans votre lecture** des documents. Cette critique, faites-la d'abord porter sur la source (un document INSEE ou provenant des Douanes est *a priori* plus fiable qu'un document d'agence de presse ou d'un organisme privé), sur la date (le document fait-il encore actualité ?), etc.

Enfin seulement, vous pourrez en tirer un argument rattachable.

L'ordre de la lecture

Vous savez maintenant comment lire tel ou tel type de document, vous avez exploité le document-pivot et vous disposez d'une grille de recueil des données. Il reste à déterminer l'ordre dans lequel ces documents doivent être abordés, la lecture du premier document et du document-pivot étant considérée comme acquise.

En fait, il n'y a dans ce choix d'un ordre de lecture rien que de très traditionnel. **D'abord, la lecture des textes juridiques** s'impose : ce sont eux qui disent le droit. En principe, concernant une même matière, ce sera la loi, puis le décret, puis la circulaire.

(Remarque : certaines lois, qui procèdent par modification de textes antérieurs non joints, sont peu lisibles : on peut alors commencer par le décret ou la circulaire, sans pour autant laisser totalement la loi de côté.)

Vient ensuite l'ordre chronologique : on pourrait imaginer judicieux de commencer par le texte le plus ancien, pour avoir une vision de ses modifications successives. Cela serait en fait une perte de temps et de clarté. Il vaut mieux d'emblée, à degré hiérarchique égal, **prendre le texte le plus récent**, puis le compléter en « remontant le temps ». Cette technique vous permettra également de vérifier que le plus récent n'abroge pas, partiellement ou en totalité, un document plus ancien qui figurerait dans le dossier ; elle vous évitera de lire des informations obsolètes et totalement inutiles.

Après les textes juridiques viendront **les rapports**, dont souvent (pas toujours) ne sera donné qu'un extrait. Parmi les rapports, l'ordre ira du plus général (ceux qui englobent tout le sujet) au particulier (ceux qui ne couvrent qu'une partie du sujet). Subsidiairement à ce premier classement, un second, fondé sur la chronologie, peut être adopté, en commençant par le document le plus récent.

Le cas échéant, pourtant, cet ordre peut être bouleversé en tenant compte de l'autorité de la source. Un rapport relativement ancien et étroitement ciblé du gouverneur de la banque de France passera ainsi devant un rapport plus général et récent d'un cabinet d'expertise peu connu.

Viennent ensuite **les articles**, classés exactement selon les mêmes principes que les rapports. Ici aussi, la source ou le signataire peut conduire à changer l'ordre des priorités. Le titre du périodique joue également son rôle ; en l'occurrence, à vous de juger et de jouer avec tous les *a priori* concernant le sérieux supposé de tel ou tel titre, un périodique national venant avant la presse locale.

Les documents statistiques viennent en dernier. On peut aussi les classer, s'ils sont nombreux. Mais ce n'est pas obligatoire. En effet, ils ne couvrent souvent qu'un créneau étroit du sujet et ne sont utilisés que pour préciser ou orienter tel ou tel point de l'exposé.

L'organisation matérielle

Peu de choses a encore été dit sur l'organisation matérielle de votre travail. Celle-ci est pourtant importante ; c'est elle en effet qui va vous permettre d'avancer sûrement sans risquer de vous perdre dans les détails ou même dans vos papiers. Cela commence par l'organisation matérielle de votre table de travail.

Organiser la table

Naturellement, cette organisation dépend d'abord de la table elle-même et donc de l'espace dont vous disposez et que vous ne découvrez généralement que le jour de l'épreuve. Mais l'éventail n'est quand même pas si ouvert. Vous devrez vous asseoir soit à un pupitre à deux places, soit à un pupitre monoplace. Préparez-vous aux deux éventualités.

La règle n° 1 est de ne pas encombrer cet espace. Jusqu'au début de la rédaction, la copie n'y a pas sa place, ni une trousse si vous n'utilisez que quelques crayons, disposés bien en évidence. Vous installerez en revanche devant vous le sujet, de manière à ne pas le perdre de vue et, près de lui, votre montre avec le planning de votre épreuve.

Le dossier est bien entendu important. Vous disposez de deux solutions pour le consulter : ou bien le conserver entier, agrafé (et dans ce cas, il faut veiller à ce que la pagination soit impeccable, pour ne pas avoir à perdre du temps en le feuilletant cent fois...), ou bien le séparer en autant de liasses qu'il y a de documents. Cela peut être une bonne solution, même si elle prend plus de place. Il faut pourtant réunir un certain nombre de conditions pour que cette stratégie soit fructueuse :
– le nombre de documents ne doit pas être excessif (cinq à sept, au-delà il y a trop de risques de mélange) ;
– ayez une agrafeuse de poche pour attacher ensemble les feuillets d'un même document ;
– obligez-vous, chaque fois que vous avez fini de consulter un document, à le remettre exactement à la place que vous lui avez assignée, pour le retrouver immédiatement si nécessaire.

Les auteurs se garderont bien de se prononcer entre la pagination et le désagrafage. Essayez l'une et l'autre, et faites votre choix en fonction de ce que vous ressentez... Enfin, bien entendu, réservez le centre de la table pour votre brouillon.

(Tout ceci ne pourra pas être mis en œuvre si le dossier est imprimé recto-verso, comme c'est de plus en plus souvent le cas.)

Surligner ou non ?

Une autre des questions sur lesquelles il n'y a pas de doctrine strictement établie est celle du marquage du texte. Les rédacteurs de cet ouvrage ont eux-mêmes pratiqué diverses techniques.

La mise au point des stylos feutre surligneurs, il y a une vingtaine d'années, a révolutionné le dépouillement de textes. D'un simple trait, un fragment significatif de texte est mis en évidence. La relecture en est facilitée, puisque se limitant justement à ces passages surlignés. De plus, l'existence de plusieurs possibilités de couleurs multiplie encore l'intérêt. Il devient possible, en arrêtant un code précis de ces couleurs, d'effectuer en quelque sorte un pré-classement et de transformer les textes en cartes colorées, visuellement plus faciles à mémoriser.

Mais le surligneur a également des inconvénients : il faut bien choisir ce qu'on souligne, car le reste va disparaître, que vous le vouliez ou non. Surtout, **il ne faut pas tout surligner**. C'est d'ailleurs le risque qu'on court après quelques minutes : l'attention se relâche et, pour la maintenir en éveil, le lecteur a tendance à surligner le passage auquel justement il n'arrive pas à attacher cette attention. Utilisez donc le surlignage avec discernement. Sinon, vous ne distinguerez plus le principal de l'accessoire, l'important du secondaire.

Et sachez que, lors de la rédaction directe, la reformulation sera plus difficile à réaliser car vous aurez une tendance toute naturelle à recopier purement et simplement ce que vous avez surligné.

D'autres techniques sont tout aussi valables : vous pouvez souligner les passages intéressants, les repérer en marge, utiliser pour cela aussi des couleurs différentes, noter, toujours dans les marges du texte, les idées fortes, les points de repère (voir ci-dessous), etc.

Mais dans tous les cas, après que vous aurez vous-même, à l'usage (et l'usage ne vient que d'entraînements fréquents, rappelons-le !), déterminé votre technique idéale, **prenez des notes**. Vous ne pouvez en effet vous satisfaire du dossier annoté, surligné, repéré, désagrafé, mais toujours aussi encombrant. Les idées, les phrases, les passages, les questions ou les articulations qui vous paraissent dignes d'intérêt, notez-les sur votre feuille de brouillon.

Prendre des points de repère

Il est parfois utile de prendre des points de repère, soit qu'on ait repéré un passage qui semble intéressant, mais qui se rattache à une autre idée générale que celle qui conduit ce moment de la recherche, soit que vous souhaitiez reprendre un passage en citation pendant la rédaction. Une autre justification serait encore d'avoir découvert une mise au point ou une explication qui vous a semblé particulièrement claire, et à laquelle vous souhaitez pouvoir revenir à l'un ou l'autre moment de l'exploitation du dossier, de la mise en ordre des idées ou même, peut-être, de la rédaction.

Autant de bonnes raisons de prendre des points de repère, de poser des signaux dans les documents. Ceux-ci doivent être aussi peu nombreux que possible (trop de marques distinctives ne distinguerait plus rien), et surtout ne pas prêter à confusion. Il n'est rien en effet de plus agaçant pour le candidat, avec le risque de déconcentration qui y est inhérent, que de ne plus « remettre la main » sur ce passage intéressant qu'on croyait retrouver immédiatement.

Faites donc des repères simples et surtout, au brouillon, gardez-en la référence précise, dans un coin réservé à l'avance pour ce cas. La référence précise, c'est le numéro du document, la page et, en quelques mots, ce qui en constitue l'intérêt...

Le recueil des idées

Nous avons déjà évoqué la technique du « grappage » des idées autour d'axes déterminés lors de la lecture du document-pivot (et complétés éventuellement pendant le dépouillement du dossier). La mise en œuvre demande, là encore, un minimum de préparation. Plusieurs solutions sont disponibles, en voici un éventail non exhaustif :

– la feuille unique : cette feuille, au milieu de laquelle vous aurez installé le pivot (résultant de l'empilement des axes), doit être assez grande pour recevoir toutes les informations que vous aurez à y inscrire. Ce sera le cas si votre écriture est fine et de petite taille, ou si vous possédez à fond l'art de l'abrégé et de l'abréviation. Mais si ce n'était pas le cas, un rouleau de ruban adhésif ferait lui aussi l'affaire en vous permettant de réunir suffisamment de feuilles de brouillon pour disposer de l'espace nécessaire (n'oubliez pas non plus que l'espace de votre table d'examen sera sans doute des plus réduits !) ;
– un axe, une feuille : une autre solution consiste à affecter à chacun des axes une feuille différente et à classer ainsi, en quelque sorte par fiches, les informations recueillies.

En effet, il est parfois difficile d'utiliser de grandes feuilles de papier (format A3) ou simplement deux feuilles A4 reliées entre elles. Mais vous pourrez utiliser de simples feuilles de format A4, verticalement ou horizontalement, afin de constituer votre grille de recueil de données.

Lors de votre lecture de survol, vous avez nécessairement relevé des points de repères (titres, sous-titres, encadrés, introduction, conclusion des documents) qui vont vous permettre de répondre à la consigne. Servez-vous en pour établir une grille de recueil des données qui tiendra sur une ou deux feuilles (voire trois).

Dans tous les cas, le but, contrairement à la technique de la dissertation, est de classer les informations à mesure de leur récolte. Avec cette récolte triée dès l'origine, vous gagnerez un temps précieux pour la phase suivante. L'essentiel, bien sûr, reste de viser la clarté et d'être à l'aise avec la méthode choisie (l'entraînement, toujours !).

✔ Ce qu'il faut retenir

Voilà terminée l'exploitation du dossier. L'idéal serait maintenant de ne plus avoir à y revenir, de le ranger à l'écart et de vous lancer librement dans la conception du plan, puis dans la rédaction. Bien sûr, vous aurez pu prendre des points de repère ; ils vous serviront peut-être. Mais n'en faites pas des pièges. Le risque serait grand, en effet, de revenir et de revenir encore au dossier, pris d'on ne sait quel remords, hésitation, scrupule. La crainte de n'avoir pas tout lu, en fait. Bien sûr, vous n'avez pas tout lu ! Mais vous avez lu l'essentiel. Ce que ce dossier avait à dire, il vous l'a dit. En tous cas, c'est ce que vous devez vous répéter si la tentation vous prend du perfectionnisme.

Vous avez intégré, disséqué, digéré le dossier : vous n'en avez plus besoin. L'heure est maintenant venue de penser à construire le devoir, en commençant par le plan.

Trouver la problématique et construire son plan

Parmi toutes les étapes qui conduisent à l'élaboration du devoir de note sur dossier, l'élaboration du plan est sans doute la plus cruciale. En effet, c'est à ce moment que s'opère l'alchimie mentale qui va vous permettre de passer du travail d'analyse du dossier, auquel vous venez de vous livrer en y recherchant idées et informations, à celui de synthèse proprement dite. Il faut donc y accorder toute votre attention. Et il faut le faire au bon moment. Penser au plan plus tôt, alors que le dépouillement n'est pas terminé, c'est courir le risque de perdre l'objectivité nécessaire à la bonne conduite de celui-ci.

Peut-être le dernier document va-t-il modifier significativement votre compréhension du dossier, ajouter un axe, modifier l'équilibre des rubriques. Si vous avez déjà pensé au plan, vous serez tenté, à votre corps défendant, de respecter votre projet initial et de ne pas accorder à ces dernières informations toute l'importance nécessaire.

A l'inverse, n'allez pas remettre en chantier le plan au beau milieu de la rédaction. On ne change pas de monture au milieu du gué. Le plan arrêté, vous vous y tenez. Bien sûr, il y en a d'autres possibles. Rarement un sujet s'accommode d'un seul découpage. Il n'y a pas **le** bon plan. En revanche, il y en a de mauvais. Mais le vôtre, si vous avez bien suivi les règles, est **un** bon plan. Le meilleur n'existe pas ; ce qui compte, c'est ce que vous allez y mettre.

Les initiatives face à un plan imposé

Il faut tout de suite faire un sort aux plans imposés par la commande elle-même. Ceux-ci relèvent habituellement davantage de la note administrative ou de l'étude de cas, mais rien n'interdit qu'ils existent dans l'épreuve de note de synthèse.

Exemple

Prenons le sujet 2 : « Placé auprès du chef du bureau des affaires européennes à la préfecture de N., (...) il vous est demandé une note rappelant l'esprit du dispositif précisant si celui-ci peut intervenir (...), et comment. »

Le plan s'impose :
Partie I. L'esprit du dispositif
Partie II. Le cas particulier
Sous-partie II. 1. Le dispositif peut-il intervenir ?
Sous-partie II. 2. Comment ?

Le problème, ici, aura donc été de créer les trois rubriques I, II. 1 et II. 2 avant même de dépouiller. Pour autant, vous remarquerez que la première partie (« L'esprit du dispositif ») vous rend de fait votre espace de liberté ; en concevant les divisions de cette première partie, vous pourrez utiliser les techniques exposées dans cet ouvrage.

Les indications de la commande sont parfois moins contraignantes ; exemple : « ... faire le point sur le projet (...) en dégageant les enjeux et conséquences (...) ». Il faut bien sûr absolument en tenir compte mais ici, les espaces de liberté sont plus ouverts.

Enfin, dans le cas le plus général, le sujet vous laisse une entière liberté. A vous, donc, de structurer un plan.

Vous pouvez également être confronté à un sujet très long comme celui qui suit.

Exemple

« Suite à la publication de l'instruction interministérielle du 10 janvier 2001 relative à la protection de l'enfance, vous êtes chargé de rédiger, à l'aide des documents joints, une note au président du Conseil général précisant les implications de l'Aide sociale à l'enfance en vue de souligner le rôle central du département dans le cadre du groupe de coordination départemental que les préfets sont invités à organiser dans chaque département. »

Ce sujet est rédigé de manière complexe et cette phrase de 67 mots est bien trop longue pour être compréhensible dès la première lecture. Il est donc nécessaire de la reformuler pour éviter un contresens toujours préjudiciable.

1) Le thème : que retenir d'une première lecture ?
1.1 Il existe une instruction ministérielle du 10 janvier 2001 qui porte sur la protection de l'enfance.
1.2 Dans le cadre de cette instruction, les préfets sont chargés d'organiser un groupe de coordination départemental dans chaque département.
1.3 Du fait de sa compétence en matière d'aide sociale à l'enfance (ASE), le département est directement concerné par cette instruction.
2) La consigne : quel est l'objet de la note que le rédacteur doit adresser au président du conseil général ?
– préciser les implications de la compétence ASE sur le territoire départemental ;
– mettre en évidence le rôle central que doit jouer le département dans le groupe de coordination départemental.

A ce stade, il est nécessaire de connaître la signification du mot « implication ». La première qui peut venir à l'esprit, « action d'impliquer », n'apporte rien à la compréhension de la consigne. Ici, il s'agit plutôt de penser à « conséquences, incidences, retombées ». Exemple : les implications juridiques d'une législation.

Ainsi, la reformulation a permis de mieux comprendre la consigne : il va falloir d'abord étudier les conséquences du fait que la compétence ASE est exercée par le département. Puis préciser, mettre en valeur, le rôle que le département doit jouer, doit assurer, dans le groupe de coordination départemental mis en place par le préfet.

Vous voilà maintenant armé pour vous attaquer au dossier.

La recherche de la problématique

Voyons à présent comment construire un plan. Il est nécessaire à cet égard de distinguer trois étapes : un retour sur les matériaux disponibles, l'élaboration de la problématique et enfin la construction du plan lui-même.

Le retour sur le disponible

Vous disposez à ce stade de deux ensembles d'éléments : le sujet, avec ses compléments, et les informations recueillies. Le dossier a été mis de côté, il a donné tout ce qu'il pouvait donner.

Revenez d'abord une nouvelle fois au sujet. Assurez-vous d'en avoir bien intégré les différents éléments : que demande-t-on ? (et votre travail sur le dossier ne vous a-t-il pas fait dériver de ce thème ou de cette commande ?). D'où parlez-vous (s'il y a une mise en situation) et pour qui ? Ce sont ainsi les questions du début de votre travail qu'il faut vous poser à nouveau pour vous remettre les réponses en mémoire.

Ensuite, reprenez les feuilles sur lesquelles, classées par rubriques, organisées, hiérarchisées entre elles, s'alignent maintenant les informations. A cet instant, vous pouvez encore modifier ce classement, préciser cette hiérarchisation, améliorer cette organisation. Surtout, en les relisant, vous allez vous remettre à l'esprit toutes ces informations et vous assurer par là même plus de sûreté et de liberté pour la suite, en commençant par la recherche de la problématique.

Élaborer une problématique

Définition

Le dictionnaire définit la problématique comme l'ensemble des questions et des problèmes qui, en philosophie ou en sciences, se rapportent à un domaine ou à un sujet précis. Quand on parle de problématique dans une note sur dossier, on ne peut pas faire abstraction de cette définition (en l'appliquant toutefois à un domaine plus large) mais il faut aller plus loin et envisager non seulement l'ensemble des questions et problèmes, mais leur organisation en ce qui peut être une formule structurée.

Nous dirons donc que la problématique d'un sujet est exprimée par la formule reprenant, en les articulant entre eux, l'ensemble des questions et problèmes se rapportant à un sujet, et cela sous une approche donnée.

La conception proprement dite

Il existe une méthode concrète pour définir une problématique : elle consiste à reprendre chacun des axes dégagés par l'exploitation des documents et à exprimer la ou les questions fondamentales relatives à chacun de ces axes. En d'autres termes, il s'agit d'interpréter systématiquement ceux-ci en forme interrogative.

On se trouve donc devant un nombre variable, mais réduit, de questions qu'il va falloir chercher à articuler, par paires d'abord puis, pour finir, en un seul ensemble. Bien entendu, il existe toujours plusieurs manières d'assembler entre elles les grandes questions, et celle qui sera choisie traduira votre parti pris, que vous en soyez conscient ou non. C'est la raison pour laquelle **cette étape est peut-être la plus importance de toute l'épreuve**. C'est ici que vous définissez, avec vos urgences et vos priorités, le sens profond de votre devoir.

Exemple

Dans le cas du sujet n° 6, ce travail pourrait déboucher ainsi :

– Axe 1 : Kyoto et ses suites.
Question 1 : Les accords de Kyoto connaissent-ils une concrétisation ?
– Axe 2 : Les mesures françaises.
Question 2 : Quelles politiques publiques la France développe-t-elle pour lutter contre l'effet de serre ?
– Axe 3 : Réalité scientifique du phénomène.
Question 3 : La modification du climat est-elle un fait vérifié ?
– Axe 4 : Les conditions d'une action efficace.
Question 4 : Que faudrait-il faire de plus pour lutter contre le réchauffement climatique ?
– Axe 5 : Action de l'Union européenne.
Question 5 : Quelles dispositions ont été prises par l'Union européenne ?
– Axe 6 : Explication et définition du phénomène.
Question 6 : Quelle est l'origine de l'effet de serre ?

Après avoir formulé ces questions, on peut s'efforcer d'en regrouper certaines, soit qu'elles se complètent, soit que, sur la feuille de recueil des idées, les cases qui leur sont réservées sont peu fournies. Un regroupement équilibrera mieux l'ensemble, l'idéal étant (sans aller jusqu'à en faire un système) d'aboutir à quatre questions.

Ici, on pourra regrouper les axes 3 et 6 ainsi que les axes 2 et 5, ce qui donne :
– Question 3-6 : Quelles sont l'origine et les preuves de la modification du climat ?
– Question 2-5 : Comment les dispositions prises par l'Union européenne se traduisent-elles dans les politiques publiques que la France développe pour lutter contre l'effet de serre ?

Maintenant, forts de ces quatre axes consolidés, on va les apparier deux à deux. Plusieurs choix sont possibles. Nous avons choisi celui-ci :
– Question (3-6) + 1 = la modification du climat, liée à l'activité humaine, est un fait constaté par les accords de Kyoto, ceux-ci connaissent-ils une concrétisation ?
– Question (2-5) + 4 = les dispositions prises par l'Union européenne et relayées par les politiques publiques françaises sont-elles suffisantes pour lutter contre le réchauffement climatique ?

Et maintenant, dernière étape, un regroupement en une seule question :
– Question ((3-6) + 1)) +((2-5) + 4) = la modification du climat, liée à l'activité humaine, est un fait constaté par les accords de Kyoto qui connaissent un début de concrétisation, notamment à travers les dispositions prises par l'Union européenne et relayées par les politiques publiques françaises. Celles-ci sont-elles suffisantes pour lutter contre le réchauffement climatique ?

Ces phrases constituent la problématique.

La construction du plan

De la problématique au plan

La problématique posée, il reste à y placer la charpente du devoir : le plan. Le plus évident semble bien sûr de reformuler en affirmation l'expression de la problématique.

Exemple

La modification du climat, liée à l'activité humaine, est un fait constaté par les accords de Kyoto qui connaissent un début de concrétisation. L'Union européenne a pris des dispositions qui sont relayées par les politiques publiques françaises, mais la question est de savoir si cela est suffisant pour lutter contre le réchauffement climatique.

Ainsi, le découpage apparaît lui aussi clairement :
– Partie I, sous-partie 1 : la modification du climat, liée à l'activité humaine, est un fait constaté
(§ 1 Les causes, § 2 Le constat) ;

– Partie I, sous-partie 2 : les accords de Kyoto connaissent un début de concrétisation
(§ 1 Kyoto, § 2 Les suites) ;
– Partie II, sous-partie 3 : *notamment* à travers les dispositions prises par l'Union européenne et relayées par les politiques publiques françaises
(§1 Les décisions de l'UE, § 2 Les mesures françaises) ;
– Partie II, sous-partie 4 : mais la question est de savoir si cela est suffisant pour lutter contre le réchauffement climatique
(§ 1 les risques, § 2 ce qu'il faudrait faire, § 3 les obstacles).

A ce stade, il « n'y a plus qu'à » rédiger le devoir. Toutefois, avant, vérifiez bien que vous avez pour chacun des paragraphes envisagés les informations et la matière nécessaires, et qu'il y a bien équilibre. Sinon, il faudra revoir le découpage de votre problématique et peut-être la pertinence de vos regroupements intermédiaires.

Les principes

Un plan correct doit faire montre d'un certain nombre de qualités. Il doit posséder une structure solide et éviter les erreurs les plus communes.

Les qualités d'un plan

Un bon plan doit être d'abord un plan « pertinent », c'est-à-dire qui répond bien au sujet et s'adapte bien au dossier proposé. Le risque serait ici de disposer d'une « bibliothèque » de plans types et d'essayer à toute force de plaquer l'un d'eux sur le sujet proposé. Ou bien encore, ayant à l'entraînement traité un sujet voisin, ou ayant eu connaissance d'un corrigé type pour un sujet voisin, de vouloir refaire la même chose.

Il faut aborder le devoir avec la « tête vide » et construire réellement ce plan, sans peur et sans essayer de se raccrocher à quelque mythique plan-miracle. Restez libre ! Pour que votre plan soit bon, il faudra d'abord qu'il soit **équilibré**. C'est une des conditions qui paraît la plus facile à réaliser, puisqu'elle présente aussi un aspect matériel : l'équilibre commence par la dimension des parties et des sous-parties, qui doit être équivalente.

En réalité, c'est sans doute la plus difficile car tout ne se résume pas à ce critère de forme. Il ne suffit pas que les paragraphes aient la même taille, il faut aussi qu'ils aient le même intérêt. Vous devez donc, en concevant le plan, peser ce que vous allez pouvoir écrire dans les différentes parties, et vous vous aiderez pour cela des idées et des informations que vous aurez pu recueillir sur le sujet en dépouillant le dossier. Le plan construit, si vous vous apercevez que vous allez être « court » sur une partie, retravaillez-le.

Votre plan devra ensuite être bien articulé, d'où l'importance de n'avoir pas négligé la problématique. Nous y reviendrons d'ailleurs. Sans articulation, votre devoir ne serait qu'une juxtaposition de paragraphes traitant de thèmes certes proches, mais dont l'unité ne serait pas évidente. Votre plan, dans un tel cas, ne serait plus qu'un plan de classement, un plan de répartition des idées et des matières. Or, ce n'est pas ce qu'on attend d'une note de synthèse : qui dit « synthèse » en effet sous-entend assemblage des divers éléments en un tout cohérent et crédible. Voyez à cet égard comment, entre la problématique construite et le plan, l'adverbe « notamment », qui ne jouait pas à plein son rôle d'articulation entre les deux parties, a été déplacé pour provoquer un effet de changement de point de vue.

Cette crédibilité enfin, qui vient d'être évoquée, sera certes assurée par le **dynamisme** que vous aurez su insuffler à votre devoir. Nous reviendrons plus loin sur les moyens de mettre en valeur ce dynamisme lors de la rédaction. Mais ces moyens seraient vains si ce dynamisme n'était perceptible dès la conception, et bientôt l'annonce du plan (voir plus bas). Cette qualité, d'une certaine façon, prime encore les autres. En effet, un plan dynamique, c'est aussi un plan intéressant, qui dégage bien ce en quoi le sujet donné, ou le thème du dossier, présente un intérêt. C'est un plan qui va vous donner les moyens de captiver l'attention du lecteur (c'est-à-dire du correcteur) dès le début du devoir pour ne la relâcher qu'avec la conclusion. C'est encore un plan qui éclairera votre copie parmi les autres, surtout si celles-ci sont un peu ternes, un peu grises.

C'est donc entendu : un plan doit être pertinent, équilibré, articulé et dynamique... Voyons-en maintenant la traduction concrète.

La structure du plan

C'est sans doute dans la structure des discours que sont le plus perceptibles les différences fondamentales des cultures. La Chine offre ainsi des discours par touches successives d'où se dégage soudain le tout, les Slaves adoptent plutôt un style récurrent, revenant plusieurs fois, en approfondissant, sur les différentes idées, les Anglo-Saxons sont avant tout méthodiques et leurs exposés comportent autant de parties que d'idées force : cinq, six, sept ou plus s'il le faut. Nous sommes français et, nous aimons à le penser, cartésiens. Nos discours sont imprégnés dans leur structure de ce fond culturel. Ils ne peuvent comporter que deux ou trois parties. Une, ce n'est pas assez, il n'y a pas d'articulations. Quatre ou plus nous semblent témoigner d'une incapacité profonde à mener la synthèse. Le choix est donc restreint.

En théorie, rien d'ailleurs ne contraint à choisir deux, plutôt que trois parties, ce dernier choix pouvant être imposé par la commande contenue dans le sujet de la note. Trois parties, ce n'est d'ailleurs pas le discours cartésien, mais le discours hégélien, du type thèse-antithèse-synthèse. Il se prête bien à des travaux de réflexion, notamment littéraires et philosophiques, mais peu à un type d'épreuve comme celle de la note.

Deux parties, c'est le cadre souvent préféré pour les devoirs juridiques ou administratifs. Il présente l'avantage d'offrir une articulation majeure unique, facilitant ainsi l'équilibre. Un plan en deux parties est de fait souvent un plan dichotome : il comporte également quatre sous-parties, l'idéal étant qu'il compte aussi huit paragraphes, chacun construit autour d'une idée.

Le plan idéal

1re partie	1re sous-partie	1er paragraphe
		2e paragraphe
	2e sous-partie	3e paragraphe
		4e paragraphe
2e partie	3e sous-partie	5e paragraphe
		6e paragraphe
	4e sous-partie	7e paragraphe
		8e paragraphe

Mais ceci n'est qu'un schéma. Tous les sujets et tous les dossiers ne s'y prêtent pas. Essayez de tenir deux parties, mais finalement, mieux vaut un plan en trois parties bien équilibrées sur le fond et sur la forme, qu'un plan en deux parties déséquilibrées et mal construites (mais pensez aux articulations). De même pour les sous-parties et pour les paragraphes. Ce plan structuré, je vous conseille d'en dresser un schéma, sur la base duquel vous travaillerez. Cette visualisation vous aidera à ne pas dériver.

Schéma d'un plan en deux parties

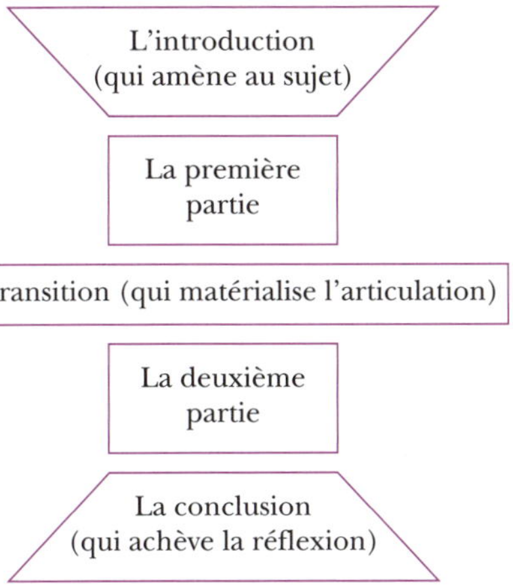

Les « mauvais » plans

Avant d'aller plus loin, il faut aussi dire un mot des « mauvais » plans. Ce sont bien sûr par nature tous ceux qui ne sont ni pertinents, ni équilibrés, ni articulés, ni dynamiques, ou auxquels simplement manque une de ces qualités. Mais il en est quelques archétypes souvent rencontrés.

– Les plans descriptifs :

Entendons-nous bien, le plan descriptif s'impose si l'on doit décrire, présenter une réglementation, un service, un organisme. Un plan en deux parties traduira cela de la façon suivante :
I. Une réglementation
II. Les moyens pour l'appliquer.

Ou encore :
I. Procédure de création d'un service
II. Modalités d'exploitation et de gestion.

Il est parfois possible de rédiger un plan en trois parties :
I. Statut (réglementation)
II. Missions (objectifs)
III. Moyens (humains, financiers).

Mais hors les cas où ils sont imposés, plans didactiques ou historiques, ils sont par nature peu dynamiques. D'ailleurs, s'ils peuvent parfaitement être équilibrés, c'est en présentant des parties sans articulation entre elles. Il est bien entendu qu'il faut parfois décrire tel ou tel dispositif, faire un point détaillé et parfois chiffré sur tel ou tel problème, sur telle ou telle question. Mais cela ne saurait en aucun cas constituer tout le devoir. La synthèse doit dégager l'intérêt du sujet, et donc sa problématique, non pas son inventaire. De même, il faut, quand les informations fournies par le dossier le permettent, s'appuyer sur l'histoire, c'est-à-dire sur l'évolution du thème et de sa problématique dans le temps. S'y appuyer, mais ne pas s'y limiter.

– Les plans du type avantages/inconvénients :

Un autre défaut fréquent réside dans la tentation de regrouper dans les deux parties le bon et le mauvais côté des choses, le côté clair et le côté obscur, le pour et le contre. Bien entendu, la réalité a souvent deux faces qu'il faut pouvoir mettre quelque part en évidence. Mais cela ne suffit toujours pas à constituer une problématique. L'objectivité et la neutralité que vous devez garder ne vous empêchent pas de suivre un certain parti pris, surtout si celui-ci est implicite dans la constitution du dossier. Il faut simplement le faire avec tout le recul nécessaire.

Exemple

Sujet : L'allocation personnalisée d'autonomie (APA) a remplacé la prestation spécifique dépendance (PSD). Votre chef de service vous demande de lui rédiger une note montrant les avantages et les inconvénients de ces deux systèmes.

Le mauvais plan :

I La PSD
I-1 avantages
I-2 inconvénients

II L'APA
II-1 avantages
II-2 inconvénients

Vous le voyez vous-même : si ce plan n'est pas « faux », il n'est toutefois pas très agréable. Préférez-lui un plan plus « dynamique » avec lequel le destinataire de la note sera guidé, en quelque sorte, dans votre raisonnement ; par exemple :

I La PSD : une prise en charge de la dépendance des personnes âgées
I-1 un nombre élevé de bénéficiaires
I-2 les insuffisances du système

II L'APA : une volonté de prise en charge plus équitable
II-1 les avantages de l'APA par rapport à ceux de la PSD
II-2 les questions qui subsistent

– **Les plans chronologiques :**

S'il paraît le plus facile à mettre en œuvre, c'est aussi l'anti-plan à ne pas retenir : comment être synthétique dans une relation chronologique des faits ? La tentation est grande de rédiger alors un plan en trois parties :

I Le passé
II Le présent
III L'avenir

Quelle originalité !

Si un sujet semble vous obliger à prévoir un plan chronologique (ce qui est somme toute assez rare), essayez d'éviter cet ordre de présentation bien banal. Souvenez-vous qu'il peut être intéressant de dresser un constat avant d'en préciser les causes, pour ensuite en étudier les conséquences.

Ceci pourrait se traduire de la façon suivante :
I La situation actuelle (le présent)
II Les causes (le passé)
III Les conséquences (l'avenir)

– **Les plans partiaux :**

Il ne faut pas tomber dans le défaut inverse du plan trop balancé et ne défendre qu'un seul point de vue, en escamotant systématiquement les informations, voire les documents, qui vont à l'encontre. Suivre un certain parti pris ne veut pas dire prendre parti mais choisir un angle d'approche, pour assurer le dynamisme du texte, tout en conservant une vision globale et donc objective du dossier.

✔ Ce qu'il faut retenir

Le plan ne doit pas être élaboré *a priori* (sauf s'il vous est imposé). Travaillez à partir de votre récolte d'information pour construire une problématique. Ensuite, servez-vous de celle-ci pour construire cette charpente du devoir qu'est le plan.

Quand ce dernier est enfin posé, que vous l'avez exprimé en une ou deux phrases qui vont ensuite constituer votre annonce de plan, il est temps de passer à la rédaction.

La rédaction

Avec la rédaction elle-même, vous entamez la dernière phase de votre travail. C'est ici que va se concrétiser tout ce que vous avez fait jusqu'ici puisque ce texte rédigé sera le seul élément à la disposition de votre correcteur. Il faut donc y apporter toute votre attention.

Commencez par faire le point sur le temps jusqu'ici consommé. Vous devez vous trouver dans les limites que vous avez fixées vous-même (voir la partie « la gestion du temps », page 14). Attention ! Si vous avez débordé, abandonnez tout de suite l'illusion de rattraper le temps perdu en écrivant plus vite. Vous n'écrirez pas plus vite ou, si vous le faites, ce sera forcément au détriment de la clarté : non seulement celle de l'écriture, mais aussi celle de la pensée.

Si jamais, malgré toutes les recommandations, vous avez pris du retard, vous devez agir sur le « calibrage-temps » : moins de minutes, c'est moins de pages. Et n'oubliez pas que le temps alloué à la rédaction doit comprendre aussi celui consacré à la préparation, au brouillon, de trois éléments clés de votre devoir : l'introduction, la conclusion et la transition.

N'en faites pas plus au brouillon – vous n'en avez pas le temps – et n'imaginez pas possible de rendre un brouillon avec le devoir inachevé. Celui-ci, en aucun cas, ne sera pris en compte par le correcteur, auquel d'ailleurs il parvient rarement.

L'introduction

L'introduction est le premier contact entre votre note et le destinataire de la note ; en d'autres termes, entre la copie du candidat et le correcteur. Elle doit donc être soignée.

Nous en distinguerons deux formes.

Les sujets « encadrés »

Avec les sujets à commande et à mise en situation précise, sujets de note administrative ou d'étude de cas, mais aussi de note de synthèses avec mise en situation, l'introduction doit être proche de celle d'un travail professionnel, voire revêtir une forme administrative, sur le modèle ci-dessous.

Note à l'attention de Monsieur le...
(qualité du destinataire)

Objet : (placez ici le thème)

§ 1 : « Vous m'avez demandé de vous faire le point sur... » (rappel de la commande)
§ 2 : « (indiquez ici le contexte, le pourquoi, l'actualité du sujet) »
§ 3 : Annonce du plan.

Pour aboutir à cette rédaction, dont vous verrez des exemples dans les dossiers commentés (page 47), la méthode est simple. Après un retour sur le sujet, posez-vous trois questions :

1) Quel est le thème à traiter ?
2) Pourquoi dois-je le traiter ?
3) Comment vais-je le traiter ?

Les réponses à ces trois questions vont constituer l'ossature de votre introduction :

1) Indication du thème **(poser)**.
2) Indication du contexte **(situer)**.
3) Indication du plan **(annoncer)**.

Dix, douze, voire quinze lignes sont suffisantes pour « planter le décor », en préciser le contexte et annoncer le plan. Ce qui sous-entend que votre introduction ne peut être rédigée qu'après avoir déterminé votre plan.

Attention aussi à une introduction trop longue qui montrerait que le devoir a déjà débuté !

Les sujets non encadrés

Avec une note de synthèse pure, sans mise en situation précise, on retrouve un schéma classique d'introduction, avec une architecture bien définie et qui reprend les mêmes trois questions :

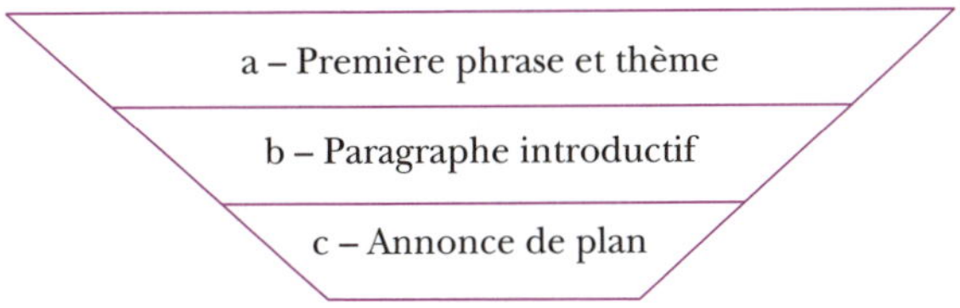

La première phrase

C'est la porte d'entrée de votre devoir, celle qui accroche le lecteur. Elle doit donc répondre à certains critères bien précis : être courte, simple, percutante, bien ancrée dans le sujet, et doit donner envie de connaître la suite. Une citation courte ou un fait sorti du dossier feront parfaitement l'affaire.

Mais évitez les définitions, les phrases de dix lignes ou ronronnantes ou encore dénuées de sens. Cette première phrase, écrivez-la au brouillon et ensuite, raccourcissez. Votre copie est peut-être la soixante-cinquième du correcteur. Qu'il se dise en commençant sa lecture : « Tiens, voilà qui a l'air intéressant ! » C'est déjà un bon point pour vous.

Immédiatement après, en seconde phrase et dans les suivantes, placez le thème : « j'accroche votre attention » ; « et voilà de quoi il est question. » Il faut ensuite expliquer « pourquoi en parler », ce qui fait l'objet du paragraphe introductif.

Exemple

Pour le sujet 6, cet ensemble accroche et thème pourrait donner ceci :

« Un an après la mise en place du dispositif issu des accords de Kyoto, les interrogations restent ouvertes. La conférence de Kyoto, en 1997, avait concrétisé la reconnaissance par les pays signataires de la réalité du changement climatique lié à l'activité humaine. »

La phrase d'accroche est courte (elle ne contient que 18 mots et un seul verbe) et elle évoque un fait précis lié au dossier ; sans être trop explicite, elle invite à lire la suite : ce sont bien ses caractéristiques. La seconde phrase revient sur Kyoto, évoqué en accroche, pour apporter deux précisions (conférence, 1997) et annonce donc le thème, qui est celui du changement climatique. D'une certaine manière, cette seconde phrase est aussi la première du paragraphe introductif.

Le paragraphe introductif

Il s'agit maintenant d'amener votre correcteur de la première phrase à la problématique, d'une façon la plus naturelle possible. Des éléments de contexte et de définition pourront être introduits, mais l'ensemble ne doit pas être trop long. Ce paragraphe doit être, au maximum, d'une taille équivalente à celle d'un des huit paragraphes de notre plan type : 1/10e au plus de la longueur totale du devoir, environ. L'introduction, ne l'oubliez pas, n'est ni un pré-devoir, ni une maquette de devoir. C'est une introduction, un point c'est tout.

Exemple

Ici (sujet 6), ce paragraphe pourrait être rédigé de la manière suivante :

« Les textes correspondants sont en train de produire leurs premiers effets, notamment dans l'Union européenne et singulièrement en France. Pour cela, un certain nombre de directives ont été édictées et ont commencé à recevoir leur transcription en droit national. Cependant, l'évolution reste préoccupante. Et la question qui se pose aujourd'hui n'est plus celle de la réalité ou non du lien entre le réchauffement et la production des gaz à effet de serre, mais celle de l'impact du dispositif actuellement mis en place, de la préparation des phases suivantes, de la prise en compte réelle de tous les éléments qui pourront concourir à la préservation de la qualité de vie des générations futures. »

Il ne reste plus, après avoir bien marqué une séparation, par exemple en passant une ligne, qu'à reprendre l'annonce de plan, en y incluant facultativement la numérotation des parties :

« La modification du climat, liée à l'activité humaine, est un fait constaté par les accords de Kyoto qui connaissent un début de concrétisation (I). L'Union européenne a ainsi pris des dispositions qui sont relayées par les politiques publiques françaises, mais la question est de savoir si cela est suffisant pour lutter efficacement contre le réchauffement climatique (II). »

Voici donc l'introduction complète du devoir :

« Un an après la mise en place du dispositif issu des accords de Kyoto, les interrogations restent ouvertes. La conférence de Kyoto, en 1997, avait concrétisé la reconnaissance par les pays signataires de la réalité du changement climatique lié à l'activité humaine. Les textes correspondants sont en train de produire leurs premiers effets, notamment dans l'Union européenne et singulièrement en France. Pour cela, un certain nombre de directives ont été édictées et ont commencé à recevoir leur transcription en droit national. Cependant, l'évolution reste préoccupante. Et la question qui se pose aujourd'hui n'est plus celle de la réalité ou non du lien entre le réchauffement et la production des gaz à effet de serre, mais celle de l'impact du dispositif actuellement mis en place, de la préparation des phases suivantes, de la prise en compte réelle de tous les éléments qui pourront concourir à la préservation de la qualité de vie des générations futures.

La modification du climat, liée à l'activité humaine, est un fait constaté par les accords de Kyoto qui connaissent un début de concrétisation (I). L'Union européenne a ainsi pris des dispositions qui sont relayées par les politiques publiques françaises, mais la question est de savoir si cela est suffisant pour lutter efficacement contre le réchauffement climatique (II). »

La conclusion

Faut-il une conclusion ?

Faut-il ou non conclure une note de synthèse, une note administrative, un rapport ? Le débat reste ouvert. Certains estiment que tout ayant été dit dans la note, il n'est plus nécessaire d'y revenir dans une conclusion qui ne ferait que répéter en partie la note. Pour d'autres, au contraire, c'est un moment important puisqu'il s'agit du dernier contact entre le rédacteur de la note et le destinataire. Dans ce cas, si l'introduction ouvre le devoir, c'est bien la conclusion qui le ferme.

De ceci, il ressort que la conclusion ne doit pas être le lieu où rassembler pèle-mêle tout ce que vous n'avez pas pu écrire dans le développement. Une discussion existe cependant sur l'opportunité ou non d'ouvrir des pistes de réflexion en fin de rédaction. Pour les uns, la conclusion ne doit pas être le lieu « d'ouvrir » le sujet : le destinataire de la note souhaite une ou des réponses à la question posée dans la consigne, ce n'est donc pas le moment de le renvoyer vers d'autres pistes de réflexion non évoquées dans le corps du devoir. Il ne s'agit donc pas de relancer la discussion ou de modifier l'argumentation développée en amenant dans la conclusion un nouvel élément, une nouvelle idée. Ce point de vue se justifie complètement en note administrative ou en note de synthèse encadrée.

Mais avec une note de synthèse normale, au contraire, il peut être intéressant de faire rebondir le correcteur sur une « ouverture », ce qui lui montre que le candidat est doué de réflexion et d'une certaine capacité d'anticipation. Bien entendu, cette ouverture ne doit pas correspondre à une partie oubliée du champ du sujet, et doit au contraire intervenir après que les réponses à la problématique posée en introduction aient été apportées. Pour un concours de catégorie A+ (administrateur ou niveau équivalent), une telle ouverture est même vivement recommandée.

De même si, à l'étude du dossier (et exclusivement du dossier) de note administrative, vous percevez que, derrière les réponses apportées, une autre problématique se cache, c'est le moment de le dire...

Si vous choisissez de ne pas rédiger de conclusion, certains enseignants conseillent d'utiliser une courte formule de politesse du style : « je reste à votre disposition pour toutes autres informations que vous souhaiteriez connaître » comme « marqueur » de la fin du devoir. Cependant, nous estimons que cela est inutile, d'abord parce que votre devoir est censé contenir toutes les informations demandées par le destinataire et ensuite parce que, placé sous sa dépendance hiérarchique, vous êtes bien évidemment à sa disposition s'il le souhaite. Certains jurys se sont même parfois interrogés sur le fait d'interpréter ou non une telle formule comme un signe de reconnaissance.

En définitive, par mesure de prudence, il vaut mieux prévoir une conclusion à votre devoir. Vous montrerez ainsi l'aboutissement de votre travail. Mais l'absence de conclusion reste préférable à une conclusion mal bâtie dont le contenu viendrait, en quelque sorte, réduire à néant les efforts de démonstration du devoir.

Structurer sa conclusion

Si l'introduction ouvre la porte du devoir, c'est la conclusion qui la referme. Elle va en effet donner au correcteur le dernier aperçu de votre travail et surtout la dernière impression, celle qu'il aura en tête au moment de formuler la note. C'est dire, là aussi, l'importance qu'il faut accorder à cet ultime paragraphe.

Symétrique de l'introduction, la conclusion doit avoir une taille légèrement inférieure à celle du premier paragraphe. Elle se compose également de trois segments :

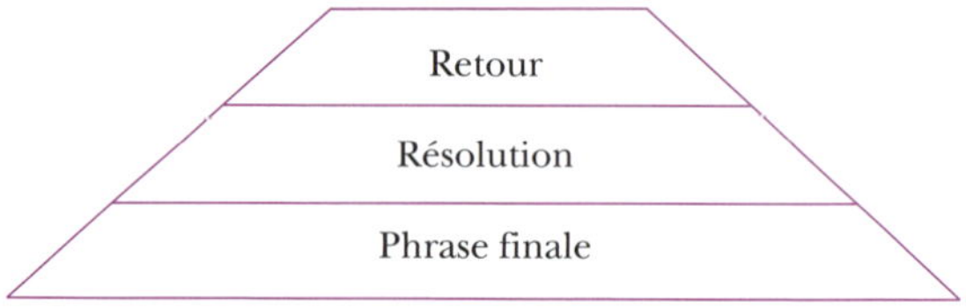

Le retour

Le retour sur le devoir est le pendant de l'annonce du plan : le bilan des deux parties y est brièvement rappelé. Il s'agira en fait de résumer les grandes idées de l'argumentation. Si vous avez fait l'effort de rechercher des titres « parlants » pour ceux de vos deux (ou trois) grandes parties, vous pouvez essayer de les reformuler puisqu'ils sont censés refléter le contenu de votre développement.

Exemple

« Le réchauffement climatique est désormais un fait reconnu par les pays du monde qui ont signé les accords de Kyoto afin de lutter contre ce phénomène. L'Union européenne, et donc la France, ont mis en place un certain nombre d'outils, mais déjà se pose la question de l'après-Kyoto. »

Le paragraphe résolutif

La problématique ayant été posée d'entrée, il faut maintenant la résoudre. On peut dire encore qu'il faut donner la réponse à la question posée par le sujet, que celle-ci soit implicite ou explicite. Ici se cristallise l'apex de votre démarche, le but auquel arrive enfin votre démonstration, la clef de voûte de votre devoir. C'est d'ailleurs la raison pour laquelle, avec un sujet « non encadré », on ne peut pas réellement se passer d'une conclusion bien construite.

C'est pourquoi nous vous recommandons, sinon de rédiger mot pour mot votre conclusion au brouillon immédiatement après l'introduction, au moins d'en jeter le schéma, les grandes lignes. L'expérience montre en effet qu'en fin de devoir, acculé par le temps qui fuit, stressé, fatigué, il devient bien difficile d'improviser dans l'urgence une bonne conclusion.

Exemple

« En effet, Kyoto ne pourra pas renverser l'évolution climatique, ni même arrêter celle-ci. Alors que, ici ou là se font craindre des risques d'accélération du phénomène, le processus engendré par les accords s'arrête en 2012. Rien ne sera encore résolu et les effets d'une maîtrise non encore consolidée des rejets ne s'en trouveront pas annulés. Il faudra donc aller plus loin. »

La phrase finale

Comme, en commençant le devoir, on avait « accroché » l'attention du lecteur/correcteur, cette fois il faut le renvoyer plus loin que la résolution qui vient d'être posée. Une question est résolue, certes, mais déjà une autre s'annonce. Ici, cela pourrait être en l'occurrence :

« C'est ce à quoi ont commencé à réfléchir les dirigeants des différents pays à Montréal, en 2004. »

Cet élément d'information se trouvait dans le dossier, ce n'est donc pas un apport extérieur et, d'une certaine façon, invoquer Montréal et les suites à donner à Kyoto fait partie de la réponse implicitement apportée à la problématique.

Exemple

Nous disposons donc de la conclusion complète :

« Le réchauffement climatique est désormais un fait reconnu par les pays du monde qui ont signé les accords de Kyoto afin de lutter contre ce phénomène. L'Union européenne, et donc la France, ont mis en place un certain nombre d'outils, mais déjà se pose la question de l'après-Kyoto. En effet, Kyoto ne pourra pas renverser l'évolution climatique, ni même arrêter celle-ci. Alors que, ici ou là se font craindre des risques d'accélération du phénomène, le processus engendré par les accords s'arrête en 2012. Rien ne sera encore résolu et les effets d'une maîtrise non encore consolidée des rejets ne s'en trouveront pas annulés. Il faudra donc aller plus loin. C'est ce à quoi ont commencé à réfléchir les dirigeants des différents pays à Montréal, en 2004. »

Les conclusions « encadrées »

Avec un sujet encadré, le problème de la conclusion se pose en des termes tout différents. Avec une commande précise, il faut une réponse elle aussi précise. Si le sujet comporte une question, il faut y répondre. S'il demande d'exposer différentes solutions à un problème, il faut exposer ces solutions, éventuellement en les rangeant par ordre d'intérêt ; s'il faut un plan d'action, des propositions, etc., il est nécessaire de les donner. Ces éléments ne se situent pas forcément en conclusion, mais souvent à l'intérieur de la seconde partie du devoir.

La transition

Disposant du début et de la fin du texte, vous pourriez penser que le moment est enfin venu de vous lancer dans la grande traversée. Pourtant, il est prudent de préparer encore un élément fondamental : la transition. Il faudrait d'ailleurs dire « la transition principale » puisque nous verrons plus loin qu'une des qualités principales que doit posséder votre texte est le liant, ce liant que vont justement lui apporter les transitions, à tous les niveaux.

Mais celle-ci a un statut particulier : elle est centrale. C'est la raison pour laquelle on peut même l'élever au rang de paragraphe indépendant. C'est le pivot du devoir. Et le mot n'a rien de convenu, ni d'artificiel. Cette transition centrale constitue en effet l'articulation principale de la problématique, c'est-à-dire finalement celle où se résume tout l'intérêt du sujet...

Concrètement cette transition a, elle aussi, une structure qui la situe à mi-chemin de l'annonce de plan et du bilan de conclusion. Elle commence en effet par un bilan de la première partie et se poursuit par l'annonce de la seconde. Le tout très court, sans aucun élément nouveau. N'oublions pas qu'il ne s'agit que d'une phrase, avec l'unique fonction de lien entre ces deux parties.

Exemple

« Devenu évident, le changement climatique a suscité la signature des accords de Kyoto. Cependant, malgré le début de mise en place des mesures, la question se pose déjà aujourd'hui de savoir si elles seront suffisantes pour bloquer le phénomène. »

Cette fois, nous avons le début, le milieu, la fin et aussi la structure du texte, avec son contenu notionnel ; il ne reste « *plus qu'à* » rédiger. C'est donc ici que s'impose le respect d'un certain nombre de règles essentielles.

La note avec proposition(s)

D'une façon générale, le travail que vous allez devoir effectuer consistera en la rédaction d'une simple note réalisant la synthèse d'un dossier afin de répondre à la consigne qui figure dans le libellé du sujet. Parfois, et même si le cas se présente rarement, une variante de cette simple note vous sera demandée : il s'agit de la « note avec proposition(s) ». L'objectif est alors un peu plus ambitieux. Non seulement le destinataire désire être informé, mais il demande en outre que les diverses solutions envisageables pour résoudre le problème posé lui soient présentées.

Le rédacteur de cette note « avec propositions » va devoir ainsi analyser le dossier fourni (comme pour la simple note) mais, en plus, il devra réunir des données lui permettant de proposer une (ou des) solution (s). Bien sûr, il ne s'agit pas de proposer n'importe quelle solution ! Celle-ci figure dans le dossier fourni ou, en tout cas, peut être aisément déduite des éléments qui y figurent. Le dossier contient parfois plusieurs solutions *a priori* très éloignées les unes des autres et il ne faut pas que le rédacteur donne l'impression de vouloir imposer l'une d'elles à tout prix. Il va donc devoir faire preuve d'objectivité pour « tester » chaque proposition, en mesurer les avantages et les inconvénients respectifs en fonction de critères propres au libellé du sujet et au contenu du dossier. Il s'agira alors de trouver une ou plusieurs solutions « pratiques ». Ce pourra être la plus facile à mettre en œuvre compte tenu du contexte local (tel qu'il ressort du sujet) ou encore la moins onéreuse, ou la plus « certaine » sur le plan juridique. Mais ce peut être aussi une sorte de combinaison de différentes possibilités indiquées dans le dossier.

Quoi qu'il en soit, il conviendra d'utiliser des arguments permettant de démontrer que la (ou les) proposition(s) est (sont) bien la (les) meilleures. Vous pouvez également être amené à établir une sorte de classement des différentes propositions contenues dans le dossier, que vous allez formuler en terminant par celle qui vous paraît la meilleure, la plus à même de répondre au problème posé dans le sujet.

L'exemple suivant va permettre d'illustrer ces propos.

Exemple

Sujet

La ville de X (30 000 habitants) possède un musée municipal géré, depuis sa création dans les années soixante, par une association de type loi 1901, dénommée « association des amis du musée de X », largement subventionnée par le budget communal et présidée par le maire de la ville de X.

Or, très prochainement, le musée va s'agrandir considérablement et acquérir une dimension et une attractivité plus que régionales compte tenu de l'importance des collections qui vont y être présentées. Mais le maire s'interroge : le régime de l'association de gestion respecte-t-il bien la réglementation face à cette très importante évolution ?

Par ailleurs, il souhaiterait associer des personnes privées à la gestion de ce musée afin, par exemple, de récupérer des fonds au titre du mécénat.

En votre qualité d'attaché territorial à la direction de la culture de la ville de X, votre directeur vous demande de lui rédiger une note qui fera ressortir les éventuels risques encourus actuellement. Vous indiquerez les solutions permettant, le cas échéant, d'y remédier en précisant notamment les possibilités d'associer des personnes privées à la gestion de ce nouvel équipement.

Vous disposez à cet effet du dossier suivant :

Document 1. Extrait du site Internet du Sénat (rapport 97 520), 2 pages.

Document 2. « Le privé s'infiltre dans les vieilles pierres » (*Libération*, 4 et 5 février 2006), 1 page.

Document 3. Extrait du site Internet la Maison des associations 1901 (fiche mise en ligne en 2003), 2 pages.

Document 4. « L'article du mois » (*Territoires*, décembre 2005), 2 pages.

Document 5. « Les risques de requalification du service public » (*Achat public. com*, 4 novembre 2004), 1 page.

Document 6. « La comptabilité finances » (*Juris associations*, novembre 2004), 1 page.

Document 7. Réponse ministérielle à une question écrite (*Journal officiel AN*, 4 octobre 2005), 2 pages.

Document 8. Fiche juridique (Observatoire des risques juridiques des collectivités territoriales, juin 2002), 2 pages.

Document 9. « La gestion de fait » (cités unies France 2003), 2 pages.

Document 10. Réponse ministérielle à une question écrite (*Journal officiel AN*, 28 décembre 2004), 2 pages.

Document 11. « La gestion de fait » (fiche éditée le 1er février 2006 sur le site Internet associanet. com), 3 pages.

Document 12. Fiche de présentation de l'association des Amis du musée de X (1er février 2006), 1 page.

Il n'est pas possible ici de reproduire ce dossier mais on sait qu'il contenait tous les renseignements concernant :
– la gestion de fait ;
– les risques encourus par les élus et leurs conséquences ;
– les possibilités d'intégrer éventuellement les personnels et les activités de l'association en question dans les services municipaux ou d'effectuer une délégation de service public (DSP) ;
– surtout, la réglementation des sociétés d'économie mixte locales (SEML), des groupements d'intérêt public (GIP), de l'établissement public de coopération culturelle (EPCC).

En réalité, ce thème de la gestion d'un musée municipal masque ici un autre thème, celui de la gestion de fait. Car c'est bien de cela qu'il s'agissait avec toutes les questions – et les réponses – que cela suppose. Le dossier a été composé en conséquence et les candidats ont donc en main toutes les informations pour répondre à la consigne.

Il va donc falloir dégager deux grandes idées qui constitueront les deux parties de la note et répondront à la consigne du sujet. La « lecture de survol » ou « lecture d'orientation » du dossier permettait de le faire, ce qui pouvait se traduire ainsi :
– l'association de gestion et le juge des comptes ;
– les solutions de remplacement : les choix proposés.

Le plan suivant reprend et développe ce schéma :

I L'association de gestion et le juge des comptes
1.1. La gestion de fait
– les principes ;
– les conditions de la gestion de fait ;
– l'association « transparente », démembrement du service public.

1.2. La gestion actuelle
– risque de requalification des relations entre la commune et l'association de gestion ;
– risques encourus par les élus ;
– conséquences.

II Les solutions de remplacement : les choix proposés
2.1. La commune reste « maître du jeu »
– régularisation de la situation existante, contractualisation avec l'association de gestion ;
– réintégration au sein des services de la collectivité ;
– la SEM locale.

2.2. La commune accepte une gestion plus « déléguée »
– le GIP ;
– l'EPCC ;
– la délégation de service public à une entreprise.

Les règles de la rédaction administrative

Le style

« Ce qui se conçoit bien s'énonce clairement,
Et les mots, pour le dire, arrivent aisément. »

Ces deux vers de Boileau, tirés de *L'Art poétique,* résument sans doute à eux seuls l'essentiel : la **clarté** qui doit être celle de votre exposé, clarté des idées, des formules et des mots, du style. Pourtant, le style administratif n'a pas, justement, une réputation de clarté, et maints administrés se plaignent de l'obscurité et de la pesanteur de formules auxquelles certains ne comprennent rien ; ce style administratif « dépassé », dont on ne peut que souhaiter la disparition rapide, ne doit en tous cas pas être celui de votre devoir de note de synthèse.

Ce ne doit pas être non plus un style journalistique, même si plusieurs des documents offerts à votre examen sont des articles de presse. Pas ici de suspense pour tenir en haleine le lecteur, pas non plus de sensationnel, ni de formules choc sauf si ces dernières, puisées dans le dossier, figurent entre les guillemets de rigueur.

Le style que vous adopterez ne sera pas non plus celui du pamphlet. Évitez l'ironie facile, la dénonciation, l'humeur. Pas non plus de harangue ou d'incantation. Vous ne rédigez ni un appel au peuple, ni un discours de campagne électorale. Évitez encore avec la même vigilance le style familier, prenant le lecteur à témoin, ou cédant à la facilité de tournures triviales, et le style technocratique, pétri d'un jargon illisible pour le profane et même parfois pour le correcteur.

Votre style, celui du devoir administratif, doit « couler de source », être clair, agréable à lire et facile à comprendre. A cet égard, les recettes sont faciles à donner : des mots simples, des phrases courtes, un texte bien lié.

• **Des mots simples**, cela ne veut pas dire simplistes. Il faut en tout rechercher la précision, le mot juste. Le français est une langue assez riche pour offrir souvent le terme adéquat. Inutile donc de puiser dans l'anglais ou de créer des chapelets de néologismes.

« Ce qui se conçoit bien... » : en général, l'emploi d'un jargon ne vous fera pas passer pour plus savant que vous ne l'êtes, ne convaincra pas le correcteur de vous accorder quelques points de plus. Au contraire, vous l'indisposerez et il pourra penser, souvent avec raison, que ce vocabulaire alambiqué n'est rien d'autre que le rideau de fumée dont vous voulez masquer votre ignorance.

• **Des phrases courtes :** ce vocabulaire net, précis, chirurgical, il vous faut maintenant l'ordonner dans des phrases elles aussi claires ; et le meilleur gage de clarté, pour une phrase, réside dans une longueur raisonnable : rédigez des phrases courtes, pas des phrases-fleuves.

Une phrase courte, c'est un sujet, un verbe, des compléments avec parfois une seconde proposition subordonnée à la première, rarement plus. Quand vous vous relisez, ajoutez des points et des majuscules !

• **Un texte lié :** ces phrases courtes ne doivent pas faire de votre texte un hachis de phrases juxtaposées les unes aux autres sans aucune apparence de justification. Il faut lier le texte. Et pour commencer, ne pas multiplier les rejets à la ligne. Certains devoirs finissent par ne plus être ainsi que des empilements de phrases-paragraphes où les idées s'alignent à un rythme évoquant irrésistiblement celui du pistolet mitrailleur, ou le confort de la route en nids-de-poule.

N'infligez pas cela au correcteur ! Chaque phrase doit s'engrener dans celle qui la précède, comme dans celle qui lui succède, pour amener insensiblement le lecteur/correcteur de l'accroche du début à l'ouverture de la fin. Il y a des outils spécialement adaptés : les mots de liaison *(ainsi..., donc..., alors...)* ou les formules *(c'est pourquoi..., par ailleurs..., à cet égard..., c'est la raison qui explique que..., à l'inverse..., au contraire..., cependant..., toutefois...).* Le choix est large.

Comparez les deux paragraphes qui suivent, d'abord celui-ci :
« La mondialisation a des aspects positifs. Elle ouvre des marchés nouveaux aux entreprises. Elle favorise le développement. Elle concourt à accentuer les inégalités. Les inégalités s'accroissent dans tous les pays et entre les pays. »

Et ensuite celui-là :
« La mondialisation a des aspects positifs. <u>En effet</u>, elle ouvre des marchés nouveaux aux entreprises. <u>De la même manière</u>, elle favorise le développement. <u>Cependant</u>, elle concourt <u>aussi</u> à accentuer les inégalités, <u>puisque</u> celles-ci s'accroissent dans tous les pays et entre les pays. »

Enfin, améliorez encore ce caractère lié du texte en transformant la première ou la dernière phrase de chaque paragraphe en une mini-transition avec celui qui le précède ou avec celui qui le suit.

La présentation

Parallèlement au style, la présentation doit être soignée. Qu'il le veuille ou non, en effet, votre notateur sera influencé par la forme de votre travail. Et cela pour de simples raisons objectives de clarté. Un devoir qui se lit avec difficultés se comprend moins bien, et surtout manifeste moins sa cohérence qu'un devoir bien écrit et où les parties apparaissent clairement.

● L'écriture

Une mauvaise écriture n'a jamais été un signe d'intelligence ou de compétence, et la formule fameuse selon laquelle l'écriture serait la « science des ânes » ne démontre qu'une chose : c'est que son auteur en était un vrai, lui.

L'écriture est, ne l'oubliez pas, un moyen de communication. Elle doit être lisible et bien formée : il suffit de le vouloir ! Écrire bien fait écrire moins vite ? Eh bien tant mieux, le devoir n'en sera que plus clair, puisque vous aurez davantage pris le temps de réfléchir. Écrire bien, c'est une politesse, une courtoisie pour le correcteur. Au moins inconsciemment, il vous en saura gré.

● Un devoir aéré

De la même manière que vous vous appliquerez à bien former vos lettres pour faciliter la compréhension du texte, mettez ses divisions en relief. Vous disposez pour cela de plusieurs moyens, qui peuvent d'ailleurs se cumuler : passer des lignes, tirer des traits, disposer des astérisques, entre autres, à vous de choisir. Mais surtout, plutôt que titrer des traits ou utiliser des astérisques, essayez de rédiger des phrases de conclusion partielle, de transition. Votre devoir sera mieux écrit et vous éviterez la facilité de séparateurs « artificiels », le maître mot restant « sobriété » dans la présentation.

Vous n'oublierez pas, cependant, d'introduire une hiérarchie dans ces séparations. Trois niveaux existent : les majeures (introduction/première partie ; avant et après la transition ; seconde partie/conclusion), les secondaires (entre les deux sous-parties de chaque partie) et les tertiaires (entre le paragraphe introductif et l'annonce de plan ; entre les paragraphes).

Dans tous les cas, sachez que les surveillants de l'épreuve sont là pour vous donner autant de feuilles intercalaires qu'il en sera besoin. Ne tassez donc pas votre texte, ou bien, comme cela arrive souvent, ne tassez pas en dernière page et en tous petits caractères une conclusion-croupion pour économiser une feuille. Personne ne vous saura gré de cet effort, mais personne non plus ne vous en voudra d'avoir pris une autre copie, même s'il n'y a qu'une seule ligne écrite sur celle-ci...

La clarté, cela peut également passer par l'utilisation de titres et de sous-titres. Cependant, en la matière, un débat existe.

● Les titres

L'utilisation des titres présente un avantage – celui d'une mise en évidence naturelle du plan – mais aussi un inconvénient – celui de la rupture du rythme du texte ainsi segmenté. C'est pour cette dernière raison que certains prônent l'absence totale de titre, afin que le devoir « coule » de la source à l'embouchure sans aucun obstacle, comme on s'attend à ce que le fasse une dissertation. Et c'est là une option tout à fait défendable, surtout avec un sujet « libre ».

Tel n'est pourtant pas notre avis. D'une part, en ce qui concerne les sujets bien « encadrés », avec des commandes claires, nous pensons que ces titres s'imposent absolument : des titres simples, visant bien le contenu du paragraphe. Mais d'autre part, l'utilisation des titres ne nous semble pas forcément à proscrire avec un sujet de type « non encadré », à condition toutefois que ces titres soient clairs (évitez les titres de style « Sciences po » formés de fragments de l'annonce de plan encadrés de points de suspension) et qu'ils soient rares : des titres, et très éventuellement un niveau de sous-titres.

Ne « descendez » pas trop dans les divisions : tenez-vous en à un schéma simple (mais pas simpliste) et efficace.

Exemple

I Titre de la première partie
(chapeau introductif)

I-1 titre de la première sous-partie
I-2 titre de la seconde sous-partie
I-3 éventuellement titre de la troisième sous-partie

Transition

II Titre de la seconde partie
(chapeau introductif)

II-1 titre de la première sous-partie
II-2 titre de la seconde sous-partie
II-3 éventuellement titre de la troisième sous-partie

En résumé, rien ne vous interdit d'utiliser des titres, mais surtout n'en abusez pas !

● Les tirets

Un dernier point : n'allez pas rompre l'unité de votre texte par des tirets ou autres signes intempestifs placés au début de chaque paragraphe. Vous pouvez utiliser les tirets, mais à dose très homéopathique, lorsqu'il y a par exemple une énumération à donner. Pas au-delà.

En clair, évitez toute présentation « mode d'emploi » qui laisse le soin au destinataire de la note (en l'occurrence, le correcteur) de rédiger lui-même la note à votre place, lors de sa lecture.

Les citations des documents

Faut-il citer ou non les documents du dossier ? En principe non, puisque c'est une note de synthèse et non un condensé du texte. Cependant, il peut arriver qu'une expression, une phrase, voire un paragraphe, exprime tellement bien une idée qu'il deviendrait dommage de ne pas s'en servir. Alors, faites-le en utilisant bien entendu des guillemets et en citant la source entre parenthèses. Mais ce cas ne se rencontre que très exceptionnellement.

N'en abusez surtout pas, une note de synthèse n'est pas un condensé de dossier. Ne transformez pas votre devoir en un *patchwork* indigeste de citations qui masqueraient fort mal votre répugnance ou votre incapacité à vous engager dans la réflexion. Une série de citations n'a jamais remplacé une argumentation charpentée.

Les pièges à éviter

Il ne suffit pas de suivre tous les conseils qui précèdent, il faut encore éviter quelques pièges dans lesquels tombent parfois les candidats.

● Les formules « bateau »

Ainsi appelées parce qu'on les utilise « à tout va » et pour n'importe quoi. Telle est la fameuse formule par laquelle tant d'introductions se sabordent d'entrée : *« de tous temps, les hommes... »*. Que n'ont pas ainsi fait les hommes de tous temps ? N'utilisez jamais cette tournure !

Pas non plus de *« on a coutume de dire... »* ou encore *« le bon sens estime que... »* ou *« force est de constater »* ou encore *« de par... »* (avec parfois un « t » fautif à « par »...). Essayez de prévoir des formules qui vous soient propres.

● Le catalogue

C'est un défaut qui ne devrait pas se présenter si vous avez bien suivi les conseils qui précèdent, mais il faut quand même en parler. Un catalogue, c'est un devoir dont le plan peut d'ailleurs être parfaitement correct, mais qui se borne ensuite à un recensement des informations tirées du dossier, dans un évident souci de ne rien oublier.

On peut en rapprocher la description ou la chronologie occupant des parties entières ou de longs paragraphes sans relief qui se bornent à raconter (en reprenant parfois un résumé de tel ou tel document, sans que perce à aucun moment l'interrogation ou la prise de recul). Il faut illustrer le devoir, mais que l'illustration ne constitue pas tout le devoir.

- **Versets et incantations**

On l'a vu plus haut, mais il est bon d'insister en la matière : ne multipliez pas les paragraphes en allant systématiquement à la ligne après chaque phrase, ainsi transformée en verset non lié aux autres.

Ne donnez pas non plus dans l'incantation : *« Il faut..., on doit..., il suffit que... »* ; bref, toutes les formules en *« yaka »* sont à proscrire. Encore une fois, vous n'écrivez pas une harangue ! Entre celle-ci et la pâle description contre laquelle nous vous mettions en garde plus haut, il y a un juste milieu qu'il vous appartient de trouver.

- **Un devoir déséquilibré**

Enfin, veillez bien à l'équilibre des parties de votre devoir, équilibre qui doit être à la fois qualitatif et quantitatif. Vous assurerez l'équilibre qualitatif au moment de la conception du plan, en vous efforçant de placer dans chaque partie ou sous-partie le même « poids » d'informations ou d'arguments. Ce poids, vous le déterminerez en observant à la fois le nombre d'idées présentes dans chaque rubrique et la force relative de chaque idée.

Vous assurerez l'équilibre quantitatif au moment de la rédaction, en calibrant bien la dimension des parties et sous-parties et en gérant au mieux votre temps afin de bien respecter ce calibrage.

Personnaliser ou pas ?

Faut-il ou non personnaliser sa copie ? Il s'agit ici de votre implication personnelle et de l'utilisation de la première personne du singulier ou du pluriel, comme de la seconde.

Avec un sujet impersonnel, sans réelle mise en situation, la réponse est claire : c'est non. Pour autant, n'allez pas utiliser le *« on »*, honni par la plupart des correcteurs.

Avec une mise en situation, et donc un devoir en forme professionnelle, la question se pose. La réponse est sans doute dans la modération : *« Vous m'avez demandé de vous dresser un bilan de... »* est parfaitement justifié et admissible. Mais au-delà, évitez le *« je »* tout comme les différentes formes du *« nous »* : le « nous de majesté » *(« nous pensons que... »)*, qui n'est pas légitime quand vous vous adressez, ce qui est le plus courant, à un supérieur ; le « nous didactique » *(« nous allons maintenant nous intéresser à... »)*, car le correcteur n'est pas le candidat et vous n'êtes pas le maître ; le « nous d'appropriation » *(« notre service va... »)* qui est incorrect vis-à-vis du supérieur.

Enfin, n'apostrophez pas le commanditaire. Ni en début de devoir, car ce n'est pas une lettre, ni au cours de celui-ci.

Derniers conseils

Nous voici arrivés au terme du devoir. Si votre temps a été maîtrisé, il vous reste en principe quelques minutes pour le relire. Vous pourrez en profiter pour vérifier une dernière fois l'orthographe, dont il n'a rien été dit mais dont il ne faut pas minimiser l'importance. Contrôlez aussi la grammaire, les accords, la concordance des temps. Vérifiez qu'il n'y ait pas eu ici ou là un mot oublié, ou une inversion de termes.

Mais **ne vérifiez que cela**. Ce n'est pas dans les dix dernières minutes que vous pouvez modifier le plan, ou son économie, à grand renfort de flèches, de renvois, de paragraphes rédigés serrés dans les marges. Contentez-vous de peaufiner.

Ainsi, vous aurez veillé pendant toute la durée de l'épreuve à bien garder en tête le sujet, avec la commande éventuelle, et à conserver un œil fixé sur la montre. A chaque étape, vous vous serez posé ces deux questions : « suis-je bien toujours dans le sujet ? » et « ai-je respecté mon emploi du temps ? ».

Au surplus, dès que vous aurez eu arrêté votre plan, vous aurez veillé à ne pas en dévier. A cet égard, vous aurez contrôlé à chaque début ou fin de paragraphe que vous restez bien dans le cadre que vous avez vous-même fixé. Le cas échéant, vous aurez utilisé la transition (ou la mini-transition) pour recentrer.

✔ Ce qu'il faut retenir

Allez-y en confiance. Vous avez une méthode, vous avez fixé vous-même votre cadre temporel, vous n'avez aucune raison de céder à la panique. Ce dossier qui est devant vous n'est pas un ennemi, une forêt truffée de chausse-trappes, mais un outil à votre service pour démontrer au correcteur et donc au jury de quoi vous êtes capable.

De l'ordre, de la méthode, le tout pimenté par un peu d'audace et d'originalité : voilà une recette qui fonctionne bien... à condition que vous vous entraîniez. Faites-le aussi souvent que vous le pouvez, dans des conditions proches de celles de l'épreuve si possible, mais surtout, **toujours en temps limité**.

Enfin, dernier conseil, analysez à chaque entraînement vos difficultés et, si vous bénéficiez d'une correction, vos erreurs. Ce n'est que comme cela que vous progresserez et que vous triompherez de cette épreuve.

Résumé schématique de la méthodologie

Une note efficace utile au destinataire

Sur le fond

Information du destinataire après analyse d'un dossier en réponse à une consigne figurant dans le libellé du sujet

ou

Information du destinataire après analyse d'un dossier et formulation d'une ou de plusieurs propositions en réponse à la consigne figurant dans le libellé du sujet

Sur la forme

Clarté du raisonnement

c'est-à-dire :

- une introduction,
- un plan structuré en 2 (ou 3) parties équilibrées
- une conclusion reprenant les points forts de la note.

Clarté de la rédaction, du style

c'est-à-dire :

- des mots courts, simples, compréhensibles,
- des phrases courtes (20 à 25 mots environ),
- une orthographe soignée, une ponctuation.

Le tout devant être :
– précis
– concis
– objectif.

Clarté de la présentation

c'est-à-dire :

- une mise en page « aérée »
- le respect d'un certain formalisme
- une sobriété générale.

Exemples commentés de notes

Sujet 1 : Le réchauffement climatique

Sujet 2 : La situation des handicapés en France

Sujet 3 : Organisation de la santé en milieu carcéral

Sujet 4 : Le juge de proximité

Note 1
Le réchauffement climatique

Sujet

L'adjoint du directeur régional de l'environnement, dont vous êtes le collaborateur, vous demande de réaliser une synthèse sur le réchauffement climatique, en vue d'une intervention qu'il doit effectuer au cours d'une conférence administrative.

Documents

Document 1

Décret n° 98-360 du 6 mai 1998 (texte initial) relatif à la surveillance de la qualité de l'air et de ses effets sur la santé et sur l'environnement... (2 pages).

Document 2

Décret n° 2002-213 du 15 février 2002 portant transposition des directives 1999/30/CE du Conseil du 22 avril 1999 et 2000/69/CE du Parlement européen et du Conseil du 16 novembre 2000 et modifiant le décret n° 98-360 du 6 mai 1998 (3 pages).

Document 3

Décret n° 2003-1085 du 12 novembre 2003 portant transposition de la directive 2002/3/CE du Parlement européen et du Conseil du 12 février 2002 et modifiant le décret n° 98-360 du 6 mai 1998 (1 page).

Document 4

Décret n° 2004-195 du 24 février 2004 pris pour l'application de l'article L. 222-3 du Code de l'environnement et modifiant le décret n° 98-360 du 6 mai 1998 (2 pages).

Document 5

« Le Programme européen sur le changement climatique (PECC) », extrait du site Internet de l'ADEME (Agence de l'environnement et de la maîtrise de l'énergie), 10 juin 2006 (1 page).

Document 6

« Privatisation partielle d'EDF et lutte contre l'effet de serre » par Henri Prévot, ingénieur général des Mines. Article tiré des *Annales des Mines,* janvier 2006 (5 pages).

Document 7

« Où en est le marché du CO^2 ? », in *Alternatives économiques*, n° 247, mai 2006 (5 pages).

Document 8

« Les instruments économiques de protection de l'environnement », de Emmanuel Caicedo et Nicolas Riedinger, *Regards sur l'actualité*, n° 302, La Documentation française (5 pages).

Document 9

« Quel avenir après Kyoto ? », article de Jean-Claude Gazeau, président de la MIES, Mission interministérielle de l'effet de serre, in *Écologie et Développement durable*, janvier 2006 (2 pages).

Document 10

« Espoir pour une nouvelle génération », in *L'Environnement pour les Européens*, n° 23, mars 2006 (2 pages).

Document 11

« Effet de serre : Kyoto ne suffira pas », de Guillaume Duval, in *Alternatives économiques*, n° 233, février 2005 (6 pages).

Document 12

« Si la France voulait vraiment réduire ses émissions... », de Marc Chevallier, in *Alternatives économiques*, n° 233, février 2005 (4 pages).

Ce dossier a été largement traité, à titre d'exemple, tout au long de la partie « Méthodologie de l'épreuve ». A la suite des douze documents, vous trouverez donc directement (page 85) le corrigé proposé par l'auteur.

Document 1

MINISTÈRE DE L'AMÉNAGEMENT DU TERRITOIRE ET DE L'ENVIRONNEMENT

Décret n° 98-360 du 6 mai 1998 relatif à la surveillance de la qualité de l'air et de ses effets sur la santé et sur l'environnement, aux objectifs de qualité de l'air, aux seuils d'alerte et aux valeurs limites

NOR : ATEX9800046D

Le Président de la République,
Sur le rapport du Premier ministre et de la ministre de l'aménagement du territoire et de l'environnement,
Vu la directive 80/779/CEE du 15 juillet 1980 relative à la pollution de l'air par l'anhydride sulfureux et les poussières ;
Vu la directive 82/884/CEE du 3 décembre 1982 relative à la pollution de l'air par le plomb ;
Vu la directive 85/203/CEE du 27 mars 1985 relative à la pollution de l'air par le dioxyde d'azote ;
Vu la directive 92/72/CEE du 21 septembre 1992 concernant la pollution de l'air par l'ozone ;
Vu la directive 96/62/CE du 27 septembre 1996 concernant l'évaluation et la gestion de la qualité de l'air ambiant ;
Vu la loi n° 96-1236 du 30 décembre 1996 sur l'air et l'utilisation rationnelle de l'énergie, notamment ses articles 3, 4 et 12 ;
Vu le décret n° 74-415 du 13 mai 1974 modifié relatif au contrôle des émissions polluantes dans l'atmosphère et à certaines utilisations de l'énergie thermique ;
Vu l'avis du Conseil supérieur d'hygiène publique de France du 1er octobre 1997 ;
Le Conseil d'Etat (section des travaux publics) entendu ;
Le conseil des ministres entendu,
Décrète :

Titre Ier
Surveillance de la qualité de l'air et de ses effets sur la santé et sur l'environnement

Art. 1er. – Les objectifs de qualité de l'air, les seuils d'alerte et les valeurs limites définis à l'article 3 de la loi du 30 décembre 1996 susvisée sont fixés à l'annexe I au présent décret.

Les seuils d'information mentionnés à l'article 8, au-delà desquels la concentration en polluants a des effets limités et transitoires sur la santé de catégories de la population particulièrement sensibles en cas d'exposition de courte durée, sont définis par arrêté conjoint des ministres chargés de l'industrie, des transports, de la santé et de l'environnement.

Art. 2. – La surveillance de la qualité de l'air est exercée dans les conditions suivantes :

1° Dans les agglomérations de plus de 100 000 habitants définies aux annexes II et III et dont la carte figure en annexe IV, le dioxyde d'azote, les particules fines et en suspension, le plomb, le dioxyde de soufre et l'ozone sont surveillés par mesures en station fixe ;

2° A l'extérieur de ces agglomérations :
a) A partir du 1er janvier 2000, le dioxyde d'azote, les particules fines et en suspension, le plomb, le dioxyde de soufre et l'ozone sont surveillés soit par mesures en station fixe, soit par modélisation ;
b) Toutefois, dès l'entrée en vigueur du présent décret, une surveillance par mesures en station fixe de ces polluants est mise en place dans les zones :
– où la pollution est présumée la plus forte, notamment dans celles où le niveau de concentration de substances polluantes retenu comme objectif de qualité de l'air, le seuil d'alerte, la valeur limite ou le seuil d'information est dépassé ou risque de l'être ;
– où la santé ou l'environnement doivent faire l'objet d'une protection particulière ;
– qui sont présumées donner une représentation valable de la pollution de l'air sur un large territoire.

Art. 3. – Les mesures en station fixe sont effectuées soit en continu, soit par échantillonnage aléatoire. Ces mesures doivent être suffisamment nombreuses pour permettre une bonne détermination du niveau de pollution. Elles peuvent être complétées par l'utilisation d'une modélisation ou par des mesures par moyens mobiles.

Art. 4. – Un arrêté du ministre chargé de l'environnement, pris après avis de l'Agence de l'environnement et de la maîtrise de l'énergie, précise les techniques de surveillance de la qualité de l'air à utiliser :

a) Pour les mesures en station fixe prévues à l'article 3, l'arrêté peut préciser l'emplacement et le nombre minimal des points d'échantillonnage et les techniques de mesure et d'échantillonnage de référence ;

b) Pour la modélisation, l'arrêté peut préciser les caractéristiques des modèles à utiliser, leurs conditions d'emploi et les mesures complémentaires par moyens mobiles qui sont nécessaires.
Les techniques de surveillance sont définies pour chacun des polluants mentionnés à l'article 2 en tenant compte, notamment, de l'importance des populations concernées et des niveaux de polluants.

Titre II
Procédure d'alerte et mesure d'urgence

Art. 5. – Un arrêté conjoint des ministres chargés de l'environnement, de la santé, de l'industrie et des transports précise les conditions de déclenchement des différentes mesures applicables aux sources fixes et mobiles de pollution, en fonction des niveaux de pollution mesurés, des évolutions prévisibles et de l'exposition de la population.

Dans chaque agglomération ou zone surveillée, un arrêté du préfet définit, conformément au plan de protection de l'atmosphère, s'il existe, des mesures d'urgence susceptibles d'être prises en application de l'article 12 de la loi du 30 décembre 1996 susvisée. Cet arrêté indique également les conditions de notification du début et de la fin de la mise en application de ces mesures aux exploitants des sources fixes, ainsi que les conditions d'information du public sur le début et la fin de la mise en application de ces mesures.

L'arrêté est pris après avis du conseil départemental d'hygiène délibérant sur le rapport du directeur régional de l'industrie, de la recherche et de l'environnement. Si l'agglomération ou la zone surveillée s'étend sur plus d'un département, l'arrêté est pris par les préfets concernés. En Ile-de-France, l'arrêté est pris par l'ensemble des préfets de département, par le préfet de police et par le préfet de région.

L'arrêté est publié au Recueil des actes administratifs de la préfecture et fait l'objet d'une insertion dans deux quotidiens, dont un au moins régional ou local, diffusés dans le département. En outre, il est notifié aux exploitants des sources fixes concernées ainsi qu'aux maires des communes intéressées.

Art. 6. – Le début et la fin de la mise en application des mesures d'urgence sont décidés par le préfet ou, à Paris, par le préfet de police, après information des maires.

Titre III
Information sur la qualité de l'air

Art. 7. – Les organismes agréés de surveillance de la qualité de l'air mentionnés à l'article 3 de la loi du 30 décembre 1996 susvisée informent la population sur la qualité de l'air constatée et prévisible dans leur zone de compétence et diffusent éventuellement les recommandations sanitaires établies par l'autorité administrative compétente. L'information comprend :

a) Les derniers niveaux de concentration de polluants dans l'atmosphère mesurés et validés ;
b) Pour chaque polluant surveillé, une comparaison du niveau de concentration constaté avec les seuils d'information et d'alerte s'ils existent ainsi qu'avec les niveaux de concentration constatés dans le passé ;
c) Des résultats agrégés sous la forme d'un indice de qualité de l'air ; un arrêté du ministre chargé de l'environnement précise les modalités de calcul de cet indice.

Les organismes de surveillance de la qualité de l'air diffusent l'information en permanence et la mettent à jour de façon régulière.

Le préfet, et à Paris le préfet de police, présente au conseil départemental d'hygiène un rapport annuel sur la qualité de l'air dans les zones surveillées de son département et le préfet de région présente au comité régional de l'environnement un rapport annuel sur la qualité de l'air dans les zones surveillées de sa région, sans préjudice d'autres présentations éventuellement réalisées au public ou aux collectivités territoriales.

Art. 8. – Un arrêté conjoint des ministres chargés de l'environnement, de la santé et de l'intérieur précise le contenu de l'information donnée par le préfet – à Paris par le préfet de police – à la population lorsqu'un seuil d'information est dépassé ou lorsqu'un seuil d'alerte est dépassé ou risque de l'être.

Titre IV
Dispositions diverses

Art. 9. – Le décret du 13 mai 1974 susvisé est modifié comme suit :
Le premier alinéa du II de l'article 1er est abrogé ;
Dans le deuxième alinéa du II de l'article 1er, les mots : « de l'alinéa précédent » sont remplacés par les mots : « relatives à la qualité de l'air » ;
Le III de l'article 1er est abrogé ;
L'article 3-2 est abrogé ;
La section III est abrogée ;
L'annexe est abrogée.

Art. 10. – A l'exception de son article 9, le présent décret peut être modifié par décret du Premier ministre pris en Conseil d'État.

Art. 11. – Le Premier ministre, la ministre de l'emploi et de la solidarité, le ministre de l'intérieur, le ministre de l'économie, des finances et de l'industrie, le ministre de l'équipement, des transports et du logement et la ministre de l'aménagement du territoire et de l'environnement sont chargés, chacun en ce qui le concerne, de l'exécution du présent décret, qui sera publié au Journal officiel de la République française.

Fait à Paris, le 6 mai 1998.

Jacques Chirac
Par le Président de la République :

Le Premier ministre,
Lionel Jospin

La ministre de l'aménagement du territoire
et de l'environnement,
Dominique Voynet

La ministre de l'emploi et de la solidarité,
Martine Aubry

Le ministre de l'intérieur,
Jean-Pierre Chevènement

Le ministre de l'économie, des finances et de l'industrie,
Dominique Strauss-Kahn

Le ministre de l'équipement,
des transports et du logement,
Jean-Claude Gayssot

Source : *Journal officiel,* n° 110, 13 mai 1998.

Document 2

MINISTÈRE DE L'AMÉNAGEMENT DU TERRITOIRE ET DE L'ENVIRONNEMENT

Décret n° 2002-213 du 15 février 2002 portant transposition des directives 1999/30/CE du Conseil du 22 avril 1999 et 2000/69/CE du Parlement européen et du Conseil du 16 novembre 2000 et modifiant le décret n° 98-360 du 6 mai 1998 relatif à la surveillance de la qualité de l'air et de ses effets sur la santé et sur l'environnement, aux objectifs de qualité de l'air, aux seuils d'alerte et aux valeurs limites

NOR : *ATEP0190081D*

Le Premier ministre,

Sur le rapport du ministre de l'aménagement du territoire et de l'environnement,

Vu la directive 1999/30/CE du Conseil du 22 avril 1999 relative à la fixation de valeurs limites pour l'anhydride sulfureux, le dioxyde d'azote et les oxydes d'azote, les particules et le plomb dans l'air ambiant ;

Vu la directive 2000/69/CE du Parlement européen et du Conseil du 16 novembre 2000 relative à la fixation de valeurs limites pour le benzène et le monoxyde de carbone dans l'air ambiant ;

Vu le code de l'environnement, notamment ses articles L. 221-1, L. 221-2 et L. 223-1 ;

Vu le décret n° 98-360 du 6 mai 1998 relatif à la surveillance de la qualité de l'air et de ses effets sur la santé et sur l'environnement, aux objectifs de qualité de l'air, aux seuils d'alerte et aux valeurs limites ;

Vu l'avis du Conseil supérieur d'hygiène publique de France du 3 mai 2001 ;

Le Conseil d'Etat (section des travaux publics) entendu,

Décrète :

Art. 1er. – Le décret du 6 mai 1998 susvisé est modifié comme suit :

I. – Le deuxième alinéa de l'article 1er est remplacé par les dispositions suivantes :

« L'annexe I fixe également les seuils de recommandation et d'information mentionnés à l'article 8, au-delà desquels la concentration en polluants a des effets limités et transitoires sur la santé de catégories de la population particulièrement sensibles en cas d'exposition de courte durée. »

II. – L'article 3 est abrogé.

III. – L'article 4 est remplacé par les dispositions suivantes :

« *Art. 4.* – Un arrêté du ministre chargé de l'environnement pris après avis de l'Agence de l'environnement et de la maîtrise de l'énergie précise les modalités et techniques de surveillance de la qualité de l'air à utiliser.

Ces modalités et techniques de surveillance sont définies pour chacun des polluants mentionnés à l'article 2 en tenant compte notamment de l'importance des populations concernées et des niveaux de polluants. »

IV. – A l'article 7 :

1° Le *b* est remplacé par les dispositions suivantes :

« *b)* Pour chaque polluant surveillé, une comparaison du niveau de concentration constaté avec les seuils de recommandation et d'information et les seuils d'alerte s'ils existent, avec les niveaux de concentration constatés dans le passé ainsi qu'avec les valeurs limites relatives aux périodes figurant à l'annexe I ».

2° Le cinquième alinéa est remplacé par les dispositions suivantes :

« Les organismes de surveillance de la qualité de l'air diffusent l'information en permanence et la mettent à jour au moins quotidiennement, et toutes les heures lorsque cela est possible. Les informations sur les concentrations en plomb et en benzène sont mises à jour tous les trois mois. »

V. – L'article 8 est remplacé par les dispositions suivantes :

« *Art. 8.* – Un arrêté conjoint des ministres chargés de l'environnement, de la santé et de l'intérieur précise le contenu de l'information donnée par le préfet – à Paris par le préfet de police – lorsqu'un seuil de recommandation et d'information est dépassé ou lorsqu'un seuil d'alerte est atteint ou risque de l'être. »

VI. – Les annexes I à IV sont remplacées par les annexes I à IV du présent décret.

Art. 2. – Le ministre de l'économie, des finances et de l'industrie, la ministre de l'emploi et de la solidarité, le ministre de l'intérieur, le ministre de l'équipement, des transports et du logement, le ministre de l'aménagement du territoire et de l'environnement, le ministre délégué à la santé et le secrétaire d'Etat à l'industrie sont chargés, chacun en ce qui le concerne, de l'exécution du présent décret, qui sera publié avec ses annexes I et II au *Journal officiel* de la République française.

Fait à Paris, le 15 février 2002.

LIONEL JOSPIN

Par le Premier ministre :

Le ministre de l'aménagement du territoire et de l'environnement,
YVES COCHET

Le ministre de l'économie, des finances et de l'industrie,
LAURENT FABIUS

La ministre de l'emploi et de la solidarité,
ÉLISABETH GUIGOU

Le ministre de l'intérieur,
DANIEL VAILLANT

Le ministre de l'équipement, des transports et du logement,
JEAN-CLAUDE GAYSSOT

Le ministre délégué à la santé,
BERNARD KOUCHNER

Le secrétaire d'Etat à l'industrie,
CHRISTIAN PIERRET

Nota. – Les annexes III et IV au présent décret peuvent être consultées à la préfecture de chaque département.

ANNEXE I

OBJECTIFS DE QUALITÉ, SEUILS D'ALERTE, SEUILS DE RECOMMANDATION ET D'INFORMATION ET VALEURS LIMITES

1. *Polluant visé : dioxyde d'azote*

L'expression du volume doit être ramenée aux conditions de température et de pression suivantes : 293 °K et 101,3 kPa.

La période annuelle de référence est l'année civile.

Objectif de qualité : 40 $\mu g/m^3$ en moyenne annuelle.

Seuil de recommandation et d'information : 200 $\mu g/m^3$ en moyenne horaire.

Seuils d'alerte :

400 $\mu g/m^3$ en moyenne horaire.

200 $\mu g/m^3$ en moyenne horaire si la procédure d'information et de recommandation pour le dioxyde d'azote a été déclenchée la veille et le jour même et que les prévisions font craindre un nouveau risque de déclenchement pour le lendemain.

Valeurs limites pour la protection de la santé humaine :

- centile 98 (soit 175 heures de dépassement autorisées par année civile de 365 jours), calculé à partir des valeurs moyennes par heure ou par périodes inférieures à l'heure, prises sur toute l'année, égal à 200 $\mu g/m^3$. Cette valeur limite est applicable jusqu'au 31 décembre 2009 ;
- centile 99,8 (soit 18 heures de dépassement autorisées par année civile de 365 jours), calculé à partir des valeurs

moyennes par heure ou par périodes inférieures à l'heure, prises sur toute l'année, égal à 200 µg/m³. Cette valeur limite est applicable à compter du 1er janvier 2010. Avant cette date, la valeur limite applicable est la valeur de 2010 augmentée des marges de dépassement suivantes :

ANNÉE	2001	2002	2003	2004	2005	2006	2007	2008	2009
Marge de dépassement (en µg/m³)	90	80	70	60	50	40	30	20	10

40 µg/m³ en moyenne annuelle. Cette valeur est applicable à compter du 1er janvier 2010. Avant cette date, la valeur limite applicable est la valeur de 2010 augmentée des marges de dépassement suivantes :

ANNÉE	2001	2002	2003	2004	2005	2006	2007	2008	2009
Marge de dépassement (en µg/m³)	18	16	14	12	10	8	6	4	2

Valeur limite pour la protection de la végétation : 30 µg/m³ en moyenne annuelle d'oxydes d'azote.

2. *Polluants visés : particules fines et particules en suspension*

La période annuelle de référence est l'année civile.

Un arrêté des ministres chargés de l'industrie et de l'environnement définit les conditions d'équivalence entre les valeurs mesurées par la méthode des fumées noires et les valeurs mesurées par d'autres méthodes portant notamment sur les particules en suspension de diamètre aérodynamique inférieur à 2,5 ou 10 micromètres.

Objectif de qualité : 30 µg/m³ en moyenne annuelle des concentrations de particules en suspension de diamètre aérodynamique inférieur ou égal à 10 micromètres.

Valeurs limites pour la protection de la santé utilisées pour les concentrations de particules en suspension de diamètre aérodynamique inférieur ou égal à 10 micromètres. Elles ne s'appliquent qu'à la part des concentrations non liées à des événements naturels. On définit par « événements naturels » les événements suivants : éruptions volcaniques, activités sismiques, activités géothermiques, feux de terres non cultivées, vents violents ou remise en suspension atmosphérique ou transport de particules naturelles provenant de régions désertiques.

– centile 90,4 (soit 35 jours de dépassement autorisés par année civile de 365 jours) des concentrations moyennes journalières sur l'année civile : 50 µg/m³. Cette valeur est applicable à compter du 1er janvier 2005. Avant cette date, la valeur limite applicable est la valeur de 2005 augmentée des marges de dépassement suivantes :

ANNÉE	2001	2002	2003	2004
Marge de dépassement (en µg/m³)	20	15	10	5

Moyenne annuelle : 40 µg/m³. Cette valeur est applicable à compter du 1er janvier 2005. Avant cette date, la valeur limite applicable est la valeur de 2005 augmentée des marges de dépassement suivantes :

ANNÉE CIVILE CONSIDÉRÉE	2001	2002	2003	2004
Marge de dépassement (en µg/m³)	6	4	3	1

3. *Polluant visé : plomb*

La période annuelle de référence est l'année civile.

Objectif de qualité : 0,25 µg/m³ en concentration moyenne annuelle.

Valeur limite :

– jusqu'au 31 décembre 2001 : 0,8 µg/m³ en moyenne annuelle ;

– à compter du 1er janvier 2002 : 0,5 µg/m³ en moyenne annuelle.

Le ministre chargé de l'environnement fixe par arrêté la liste des sites pour lesquels la valeur limite de 0,5 µg/m³ en moyenne annuelle s'applique à compter du 1er janvier 2010.

Avant le 1er janvier 2010 et à compter du 1er janvier 2002, la valeur limite applicable pour ces sites est la valeur de 2010 augmentée des marges de dépassement suivantes :

ANNÉE	2001	2002	2003	2004	2005	2006	2007	2008	2009
Marge de dépassement (en µg/m³)	0,9	0,8	0,7	0,6	0,5	0,4	0,3	0,2	0,1

4. *Polluant visé : dioxyde de soufre*

L'expression du volume doit être ramenée aux conditions de température et de pression suivantes : 293 °K et 101,3 kPa. La période annuelle de référence est l'année civile.

Objectifs de qualité : 50 µg/m³ en moyenne annuelle.

Seuil de recommandation et d'information : 300 µg/m³ en moyenne horaire.

Seuil d'alerte : 500 µg/m³ en moyenne horaire, dépassé pendant trois heures consécutives.

Valeurs limites pour la protection de la santé humaine :

– centile 99,7 (soit 24 heures de dépassement autorisées par année civile de 365 jours) des concentrations horaires : 350 µg/m³. Cette valeur est applicable à compter du 1er janvier 2005. Avant cette date, la valeur limite applicable est la valeur de 2005 augmentée des marges de dépassement suivantes :

ANNÉE CIVILE CONSIDÉRÉE	2001	2002	2003	2004
Marge de dépassement (en µg/m³)	120	90	60	30

– centile 99,2 (soit 3 jours de dépassement autorisés par année civile de 365 jours) des concentrations moyennes journalières : 125 µg/m³.

Valeur limite pour la protection des écosystèmes : 20 µg/m³ en moyenne annuelle et 20 µg/m³ en moyenne sur la période allant du 1er octobre au 31 mars.

5. *Polluant visé : ozone*

Objectifs de qualité :

110 µg/m³ en moyenne sur une plage de 8 heures pour la protection de la santé humaine ;

200 µg/m³ en moyenne horaire et 65 µg/m³ en moyenne sur 24 heures pour la protection de la végétation.

Seuil d'alerte : 360 µg/m³ en moyenne horaire.

6. *Polluant visé : monoxyde de carbone*

Valeur limite pour la protection de la santé humaine : 10 mg/m³ pour le maximum journalier de la moyenne glissante sur 8 heures.

7. *Polluant visé : benzène*

Objectif de qualité : 2 µg/m³ en moyenne annuelle.

Valeur limite pour la protection de la santé humaine : 5 µg/m³ en moyenne annuelle, valable à compter du 1er janvier 2010. Avant cette date, la valeur limite applicable est la valeur de 2010 augmentée des marges de dépassement suivantes :

ANNÉE	2001 à 2005	2006	2007	2008	2009
Marge de dépassement (en µg/m³)	5	4	3	2	1

Définition et mode de calcul des centiles

Le centile est calculé à partir des valeurs effectivement mesurées, arrondies au microgramme par mètre cube le plus proche.

Pour chaque site, toutes les valeurs sont portées dans une liste établie par ordre croissant. Le centile C est la valeur de l'élément de rang *k* pour lequel *k* est calculé au moyen de la formule suivante :

k = C/100 * N, N étant le nombre de valeurs portées dans la liste ci-dessus. *k* est arrondi au nombre entier le plus proche.

ANNEXE II

LISTE DES AGGLOMÉRATIONS

Agglomérations de plus de 250 000 habitants :

Avignon ;
Béthune ;
Bordeaux ;
Clermont-Ferrand ;
Douai - Lens ;
Grenoble ;
Lille ;
Lyon ;
Marseille - Aix-en-Provence ;
Metz ;
Montpellier ;
Nancy ;
Nantes ;
Nice ;
Orléans ;
Paris ;
Rennes ;
Rouen ;
Saint-Etienne ;
Strasbourg ;
Toulon ;
Toulouse ;
Tours ;
Valenciennes.

Agglomérations comprises entre 100 000 et 250 000 habitants :

Amiens ;
Angers ;
Angoulême ;
Annecy ;
Annemasse ;
Bayonne ;
Besançon ;
Brest ;
Caen ;
Calais ;
Chambéry ;
Dijon ;
Dunkerque ;
Le Havre ;
Limoges ;
Lorient ;
Le Mans ;
Maubeuge ;
Montbéliard ;
Mulhouse ;
Nîmes ;
Pau ;
Perpignan ;
Poitiers ;
Reims ;
La Rochelle ;
Saint-Nazaire ;
Thionville ;
Troyes ;
Valence ;
Fort-de-France (Martinique) ;
Pointe-à-Pitre, Les Abymes (Guadeloupe) ;
Saint-Denis (Réunion) ;
Saint-Pierre (Réunion).

Arrêté du 23 janvier 2002 fixant la liste des organisations syndicales habilitées à désigner des représentants au comité technique paritaire central de l'Office national de la chasse et de la faune sauvage

NOR : *ATEN0210040A*

Le ministre de l'aménagement du territoire et de l'environnement,

Vu le code de l'environnement, notamment l'article L. 421-1 ;

Vu le code rural, notamment les articles R. 221-8, R. 221-16 et R. 221-17 ;

Vu la loi n° 83-634 du 13 juillet 1983 portant droits et obligations des fonctionnaires, ensemble la loi n° 84-16 du 11 janvier 1984 modifiée portant dispositions statutaires relatives à la fonction publique de l'Etat ;

Vu le décret n° 82-452 du 28 mai 1982 modifié relatif aux comités techniques paritaires ;

Vu l'arrêté du 23 septembre 1998 portant création et fixant la composition d'un comité technique paritaire central à l'Office national de la chasse ;

Vu l'arrêté du 18 septembre 2001 fixant les modalités de la consultation du personnel organisée pour le renouvellement du comité technique paritaire central de l'Office national de la chasse et de la faune sauvage ;

Vu le résultat du scrutin du 11 décembre 2001 organisé en vue de désigner les organisations syndicales qui seront appelées à siéger au sein dudit comité technique paritaire,

Arrête :

Art. 1er. – Les sièges de représentant du personnel au comité technique paritaire central de l'Office national de la chasse et de la faune sauvage sont attribués comme suit :

Syndicat national autonome des personnels de l'environnement UNSA (SNAPE-UNSA) : 3 titulaires et 3 suppléants ;

Syndicat national de l'environnement CFDT (SNE-CFDT) : 5 titulaires et 5 suppléants ;

Syndicat des personnels de l'Office national de la chasse et de la faune sauvage CGT (SPONCFS-CGT) : 1 titulaire et 1 suppléant.

Art. 2. – Les organisations syndicales susmentionnées désignent leurs représentants dans un délai de quinze jours à compter de la notification qui leur sera faite du présent arrêté.

Art. 3. – Les représentants de l'administration sont nommés par décision du directeur général de l'Office national de la chasse et de la faune sauvage parmi les fonctionnaires et agents non titulaires de l'Office national de la chasse et de la faune sauvage qui sont spécialement qualifiés pour traiter des questions entrant dans la compétence des comités techniques.

Art. 4. – L'arrêté du 24 septembre 1998 fixant la liste des organisations syndicales habilitées à désigner des représentants au comité technique paritaire central de l'Office national de la chasse est abrogé.

Art. 5. – Le directeur général de l'Office national de la chasse et de la faune sauvage est chargé de l'exécution du présent arrêté, qui sera publié au *Journal officiel* de la République française.

Fait à Paris, le 23 janvier 2002.

Pour le ministre et par délégation :
Par empêchement de la directrice de la nature et des paysages :
La sous-directrice de la chasse, de la faune et de la flore sauvages,
C. Caro

Document 3

MINISTÈRE DE L'ÉCOLOGIE ET DU DÉVELOPPEMENT DURABLE

Décret n° 2003-1085 du 12 novembre 2003 portant transposition de la directive 2002/3/CE du Parlement européen et du Conseil du 12 février 2002 et modifiant le décret n° 98-360 du 6 mai 1998 relatif à la surveillance de la qualité de l'air et de ses effets sur la santé et sur l'environnement, aux objectifs de qualité de l'air, aux seuils d'alerte et aux valeurs limites

Le Premier ministre,

Sur le rapport de la ministre de l'écologie et du développement durable,

Vu la directive 2002/3/CE du Parlement européen et du Conseil du 12 février 2002 relative à l'ozone dans l'air ambiant ;

Vu le code de l'environnement, notamment les articles L. 221-1, L. 221-2 et L. 223-1 ;

Vu le décret n° 98-360 du 6 mai 1998 relatif à la surveillance de la qualité de l'air et de ses effets sur la santé et sur l'environnement, aux objectifs de qualité de l'air, aux seuils d'alerte et aux valeurs limites, modifié par le décret n° 2002-213 du 15 février 2002 ;

Vu l'avis de l'Agence française de sécurité sanitaire environnementale du 20 mai 2003 ;

Le Conseil d'État (section des travaux publics) entendu,

Décrète :

Article 1er. – Le décret du 6 mai 1998 susvisé est modifié comme suit :

I. – Le deuxième alinéa de l'article 5 est remplacé par les dispositions suivantes :

« Dans chaque agglomération ou zone surveillée, un arrêté du préfet définit, conformément au plan de protection de l'atmosphère s'il existe, des mesures d'urgence susceptibles d'être prises en application de l'article L. 223-1 du code de l'environnement. Ces mesures sont adaptées à la nature et à l'ampleur de l'épisode de pollution et peuvent être progressives.

L'arrêté indique les conditions dans lesquelles le début et la fin de la mise en application des mesures qu'il prévoit sont notifiés aux exploitants des sources fixes et portés à la connaissance du public. »

II. – Il est ajouté, après l'article 5, un article 5-1 ainsi rédigé :

« Art. 5-1. – En ce qui concerne l'ozone, l'arrêté préfectoral mentionné au deuxième alinéa de l'article 5 prévoit la zone et la durée d'application éventuelles de chacune des mesures suivantes en cas de dépassement ou de risque de dépassement des seuils d'alerte fixés au point 5 de l'annexe I :

– réduction des vitesses maximales autorisées des véhicules à moteur dans un périmètre pouvant augmenter du premier au deuxième seuil d'alerte, puis du deuxième au troisième ;

– actions visant à la réduction des émissions d'oxydes d'azote et de composés organiques volatils des installations industrielles.

En cas de dépassement ou de risque de dépassement du deuxième seuil d'alerte, l'arrêté prévoit en outre la zone et la durée d'application éventuelles de la mesure de limitation des transports routiers de transit dans l'agglomération.

En cas de dépassement ou de risque de dépassement du troisième seuil d'alerte, l'arrêté prévoit également la zone et la durée d'application éventuelles de mesures de restriction de la circulation automobile : interdiction de circulation de certaines catégories de véhicules, notamment en fonction de leur numéro d'immatriculation ou de l'identification prévue à l'article L. 318-1 du code de la route. »

III. – A l'annexe I, le dernier alinéa du point 5 est remplacé par les dispositions suivantes :

« Seuil de recommandation et d'information : 180 µg/m³ en moyenne horaire. Seuils d'alerte pour la mise en œuvre progressive de mesures d'urgence :

1er seuil : 240 µg/m³ en moyenne horaire dépassé pendant trois heures consécutives ;

2e seuil : 300 µg/m³ en moyenne horaire dépassé pendant trois heures consécutives ;

3e seuil : 360 µg/m³ en moyenne horaire. »

Article 2.- Le ministre de l'intérieur, de la sécurité intérieure et des libertés locales, le ministre de l'économie, des finances et de l'industrie, le ministre de l'équipement, des transports, du logement, du tourisme et de la mer, la ministre de l'écologie et du développement durable, le ministre de la santé, de la famille et des personnes handicapées, la ministre déléguée à l'industrie et le secrétaire d'État aux transports et à la mer sont chargés, chacun en ce qui le concerne, de l'exécution du présent décret, qui sera publié au *Journal officiel* de la République française.

Fait à Paris, le 12 novembre 2003.

Jean-Pierre Raffarin
Par le Premier ministre :

La ministre de l'écologie et du développement durable,
Roselyne Bachelot-Narquin

Le ministre de l'intérieur, de la sécurité intérieure et des libertés locales,
Nicolas Sarkozy

Le ministre de l'économie, des finances et de l'industrie,
Francis Mer

Le ministre de l'équipement, des transports, du logement, du tourisme et de la mer,
Gilles de Robien

Le ministre de la santé, de la famille et des personnes handicapées,
Jean-François Mattei

La ministre déléguée à l'industrie,
Nicole Fontaine

Le secrétaire d'État aux transports et à la mer,
Dominique Bussereau

Source : *Journal officiel*, n° 267, 19 novembre 2003, p. 19606.

Document 4

Art. 2. – La présente décision sera publiée au *Journal officiel* de la République française.

Fait à Paris, le 5 février 2004.

D. Houssin

ANNEXE

Spécifications

PROPRIÉTÉS	MÉTHODES D'ESSAI
Indice de cétane mesuré	NF EN ISO 5165 : 1998
Indice de cétane calculé	NF EN ISO 4264
Masse volumique (à 15 °C)	NF EN ISO 3675 : 1998 NF EN ISO 12185 : 1996
Hydrocarbures aromatiques polycycliques	IP 391 : 1995
Teneur en soufre	NF EN ISO 14596 : 1998 NF EN ISO 8754 : 1995 NF EN 24260 : 1994
Point d'éclair	NF EN 22719
Résidu de carbone (sur le résidu 10 % de distillation)	NF EN ISO 10370
Teneur en cendres	NF EN ISO 6245
Teneur en eau	NF EN ISO 12937 : 1996
Contamination totale	NF EN 12662
Corrosion à la lame de cuivre	NF EN ISO 2160
Stabilité à l'oxydation	NF EN ISO 12205
Pouvoir lubrifiant, diamètre de marque d'usure corrigée	NF ISO 12156-1
Viscosité à 40 °C	NF EN ISO 3104
Distillation	NF EN ISO 3405 : 1998

MINISTÈRE DE L'ÉCOLOGIE ET DU DÉVELOPPEMENT DURABLE

Décret n° 2004-195 du 24 février 2004 pris pour l'application de l'article L. 222-3 du code de l'environnement et modifiant le décret n° 98-362 du 6 mai 1998 relatif aux plans régionaux pour la qualité de l'air

NOR : *DEVP0420004D*

Le Premier ministre,

Sur le rapport de la ministre de l'écologie et du développement durable,

Vu le code de l'environnement, notamment ses articles L. 222-1, L. 222-2 et L. 222-3 ;

Vu le décret n° 98-360 du 6 mai 1998 relatif à la surveillance de la qualité de l'air et de ses effets sur la santé et sur l'environnement, aux objectifs de qualité de l'air, aux seuils d'alerte et aux valeurs limites, modifié par le décret n° 2002-213 du 15 février 2002 et par le décret n° 2003-1085 du 12 novembre 2003 ;

Vu le décret n° 98-362 du 6 mai 1998 relatif aux plans régionaux pour la qualité de l'air ;

Le Conseil d'Etat (section des travaux publics) entendu,

Décrète :

Art. 1er. – Les dispositions du décret n° 98-362 du 6 mai 1998 susvisé sont modifiées comme suit :

I. – Aux premier et septième alinéas de l'article 4, au deuxième alinéa de l'article 5, au premier alinéa de l'article 6, au deuxième alinéa de l'article 7, aux premier et deuxième alinéas de l'article 8, les mots : « préfet de région » sont remplacés par les mots : « président du conseil régional ».

II. – Au *a* de l'article 4, après les mots : « des représentants des services de l'Etat », le mot : « notamment » est remplacé par les mots : « désignés par le préfet de région au sein de la préfecture de région ».

III. – Le premier alinéa de l'article 5 est modifié comme suit :

Les mots : « au siège des préfectures et des sous-préfectures » sont remplacés par les mots : « au siège du ou des conseils généraux et au siège du conseil régional ».

A la fin de l'alinéa est ajoutée la phrase : « Le projet de plan est librement consultable sur un site internet. »

IV. – Après le quatrième alinéa de l'article 6 sont ajoutés deux alinéas ainsi rédigés :

« – aux conseils municipaux des communes et aux organes délibérants des établissements publics de coopération intercommunale et des syndicats mixtes compétents pour l'élaboration d'un schéma de cohérence territoriale ;

« – au comité de massif pour les zones où s'applique la convention alpine ; ».

V. – Au premier alinéa de l'article 7, les mots : « par un arrêté du préfet de région pris après avis du conseil régional » sont remplacés par les mots : « par délibération du conseil régional, sur proposition de son président et après avis du préfet de région ».

La première phrase du deuxième alinéa de l'article 7 est ainsi rédigée : « La délibération approuvant le plan est publiée au recueil des actes administratifs du conseil régional. »

VI. – Il est ajouté après l'article 8 un article 8 *bis* ainsi rédigé :

« *Art. 8* bis. – I. – Dans les régions où aucun plan régional pour la qualité de l'air n'a été approuvé, le préfet de région demande au président du conseil régional d'élaborer le plan et de le faire approuver par le conseil régional.

« Si le plan n'a pas été approuvé dans un délai de dix-huit mois, le préfet de région, assisté par la commission prévue à l'article 4, élabore un projet de plan, le met à la disposition du public au siège de chacune des préfectures de la région ainsi que sur internet dans les conditions fixées à l'article 5 et le soumet aux consultations prévues par l'article 6, en exerçant les attributions dévolues par les dispositions de ces articles au président du conseil régional.

« Le projet de plan, éventuellement modifié pour tenir compte des observations du public et des avis recueillis, est approuvé par un arrêté du préfet de région, pris après avis du conseil régional. Cet avis est réputé favorable s'il n'intervient pas dans un délai de trois mois. L'arrêté est publié au recueil des actes administratifs de chacune des préfectures de la région. Un avis de publication est inséré, par les soins du préfet de région, dans deux journaux régionaux ou locaux diffusés dans les départements concernés.

« II. – Lorsque l'évaluation du plan régional pour la qualité de l'air prévue par l'article 8 fait apparaître que les objectifs de qualité de l'air fixés par le plan n'ont pas été atteints ou que les résultats obtenus, ou susceptibles de l'être après reconduction du plan, ne sont pas compatibles avec les objectifs de qualité de l'air fixés par l'annexe I du décret n° 98-360 du 6 mai 1998 susvisé, le préfet de région demande au président du conseil régional de réviser le plan. Si le plan révisé n'a pas été approuvé dans un délai de dix-huit mois, le préfet de région élabore et approuve un plan révisé en suivant la procédure décrite au I du présent article.

« III. – Lorsque l'évaluation visée au II n'est pas réalisée dans le délai prévu par l'article 8 ou est incomplète, le préfet de région demande au président du conseil régional de la réaliser ou de la compléter. Si cette demande n'est pas satisfaite dans un délai d'un an, le préfet de région, assisté par une commission placée sous sa présidence et comprenant les membres qu'il désigne des organismes et activités mentionnés à l'article 4, procède à l'évaluation. »

VII. – L'article 9 est ainsi rédigé :

« *Art. 9.* – En Corse, l'Assemblée de Corse, le président du conseil exécutif et le préfet de Corse exercent respectivement les attributions dévolues par le présent décret au conseil régional, au président du conseil régional et au préfet de région. La mise à disposition du public du projet de plan prévue à l'article 5 est faite aux sièges des conseils généraux de Corse-du-Sud et de Haute-Corse et au siège de la collectivité territoriale de Corse. La publication du plan prévue à l'article 7 est faite au recueil des actes administratifs de la collectivité territoriale de Corse. »

Art. 2. – Le ministre de l'intérieur, de la sécurité intérieure et des libertés locales, le ministre de l'économie, des finances et de l'industrie, le ministre de l'équipement, des transports, du logement, du tourisme et de la mer, la ministre de l'écologie et du développement durable, le ministre de la santé, de la famille et des personnes handicapées, la ministre déléguée à l'industrie et le ministre délégué aux libertés locales sont chargés, chacun en ce qui le concerne, de l'exécution du présent décret, qui sera publié au *Journal officiel* de la République française.

Fait à Paris, le 24 février 2004.

JEAN-PIERRE RAFFARIN

Par le Premier ministre :

La ministre de l'écologie et du développement durable,
ROSELYNE BACHELOT-NARQUIN

Le ministre de l'intérieur, de la sécurité intérieure et des libertés locales,
NICOLAS SARKOZY

Le ministre de l'économie, des finances et de l'industrie,
FRANCIS MER

Le ministre de l'équipement, des transports, du logement, du tourisme et de la mer,
GILLES DE ROBIEN

Le ministre de la santé, de la famille et des personnes handicapées,
JEAN-FRANÇOIS MATTEI

La ministre déléguée à l'industrie,
NICOLE FONTAINE

Le ministre délégué aux libertés locales,
PATRICK DEVEDJIAN

Décret du 24 février 2004 portant classement d'un site

NOR : *DEVN0420011D*

Par décret en date du 24 février 2004, est classé parmi les sites du département de la Drôme le site du Claps et du saut de la Drôme, sur le territoire de la commune de Luc-en-Diois (1).

(1) Le texte intégral de ce décret et les plans annexés pourront être consultés à la préfecture de la Drôme ainsi qu'à la mairie de Luc-en-Diois.

Arrêté du 15 janvier 2004 portant affectation d'un ensemble immobilier domanial

NOR : *DEVN0430039A*

Par arrêté de la ministre de l'écologie et du développement durable et du ministre délégué au budget et à la réforme budgétaire en date du 15 janvier 2004, est affecté à titre définitif au Conservatoire de l'espace littoral et des rivages lacustres un ensemble immobilier domanial dénommé « îlot des Poulains », sis aux lieudits Treuze-Ruinec et Doar Naud, à Sauzon (Morbihan), d'une superficie totale de 42 846 mètres carrés, tel que cet ensemble composé de parcelles non bâties cadastrées section AB n°s 21, 22 et 24 figure sur le plan annexé au présent arrêté (1).

Cet ensemble immobilier, aujourd'hui inscrit au tableau général des propriétés de l'Etat sous le numéro 560-01069 à la rubrique « ports maritimes », sera recensé au même tableau au profit du Conservatoire de l'espace littoral et des rivages lacustres.

(1) Ce plan peut être consulté au ministère de l'écologie et du développement durable (direction de la nature et des paysages), 20, avenue de Ségur, 75302 Paris 07 SP.

Arrêté du 9 février 2004 portant déclaration d'utilité publique pour l'expropriation par l'Etat d'immeubles exposés au risque naturel majeur de mouvement de terrain et d'effondrement d'une ancienne carrière de gypse

NOR : *DEVP0430042A*

Par arrêté du ministre de l'intérieur, de la sécurité intérieure et des libertés locales, du ministre de l'économie, des finances et de l'industrie et de la ministre de l'écologie et du développement durable en date du 9 février 2004, est déclarée d'utilité publique l'expropriation par l'Etat d'immeubles exposés au risque naturel majeur de mouvement de terrain et d'effondrement d'une ancienne carrière de gypse menaçant gravement des vies humaines sur le territoire de la commune de Bizanet (Aude) et compris à l'intérieur du périmètre figuré par un trait rouge continu sur le plan parcellaire annexé au présent arrêté (1).

Les immeubles mentionnés ci-dessus feront l'objet d'une limitation d'accès et, en tant que de besoin, d'une démolition afin d'en empêcher toute occupation future.

L'expropriation nécessaire devra être réalisée au plus tard dans un délai de cinq ans à compter de la publication du présent arrêté.

(1) Ce document peut être consulté à la préfecture de l'Aude, 105, boulevard Barbès, 11100 Carcassonne, à la sous-préfecture de Narbonne, 37, boulevard du Général-de-Gaulle, 11000 Narbonne, et à la mairie de Bizanet.

Document 5

Extrait du site Internet de l'ADEME, 10 juin 2006.

ADEME **Agence de l'Environnement et de la Maîtrise de l'Energie**

Dans le cadre du protocole de Kyoto, l'Union Européenne (UE) s'est engagée à réduire globalement d'ici 2008-2012 ses émissions de gaz à effet de serre de **8 %** par rapport à leur niveau de 1990. En vertu d'un « accord de partage de la charge » les Etats de l'UE (à l'exception des nouveaux membres) ont pu se répartir cette obligation globale (dite « bulle européenne ») en fonction de leur différences socio-économiques. Ainsi, par exemple, l'Allemagne doit diminuer ses émissions de 21 % tandis que l'Espagne est autorisée à les augmenter de 15 %. La France doit, elle, veiller à les stabiliser.

Pour respecter son engagement, l'UE a défini en 2000 un Programme Européen sur le Changement Climatique (PECC). Elle a, par ailleurs, défini des objectifs de plus long terme : une réduction des émissions de **15-30 % d'ici 2020 et** de **60 à 80 % d'ici 2050.**

- **Le Programme Européen sur le Changement Climatique (PECC)**

Adopté en juin 2000, le PECC définit des mesures transversales et sectorielles (transport, bâtiments, industrie et énergie) qui permettraient à l'UE d'atteindre son objectif de réduction. Il estime leur potentiel de réduction d'émissions de gaz à effet de serre entre 578 et 696 milliards de tonnes équivalent CO2 (MteqCO2).

Certaines de ces mesures se sont déjà traduites par des directives ou propositions de directives :
– la directive « quotas » (adoptée) ou ETS (Emissions Trading Scheme) qui met en place, au 1er janvier 2005, un système communautaire d'échange de quotas d'émission de gaz à effet de serre
– la directive sur la mise en décharge (adoptée) qui permet de poursuivre les efforts réalisés en termes de réduction des émissions de méthane (CH4)
– la directive sur l'électricité produite à partir d'énergies renouvelables (adoptée) qui fixe un objectif de 21 % d'électricité d'origine renouvelable d'ici 2010
– la directive « services énergétiques » (en préparation) qui favorise le développement des activités de services d'efficacité énergétique pour renforcer la maîtrise de la demande d'énergie
– la directive « cogénération » (en discussion) qui propose de promouvoir la cogénération dans l'UE
– la directive « biocarburants » (adoptée) qui fixe la part des biocarburants sur le marché national des carburants : 2 % en 2005 puis 5,75 % en 2010
– la directive sur la performance énergétique des bâtiments (adoptée) qui vise à promouvoir l'amélioration de la performance énergétique des bâtiments.

- **Mesure phare du PECC : le système d'échange de quotas d'émissions de gaz à effet de serre**

Pour contribuer à respecter ses engagements de Kyoto, l'UE a développé dans le cadre du PECC un système interne d'échange de quotas d'émission (un quota correspondant à une tonne équivalent de dioxyde de carbone) qui vise à limiter les émissions de gaz à effet de serre provenant d'entreprises grandes consommatrices d'énergie.

Couvrant plus de 12 000 installations européennes, localisées dans les 25 Etats membres de l'UE, ce système a démarré le 1er janvier 2005.

- **Le fonctionnement du dispositif**

Au début de chaque année, les entreprises fortement émettrices de gaz à effet de serre se voient allouer par les pouvoirs publics une dotation initiale de quotas d'émission de gaz à effet de serre. Au début de l'année suivante, elles devront déclarer la quantité de gaz à effet de serre émis durant l'année écoulée et rendre aux pouvoirs publics, au plus tard le 30 avril, un nombre de quotas correspondant. Les entreprises qui ramèneront leurs émissions en deçà de leur dotation initiale pourront revendre leurs quotas excédentaires à d'autres ou les conserver pour un usage ultérieur. À l'inverse, les entreprises qui auront dépassé leurs quotas devront acheter sur le marché le supplément de quotas nécessaire, puis éventuellement investir dans des technologies de réduction des émissions. Les émissions des secteurs couverts pourront ainsi être réduites dans des conditions économiquement efficaces.

- **Un préalable à l'ouverture du marché : le plan national d'allocation des quotas**

Préalablement à l'ouverture du marché européen de droits d'émissions de GES, les Etats membres devaient établir un **Plan national d'allocation de quotas** précisant la quantité de quotas d'émissions que recevrait chaque installation pour chaque année de la première période (2005-2007). En France, le Plan national d'affectation de quotas (PNAQ) concerne près de 1 500 installations.

- **Un système appelé à évoluer**

Pour la première période, seules les émissions de dioxyde de carbone (CO2) des installations visées seront prises en compte. Le dispositif pourrait toutefois être amené à évoluer en deuxième période (2008-2012) : l'ensemble des gaz à effet de serre ainsi que de nouveaux secteurs, comme la chimie, la métallurgie de l'aluminium ou les transports, pourraient également être inclus. Enfin, le marché européen pourrait être relié à d'autres marchés de permis d'émission, tels que les marchés suisse, canadien, japonais ou norvégien, déjà en place ou en construction.

Document 6

Privatisation partielle d'EDF et lutte contre l'effet de serre

Même en situation de concurrence, la logique de marché pourrait pousser les prix de l'électricité à un niveau très supérieur au prix de revient de l'électricité nucléaire. La lutte contre l'effet de serre s'en trouverait sérieusement entravée. Et l'Etat se devrait d'utiliser les moyens qui lui appartiennent pour canaliser le jeu de la concurrence.

par Henri Prévot
Ingénieur général des Mines

Dans la lutte contre l'effet de serre, la France occupe une position très particulière puisque 80 % de sa production électrique sont d'origine nucléaire. EDF s'ouvrant aux capitaux privés, les moyens de la régulation publique de l'électricité seront-ils suffisants pour que la production française d'électricité continue de participer pleinement au programme national de lutte contre le changement climatique ?

Il existe plusieurs formes d'électricité selon la façon dont elle est produite. Chaque mode de production peut être caractérisé, en simplifiant, par ses coûts fixes, indépendants de la quantité produite et par ses coûts variables qui, eux, en dépendent. Les coûts fixes sont essentiellement fonction du montant des investissements d'une part, du taux d'actualisation, c'est-à-dire de la façon dont on compare les dépenses et les recettes intervenant à des moments différents, d'autre part. Les coûts variables, quant à eux, sont surtout faits des dépenses d'énergie et intégreront ou non les « effets externes », en particulier un coût d'émission de gaz carbonique. On comprend aisément que les moyens dont les coûts fixes sont plus élevés et les coûts variables plus faibles sont d'autant plus intéressants qu'ils sont utilisés plus longtemps. On peut donc calculer des « durées d'utilisation » qui égalisent les coûts de production des différents moyens de production.

Par ailleurs, la demande d'électricité peut être représentée par une « monotone », c'est-à-dire une courbe dont chaque point indique pendant combien d'heures dans l'année la capacité appelée est supérieure à une valeur donnée : la puissance appelée en France est toujours supérieure à 37 gigawatt (GW) ; elle est supérieure à 50 GW pendant 4 000 heures environ dans l'année et à 65 GW pendant 500 heures (cf. figure 1).

Connaissant d'une part cette courbe de demande et d'autre part les coûts fixes et les coûts variables des différents modes de production, on calcule le parc de production « adapté », c'est-à-dire celui dont le coût global, pour répondre à la demande, est minimum.

On calculera ainsi la capacité optimale de production d'électricité nucléaire. Ici il convient de faire une remarque importante : il faut distinguer la « durée minimum de fonctionnement » qui sert au calcul de la capacité optimale et la durée *réelle* de fonctionnement des centrales. Si la durée de fonctionnement annuel qui égalise le coût complet du nucléaire et celui du gaz est de 3 000 heures, la durée moyenne de fonctionnement des centrales nucléaires est de 5 600 heures, soit 70 % du maximum technique (car il faut de toutes façons s'arrêter pour l'entretien). Aucune ne tournera que 3 000 heures dans l'année. La durée effective de fonctionnement de chaque centrale sera déterminée pour tenir compte des contingences techniques et éviter les à-coups tout en se moulant autant que possible sur la demande.

A cet égard, il est remarquable que deux centrales nucléaires puissent parfaitement répondre à une pointe de demande durant quelques heures en tournant, chacune, plusieurs milliers d'heures dans l'année sans discontinuer (cf. figure 2). Soixante groupes sont capables de suivre de très près les évolutions de consommation.

Quant aux prix, il a été démontré (« théorème Boiteux ») qu'avec un parc adapté, tous les coûts sont couverts si le prix de vente est à chaque instant égal au coût marginal de production (c'est-à-dire le plus élevé des coûts variables des moyens de production effectivement en marche) et si, à ce prix, s'ajoute une contribution qui rémunère les frais fixes de l'installation de pointe. Ce mode de tarification indique efficacement à la demande le coût instantané de la production marginale d'électricité. C'est sur ce principe qu'est calculé le tarif de l'électricité fixé par l'administration.

Cette méthode imite le fonctionnement d'un marché concurrentiel où le prix est à chaque instant assez proche du coût marginal du système de production, c'est-à-dire du coût marginal de celui des producteurs dont le coût marginal est le plus élevé. On notera néanmoins une différence : le marché, dans la mesure où il favorise une facturation « au KWh », rend difficile l'intégration des frais fixes de l'installation de pointe dans les prix.

Ce n'est donc pas tellement sur les principes de fixation des prix que logique de marché et logique de service public divergent ; c'est sur la façon de choisir les moyens de production, notamment la façon de calculer la capacité de production nucléaire - et cela a

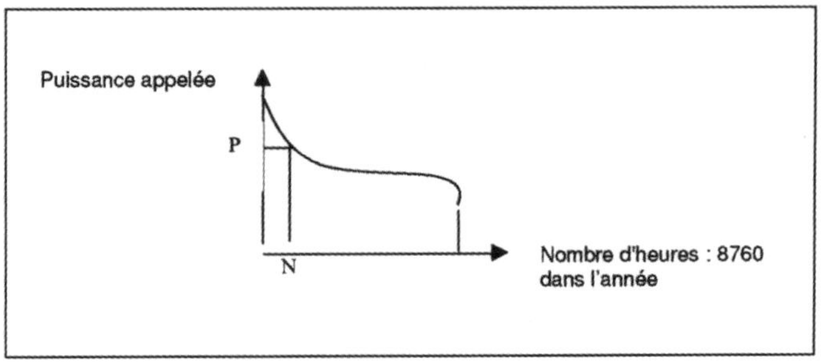

Figure 1

La courbe se lit ainsi : pendant N *heures par an, la puissance appelée est égale ou supérieure à* P.

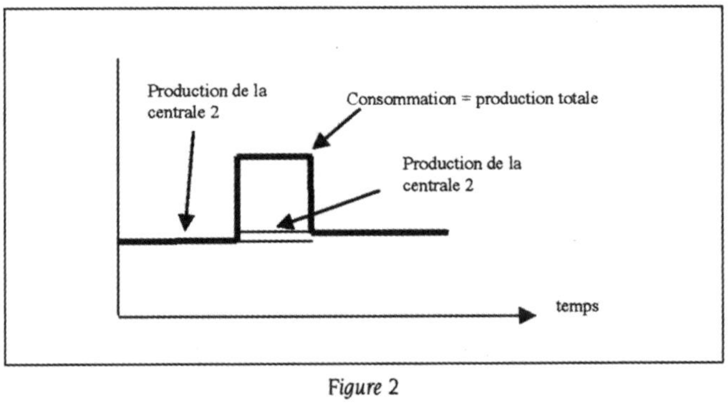

Figure 2

une grande incidence sur les prix.

Dans une logique de service public, le calcul du parc optimal sera fait avec le taux d'actualisation préconisé par le Commissariat général au Plan au début de 2005 (4 % en monnaie constante pendant 30 ans, dégressif au-delà) et s'insèrera dans une politique ambitieuse de lutte contre l'effet de serre. Alors, pour répondre à la demande d'aujourd'hui, avec les « coûts de référence » publiés par le ministère de l'Industrie et le prix du gaz en vigueur en 2003, et en supposant que le coût des émissions de gaz carbonique d'origine fossile est de 100 €/tonne de carbone, la capacité nucléaire optimale *effectivement disponible* est de 61 GW ; elle est encore supérieure si le « coût du carbone » ou le prix du gaz sont plus élevés. *Dans une pure logique de marché*, les entreprises préfèrent éviter les incertitudes, notamment sur leurs ventes futures et sur les changements de réglementation, toujours possibles ; elles préfèreront donc des investissements, tels les centrales au gaz, dont le temps de retour est de 10 ou 20 ans à des centrales nucléaires qui demandent 30 ou 50 ans. Par ailleurs elles rémunèreront les capitaux investis à un taux qui tienne compte de ces incertitudes, de l'ordre de 8 % en monnaie constante, ou davantage. Elles ignoreront les effets de la production sur le climat tant que ceux-ci n'auront pas été répercutés dans leurs prix de revient par un impôt ou par des obligations réglementaires. Supposant que le « coût du carbone » soit de 100 €/TC (valeur approchée du cours du « permis d'émettre »), pour la consommation d'aujourd'hui, vu par des entreprises du secteur concurrentiel, le parc optimal est de 55 GW, soit 6 GW de moins que dans une logique de service public. Mais la différence entre les deux logiques va beaucoup plus loin.

Une logique de service public tendra à rendre minimum les coûts de production et à calculer les prix de vente sur les prix de revient. *Une logique de marché* a pour but de rendre maximum les bénéfices. On a vu que les prix sont déterminés par le coût variable de celle des installations en fonctionnement dont le coût variable est le plus élevé. Or le coût variable d'une production d'électricité nucléaire est - en valeurs 2003 - de 6,4 €/MWh alors que celui d'une centrale au gaz est (sans compter l'effet de serre) de 34 €/MW. En conséquence, les bénéfices d'une entreprise qui dispose de la technologie nucléaire seront plus importants si l'on a besoin d'utiliser des centrales à gaz plus longtemps. Du point de vue des actionnaires, l'idéal serait que la capacité nucléaire soit limitée à la puissance appelée en base de sorte que toute l'électricité soit vendue au prix marginal des centrales à gaz ou d'autres centrales dont le coût marginal est encore plus élevé. On calcule alors que le superbénéfice des producteurs d'électricité nucléaire, au-delà d'une rémunération à 8 % en monnaie constante, s'élèverait à 30 % des dépenses.

On comprend aisément que les moyens dont les coûts fixes sont plus élevés et les coûts variables plus faibles sont d'autant plus intéressants qu'ils sont utilisés plus longtemps. On peut donc calculer des « durées d'utilisation » qui égalisent les coûts de production des différents moyens de production.

Une telle marge suscitera sans doute une concurrence. Mais le zèle d'un concurrent à créer de nouvelles capacités sera vite freiné. En investissant, il prendra une part plus importante de la marge mais, en même temps il la diminuera ; bien vite, il la diminuera tellement que, même en en prenant une part plus grande, il diminuera sa propre marge. Nous avons calculé cela. Pour une consommation qui a le profil de la consommation française, le libre jeu de la concurrence au sein d'un oligopole de trois producteurs, et sans qu'il y ait besoin d'entente entre eux, limitera la capacité nucléaire à 80 % de sa valeur optimale et ménagera aux entreprises un superbénéfice de 20 % de leurs dépenses.

On pressent la force des pressions qui s'exerceront pour que la capacité totale de production nucléaire ne soit pas très supérieure à la puissance appelée en base : il suffit de ne pas augmenter cette capacité au même rythme que la demande et d'élargir les possibilités techniques d'exportation. Que ce soit au niveau français ou au niveau européen, ces pressions seront très fortes si elles trouvent le concours de ceux qui affichent, à tort, qu'il n'est de bon nucléaire que celui qui tourne 8 000 heures par an ou plus et si, comme l'envisage Claude Henry dans un très bon article récent, des investisseurs institutionnels étrangers rachètent en masse les actions que les petits actionnaires pourraient remettre sur le marché. Ainsi, non seulement le prix de revient serait supérieur à celui d'un parc optimal, mais encore le prix de vente serait largement supérieur au prix de revient.

On peut toujours penser que, si les actionnaires sont les clients ou l'Etat, chaque consommateur pourrait retrouver, comme actionnaire ou comme contribuable, de quoi compenser peu ou prou la hausse du prix de l'électricité. Néanmoins, si les prix sont supérieurs au prix de revient, il donnent une indication trompeuse et détournent la consommation d'énergie d'une forme d'énergie qui n'émet pas, ou pourrait ne pas émettre, de gaz carbonique.

La France peut beaucoup diminuer ses émissions de gaz carbonique d'origine fossile avec des technologies connues. Cela passe par une stabilisation des consommations d'énergie et par l'utilisation la meilleure des grandes possibilités de production de biomasse. Le troisième pilier d'une politique réaliste et ambitieuse repose sur l'augmentation de la consommation d'une électricité produite sans émissions de gaz à effet de serre. Cette électricité sera utilisée par des voitures et des petits utilitaires dotés d'une propulsion électrique alimentée par une batterie elle-même rechargée soit sur le secteur, soit par un moteur thermique embarqué.

Ce n'est donc pas tellement sur les principes de fixation des prix que logique de marché et logique de service public divergent ; c'est sur la façon de choisir les moyens de production, notamment la façon de calculer la capacité de production nucléaire - et cela a une grande incidence sur les prix.

Il faudra aussi de l'électricité pour le chauffage de base, utilisée directement ou pour actionner des pompes à chaleur. Il sera alors possible de diminuer nos émissions des deux tiers avec une augmentation de la consommation d'électricité de 60 %, ce qui implique une capacité de production non émettrice de gaz carbonique supérieure à 100 GW (contre une soixantaine aujourd'hui). Comment produire cette électricité ? Certes pas avec des centrales au charbon comme celles qu'EDF se voit obligée de remettre en service faute d'avoir investi à temps dans une production qui n'émet pas de gaz à effet de serre. L'éolien ne suffira pas puisque le maximum envisagé (10 GW installé soit 2 GW utiles) représente seulement une petite partie de ce qui serait nécessaire. Il faudra donc augmenter vigoureusement la capacité nucléaire ou, là où ce sera possible, produire de l'électricité à partir d'énergie fossile en séquestrant le gaz carbonique, ce qui coûtera deux ou trois fois plus cher.

Pour diminuer les émissions françaises de gaz carbonique, il ne suffira pas de porter la capacité nucléaire à son niveau optimum. Comme cette électricité sera moins chère que celle qui est produite dans d'autres pays qui ont refusé ou limité l'option nucléaire, encore faudra-t-il que les exportations dans les autres pays soient limitées par les possibilités techniques des lignes de transport transfrontalières.

Pour diviser par trois nos émissions sans subventionner les énergies qui n'émettent pas de gaz carbonique (où trouverait-on l'argent ?), il faudra évidemment rendre l'énergie fossile plus chère, soit par un impôt, soit sous l'effet d'autres formes de contraintes. Si la capacité nucléaire est portée à son niveau optimum, c'est-à-dire celui qui minimise les coûts de production d'électricité, et si les prix de vente d'électricité sont fixés en fonction des prix de revient, il suffira probablement de porter progressivement sur une trentaine d'années le prix du carburant à 1,4 ou 1,5 €/l en monnaie constante et le prix du fioul à 900 €/m³ (il était de 450 €/m³ il y a deux ans) ; par contre, si la capacité nucléaire et les prix de l'électricité étaient ceux qui résultent des « lois du marché », il faudrait porter le prix du carburant à 2 €/l et celui du fioul à 1300 €/m³, ce qui rendrait beaucoup plus coûteuse, donc incertaine, la lutte contre l'effet de serre.

Pour diminuer les émissions françaises de gaz carbonique, il ne suffira pas de porter la capacité nucléaire à son niveau optimum ; il faudra évidemment rendre l'énergie fossile plus chère, soit par un impôt, soit sous l'effet d'autres formes de contraintes.

Ce ne sont que des ordres de grandeur sans doute, fondés sur un tableau croisé des ressources et des emplois d'énergie. Ils montrent l'écart entre les résultats d'une gestion guidée par la volonté de service public et ceux d'un marché où règnerait une concurrence non régulée. Il faudrait aussi évoquer la façon d'éviter un manque de capacité pendant les périodes de pointe de consommation, ce qui demandera également une intervention publique déterminée.

Fort heureusement, la participation publique très majoritaire au capital d'EDF, la loi sur le régime électrique, la PPI (Programmation pluriannuelle des investissements), la possibilité donnée à l'Etat de faire des appels d'offres pour susciter des investissements en cas de défaillance du marché, la maîtrise publique de la création de liaisons vers les pays voisins, la fixation administrée du tarif de l'électricité pour les consommateurs individuels et les petites entreprises donnent à l'Etat les outils dont il aura grand besoin pour fixer au jeu du marché un cadre qui le rapproche de l'optimum social et contenir ou orienter une dynamique qui poussera très puissamment dans une autre direction. Il ne serait pas illogique que ce cadre tienne compte de la situation très particulière de la France, pour que les compétences et le savoir-faire acquis depuis quarante ans par notre pays nous permettent de réduire nos émissions de gaz à effet de serre sans trop alourdir le prix auquel nous devrons payer l'énergie dont nous avons besoin pour le chauffage et le transport.

Bibliographie

- Rapport d'enquête sur le prix de l'électricité (IGF et CGM) octobre 2004 : http://www.industrie.gouv.fr/energie/electric/pdf/rapport-prix-cgm-igf.pdf.

- Notamment son annexe 4 : http://www.industrie.gouv.fr/energie/electric/pdf/rapport-prix-ann4.pdf.

- Diviser par trois les émissions françaises de gaz carbonique d'origine fossile : http://www.2100.org/PrevotEnergie/index.html.

- Notamment un article paru dans la *Revue de l'énergie* de février 2004 : http://www.2100.org/PrevotEnergie/revenergie.pdf.

- Un article de Claude Henry dans *Le Monde* du 19 novembre 2005 : « EDF, la privatisation à éviter ».

Document 7

Extrait de *Alternatives économiques*, n° 247, mai 2006.

Kyoto Un an après sa mise en place, le bilan du marché européen des quotas d'émission de CO_2 est plutôt satisfaisant. Mais la bataille fait rage avant la fixation des quotas pour 2008-2012.

Où en est le marché du CO_2 ?

Producteurs d'électricité, verriers, sidérurgistes, chimistes et autres industriels grands consommateurs d'énergie ont dû intégrer, depuis l'an dernier, un nouveau facteur dans leurs calculs économiques : le prix du carbone ou, plus exactement, du droit à émettre du carbone. Dans le cadre du protocole de Kyoto et afin de lutter contre le changement climatique, l'Union européenne s'est en effet engagée à avoir diminué en 2012 ses émissions de gaz à effet de serre de 8 % par rapport au niveau atteint en 1990. Principal gaz visé : le dioxyde de carbone (CO_2).

Atteindre cet objectif n'a rien d'évident : en 2003, les émissions n'avaient baissé que de 1,4 %. Pour espérer parvenir à 8 % en 2012, de nombreuses actions doivent être engagées dans tous les domaines : transports, urbanisme, logements... Il faut en particulier faire baisser les émissions industrielles, qui représentent, à elles seules, la moitié du total. Un objectif théoriquement assez simple à mettre en œuvre puisque ces émissions sont dues pour l'essentiel à un nombre limité de grandes installations : usines sidérurgiques, cimenteries, complexes pétrochimiques, etc.

Pour obtenir que les industriels limitent leurs rejets de gaz à effet de serre, l'Union européenne a créé un marché de droits à polluer (1), dont le but est de réduire progressivement les émissions industrielles sans pénaliser outre mesure les entreprises. Un an après sa mise en place, le bilan est plutôt satisfaisant. Une bonne nouvelle alors que s'engagent les négociations sur la suite à donner au protocole de Kyoto après 2012.

Un marché de « droits à polluer »

A l'origine de ce système, une directive européenne adoptée en 2003. Elle a confié à chaque Etat la tâche de fixer les quantités de CO_2 que les principaux sites industriels étaient en droit d'émettre compte tenu de leur activité. 11 400 sites industriels (dont un dixième en France) se sont ainsi vu attribuer des quotas ou permis. Tous les ans, en avril, chaque site concerné doit démontrer aux autorités publiques de son pays que ses émissions de l'année passée n'excèdent pas le nombre de permis qu'il détient.

Les industriels sont cependant autorisés à acheter

Quotas d'émission : un prix et des volumes d'échange croissants

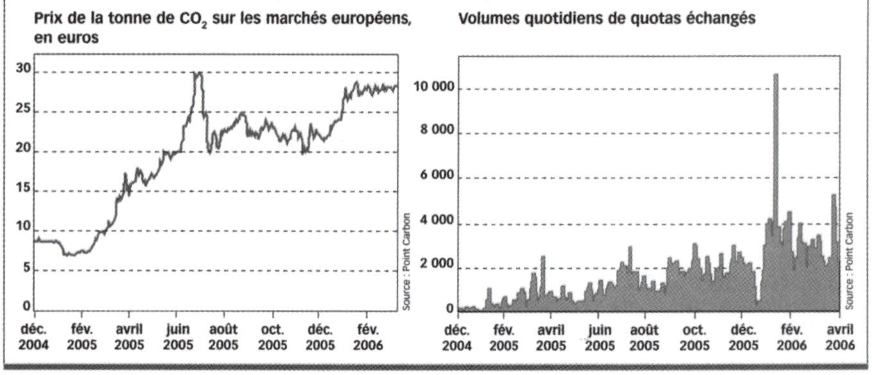

ou à vendre les quotas qui leur sont attribués. De quoi réduire les surcoûts associés à la limitation des émissions, car on facilite ainsi la mise en œuvre des réductions là où les coûts correspondants sont les plus faibles. Les entreprises qui peuvent réduire leurs dépenses énergétiques à moindres frais sont fortement incitées à le faire, puisqu'elles tireront un bénéfice de la revente de leurs quotas inutilisés compte tenu de la réduction de leurs émissions. A l'inverse, les industriels qui opèrent dans des secteurs où il est très coûteux de limiter les consommations d'énergie peuvent accroître leurs émissions en achetant les quotas excédentaires des autres entreprises.

Le prix du quota s'établit aujourd'hui autour de 25 euros la tonne de carbone. La quantité de quotas – et avec elle, le volume total d'émissions autorisées – devrait être réduite en 2008 afin de se rapprocher des objectifs de Kyoto. L'effet sur la structure de coût des entreprises les plus énergétivores est significatif quand leur production s'accroît sans que leur consommation d'énergie baisse parallèlement et qu'il leur faut se porter acquéreur des quotas manquants. *« Avec un prix de la tonne de CO_2 de 20 euros, l'impact sur le coût de la tonne de ciment est de 14 euros, à rapporter à un prix de vente de 70 à 80 euros départ usine »*, explique ainsi Jean-Pierre Taillardat, chargé de mission auprès de la direction du cimentier Lafarge, un des industriels les plus concernés.

Avec son système d'échange de quotas de CO_2, l'Europe a pris le leadership mondial dans la lutte contre le réchauffement climatique

L'an dernier, 12 % du total des quotas attribués ont fait l'objet d'une transaction. Un niveau qui reste encore faible. L'infrastructure administrative permettant les échanges a mis du temps à devenir opérationnelle : début 2006, 1,6 des 2,2 milliards de tonnes de CO_2 attribuées aux entreprises dans toute l'Union, soit les trois quarts du total, étaient consignées dans les registres nationaux créés à cet effet et pouvaient donc faire l'objet d'échanges.

Du côté des industriels, les choses ont aussi pris du retard : ils commencent à peine à affiner leurs systèmes de contrôle des émissions et à organiser le *reporting* correspondant. Or, *« les industriels actifs* [sur le marché des quotas] *sont ceux qui sont capables d'assurer une remontée d'information fiable sur leurs émissions »*, rappelle Thierry Carol, d'Euronext : dès qu'ils se rendent compte qu'ils sont au-dessus de leur quota, ils essaient d'en acheter quand les prix sont bas sur les marchés. Et ils font le contraire s'ils s'aperçoivent qu'ils ne consommeront •••

(1) L'autre solution aurait été de les taxer lourdement, ce qui risquait d'entraîner des délocalisations massives vers des pays qui n'ont pas souscrit les mêmes engagements de réduction, à commencer par les Etats-Unis et la Chine. Ce qui aurait créé du chômage en Europe sans réduire pour autant les émissions globales au niveau de la planète.

Les **Bourses** poussent comme des champignons

● Pour que les industriels puissent échanger leurs quotas, encore faut-il qu'acheteurs et vendeurs potentiels puissent se rencontrer facilement. L'an dernier, l'essentiel de ces échanges a été réalisé de gré à gré, c'est-à-dire directement entre deux opérateurs industriels ou financiers, souvent d'ailleurs entre unités d'un même groupe. Mais on a assisté aussi à la mise en place de plusieurs marchés spécialisés, comme c'est le cas avec les Bourses classiques pour les actions des entreprises ou encore pour les matières premières. En un an, pas moins de six Bourses du carbone ont été créées en France, aux Pays-Bas, en Autriche, en Suède, en Allemagne et au Royaume-Uni. ECX (Bourse de Londres) et Powernext (à Paris) ont conclu un accord de coopération. Et ce tandem domine nettement les opérations. Thierry Carol, spécialiste du marché du carbone chez Euronext, estime que Paris capte 60 % du marché spot, autrement dit le marché des échanges immédiats de quotas. Dans l'accord entre Londres et Paris, ECX s'est réservé les « *futures* », autrement dit les contrats à terme qui permettent de se couvrir contre les risques en vendant ou en achetant des quotas pour des échéances futures.
De son côté, la Bourse allemande EEX, installée à Leipzig, dans l'ex-Allemagne de l'Est, compte, pour survivre, sur le matelas de liquidités que représentent les quotas allemands sur le marché européen, soit 25 % du total. Le suédois Nordpool est également un concurrent sérieux. Des regroupements devraient cependant rapidement se produire.

••• pas tous leurs quotas.

C'est déjà le cas des électriciens ou encore des cimentiers. « *Nous cherchons à responsabiliser chaque pays sur son objectif et nous faisons une évaluation chaque mois, en consolidant les émissions de chacun des sites industriels par pays*, explique ainsi Jean-Pierre Taillardat, de Lafarge. *Si nécessaire, nous réalisons des transactions de quotas en interne, valorisés aux prix du marché, mais, de gré à gré, pour se conformer aux plans nationaux.* »

Comment sont répartis les permis échangeables

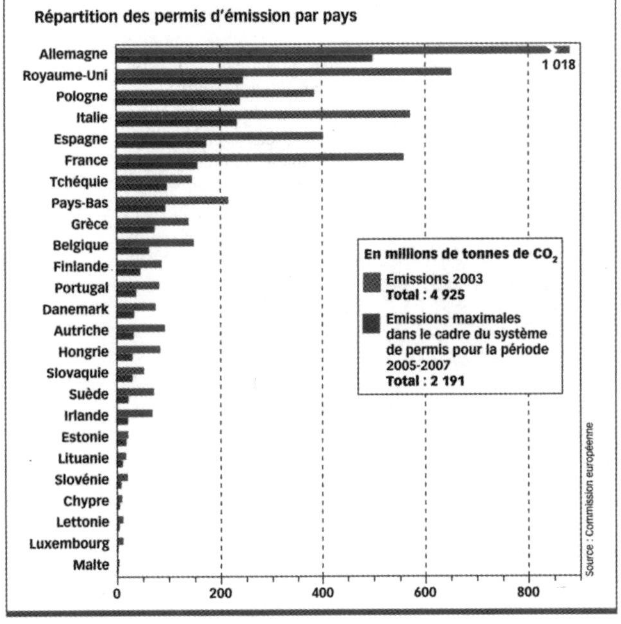

Le groupe pétrolier Total, de son côté, a regroupé la cinquantaine de ses sites concernés en Europe en une dizaine de « comptoirs industriels » par activité et/ou par zone géographique, au niveau desquels sont gérés les quotas. Mais de nombreux opérateurs n'en sont pas aussi loin que ces très grands groupes.

La tendance est cependant d'ores et déjà nettement ascendante pour les échanges de quotas. Le véritable décollage est intervenu mi-2005 : la hausse des prix du pétrole et du gaz, d'une part, et la sécheresse, d'autre part, ont obligé les électriciens européens, qui détiennent à eux seuls 56 % des quotas, à ralentir l'activité de leurs centrales au gaz et à limiter le recours aux centrales nucléaires et hydrauliques (faute de ressource en eau). Et les centrales au charbon, les plus fortement émettrices, ont été très sollicitées. Ce qui a amené les électriciens à racheter des quotas d'émission, créant une pression à la hausse sur le carbone, dont le prix a culminé à 29 euros la tonne en juillet, avant de se stabiliser autour de 25 euros la tonne depuis.

Cette hausse a confirmé la validité du système. Début 2005, quand la tonne de carbone ne valait que 8,50 euros, nombreux étaient ceux qui doutaient : « *La procédure initiale d'allocation des quotas a été complexe et mouvementée. Du fait de la marge d'autonomie laissée à chaque Etat membre, certains ont pu craindre que des allocations trop généreuses ne tuent le marché dans l'œuf. Tel n'a pas été le signal envoyé par le marché, sur lequel la tension sur les prix du CO_2 a surpris la majorité des opérateurs* », rappelle Christian de Perthuis, qui dirige la mission Climat de la Caisse des dépôts et consignations.

Un test pour l'Union européenne

Les quotas ne sont toutefois fixés pour l'instant que jusqu'à la fin 2007. De nouveaux quotas et des règles du jeu modifiées doivent maintenant être rapidement définis pour la période 2008-2012 : la Commission doit publier ses propositions en juin prochain pour, en théorie du moins, trancher d'ici à la fin de l'année. Et le *lobbying* va bon train. De nombreux industriels, particulièrement les producteurs d'acier, sont confrontés à une forte demande mondiale, sous la pression notamment de la croissance chinoise. Ils considèrent que le système européen de quotas freine leur production et les handicape gravement par rapport à leurs concurrents. Le sidérurgiste Arcelor a même déposé un recours devant la Cour de justice des communautés européennes pour en obtenir la renégociation accélérée. En novembre dernier, une députée européenne finlandaise demandait également la suspension du système d'échange d'émissions qui pèserait lourdement sur l'industrie de transformation du bois. Suivie en janvier par le président de la Fédération des sidérurgistes allemands, qui exigeait, lui aussi, cette suspension.

Pour relativiser ces cris d'orfraie, il faut cependant se rappeler qu'*« en 2005, la très grande majorité des achats de quotas a été le fait des compagnies électriques qui sont très difficilement délocalisables »*, comme le souligne Christian de Perthuis. La hausse des prix de l'électricité, liée en partie à la contrainte carbone, fait toutefois l'objet de nombreuses critiques : réunis en décembre 2005, les ministres de l'Energie de l'Union européenne plaidaient, pour cette raison, pour une révision anticipée du système qui *« préserve la compétitivité européenne »*.

L'allocation des quotas pour la période 2008-2012 constituera donc un test de la détermination européenne dans la lutte contre le changement climatique. Début 2008, les entreprises devront en effet solder une première fois leurs comptes par rapport aux quotas qui leur avaient été attribués pour 2007. Puis les Etats membres procéderont à une nouvelle allocation de quotas, en nombre le plus souvent inférieur aux précédents. Ce découpage en périodes de courte durée, 2005-2007 puis 2008-2012, fait l'objet de nombreuses critiques : *« sur le marché américain du SO_2 (2), les quotas sont attribués pour une période de trente ans »*, rappelle Christian de Perthuis. Outre le manque de visibilité à moyen terme, cette discontinuité comporte un important risque d'effet pervers : *« si une firme a baissé ses émissions en première période, elle risque de recevoir moins de quotas dans la seconde »*, souligne le Réseau action climat, un regroupement d'organisations non gouvernementales (ONG) actives dans ce domaine. D'où un vif débat sur le mode de calcul des quotas à allouer en 2008.

La hausse des prix de l'électricité, liée en partie à la contrainte carbone, fait l'objet de nombreuses critiques

Deux manières de faire s'opposent : le *benchmarking* ou le *grandfathering*. La seconde solution privilégie les émissions passées (d'où son nom), tandis que le *benchmarking* (étalonnage, en français) procède par comparaison entre différents émetteurs d'une même branche afin de fixer un standard unique. Ce qui revient à accorder une prime aux plus performants. En termes d'équité et d'efficacité environnementale, le *benchmarking* présente des avantages évidents, mais la première allocation de quotas par les Etats s'était faite pour l'essentiel sur une base historique, pour des raisons de simplicité.

Va-t-on changer de règle du jeu en 2008 ? La Commission se refuse à tout engagement pour l'instant. *« Le secteur de l'électricité est l'un de ceux où une certaine forme de* benchmarking *pourrait être envisagée, mais cela supposerait de collecter énormément de données, et la Commission préférerait que les Etats membres adoptent des méthodes d'allocation simples »*, explique-t-on à la direction générale marché intérieur, en charge du sujet. Certains industriels poussent néanmoins également dans ce sens, notamment le sidérurgiste Arcelor, qui travaille sur un *benchmarking* ●●●

(2) Au début des années 90, les Américains ont imposé des quotas sur le dioxyde de soufre afin de lutter contre les pluies acides et la déforestation provoquées par ces émissions. Ils ont alors créé un marché pour échanger ces quotas. Le succès de cette démarche est à l'origine du marché du CO_2 européen.

La **finance carbone** a du mal à décoller

● **Les industriels directement concernés ne sont pas les seuls à échanger des quotas.** Les gouvernements qui redoutent de devoir couvrir des émissions supérieures aux engagements pris dans le cadre de Kyoto en acquièrent également. Ils le font généralement par l'intermédiaire de fonds d'investissement à capitaux publics ou mixtes. C'est le cas notamment de l'Etat néerlandais, très mal parti pour tenir ses engagements. Enfin, banques et autres entreprises d'investissement interviennent aussi sur ces marchés, soit en tant qu'intermédiaire pour des tiers, soit pour acheter des quotas pour leur propre compte. N'étant pas eux-mêmes soumis aux contraintes du système de quotas, ils procèdent à de tels achats dans un but purement spéculatif, en pensant gagner de l'argent demain si les prix augmentent. Comme ils le font sur les Bourses de matières premières, par exemple. Ce faisant, ces acteurs financiers contribuent à donner ce qu'on appelle de la liquidité au marché, c'est-à-dire à faire en sorte qu'il y ait toujours suffisamment de vendeurs et d'acheteurs pour qu'une entreprise qui chercherait à acheter (ou à vendre) des quotas trouve facilement un vendeur (ou un acheteur) en face d'elle. De plus, le fait que les financiers s'intéressent au carbone est un atout politique non négligeable dans la lutte contre le changement climatique, compte tenu de leur pouvoir de *lobbying* : contrairement aux industriels, ils ont intérêt en effet à ce que les quotas soient rares pour qu'ils deviennent cher. En France, la Caisse des dépôts et consignations avait ainsi lancé en 2004, avec le belge Fortis, un fonds carbone européen de 100 millions d'euros. Au total, l'encours des fonds d'investissement spécialisés dans le carbone atteignait, à l'échelle mondiale, 3,4 milliards d'euros, fin 2005. Cela reste encore une goutte d'eau dans l'océan de la finance, puisque la capitalisation boursière mondiale (actions et obligations) se montait à 45 927 milliards d'euros en 2004 ! Le décollage de la finance carbone est donc très lent, beaucoup plus encore que celui des échanges de permis entre acteurs directs. Les financiers restent attentistes compte tenu des fortes incertitudes qui pèsent sur l'avenir du système d'échange de permis. En effet, les règles du jeu en Europe ne sont pas encore définies pour la période 2008-2012. A quoi s'ajoutent les incertitudes sur l'avenir du protocole de Kyoto lui-même, qui ne court que jusqu'en 2012, c'est-à-dire demain en termes économiques. Réussira-t-on à impliquer les Etats-Unis, la Chine et l'Inde pour l'après-2012 ? Le principe même de quotas d'émission sera-t-il conservé ? Impossible à dire aujourd'hui. On reproche souvent aux investisseurs financiers leur court-termisme, mais ils ont, eux aussi, besoin d'un horizon de long terme relativement prévisible pour développer leurs activités...

••• européen, car il ne voudrait pas que ses concurrents moins performants sur le plan environnemental soient outrageusement favorisés dans un système de *grandfathering*. Et notamment Mittal Steel (qui sera peut-être aussi son futur propriétaire…), du fait de l'état déplorable des usines de l'ex-bloc communiste qu'il a rachetées.

Critiques tous azimuts

Autre critique majeure adressée au système actuel : l'instabilité potentielle des prix du CO_2 en fin de période. Les sites industriels qui ne seront pas en mesure, en 2007, de « rendre » les quotas correspondant à leurs émissions seront passibles d'une amende de 40 euros par tonne (entre 2005 et 2007, le déficit est reportable d'année en année). Cette amende, qui passera à 100 euros en 2012, n'est toutefois pas libératoire, c'est-à-dire qu'elle ne dispense pas les entreprises d'acheter les quotas qui leur manquent. Autrement dit, si les industriels n'ont pas dans l'ensemble fait de sérieux efforts de réduction d'ici là, le prix du CO_2 risque de flamber. Si les réserves de quotas disponibles tendaient vers zéro, le prix risquerait même de « diverger », c'est-à-dire de tendre vers l'infini ! Cette forte instabilité potentielle du prix du CO_2 explique une bonne part des réticences américaines vis-à-vis de Kyoto et de ses mécanismes de marché, même s'ils devraient convenir à leur philosophie…

L'électricité se taille la part du lion

Répartition des quotas d'émission sur la période 2005-2007 à l'échelle de l'Union européenne

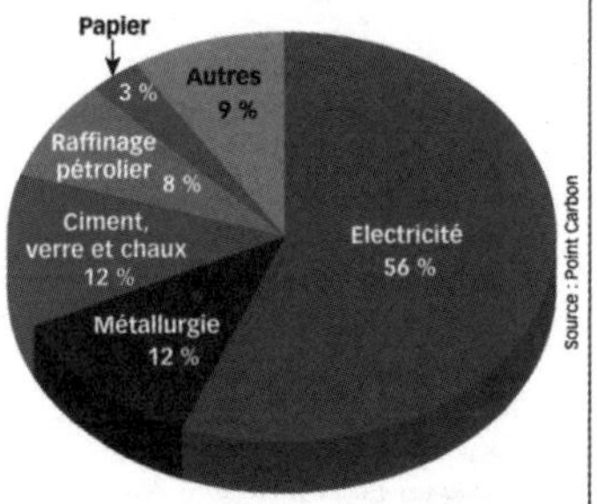

La directive laisse toutefois aux Etats la possibilité de mettre aux enchères un surplus de quotas en fin de période pour équilibrer le marché. De plus, les industriels peuvent également recourir au mécanisme de développement propre, prévu par le protocole de Kyoto, pour obtenir des quotas additionnels. Il s'agit de financer des projets de réduction d'émissions dans les pays du Sud. Le chimiste Rhodia a ainsi fait valider des projets en Corée et au Brésil qui lui permettent de disposer de plus de 80 millions de tonnes de crédit carbone qu'il pourra valoriser à partir de 2007. Soit au cours actuel plus de 2 milliards d'euros, d'où une remontée sensible de son cours de Bourse, alors que la société était dans une situation très difficile. Ce mécanisme pourrait cependant déséquilibrer le marché, dans l'autre sens cette fois, en rendant l'offre trop abondante. D'où l'un des enjeux majeurs des discussions en cours : jusqu'à quel volume maximal pourra-t-on avoir recours à de tels projets ?

Autre question qui fâche : que faire des nouvelles usines et de celles qui arrêtent de produire ? Pour que le système incite réellement à réduire les émissions, il faudrait en théorie que les industriels achètent « plein pot » les quotas d'émission nécessaires pour des installations neuves. Et qu'en contrepartie, ils aient le droit de conserver les quotas attachés aux usines qui ferment. Ce qui n'est pas le cas pour l'instant. Mais face à une telle éventualité, les entreprises se cabrent sur le thème : « Dans ces conditions, il n'y aura plus jamais de nouvelles usines en Europe ». La Commission devrait proposer d'attribuer des quotas gratuits jusqu'à un seuil correspondant aux « meilleures pratiques » du secteur. Ils seraient payants au-delà.

Une des questions qui fâchent : que faire des nouvelles usines et de celles qui arrêtent de produire ?

La dernière critique importante adressée aux quotas concerne leurs effets sur les prix de l'électricité. L'électricité ne se stocke pas, c'est pourquoi le prix du kWh sur le marché est largement déterminé par le coût de la dernière unité produite, les spécialistes parlent de tarification au coût marginal. Or, les unités qui permettent l'ajustement au jour le jour entre l'offre et la demande d'électricité – ce qu'on appelle le courant de pointe – sont généralement des centrales thermiques au fioul ou au gaz (voire au charbon), qui émettent du CO_2 contrairement aux centrales nucléaires ou hydrauliques qui, un peu partout, fournissent le courant de base, celui qui est délivré en permanence. Les prix risquent donc de s'envoler car les électriciens vont être tentés de facturer l'électricité au prix fort sur toute la production, alors même qu'ils ne doivent se procurer des quotas de CO_2 que pour la production marginale.

Dès 2003, les grands consommateurs d'électricité se sont regroupés au sein de l'Energy Intensive Industries pour dénoncer ce *« transfert massif de richesse de leurs caisses vers celles des électriciens »*. Il y a un an, ils l'estimaient à 2,5 milliards d'euros par an, soit près de 1 % de leurs chiffres d'affaires réunis ; ils s'apprêtent à publier une nouvelle étude sur ces « surprofits » réalisés à leurs dépens. On s'oriente sans doute vers une attribution plus généreuse de quotas aux électriciens pour la période 2008-2012, afin de limiter l'impact du système sur le prix de l'électricité.

Bref, les points en débat sont nombreux autour du remodelage des quotas pour 2008-2012. Des ajustements sont nécessaires, mais s'ils devaient aboutir à vider le système de sa substance, ce serait la crédibilité de l'Union sur la scène internationale qui serait gravement atteinte. En faisant fonctionner depuis plus d'un an de manière relativement satisfaisante un système d'échange de quotas de CO_2, l'Europe a pris le *leadership* mondial dans la lutte contre le réchauffement du climat. Au moment où les discussions internationales sur le changement climatique redémarrent pour l'après-Kyoto, ce n'est pas le moment de reculer sous la pression des lobbies. ■

Florence Autret et Guillaume Duval

POUR EN SAVOIR PLUS

- **http://europa.eu.int/comm/environment/climat/home_en.htm** : sur le site de la Commission européenne, les pages concernant le changement climatique en général.
- **www.europa.eu.int/comm/environment/climat/emission.htm** : les pages dédiées au système européen d'échange de droits d'émission.
- **www.euractiv.com/Article?tcmuri=tcm:28-133881-16&type=LinksDossier** : sur le site d'information européen Euractiv, le dossier consacré au développement durable et échange de quotas d'émission.
- **www.caissedesdepots.fr/FR/publications/index.php#dd** : sur le site de la Caisse des dépôts et consignations, les publications de la mission Climat.
- ***L'avenir du climat. Quel temps ferons-nous ?***, par Jean-Pierre Jancovici, coll. Points Sciences, éd. du Seuil, ainsi que son site : www.manicore.com
- **« La finance carbone »**, *Revue d'économie financière* n° 83, mars 2006 présenté sur www.aef.asso.fr

Document 8

Extrait de *Regards sur l'actualité*, n° 302, La Documentation française.

Les instruments économiques de protection de l'environnement

Emmanuel Caicedo et Nicolas Riedinger,
chargés d'études au ministère de l'Écologie et du Développement durable, au sein de la Direction des études économiques et de l'évaluation environnementale

En l'absence de politique environnementale, les agents économiques ne sont pas tenus responsables des nuisances que leurs activités ont sur l'environnement naturel (émissions de substances polluantes dans l'air ou l'eau, bruit, exploitation de matières premières, occupation des sols...). Il était d'usage, depuis les sociétés pastorales, de considérer la nature comme un bien public, chaque être humain pouvant en jouir également et sans rivalité, dans la mesure où il en faisait partie intégrante. Or, la révolution industrielle a largement modifié les équilibres entre l'homme et la nature. D'une part, s'est peu à peu imposée une conception plus restrictive de la nature, définissant la nature limitée à ce qui est extérieur à l'homme (milieux naturels, écosystèmes, biodiversité, paysages...). Dès lors, il convient de dominer la nature. D'autre part, les activités humaines ont pris une envergure sans précédent, mettant en péril les équilibres naturels de la planète, comme l'illustre l'explosion de la quantité de gaz à effet de serre dans l'atmosphère au cours des deux derniers siècles. Compte tenu de ces évolutions, et parce que son usage donne de plus en plus lieu à des conflits d'intérêt et à une appropriation concurrente, il s'avère difficile de continuer à qualifier la nature de « bien public ».

L'objectif initial des premières politiques environnementales apparues au XXe siècle consistait justement à rationner l'usage de la nature, afin de préserver en quelque sorte sa qualité de bien public. Ces politiques se sont traduites notamment par l'acquisition de forêts par l'État, afin d'éviter leur destruction. Puis, à mesure que les impacts sur l'environnement commençaient à avoir des conséquences sur l'homme lui-même, les coûts de l'activité polluante (1) finissant par devenir largement supérieurs aux bénéfices qu'en tirait la société, les politiques environnementales ont eu pour nouvel objectif de limiter la pression des activités humaines sur l'environnement et d'arbitrer entre les dommages causés par la pollution et les coûts entraînés par sa limitation par l'intermédiaire d'instruments d'abord réglementaires, puis économiques.

1 - S'il s'avère difficile d'attribuer un coût aux dégradations de la nature, en revanche, il est possible de mesurer les coûts réels que ses effets engendrent pour la société : on peut citer, par exemple, le coût de traitement des maladies liées à la pollution, ou encore le coût du traitement de l'eau pour disposer d'une quantité d'eau suffisante présentant une qualité satisfaisante pour l'ensemble des besoins de la société...

Limites de la réglementation et intérêt des écotaxes

La réglementation demeure l'outil privilégié des pouvoirs publics en matière de protection environnementale

Les premières démarches visant à limiter la consommation de ressources naturelles et la pollution liée aux activités humaines se sont appuyées sur la réglementation : des normes ont été édictées, ayant pour objet d'interdire aux agents économiques une pollution supérieure à un certain niveau, afin de préserver un niveau minimum de qualité environnementale. Aujourd'hui encore, la réglementation reste l'outil privilégié des pouvoirs publics en matière de protection environnementale, souvent en complément de subventions accordées aux agents pour leurs investissements dans la lutte contre la pollution.

Cependant, les normes réglementaires sont insuffisamment individualisables pour être économiquement efficaces

Cependant, la réglementation présente, en général, l'inconvénient majeur de s'appliquer uniformément à tous les agents : par exemple, elle astreindra toutes les usines à ne pas émettre plus de x tonnes de dioxyde de soufre dans l'air par mètre cube, sans établir de distinction entre les techniques de production des différentes usines ; en conséquence, certaines usines pourront facilement respecter cette mesure alors que d'autres devront investir davantage pour atteindre les mêmes seuils. Dans ce cas fictif, il serait plus efficace de demander un effort supplémentaire aux agents dont les coûts de réduction de la pollution (ou d'« abattement ») sont faibles et moins d'efforts aux agents pour qui les coûts d'abattement sont plus élevés ; au final, le coût social de la pollution atmosphérique serait globalement inférieur. Un tel raisonnement est valable aussi bien dans une perspective intersectorielle (production d'énergie, de ciment, de verre...) que dans une optique intrasectorielle (c'est-à-dire entre les différentes unités de production d'un même secteur).

Face à un tel constat, les pouvoirs publics ont tenté de différencier la réglementation selon les secteurs, en établissant des normes distinctes assurant autant que possible un effort financier équivalent de la part de l'ensemble des agents, puis entre les différentes installations. Au point qu'aujourd'hui, les normes d'émissions sont établies quasi-individuellement au niveau des entreprises. Mais cet exercice comporte aussi certaines limites. Tout d'abord, un tel système n'est pas applicable à un grand nombre d'agents, puisqu'il nécessite la connaissance des techniques de production et, plus largement, la connaissance des contraintes qui pèsent sur l'ensemble des pollueurs : ainsi, les réglementations ne concernent de fait qu'un nombre restreint d'entreprises (les installations classées ou l'amont des filières industrielles). Par ailleurs, l'instauration de normes individualisées est le fruit de négociations entre l'administration et les entreprises, qui s'effectuent sur la base de données objectives de modes de production : or, cette information est généralement mieux maîtrisée par les entreprises, ce qui induit une surestimation des coûts d'abattement dans les processus de négociation. Enfin, les normes d'émissions sont généralement indexées sur la « meilleure technologie disponible » et reposent par conséquent sur les connaissances technologiques existantes. Les entreprises ne sont donc pas incitées à développer des technologies moins polluantes car elles savent que ces dernières leur seront tôt ou tard imposées, ce qui oblige les pouvoirs publics à subventionner la recherche pour améliorer les technologies. Ces limites impliquent un coût, parfois démesuré au vu des bénéfices environnementaux qui découlent de la mise à jour des normes.

L'avantage des écotaxes : la minimisation du coût collectif de réduction de la pollution

L'intérêt des taxes environnementales (ou « écotaxes »), par rapport à la réglementation, est précisément de minimiser ce coût, à objectif environnemental donné. Son principe consiste à amener les pollueurs à prendre en compte dans leurs coûts la dégradation de biens publics environnementaux dont ils sont responsables. Une écotaxe impose à tout agent d'arbitrer entre le coût attaché à la diminution de la pollution d'une unité et le coût lié au paiement de la taxe pour cette même unité. Elle le pousse, ce faisant, à mettre en œuvre les mesures de réduction de la pollution dont le coût marginal est inférieur au taux de la taxe. Les efforts d'abattement sont, par conséquent, dirigés là où ils sont les moins coûteux. De plus, les pollueurs peuvent choisir librement les moyens de réduction de la pollution qu'ils ont occasionnée, ce qui constitue indirectement une incitation à l'innovation environnementale.

L'assiette et le taux de la taxe : de la théorie à la pratique

Une assiette souvent difficile à déterminer

L'assiette ne reflète pas toujours le coût social de la pollution comme elle le devrait : exemple de l'enlèvement des ordures ménagères

Théoriquement, une écotaxe doit être assise sur les dommages environnementaux causés par les décisions de l'agent si l'on veut qu'elle reflète fidèlement les coûts sociaux de la pollution. Mais cette condition n'est pas toujours remplie dans les faits. Ainsi, les taxes en vigueur dans le domaine de la gestion des déchets devraient idéalement refléter la quantité de déchets produite par chaque ménage. Or, force est de constater que la taxe d'enlèvement des ordures ménagères (TEOM), créée par la loi du 13 août 1926, est assise sur la valeur cadastrale du logement et qu'elle n'incite donc pas les ménages à moins produire ou à davantage trier et recycler les déchets. Instaurée par la loi de finances du 29 décembre 1974, la redevance d'enlèvement des ordures ménagères (REOM), qui ne peut pas se cumuler avec la TEOM, offre de telles incitations, puisqu'elle peut être calculée en fonction du volume du bac mis à disposition des ménages, du poids des déchets collectés, etc. Toutefois, elle est peu choisie par les communes, car elle impose de présenter un budget annexe équilibré (elle ne bénéficie d'aucun financement dans le cadre du budget général), ainsi que la prise en charge du coût et du risque de perception. Par ailleurs, lorsqu'elle est préférée à la TEOM, la REOM est généralement calculée en fonction du nombre de personnes dans le ménage et ne présente donc aucun caractère incitatif.

L'écotaxe doit en général être différenciée suivant la capacité d'absorption du milieu

Parfois, il est relativement aisé de déterminer l'assiette de la taxe : c'est le cas pour les émissions de gaz carbonique responsables de l'effet de serre, dans la mesure où celles-ci sont proportionnelles à la quantité de combustible brûlée et où les effets des émissions de gaz carbonique sur le climat sont indépendants du lieu et des moyens de combustion. Cependant, la détermination de l'assiette des écotaxes s'avère plus délicate lorsque la capacité d'absorption des milieux n'est pas uniforme. Les taxes sur les émissions dans l'eau devraient ainsi être différenciées suivant la sensibilité du milieu aquatique. C'est d'ailleurs en partie le cas en France, où les taux sont fixés par les Agences de bassin pour leur zone géographique de compétences.

Une difficile internalisation des dommages environnementaux : l'exemple d'une taxe sur les émissions de NOx par les véhicules

En fait, dans de nombreuses circonstances, une internalisation des dommages environnementaux nécessiterait, pour être rigoureuse, une multitude d'instruments encore imparfaits ou inexistants pour le moment. Une taxe sur les émissions d'oxydes d'azote (NOx) par les véhicules devrait par exemple être plus importante en montagne qu'en plaine, puisque les dommages liés à ces émissions sont plus importants lorsque l'oxygène dans l'air se raréfie. De la même façon, une telle taxe devrait être plus élevée en ville, car l'exposition de la population y est plus importante que dans les zones moins habitées. L'internalisation des dommages liées aux émissions de NOx exige donc une connaissance fine des lieux où les véhicules circulent. Les trajets des poids lourds en Europe sont en passe d'être identifiés par *global positioning system* (GPS), ce qui permettrait de les taxer en fonction de la sensibilité du milieu dans lequel ils émettent des NOx ; dans le cas des véhicules particuliers et en l'absence d'équipements d'identification des trajets, une bonne internalisation des NOx nécessiterait l'instauration de péages au passage de cols de montagne ou l'implantation de péages urbains de cordon à l'entrée des villes, sur la base de l'exemple londonien.

La question de la fixation du taux des écotaxes

Le taux de l'écotaxe : un arbitrage entre le coût des dommages causés par la pollution et le coût de sa réduction

Une fois définie l'assiette de l'écotaxe de façon à ce qu'elle reflète le plus fidèlement possible le type de dommages occasionnés à l'environnement par telle ou telle pollution, se pose la question de la fixation de son taux. Ce dernier doit résulter d'un arbitrage entre le coût des dommages causés par la pollution et le coût de sa réduction. L'optimum économique est atteint lorsque la somme de ces deux coûts est minimale. Cela implique que le dommage marginal de la pollution et le coût marginal de sa réduction soient identiques, c'est-à-dire : (a) qu'une unité supplémentaire de pollution implique un dommage à l'environnement supérieur au bénéfice qu'en retire le pollueur ; (b) qu'une réduction supplémentaire de la pollution implique pour le pollueur un coût supérieur aux bénéfices environnementaux qu'elle engendre.

L'optimalité économique atteinte avec ce taux « pigouvien » (2), est un objectif complètement légitime si l'on peut effectuer des transferts forfaitaires entre pollueurs et pollués assurant à chacun une amélioration de son bien-être relativement à une situation où l'on s'écarte de ce taux. En pratique, les possibilités de transfert sont limitées, ce qui amène à veiller aux impacts redistributifs des écotaxes (*cf. infra*).

En France, des écotaxes à des taux trop faibles pour être incitatives

Dans les faits, le niveau des taxes environnementales en France apparaît en général très en retrait de cet optimum. À titre d'illustration, les oxydes d'azote et le dioxyde de soufre sont taxés à des taux environ cent fois inférieurs aux évaluations des dommages marginaux. On est donc loin d'une internalisation des dommages causés à l'environnement à leur juste coût. De plus, ces taux semblent souvent en deçà des estimations des coûts marginaux d'abattement : on peut en déduire que ce sont en fait les normes réglementaires et non les taxes qui déterminent les comportements de pollution. Cette situation, qui présente le risque de discréditer des instruments potentiellement très performants en termes coûts-bénéfices, n'est toutefois pas inévitable, comme l'attestent certaines expériences menées à l'étranger avec succès, consistant à fixer des écotaxes à des taux incitatifs (cf. exemple des taxes suédoises sur les émissions d'oxydes d'azote).

La fiscalité liée à l'environnement en France

Le rapport à la Commission des comptes et de l'économie de l'environnement a fourni une photographie, en 2003, des instruments fiscaux mis en œuvre dans les différents domaines environnementaux (3). Il recense plus de 70 mesures de différentes natures :

- **les taxes, assises sur des émissions (TGAP (4) Air), sur des produits polluants (TGAP phytosanitaires), sur des équipements potentiellement polluants (carte grise sur les véhicules) et sur l'utilisation de ressources naturelles (TGAP grains minéraux naturels) ;**
- **les redevances, qui sont des mesures de couverture des coûts pour des services environnementaux rendus aux redevables ;**
- **les mesures dites « positives » (crédits d'impôt, amortissements accélérés, exonérations...) ;**
- **les modulations environnementales, qui prennent la forme d'exonérations, de modulations de taux sur certaines taxes, de déductions...**

En 2001, la fiscalité liée à l'environnement représentait 42,8 milliards d'euros, soit un montant du même ordre de grandeur que la dépense pour la protection de l'environnement (2 % du PIB et 5 % des recettes fiscales totales). Les redevances pèsent 12,8 milliards d'euros, les redevances sur l'eau (9 milliards d'euros) et sur les déchets étant les plus importantes. Le montant total des écotaxes recouvre principalement les recettes de la taxe intérieure sur les produits pétroliers (TIPP) assise essentiellement sur les carburants, qui représentaient 23,4 milliards d'euros en 2001.

2 - Cet adjectif fait référence à l'économiste anglais Arthur Cecil Pigou (1877-1959) qui a été le premier à concevoir les écotaxes dans les années 1920.
3 - Ministère de l'Écologie et du Développement durable et Institut français de l'environnement, *La fiscalité liée à l'environnement*, rapport à la Commission des comptes et de l'économie de l'environnement, IFEN, 2003.
4 - Taxe générale sur les activités polluantes.

Les recettes de la fiscalité environnementale en France en 2001 (en milliards d'euros)

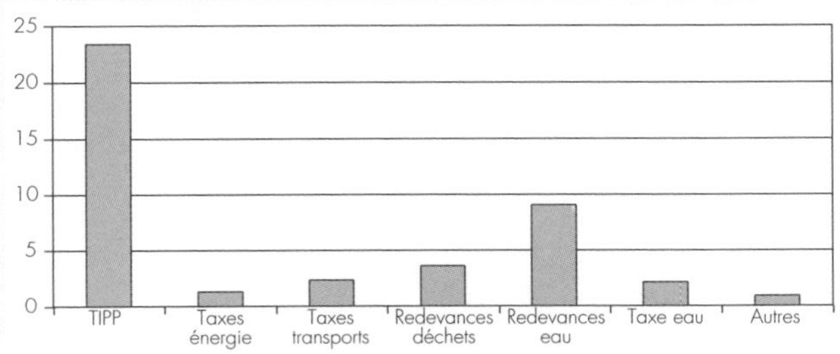

Une comparaison avec les pays de l'OCDE montre que la France fait partie des pays où le poids de la fiscalité environnementale dans le PIB est faible, celui-ci variant entre 1 % et 5 % selon les cas. Il convient toutefois de noter que ces différences ne sont pas dues aux accises pétrolières, car celles-ci sont relativement harmonisées.

Emmanuel Caicedo et Nicolas Riedinger

Recettes des écotaxes : les différentes utilisations possibles

Trois types d'affectation des recettes des écotaxes

Instruments à visée incitative, les écotaxes n'en sont pas moins une source de recettes. La question de leur utilisation a suscité de nombreuses controverses, que celle-ci se fasse :

- au profit d'actions de protection de l'environnement, comme dans le cas de la taxe départementale sur les espaces naturels sensibles (TDENS) collectée au profit des départements sur les permis de construire ;
- au profit du budget de l'État ou d'actions particulières, telle que la baisse des charges sociales ;
- au profit du secteur redevable, par exemple dans le cas des redevances pollution des Agences de l'eau.

Des taxes parafiscales d'abord affectées à des actions environnementales

Historiquement, c'est sur le modèle de l'affectation à des actions environnementales que de nombreuses écotaxes se sont développées après la Seconde Guerre mondiale, notamment avec l'ordonnance du 2 janvier 1959 portant loi organique relative aux lois de finances qui plaçait les taxes parafiscales sous régime réglementaire et non législatif. Le choix d'une telle modalité répondait au souci des pouvoirs publics d'assurer la lisibilité et l'acceptabilité sociale de la taxe. Pourtant, il n'existe *a priori* aucune raison de soustraire du vote annuel de la loi de finances tel ou tel type de ressources pour le pré-affecter à telle ou telle action. On peut même arguer que cela nuit à l'efficacité de la répartition de la dépense publique et au développement d'une culture du résultat chez les organismes bénéficiaires.

Les recettes des écotaxes peuvent être utilisées pour diminuer d'autres prélèvements

C'est en partie sur la base de tels arguments que la désaffectation quasi-systématique des taxes a eu lieu, suscitant parfois chez certains la crainte de voir l'environnement régresser parmi les priorités financières du gouvernement. L'instauration de la taxe générale sur les activités polluantes (TGAP) en 1999 a ainsi entraîné la désaffectation de certaines taxes qui bénéficiaient jusque-là à l'Agence de l'environnement et de la maîtrise de l'énergie (ADEME), laquelle s'est vu octroyer, en contrepartie, une dotation budgétaire à hauteur de ses besoins. Le produit de la TGAP est aujourd'hui affecté au Fonds de financement de la réforme des cotisations sociales, qui finance les allègements de charges sociales des employeurs, notamment ceux accordés dans le cadre de la réduction du temps de travail. Cette affectation repose sur l'idée, qui s'est développée à la fin des années 1980, suivant laquelle remplacer, à recettes constantes, des prélèvements sur le travail par des taxes environnementales engendrerait un « double dividende » : la réduction de la pollution (premier dividende) et la diminution du chômage (second dividende) (5).

Toutefois, les écotaxes ne peuvent être réellement justifiées en dehors de leur effet sur la pollution

Dans les années 1990, des études ont tempéré les conclusions exagérément optimistes des premières analyses concernant l'ampleur du second dividende, en mettant notamment en évidence le rôle des effets d'équilibre général, qui transitent par la hausse du prix des biens frappés *in fine* par les taxes. Un consensus s'est dégagé sur le fait que, si un tel recyclage est effectivement de nature à alléger le coût des politiques environnementales, il ne peut cependant suffire à le transformer en bénéfice net. Le second dividende ne peut donc justifier à lui seul les écotaxes, dont la finalité première doit rester la réduction de la pollution (6).

Des obstacles institutionnels au mécanisme de compensation en faveur des redevables : l'exemple du projet d'extension de la TGAP aux consommations intermédiaires d'énergie

Par ailleurs, un redéploiement de la fiscalité « classique » des entreprises vers davantage d'écotaxes entraînerait une hausse de charges significative pour certaines industries, les pollutions étant en général beaucoup plus ciblées que le travail ou le capital. Les problèmes d'acceptabilité qui en découlent peuvent rendre nécessaire de restituer une partie des recettes des écotaxes aux pollueurs, ce qui limite les possibilités de double dividende. Néanmoins, la mise en œuvre de mécanismes de compensation, totale ou partielle, peut se heurter à des contraintes d'ordre institutionnel. Ainsi, dans le cadre du projet d'extension de la TGAP aux consommations intermédiaires d'énergie en 2000, l'introduction d'abattements à la base avait été envisagée pour les industries ayant une grosse consommation d'énergie. Mais le Conseil constitutionnel a jugé que ce mécanisme violait le principe d'égalité devant les charges publiques, ce qui a entraîné l'abandon du projet.

Les problèmes de compétitivité posés par les écotaxes peuvent être théoriquement surmontés par des mécanismes de redistribution adaptés

Lorsque les taxes ne sont pas harmonisées au niveau international, la restitution des recettes des écotaxes aux pollueurs peut être justifiée par le maintien de la compétitivité des industries principalement concernées. Une solution idéale à ce problème de compétitivité consisterait à appliquer simultanément une écotaxe et une taxe à l'importation (ou une subvention à l'exportation). Mais elle risquerait de se heurter à l'opposition de l'Organisation mondiale du commerce (OMC). Une autre solution consisterait à reverser le produit de l'écotaxe au prorata de la production ou de la consommation d'énergie, comme c'est le cas pour la taxe suédoise sur les NOx. Une telle combinaison d'instruments présenterait l'avantage de maintenir le différentiel de prix reflétant le coût social de la pollution, sans pour autant affecter *ex ante* les coûts unitaires de production et, par conséquent, la compétitivité de l'industrie (7).

Le débat sur les écotaxes frappant les ménages : un effet régressif éventuel mais qui peut être compensé

Lorsque les redevables sont les ménages et non plus les entreprises, une critique souvent formulée à l'encontre des écotaxes est qu'elles défavoriseraient les plus pauvres. Pour étayer cette idée, on cite fréquemment l'exemple des taxes sur les carburants, accusées d'être régressives puisque les ménages à bas revenus consacrent à l'achat de carburant une part de leur revenu significativement plus grande que les ménages aisés. Pour être juste, cette comparaison devrait néanmoins tenir compte de la répartition des bénéfices environnementaux engendrés par l'introduction de l'écotaxe. Or, en général, les plus pauvres profitent proportionnellement davantage que les riches de l'amélioration de l'environnement dans la mesure où ils retirent une satisfaction individuelle plus importante de la jouissance des biens collectifs gratuits (8). Quoi qu'il en soit, même si une écotaxe avait un effet net régressif, cela ne la disqualifierait pas mais plaiderait plutôt pour la mise en œuvre concomitante de mécanismes de compensation pouvant être financés par les recettes de l'écotaxe. Tel fut le cas en Scandinavie, où des mesures ciblées sur les bas revenus ont accompagné la montée en puissance de la fiscalité environnementale au cours des années 1990. Les écotaxes présentent ainsi l'avantage supplémentaire par rapport à la réglementation d'offrir à la puissance publique de nouvelles possibilités de redistribution, en procurant des recettes.

Les marchés de permis d'émissions

Un mécanisme qui s'appliquera en France et en Europe aux émissions de GES en 2005

Les marchés de permis d'émission de polluants sont d'apparition plus récente que les taxes. Si des expériences d'assouplissement de la réglementation avaient déjà permis certains transferts d'émissions entre industriels dans les années 1970 aux États-Unis, le premier véritable marché est celui qui régule, depuis 1995, le dioxyde de soufre émis par les centrales électriques américaines (9). En France, comme dans les autres pays de l'Union européenne, un système de permis d'émissions de gaz à effet de serre (GES) doit s'appliquer, dès 2005, au secteur de la production d'électricité ainsi qu'aux industries intensives en énergie. Ce marché de quotas d'émissions de GES est encadré par la directive dite « Permis » du 13 octobre 2003 (10), élément clé de la stratégie européenne pour atteindre les objectifs de réduction fixés par le

5 - À condition d'être en présence d'un chômage « classique », c'est-à-dire causé par un coût du travail trop élevé. En théorie, un double dividende peut aussi être obtenu en utilisant le produit des écotaxes pour diminuer les impôts sur le capital plutôt que sur les charges sur le travail. La question de savoir lequel de ces deux types de prélèvement doit être réduit en priorité dépasse évidemment le cadre de cet article.

6 - D. Bureau et M. Mougeot, « Politiques de protection de l'environnement et compétitivité », rapport du Conseil d'analyse économique, à paraître à La Documentation française, 2004.

7 - *Ibidem.*

8 - A. Lipietz, « Économie politique des écotaxes », in *Fiscalité de l'environnement*, rapport du Conseil d'analyse économique, n° 8, La Documentation française, 1998.

9 - C. Cros et S. Gastaldo, « Marchés de droits, expériences et perspectives pour l'effet de serre », in *Kyoto et l'effet de serre*, rapport du Conseil d'analyse économique, n° 39, La Documentation française, 2003.

10 - La directive n° 2003/87/CE du 13 octobre 2003 du Parlement européen et du Conseil établit un système d'échange de quotas d'émissions de gaz à effet de serre dans la Communauté. Son application est actuellement limitée aux installations importantes de certains secteurs industriels, aux émissions de CO_2, et à deux périodes, la première de 3 ans (2005-2007), et la seconde de 5 ans (2008-2012). Mais elle présente un caractère général, et comporte des possibilités d'extension à d'autres gaz à effet de serre et d'autres secteurs d'activité. Chaque État membre est chargé d'attribuer des quotas d'émission, gratuitement, sauf mise aux enchères pour une fraction maximum de 5 % et de 10 % selon la période, dans le cadre de plans nationaux d'allocations de quotas (quantité totale et par établissement). La quantité totale de quotas attribuée par un État pour une période doit permettre de contribuer à atteindre l'objectif fixé de diminution, dans la proportion de la part des installations concernées dans les émissions globales, tout en prenant en compte la politique énergétique nationale. Les quotas peuvent être transférés entre personnes de la Communauté, et dans le cadre d'accords de reconnaissance réciproque passés avec des pays tiers. Une amende non libératoire en cas de dépassement de quota est fixée à 100 euros par tonne d'équivalent CO_2 émis en excédent, ramenée à 40 euros pour la première période. La directive est applicable dans la Communauté à 15, et le sera pour les nouveaux États membres pour la seconde période, avec possibilité d'adhésion volontaire pour la première.

protocole de Kyoto (11). Ils devront être intégrés, à partir de 2008, au système de permis prévu à l'échelle internationale.

Allocation aux pollueurs de quotas d'émissions qu'ils peuvent ensuite échanger, à charge pour eux de restituer au final autant de quotas que d'émissions réalisées

Cet instrument consiste à attribuer, gratuitement ou non, une quantité initiale de permis d'émissions à chacun des pollueurs, puis à leur permettre d'échanger ces quotas d'émission de polluants, en leur imposant de restituer en fin d'année autant de quotas que d'émissions réalisées. Dans des conditions de concurrence parfaite, les participants sont alors amenés à entreprendre les actions d'abattement dont le coût marginal est inférieur au prix auquel s'établit le permis. À l'instar des taxes, et contrairement à la réglementation, cet instrument est donc économiquement efficace, au sens où il concentre les efforts de réduction des émissions là où ils sont les moins coûteux. Ainsi, le fait de substituer des marchés de permis à des normes réglementaires peut générer des gains substantiels, à performance environnementale égale. Une étude estime, par exemple, que ces gains ont représenté entre 24 % et 35 % des coûts totaux d'abattement dans le cas de l'introduction du marché d'émissions de dioxyde de soufre aux États-Unis (12).

Les critères de choix entre une taxe ou des permis d'émissions

Si le régulateur connaît parfaitement le coût de l'ensemble des possibilités de réduction de la pollution, il peut atteindre l'optimum économique en imposant une taxe au taux pigouvien (cf. *supra*) ou, de manière équivalente, en émettant la quantité de permis correspondante. En revanche, si les pollueurs connaissent mieux leurs possibilités d'abattement que le régulateur, cette propriété d'équivalence ne tient plus. Une taxe entraîne un coût marginal d'abattement *certain* (égal à son taux) mais une quantité de pollution *aléatoire* (car dépendante des possibilités et des choix technologiques des entreprises qui sont difficiles à anticiper par le régulateur), tandis que c'est l'inverse pour les permis. Si, l'incertitude sur le résultat environnemental est plus à craindre que celle sur le coût marginal d'abattement, en particulier s'il existe un seuil au-delà duquel la pollution engendrerait des dommages trop élevés, on doit donc préférer les permis, et *vice versa* (13).

En pratique, préférence des pollueurs pour les permis lorsque l'allocation initiale est gratuite

Ce critère lié à l'optimalité économique est néanmoins souvent dominé en pratique par des considérations de redistribution (14). En effet, si, en théorie, le choix entre les deux instruments ne préjuge pas du partage des droits de propriété relatifs à l'environnement, il en va autrement d'un point de vue d'économie politique (15). On a évoqué précédemment les obstacles institutionnels à la redistribution du produit des taxes. Les pollueurs leur préfèrent naturellement les marchés de permis lorsque l'allocation initiale est gratuite, ce qui est le plus souvent le cas (16). Une fois fixé le montant global de permis, le principal enjeu concerne la règle de répartition initiale. Pour le futur marché de gaz à effet de serre, chaque pays de l'Union européenne doit établir un plan national d'allocation des quotas respectant certaines règles définies dans la directive « Permis ». Les modes d'allocation devront être harmonisés entre ces pays à partir de 2008, lors de l'entrée en vigueur du protocole de Kyoto.

11 - Voir l'article de Frédéric Treffel, pp. 5-25.

12 - R. Schmalensee, P. L. Joskow, A. D. Ellerman, J. P. Montero et E. M. Bailey, « An Interim Evaluation of Sulfur Dioxide Emissions Trading », *The Journal of Economic Perspectives*, n°12 (3), 1998, 53-68.

13 - Formellement, le choix entre taxe et permis maximisant le surplus collectif dépend des pentes relatives des courbes de coût marginal d'abattement et de dommage marginal. Ce résultat a été établi par Martin Weitzman en 1974.

14 - Le cas de l'effet de serre fournit l'illustration d'un choix contraire à ce critère d'optimalité économique. En effet, dans ce domaine, il est souvent admis que la pente du dommage marginal est inférieure à celle du coût marginal d'abattement, ce qui aurait dû conduire à opter pour une taxe.

15 - O. Godard et C. Henry, « Les instruments des politiques internationales de l'environnement : la prévention du risque climatique et les mécanismes de permis négociables », in *Fiscalité de l'environnement*, rapport du Conseil d'analyse économique, n° 8, La Documentation française, 1998.

16 - En théorie, on peut envisager une allocation initiale payante, notamment par un mécanisme d'enchères. Cette procédure est notamment utilisée dans le cadre du marché américain de dioxyde de soufre. Cependant, elle concerne aujourd'hui moins de 3 % de l'ensemble des permis d'émissions et a davantage pour objectif d'assurer un minimum de liquidité au marché que de percevoir des recettes.

Vers des instruments hybrides ?

Assortir le marché de permis d'un prix plafond auquel les pollueurs pourraient acheter des permis supplémentaires en quantité illimitée : une voie à explorer

Un recours accru aux instruments économiques permettrait de rendre plus cohérente et plus efficace la politique environnementale, qui demeure dominée par la réglementation. La création de la TGAP par la loi de finances pour 1999 du 30 décembre 1998 a constitué une étape importante dans ce sens en affirmant le caractère incitatif de la taxe et en le déconnectant de l'objectif de financement. Pour autant, il reste beaucoup à faire pour parvenir à une internalisation des dommages environnementaux à leur juste coût. Un défi essentiel des politiques environnementales consiste à créer les conditions institutionnelles propices à l'établissement de ces taxes à un niveau incitatif ou propices à l'introduction alternative de mécanismes de marchés de permis.

Cela ne doit pas empêcher de concevoir de nouveaux instruments économiques. Dans le cas de l'effet de serre, une réflexion se développe autour de l'adjonction au marché de permis d'un prix plafond, auquel les participants pourraient acheter des permis supplémentaires en quantité illimitée. Un tel instrument est souvent qualifié d'« hybride », dans la mesure où, suivant le niveau des coûts marginaux d'abattement, il se comporte soit comme un marché de permis « pur », soit comme une taxe. Bien que les modalités pratiques de son application doivent encore être soigneusement examinées, des analyses montrent qu'il pourrait améliorer l'efficacité du système (17).

17 - C. Philibert, « Prix versus quantités : plafonner les coûts pour aller plus loin », in *Kyoto et l'effet de serre*, rapport du Conseil d'analyse économique, n° 39, La Documentation française, 2003.

Document 9

Extrait de *Écologie et Développement durable*, janvier 2006.

Enquête

Après le premier Rendez-vous climat destiné à dresser le bilan du Plan climat 2004, la France a activement participé au succès de la Conférence de Montréal. Un accord est intervenu sur la nécessité de poursuivre l'effort après 2012 et la fin de la première phase du Protocole de Kyoto.

Conférence de presse du 8 décembre 2005 à Montréal : Nelly Olin, entourée de Denys Gauer (*à gche*), Ambassadeur à l'environnement au ministère des Affaires étrangères, et de Jean Jouzel, géochimiste et directeur de l'Institut Pierre-Simon-Laplace.

Climat

Quel avenir après

Pour répondre au défi du changement climatique, la France dispose, depuis juillet 2004, d'un Plan climat. Applicable jusqu'en 2010, il sera renforcé en juillet 2006. Un premier bilan de ce plan a été dressé lors du Rendez-Vous climat, tenu à Paris les 14 et 15 novembre dernier, en présence du Premier ministre et de Nelly Olin. Deux semaines plus tard, Mme la ministre participait à la Conférence de Montréal sur le climat.

Rappelons qu'au terme du Protocole de Kyoto, signé en 1997, 38 pays industrialisés représentant 30 % des émissions mondiales de gaz à effet de serre (GES) se sont engagés à réduire leurs émissions, durant la période 2008-2012, d'au moins 5 % par rapport à leur niveau de 1990. Pour sa part, l'Union européenne s'est engagée à les réduire de 8 %, la France devant obtenir une stabilisation.

L'entrée en vigueur du Protocole en février 2005 n'est que la première étape d'une politique internationale qui devra réduire de moitié les émissions mondiales de GES à l'horizon 2050, pour contenir le réchauffement à moins de 2 °C d'ici à la fin du siècle. Cela suppose que les pays industrialisés devront diviser par quatre leurs émissions, afin de laisser aux pays en développement la possibilité de se développer. Selon le Groupement intergouvernemental d'experts sur l'évolution du climat, ce seuil de 2 °C marque la différence entre un changement important, mais gérable, et un dérapage dépassant nos capacités d'adaptation.

> Les pays industrialisés devront diviser par quatre leurs émissions de GES d'ici à l'horizon 2050.

DES EFFORTS À ACCOMPLIR DANS LES TRANSPORTS

S'agissant de notre pays, à l'issue du Rendez-vous climat, les responsables de la Mission interministérielle sur l'effet de serre (MIES) ont souligné que les projections réalisées pour 2010 confirment la réalité des efforts à accomplir dans tous les secteurs. Certes, en 2003, les émissions de gaz à effet de serre ont connu une diminution provenant du secteur industriel et du traitement des déchets. Mais leur forte croissance dans les transports et l'habitat a entraîné une augmentation générale de 0,5 % par rapport à l'année précédente. Résultat, la MIES met l'accent sur une indispensable baisse de la demande future de transports, notamment du transport aérien, dont la croissance

À SAVOIR

GES : UNE AUGMENTATION CONTENUE

Entre 2002 et 2003, la France a enregistré une augmentation de 0,5 % de ses émissions de gaz à effet de serre (GES). Pour les cinq dernières années (1999-2003), l'augmentation générale (560 M t équivalent CO2) conduit toutefois à un niveau inférieur de 1,4 % à celui de l'année 1990 (564 M t équivalent CO2).

SUR LE WEB

Le site de la MIES
→www.effet-de-serre.gouv.fr
→Le site du MEDD
www.ecologie.gouv.fr

Interview

« Une volonté de pédagogie »

Jean-Claude Gazeau

Président de la MIES, la Mission interministérielle de l'effet de serre.

« Kyoto » ?

est particulièrement préoccupante. Elle insiste également sur le transfert nécessaire, en dépit de l'inadaptation actuelle du réseau, d'une partie du fret de la route vers le rail, ainsi que d'une combinaison des deux. Le fret fluvial, qui ne représente que 3 % du transport total, doit être développé.

Rappelons quelques-unes des mesures prises dans notre pays. En matière d'habitat, le crédit d'impôt renforcé pour les économies d'énergie et les énergies renouvelables figure au premier plan des mesures incitatives. De même que l'étiquetage CO2 qui s'étendra, cette année, aussi bien aux voitures qu'aux logements. Pour l'industrie, le Plan national d'affectation des quotas, couvrant 1 127 sites et permettant un plafonnement des émissions de CO2, est en place depuis le début de l'année 2005. L'accent est également mis sur la recherche et les stratégies d'adaptation au changement climatique.

Au niveau international, la France tient, selon les termes employés par Mme Nelly Olin en conclusion du Rendez-vous climat, « *une position forte et résolue* ». Ce qu'elle a prouvé en faisant en sorte – avec les autres pays de l'UE, ainsi que le Canada, le Japon et la Norvège – que la Conférence de Montréal, qui s'est déroulée du 28 novembre au 9 décembre, soit un succès.

UN CONTRÔLE NÉCESSAIRE Comme le constate Paul Watkinson, responsable de la coordination internationale à la MIES et chef de la délégation technique de la France à Montréal, « *non seulement les 158 pays adhérents sont d'accord pour que le Protocole soit réellement mis en œuvre, avec un vrai système d'observance et de contrôle, mais ils ont aussi conforté le marché du carbone. Notamment par la mise en place, dès 2006, du mécanisme de développement propre avec les pays en développement et de mécanismes analogues avec la Russie et certains pays d'Europe de l'Est. Les pays industrialisés se sont engagés à contribuer à leur financement, au moins jusqu'en 2007* ». Autre succès, les États-Unis se sont finalement ralliés in extremis à l'idée d'une concertation pour renforcer la mise en œuvre de la convention-cadre des Nations unies sur les changements climatiques.

L'évolution de « Kyoto après 2012 » étant enfin acquise, le climat futur de la planète dépend désormais du dialogue entre pays du Nord et du Sud. Un dialogue élargi dont l'avenir est étroitement lié à la volonté de financement de la part des institutions internationales. •

À SAVOIR

ÉCO-HABITAT : CRÉDIT D'IMPÔT RENFORCÉ
Parmi les mesures incitatives, le crédit d'impôt passé depuis janvier 2005 à 40 % pour les équipements de production d'énergie renouvelable, et à 25 % pour les matériaux d'isolation, sera encore renforcé en 2006, respectivement à 50 % et 40 %.

MÉCANISME DE DÉVELOPPEMENT PROPRE
Outil innovant, le MDP est le seul mécanisme du Protocole du Kyoto qui implique les pays du Sud, en leur permettant d'accueillir sur leur territoire des projets de réduction d'émissions. En contrepartie, l'investisseur du Nord reçoit des crédits de réduction d'émissions, utilisables pour son compte ou cessibles sur le marché.

À l'issue du Rendez-vous climat, Jean-Claude Gazeau dresse un premier bilan du Plan climat qui a été lancé en 2004.

APRÈS UN AN D'APPLICATION DU PLAN CLIMAT, LA FRANCE SE MAINTIENT-ELLE DANS SES ENGAGEMENTS EN MATIÈRE D'ÉMISSIONS DE GAZ À EFFET DE SERRE ?
Il est encore un peu tôt pour que le Plan ait toute sa visibilité. Mais le maintien des émissions dans les limites prévues semble néanmoins acquis. En 2004, nos émissions sont stables et de même niveau que celles de 1990, conformément à notre engagement de Kyoto. Pour l'instant, la France reste, avec l'Allemagne et la Grande-Bretagne, dans le « peloton de tête » de l'Union européenne.

N'Y A-T-IL PAS DEUX SECTEURS QUI RESTENT DIFFICILES À MAÎTRISER, LES TRANSPORTS ET LE BÂTIMENT ?
S'agissant du transport de voyageurs, on note en 2004 un léger fléchissement de la consommation énergétique. Il résulte surtout des mesures prises pour le respect des limitations de vitesse. Ainsi convergent les politiques menées pour le climat et en faveur de la sécurité routière. Ce qui montre bien que dans ce domaine, comme d'ailleurs dans celui de l'habitat, la sensibilisation du public est cruciale.
Pour les transports encore, je citerai plusieurs mesures. Notre pays a avancé à 2008 l'échéance d'une incorporation de 5,75 % de biocarburants dans l'essence et le gazole, prévue pour 2010 par une directive européenne. Même limitée, la taxe sur les véhicules polluants (au-delà de 200 g de CO2 rejeté par km) est un signe tangible qui traduit, là encore, une volonté de pédagogie. Pour preuve, le parc des véhicules propres, émettant moins de 140 g de CO2/km, croît régulièrement au détriment des véhicules les plus polluants. La moyenne française est de 153 g de CO2/km, en deçà de la moyenne européenne (163 g). Autre mesure incitative, l'étiquette CO2 des véhicules neufs. Signalons aussi le programme de recherche visant à produire, d'ici la fin de la décennie, un véhicule économe (3,5 l/km) et peu émissif en CO2. Parmi les nombreuses mesures concernant l'habitat, je retiendrai la réglementation technique qui sera bientôt mise en place pour les logements neufs, et le diagnostic de performance énergétique qu'il faudra produire, dès juillet 2006, lors de la vente d'un logement neuf.

LE PLAN CLIMAT VA-T-IL ÉVOLUER ?
Il doit être réactualisé tous les deux ans, donc courant 2006. Outre qu'il proposera de nouvelles mesures, le futur Plan climat renforcera les mesures les plus efficaces du plan 2004. L'objectif est de veiller à ménager de bonnes synergies entre notre politique en matière de climat et les grands enjeux du gouvernement, notamment en terme d'emploi, de sécurité routière ou de maîtrise de la demande en énergie.

Document 10

Extrait de *L'Environnement pour les Européens*, n° 23, mars 2006.

L'élaboration d'une politique européenne de l'énergie figure parmi les priorités de l'UE. Les énergies renouvelables peuvent contribuer à satisfaire les besoins énergétiques de l'UE et, ce faisant, à progresser sur la voie de l'accomplissement d'autres objectifs plus généraux, que ce soit dans le domaine de la protection de l'environnement, du développement économique ou de la sécurité. La Commission européenne passe actuellement en revue des approches susceptibles de donner un nouvel élan à la politique sur les énergies renouvelables, tant au travers d'initiatives nationales que de coopérations internationales.

Espoir pour une nouvelle génération

Ciblée, la politique de l'UE en matière d'énergies renouvelables commence à porter ses fruits. Des résultats tangibles sont enregistrés et ce secteur figure maintenant parmi ceux qui affichent la plus forte croissance en Europe, puisqu'il représente 15 milliards d'euros par an. Les énergies renouvelables – hydrologiques, éoliennes, solaires, géothermiques ou encore les énergies vertes ou les biocarburants – rivalisent désormais avec les carburants classiques sur quatre marchés distincts: la production d'électricité, d'eau chaude et de chauffage, les transports et l'approvisionnement énergétique des régions rurales hors réseau.

Les énergies renouvelables couvrent 6% des besoins énergétiques de l'UE et 14% de ses besoins en électricité. La part des énergies renouvelables dans la consommation reste inférieure aux pourcentages fixés respectivement à 12 et 21% que l'Europe entend atteindre d'ici 2010, certes, mais elle ne cesse de progresser. Plusieurs États membres se distinguent par de grandes avancées technologiques: l'Allemagne, le Danemark et l'Espagne, pionniers en matière d'énergie éolienne, et le Royaume-Uni, qui met en oeuvre le plus grand projet d'énergie marémotrice au monde.

Les énergies renouvelables ne manquent pas d'atouts. Elles contribuent à limiter la dépendance énergétique de l'UE à l'égard de pays étrangers et à améliorer la sécurité de son approvisionnement énergétique. Ces deux atouts ont pris un tour plus important après la suspension temporaire des exportations russes de gaz au début de l'année et dans le contexte de l'augmentation du prix du pétrole.

Les énergies propres contribuent également à réduire les émissions de gaz à effet de serre en Europe. Enfin, elles encouragent l'innovation, un atout supplémentaire au service de l'amélioration de la compétitivité qui s'inscrit dans le cadre du programme de développement économique, et créent de nombreux emplois qualifiés.

Les pays en développement, qui souffrent plus que les autres de l'augmentation du prix du pétrole, se tournent de plus en plus vers les énergies renouvelables, une tendance que la Commission soutient activement. Sources d'énergie décentralisées par excellence, ces technologies sont particulièrement utiles dans les régions reculées et les pays dépourvus de réseau électrique national.

Le développement des capacités de l'UE

Dans le courant de l'année prochaine, la Commission invitera les États membres à fixer les objectifs à atteindre en matière d'énergies renouvelables après 2010. Le Parlement européen a déjà proposé de viser un pourcentage de l'ordre de 25% d'ici 2020, un objectif dont Stavros Dimas, Commissaire en charge de l'environnement, a estimé publiquement qu'il devait être sérieusement envisagé.

Parallèlement, la Commission continue d'étudier des moyens qui permettraient d'augmenter la part des énergies renouvelables dans la production d'électricité. Des États membres ont pris diverses mesures dans ce but, dont les tarifs de rachat (les distributeurs payent un prix fixe aux producteurs nationaux d'électricité verte), les certificats verts (la part des énergies renouvelables dans la consommation est fixée à un certain quota ou pourcentage), des exigences stipulées dans les appels d'offres ou encore des incitations fiscales.

La Commission estime qu'il est possible de multiplier les coopérations transfrontalières, notamment concernant les tarifs de rachat pratiqués en Allemagne, en Espagne et en France. Des marges d'amélioration existent à l'échelle nationale: la réduction des obstacles administratifs, le perfectionnement des réseaux et la limitation des risques à l'investissement.

Outre ces initiatives plus générales, la Commission a défini un plan d'action spécifique à la biomasse comprenant une vingtaine de mesures visant une meilleure utilisation de la sylviculture, de l'agriculture et des déchets générant ainsi de l'énergie pour le chauffage, l'électricité et les transports. Il vise à promouvoir l'utilisation des biocarburants, dont la part représente à peine 0,8% du marché européen, loin des 5,75% fixés pour 2010. Pour y parvenir, la Commission propose de suivre l'exemple donné par des pays tels que le Brésil, la Chine et l'Inde qui imposent une quantité minimale de biocarburants parmi les carburants traditionnels du marché.

La mise en oeuvre de ces différentes mesures pourrait faire passer la part d'utilisation de la biomasse à quelque 150 millions de tonnes d'équivalent pétrole d'ici 2010, soit plus du double de la part encore enregistrée il y a trois ans. Cela permettrait à l'UE d'atteindre les objectifs fixés pour 2010, à savoir réduire ses émissions de gaz à effet de serre, créer plus de 300 000 emplois et être moins dépendante des importations d'énergie.

La coopération internationale

Un nouveau record a été battu en 2004: 30 milliards de dollars ont été investis dans les énergies renouvelables dans le monde selon le Réseau d'action pour les énergies renouvelables (*Renewable Energy Policy Network for the 21st*, REN21). Le résultat en est que la part des énergies renouvelables (énergies éolienne, solaire, hydroélectrique, géothermique et issue de la biomasse) est plus élevée aujourd'hui qu'elle ne l'a jamais été par le passé. Elle représente désormais 17% de la consommation mondiale d'énergie primaire.

Tous pays confondus, 40 millions environ de ménages utilisent l'énergie solaire pour produire leur eau chaude. On compte plus de 4,5 millions de consommateurs d'électricité verte en Australie, au Canada, aux États-Unis, en Europe et au Japon. À l'extérieur de l'UE, le secteur des énergies renouvelables est particulièrement important au Brésil (les biocarburants surtout), en Chine (les systèmes solaires de production d'eau chaude et les petites installations hydroélectriques), en Inde (la biomasse, l'énergie éolienne et l'énergie solaire en milieu rural) et au Japon (l'énergie solaire photovoltaïque).

En 2002, il y a quatre ans, le Sommet mondial des Nations unies pour le développement durable de Johannesburg appelait déjà à prendre des mesures en concluant à la nécessité d'augmenter la part mondiale des énergies renouvelables, sans toutefois s'attaquer à l'épineux problème de la fixation d'objectifs concrets.

Cela a amené les États membres de l'UE et d'autres pays animés par les mêmes idées à créer la Coalition de Johannesburg pour les énergies renouvelables (CJER). Présidée conjointement par la Commission européenne et le Maroc, cette coalition de 90 membres cherche à accroître l'utilisation des énergies renouvelables au travers d'une coopération ciblée.

Sa première grande victoire date de juin 2004 lorsque ses membres, réunis à Bonn à l'occasion d'une conférence sur les énergies renouvelables, ont décidé de créer un réseau multilatéral, en l'occurrence le réseau REN21, et ont adopté un plan d'action international comprenant plus de 200 engagements spécifiques.

Une nouvelle étape, plus déterminante encore que la première, a été franchie lors d'une conférence internationale organisée à Pékin en novembre dernier. Cette conférence, qui a montré à quel point la coopération internationale était importante dans ce domaine, s'est conclue sur un accord de principe sans précédent concernant le suivi régulier de la part des énergies renouvelables dans le marché mondial.

Près d'une cinquantaine de pays, dont 14 en développement, s'emploient désormais sous une forme ou sous une autre à promouvoir les énergies renouvelables. Et plus de 45 d'entre eux se sont fixés des objectifs chiffrés. À titre d'exemple, citons la Chine qui vient d'adopter une loi visant à encourager l'augmentation de la part des énergies renouvelables dans la production d'électricité.

La Commission cherche maintenant, en coopération avec l'Agence internationale de l'énergie, à faire de la base de données mondiale des politiques et mesures liées aux énergies renouvelables la plus grande banque de données en ligne sur les politiques nationales en la matière. En principe, les 90 pays membres de la CJER et d'autres grands pays seront intégrés dans la base de données d'ici la prochaine session de la Commission des Nations unies pour le développement durable, en mai 2006. Cette base de données devrait également permettre d'évaluer les progrès réalisés dans le monde pour respecter les engagements pris à Pékin.

Évolution historique des "nouvelles" énergies renouvelables dans la production d'électricité dans l'UE des 25 entre 1990 et 2003

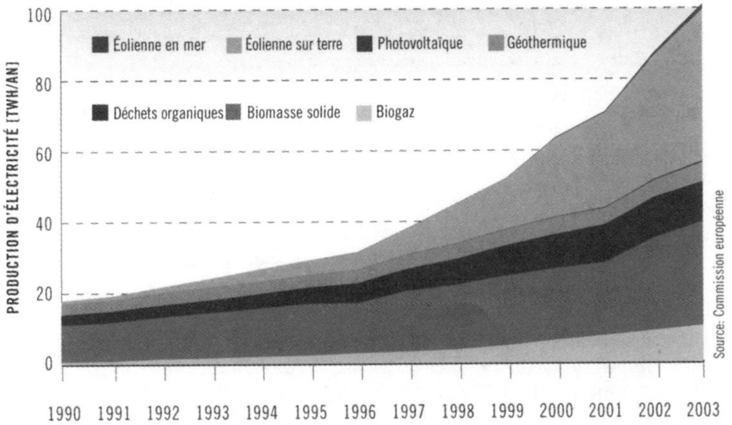

Autres initiatives de l'UE

- L'initiative prévue de la CJER dite du "Capital Patient" serait un partenariat public/privé conçu pour financer les projets de petits promoteurs et entrepreneurs dans le secteur des énergies renouvelables, en particulier dans les pays en développement. Si cette initiative porte ses fruits, quelque 100 millions d'euros pourraient être réunis d'ici le milieu de l'année 2007.
- L'initiative de l'Union européenne pour l'énergie accorde une importance prépondérante aux énergies renouvelables et dispose d'un budget de 220 millions d'euros.

Pour plus d'informations

Stratégie thématique en matière de ressources naturelles
www.europa.eu.int/comm/environment/natres/index.htm

Direction générale de l'énergie et des transports
www.europa.eu.int/comm/energy/res/index_en.htm

Document 11

Extrait de *Alternatives économiques*, n° 233, février 2005.

L'ÉVÉNEMENT

Effet de serre : Kyoto ne suffira pas

Le protocole de Kyoto entre en vigueur. Une étape nécessaire, mais insuffisante pour combattre le réchauffement climatique.

C'est enfin parti : le 16 février, le protocole de Kyoto entre en vigueur. Pour en arriver là, il aura fallu attendre huit ans, depuis l'adoption, en 1997, de ce texte destiné à réduire de 5,2 % les émissions de gaz à effet de serre, afin de lutter contre le changement climatique. L'événement n'était plus guère attendu : il y a quelques mois encore, si l'on avait demandé à cent experts quelle était la probabilité, selon eux, que cette entrée en vigueur se produise un jour, selon toute vraisemblance, aucun d'entre eux n'aurait parié un euro là-dessus (1).

Cet heureux dénouement résulte de la ratification surprise du protocole par la Russie en novembre dernier, alors que cette perspective avait semblé, pendant de longs mois, de plus en plus improbable. L'Union européenne avait cependant déjà décidé de mettre en œuvre Kyoto de toute façon. C'est pourquoi, depuis le 1er janvier, les émissions de 12 000 sites industriels (dont 1 400 en France), représentant plus de la moitié des émissions de gaz à effet de serre de l'industrie européenne, sont plafonnées : désormais, tout dépassement sera sanctionné d'une amende de 40 euros par tonne de carbone émise en trop.

Il n'y a pour autant pas lieu de se réjouir excessivement de ce pas en avant : la mise en œuvre effective du protocole de Kyoto restera assez largement virtuelle du fait de l'absence des Etats-Unis. Ce pays émet à lui seul pratiquement un quart du dioxyde de carbone (CO_2) mondial. Depuis la réélection de George W. Bush, les autorités américaines refusent plus que jamais de se joindre au mouvement. De plus, l'Europe et particulièrement la France sont loin d'être aussi vertueuses qu'elles le disent. Il est donc peu probable que les objectifs de Kyoto soient atteints.

La réduction de 5 % des émissions de gaz à effet de serre visée par le protocole sur la période 2008-2012 n'était de toute façon qu'un tout petit avant-goût de ce qu'il faudrait faire pour maîtriser vraiment le changement climatique : si on veut éviter que la température de l'atmosphère se réchauffe de plus de deux degrés d'ici à la fin du siècle, les scientifiques réunis dans le Groupe intergouvernemental sur l'évolution du climat (Giec) estiment qu'il faudrait réduire de plus de 50 % ces fameuses émissions de gaz à effet de serre ! Or, rien ne permet, pour l'instant, d'espérer l'ouverture rapide des négociations internationales pour définir des engagements au-delà de 2012. La réunion internationale qui s'est tenue à ce sujet à Buenos-Aires, en décembre dernier, a été un échec.

Encadrer pour limiter

Pour bien saisir la complexité des enjeux, il faut repartir à la base. Ce qui rend la limitation des émissions de gaz à effet de serre particulièrement difficile, c'est qu'il ne s'agit pas à proprement parler de « pollution », au sens usuel du terme : l'émission de la plupart de ces gaz (et notamment du dioxyde de carbone) n'engendre, par elle-même, aucun inconvénient •••

(1) *Le Monde* titrait encore en juillet dernier : « Le protocole de Kyoto est moribond, achevons-le ! »...

••• direct majeur pour celui qui les produit. D'où l'absence d'incitations, tant politiques qu'économiques, à « agir localement ».

Cette situation est à l'origine du processus sans précédent introduit par la Convention internationale sur le changement climatique, adoptée en 1992 lors du Sommet de la Terre à Rio. Le protocole de Kyoto de 1997 en a défini les modalités pratiques d'application : sous l'égide des Nations unies, la communauté internationale a commencé à répartir entre les différents pays des « quotas d'émissions » de gaz à effet de serre. Mais les choses se sont très rapidement corsées, car les enjeux économiques sont colossaux.

D'abord, les inégalités de situation de départ sont fantastiques : quand un Américain émet 20 tonnes de CO_2 en moyenne par an et un Français 6,2, un Africain en émet 0,9, un Indien 1,0 et un Chinois 2,6. De plus, dans ce processus cumulatif, les pays déjà industrialisés sont quasiment seuls responsables des émissions intervenues depuis deux siècles. Au nom de quoi les pays du Sud devraient-ils accepter des entraves coûteuses à leur développement, au moment où certains d'entre eux (notamment la Chine et l'Inde, très peuplées) sont enfin en train de réussir leur décollage ?

C'est la raison pour laquelle il a été décidé de laisser ces pays en dehors du mécanisme d'encadrement par quotas jusqu'en 2012, la période couverte par le protocole de Kyoto. Mais cette exemption de toute contrainte pourra difficilement être maintenue indéfiniment : avec 3,5 milliards de tonnes en 2002, la Chine émet déjà davantage de CO_2 que l'Union européenne à quinze (3,2 milliards de tonnes) et presque trois fois plus que le Japon (1,2 milliard de tonnes). Selon l'Agence internationale de l'énergie (AIE), les émissions chinoises devraient, dans moins de dix ans, dépasser les émissions actuelles des Etats-Unis. Et celles de l'ensemble des pays en développement devancer les émissions des pays développés peu après 2020.

Même entre pays développés, les choses ne sont pas simples. Pour fixer des quotas, il faut arrêter les compteurs à une date donnée. Le protocole de Kyoto a pris l'année 1990 comme base. Ainsi, pour l'Union européenne, la moyenne des émissions de la période 2008-2012 devrait être inférieure de 8 % au niveau atteint en 1990, 7 % pour les Etats-Unis et 6 % pour le Japon. Malgré les apparences, cette référence implique en fait des efforts beaucoup plus limités pour l'Europe que pour les Etats-Unis. Du fait d'une forte croissance économique dans la deuxième moitié des années 90, les émissions des Etats-Unis se situaient en effet, en 2000, à 17 % au-dessus du niveau de 1990. Autrement dit : les Américains étaient censés réduire d'un quart leurs émissions en dix ans.

L'Union européenne, en revanche, n'émettait en 2000 que 0,4 % de plus qu'en 1990. L'effort à fournir d'ici à 2010 ne représentait donc qu'une réduction de 8,4 %, soit trois fois moins que les Etats-Unis. Non seulement la croissance économique a été très faible tout au long des années 90, mais, en plus, la référence à l'année 1990 permet à

D'où vient le **changement climatique** ?

● **Au cours des milliers de millénaires de vie sur Terre,** de nombreux déchets végétaux et organiques (corps d'animaux, de poissons, de crustacés...) se sont retrouvés emprisonnés dans les roches suite aux mouvements de la croûte terrestre, la fameuse tectonique des plaques à l'origine notamment du tsunami du 26 décembre dernier. La décomposition de ces déchets a progressivement formé dans ces roches des filons de charbon et des poches de pétrole ou de gaz. L'utilisation de plus en plus massive de ces sources d'énergie fossile, depuis deux cent cinquante ans, a eu pour effet de sérieusement modifier la composition de l'atmosphère : depuis des siècles, le dioxyde de carbone représentait dans l'air 280 parties par million ; la concentration dépasse désormais les 360. Ce gaz (et quelques autres) agit dans l'atmosphère comme la vitre d'une serre : il empêche les rayons du soleil de s'échapper immédiatement dans l'espace après avoir « rebondi » sur la Terre. Il en renvoie une partie vers le sol, d'où le réchauffement progressif du climat. Davantage encore que ce réchauffement en lui-même, c'est la rapidité du phénomène qui fait redouter le pire pour la vie sur Terre : la température moyenne, qui s'est déjà élevée de 0,6 °C depuis 1800, devrait gagner encore de 1,4 °C à 5,8 °C d'ici à la fin du siècle. Au-delà de la multiplication des événements climatiques extrêmes et des effets de la montée des mers du fait de la fonte des glaciers, le risque est grand que de nombreux écosystèmes et de nombreuses espèces vivantes ne parviennent pas à s'adapter à un changement aussi brutal. De plus, le processus d'enrichissement en carbone de l'atmosphère est cumulatif : si on arrêtait du jour au lendemain d'émettre des gaz à effet de serre en brûlant des énergies fossiles, la proportion de ces gaz dans l'atmosphère ne baisserait pas immédiatement pour autant, et l'atmosphère ne reviendrait pas à la température qu'elle avait avant l'ère industrielle. C'est la raison pour laquelle les efforts à faire pour freiner le mouvement sont très importants, et les 5 % de réduction envisagés par le protocole de Kyoto ne constituent qu'une petite entrée en matière.

l'Allemagne de comptabiliser dans ses émissions celles, massives à l'époque, de l'industrie de l'ex-Allemagne de l'Est, qui ne s'était pas encore effondrée. Dès 1995, avant même que le protocole de Kyoto n'existe, les émissions allemandes (qui représentaient plus du quart des émissions de l'Union à quinze) avaient baissé de 10 % par rapport à 1990. De même, en 1990, une partie importante des centrales thermiques britanniques fonctionnait encore au charbon, très producteur de CO_2. Leur basculement sur le gaz a permis au Royaume-Uni de diminuer ses émissions de 4 % dès 1995.

Cette importante dissymétrie dans l'ampleur des efforts à réaliser a suscité aux Etats-Unis des difficultés politiques vis-à-vis du protocole de Kyoto, qui vont bien au-delà des seuls cercles ultraconservateurs. Même si la dissymétrie massive dans les niveaux absolus d'émissions par habitant justifierait, à elle seule, un effort nettement plus important outre-Atlantique.

Un risque limité pour la croissance

Dans l'immédiat, la question est réglée : le protocole de Kyoto est parti sans les Etats-Unis. Mais, du coup, le problème inverse se pose : les Européens, qui n'avaient pas besoin de cela avec leur croissance structurellement souffreteuse et leur retard important en matière de nouvelles technologies, ne sont-ils pas en train de se mettre sur le dos un important handicap supplémentaire vis-à-vis des Etats-Unis, mais aussi de la Chine ? Et cela pour un bénéfice environnemental réduit, puisque les pays développés qui ont accepté de jouer le jeu de Kyoto ne pèsent que 20 % des émissions mondiales. Même s'ils parvenaient à atteindre les objectifs prévus pour 2012 (– 8 % pour l'Europe et – 6 % pour le Japon), ce qui paraît improbable pour l'instant, cela ne représenterait guère qu'une réduction de 1,5 % des émissions mondiales !

C'est bien sûr le point de vue de nombreux patrons des grandes entreprises industrielles : l'Unice, le Medef européen, a rendu publique, en novembre dernier, une étude très alarmiste. Pour l'Unice, la politique européenne va conduire à une perte annuelle de croissance comprise entre 0,36 % et 0,48 % d'ici à 2010, selon que le prix de la tonne de CO_2 se stabilisera autour de 17 euros la tonne ou de 26,50 euros sur les marchés d'échanges de permis d'émissions (voir encadré). Le coût de

La situation des principaux pays du monde en 2002

	Emissions totales de CO_2 en milliards de tonnes*	Emissions par tête en tonnes de CO_2 par habitant*
Etats-Unis	5,7	19,7
Australie	0,3	17,4
Canada	0,5	16,9
Arabie Saoudite	0,3	13,7
République tchèque	0,1	11,3
Pays-Bas	0,2	11,0
Belgique	0,1	10,9
Russie	1,5	10,4
Taiwan	0,2	10,3
Allemagne	0,8	10,1
Corée du Sud	0,5	9,5
Japon	1,2	9,5
Royaume-Uni	0,5	8,9
Union européenne à 15	3,2	8,4
Espagne	0,3	7,5
Italie	0,4	7,5
Pologne	0,3	7,4
Afrique du Sud	0,3	6,6
France	0,4	6,2
Ukraine	0,3	6,0
Iran	0,3	5,3
Malaisie	0,1	4,8
Monde	24,5	3,9
Mexique	0,4	3,6
Argentine	0,1	3,1
Thaïlande	0,2	2,9
Turquie	0,2	2,8
Chine	3,5	2,6
Egypte	0,1	1,9
Brésil	0,3	1,8
Indonésie	0,3	1,4
Inde	1,1	1,0
Pakistan	0,1	0,7

Kyoto non ratifié / Kyoto ratifié / Non concerné par Kyoto

* Liées à la consommation d'énergie.

Source : AIE

l'électricité s'en trouverait fortement renchéri et les exportations de biens intenses en émissions de CO_2 reculeraient de 3,8 % à 5,1 %, sous l'impact notamment de délocalisations supplémentaires dans des zones « non Kyoto ». Ce qui limiterait d'autant l'intérêt environnemental de l'affaire, puisque les émissions globales ne seraient pas réduites. Une chanson reprise en France par le Medef ainsi que par Bertrand Collomb, président du cimentier Lafarge et de l'Association française des entreprises privées (Afep), le lobby des très grandes entreprises, et par Guy Dollé, dirigeant du sidérurgiste Arcelor, dans un point de vue publié dans *Le Monde* en décembre dernier.

Les estimations établies par la Commission européenne sont très différentes : elles ne mettent en évidence qu'une perte de croissance de 0,1 % par an. Quant au prix de la tonne de CO_2 sur les marchés de permis d'émissions, il oscille pour l'instant entre 6 et 8 euros la tonne, selon les premiers éléments dont on dispose depuis le véritable démarrage des échanges en ce •••

La poursuite de la lutte internationale contre le changement climatique repose sur la détermination de l'Europe

La situation en 2002 des principaux pays signataires par rapport aux objectifs de Kyoto

	Emissions de CO_2 en 2002**	Evolution 2002 par rapport à 1990, en %	Engagements de Kyoto pour 2008-2012, en %	Ecart en %
Espagne	0,3	+ 43,1	+ 15	+ 28,1
Canada	0,5	+ 20,4	- 6	+ 26,4
Etats-Unis*	5,7	+ 17,6	- 7	+ 24,6
Australie*	0,3	+ 28	+ 8	+ 20,0
Pays-Bas	0,2	+ 13,4	- 6	+ 19,4
Japon	1,2	+ 9,6	- 6	+ 15,6
Italie	0,4	+ 8,2	- 6,5	+ 14,7
Belgique	0,1	+ 6,5	- 7,5	+ 14,0
Union européenne à 15	3,2	+ 2,3	- 8	+ 10,3
Allemagne	0,8	- 12,7	- 21	+ 8,3
Royaume-Uni	0,5	- 6,6	- 12,5	+ 5,9
France	0,4	+ 1,4	0	+ 1,4
Pologne	0,3	- 17	- 8	- 9,0
République tchèque	0,1	- 19,6	- 8	- 11,6
Russie	1,5	- 28,9	0	- 28,9
Ukraine	0,3	- 52,5	0	- 52,5

* N'ont pas ratifié le protocole de Kyoto. ** Liées à la consommation d'énergie.

Sources : AIE, UNFCCC.

••• début d'année (ils ont dépassé pour la première fois le million de tonnes, au cours de la seconde semaine de janvier).

Les modes d'attribution de ces quotas aux industriels par les gouvernements nationaux ont été particulièrement laxistes (notamment en France) : chaque gouvernement a cherché ainsi à assurer un avantage compétitif à « ses » entreprises par rapport à celles des voisins. A tel point que, malgré les contrôles effectués par Bruxelles et les demandes de correction adressées aux gouvernements nationaux (notamment français), ce dispositif risque finalement de n'avoir qu'un effet incitatif extrêmement limité…

Pourtant, en se « mettant la pression » de manière – raisonnablement – volontariste et avant-gardiste, les Européens peuvent espérer conserver et développer l'avance dont ils disposent actuellement en matière de technologies propres. Même s'il ne faut pas négliger sur ce

Pourquoi des **marchés de permis** d'émission ?

● **Pour lutter contre le changement climatique, il faut parvenir à maîtriser les quantités de gaz à effet de serre émises à l'échelle mondiale.** Les taxes classiquement utilisées pour infléchir le comportement des acteurs économiques sont mal adaptées à ce type d'objectif : il est en effet impossible de prévoir de manière fiable l'effet quantitatif qu'une taxe mondiale de X euros à la tonne de carbone aurait sur les volumes de gaz à effet de serre émis. C'est la raison pour laquelle la logique choisie pour le protocole de Kyoto a été celle de l'allocation de quotas par pays, plutôt que celle d'une taxe carbone mondiale. Mais les dépenses à engager pour réduire les émissions, afin de ne pas dépasser le quota alloué à un pays donné, peuvent être très diverses suivant son niveau de développement, la structure de son industrie, etc. Or, ce qui compte au final à l'échelle mondiale, ce n'est pas tant que chaque pays ait effectivement respecté son quota, mais que le total des réductions prévues ait été réalisé.

C'est la raison pour laquelle le protocole de Kyoto a prévu des mécanismes dits « de flexibilité » : ils autorisent les Etats à vendre et à acheter entre eux des quotas d'émissions. Ce qui permet d'arbitrer entre réduction effective des émissions ou achat de quotas en fonction du coût des investissements et du prix de la tonne de CO_2. Ce type de marché de permis avait notamment été expérimenté avec succès aux Etats-Unis pour limiter les émissions soufrées des centrales électriques, qui étaient à l'origine des pluies acides. Si un pays émet moins de gaz à effet de serre que ce que le protocole de Kyoto l'y autorise, il peut vendre ses droits en excédent à d'autres qui en manquent du fait du dépassement de leur quota. C'est le cas en particulier actuellement de la Russie et, dans une moindre mesure, de la Pologne et des autres pays d'Europe centrale. Le protocole de Kyoto a en effet pris pour base les émissions de l'année 1990 ; or, les industries très polluantes de l'ex-bloc de l'Est se sont écroulées depuis, et avec elles les émissions de gaz à effet de serre.

Kyoto autorise également, sous certaines conditions, les pays développés à décompter de leurs propres obligations les actions de réduction d'émissions qu'ils financent dans les pays du Sud, bien que ces Etats ne soient pas actuellement concernés par ce système de quotas.

L'Union européenne a choisi de décliner le principe des quotas en son sein, en attribuant à chaque grand industriel des secteurs les plus énergivores (12 000 sites dans les raffineries, la sidérurgie, les ciments, le verre, la pâte à papier…) des quotas d'émissions et en les autorisant à échanger entre eux ces permis. Ces quotas sont attribués pour la période 2005-2007 et seront revus à la baisse pour 2008. Ils sont entrés en vigueur le premier janvier dernier.

La France a communiqué son plan d'attribution de quotas avec beaucoup de retard (comme toujours…) à la Commission européenne, laquelle l'a d'ailleurs rejeté, car le gouvernement avait fait preuve d'un laxisme trop voyant à l'égard des entreprises. Les 1 400 industriels français concernés ne se verront donc confirmer leurs quotas définitifs qu'à la fin du mois de février. Dorénavant, les dépassements seront sanctionnés d'une amende de 40 euros par tonne de CO_2, amende qui sera portée à 100 euros à partir de 2008.

Euronext (qui gère la Bourse de Paris), Powernext (la Bourse française de l'électricité) et la Caisse des dépôts (en charge d'administrer les quotas pour le compte de l'Etat français) ont prévu de démarrer en mars un marché organisé d'échanges de permis.

Un tel système n'est cependant adapté qu'à de grands acteurs en nombre limité. Il n'aurait pas de sens pour infléchir les consommations dispersées, comme celles liées au chauffage des foyers ou des bureaux, ou encore les consommations de carburant des automobilistes. Dans ces domaines, de plus en plus importants cependant en termes d'émissions, il faut continuer à avoir recours à d'autres types d'outils : normes, taxes, incitations fiscales.

plan les efforts très importants en recherche et développement réalisés tant au Japon qu'aux Etats-Unis, grâce à des financements publics massifs.

L'Europe en point de mire

Enfin, même si le coût pour son économie sera indéniable à court terme, la réduction effective par l'Union européenne de ses émissions est une condition *sine qua non* pour maintenir la pression tant sur les Etats-Unis que sur les grands pays émergents, afin d'aboutir – avant qu'il ne soit trop tard – à une action internationale concertée et durable contre le changement climatique. L'objectif peut sembler utopique, compte tenu de la réélection de George W. Bush, mais quatre ans passent vite, et l'Amérique est loin de se limiter aux idéologues ultraconservateurs qui dominent aujourd'hui la Maison Blanche (pour avoir une idée du niveau d'irrationalité atteint dans ce milieu, on peut visiter le site américain anti-Kyoto www.globalwarming.org).

Ainsi, *« la Californie, soutenue par une série d'autres Etats, vient d'adopter une réglementation réduisant de 30 % les émissions de CO_2 des voitures particulières d'ici à 2016,* rappelaient Yannick Jadot, de Greenpeace, et Philippe Quirion du Réseau Action climat dans *Le Monde,* en décembre dernier, en réponse à Bertrand Collomb et à Guy Dollé. *De même, neuf Etats du Nord-Est sont en train de développer un système de permis d'émission négociables proche de celui mis en place en Europe. »* De plus, le sénateur républicain John McCain, héros du Vietnam et candidat malheureux contre George Bush à l'investiture républicaine en 2000, et le démocrate Joe Lieberman, candidat malheureux à la vice-présidence avec Al Gore en 2000, ont déposé ensemble, en mai dernier au Sénat, un projet de loi visant à imposer des réductions d'émissions. Pas vraiment des marginaux…

En 2005, devaient démarrer les négociations internationales pour fixer des engagements après 2012. La réunion qui s'est tenue à Buenos-Aires en Argentine, en décembre dernier, devait établir un planning en ce sens. Même si un compromis a été trouvé pour sauver la face, cette réunion a échoué, sous la pression conjointe des Etats-Unis et de l'Arabie Saoudite. Les négociations ne démarreront malheureusement pas réellement cette année. Pourtant, des propositions existent pour sortir de l'impasse actuelle : des experts comme Cédric Philibert, de l'AIE, une institution liée à l'OCDE, le club des pays riches, ont mis sur la table des pistes intéressantes pour réintégrer, à terme, les Etats-Unis dans le processus et obtenir un engagement des pays émergents. Il s'agirait de fixer un prix plafond à la tonne de CO_2 pour limiter les coûts supportés par les pays industrialisés (c'est notamment l'incertitude sur les coûts réels à venir qui effraie les Etats-Unis), d'indexer les objectifs de réduction sur la croissance économique, pour tenir compte des divergences de situation sur ce plan, et, enfin, d'accepter que les objectifs des pays en développement restent durablement non contraignants… (1)

En tout état de cause, la poursuite de la lutte internationale contre le changement climatique repose plus que jamais sur la détermination de l'Europe. Dans les discours du chef de l'Etat et de son Premier ministre, la conviction de la France ne fait aucun doute. Dans la pratique, c'est une autre affaire (voir page 12). ■

Guillaume Duval

Une montée ininterrompue des émissions

Emissions de dioxyde de carbone, liées à la consommation d'énergie, en milliards de tonnes

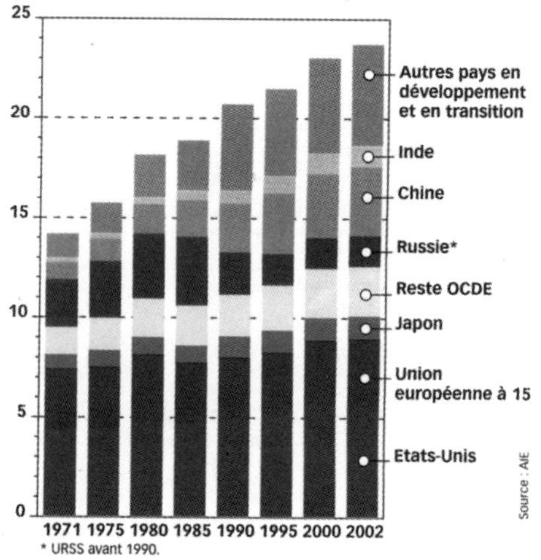

(1) Voir l'article de Cédric Philibert dans « L'état de l'économie 2005 », hors-série n°64 d'*Alternatives Economiques*.

POUR EN SAVOIR PLUS

- **http://unfccc.int/portal_francophone/items/3072.php :** le site en français de la Convention climat des Nations unies.
- **www.ipcc.ch :** le site du Groupement intergouvernemental sur l'évolution du climat (Giec).
- **www.unice.org :** la position du patronat européen (aller dans « Actualité »).
- **www.rac-f.org :** le site du Réseau action climat.
- **www.manicore.com/documentation/serre :** le site très complet de Jean-Marc Jancovici sur ces questions.
- **www.iea.org :** le site (très peu pratique) de l'Agence internationale de l'énergie (AIE).
- **http://org.fr.eea.eu.int/documents/newsreleases/ghg_emissions-trends2004-fr :** pour accéder au rapport de l'Agence européenne de l'environnement.
- **www.europa.eu.int/comm/environment/climat/home_en.htm :** la page spécialisée changement climatique de la Commission européenne.
- **www.ieta.org/ieta :** le site de l'International Emissions Trading Association.
- **www.globalwarming.org :** un site américain anti-Kyoto (pas triste…).
- **www.effet-de-serre.gouv.fr :** le site de la Mission interministérielle de l'effet de serre.
- ***Combattre l'effet de serre nous mettra-t-il sur la paille ?,*** par Roger Guesnerie, éd. Le Pommier, 2003.
- ***L'effet de serre,*** par Hervé Le Treut et Jean-Marc Jancovici, éd. Flammarion, 2004.
- ***Beyond Kyoto. Energy Dynamics and Climate Stabilization,*** par Cédric Philibert, éd. OECD/IEA, 2002.

Document 12

Extrait de *Alternatives économiques*, n° 233, février 2005.

L'ÉVÉNEMENT KYOTO

Si la France voulait vraiment

Economies d'énergie, énergies sans carbone et transports sont les trois axes majeurs d'action. Davantage de volonté politique permettrait d'avancer plus vite.

La France doit diviser par quatre ses émissions de gaz à effet de serre d'ici à 2050 : Jean-Pierre Raffarin l'a affirmé dès février 2004. Normal, en effet, si on veut pouvoir diviser par deux les émissions à l'échelle mondiale tout en permettant aux pays du Sud de se développer. Le projet de loi d'orientation sur l'énergie adopté en première lecture avant l'été 2004 devrait être soumis en deuxième lecture à l'Assemblée nationale ce mois-ci : il réaffirme cet objectif d'une division par quatre des émissions. Mais, tant sur l'efficacité énergétique que sur les énergies sans carbone ou sur les transports, le projet de loi, comme d'une manière générale l'action du gouvernement, n'est pas à la hauteur des enjeux.

1. Décupler les économies d'énergie

On dit communément « faire des économies d'énergie », mais les économistes préfèrent parler d'« abaisser l'intensité énergétique du PIB ». Il s'agit d'utiliser moins d'énergie pour produire autant de biens et de services. Ce processus est à l'œuvre depuis longtemps : en 1970, pour produire un dollar de produit intérieur brut (PIB), l'économie française avait besoin de 0,19 kg d'équivalent pétrole ; en 2002, il n'en fallait plus que 0,15 kg (la plupart des autres pays industrialisés ont toutefois fait mieux que la France). Cette amélioration n'a cependant pas empêché la quantité globale d'énergie consommée de croître. Le défi aujourd'hui est donc d'accélérer fortement ces économies d'énergie, jusqu'à réduire la consommation totale d'énergie et donc les émissions de gaz à effet de serre qui en découlent.

Le tertiaire et l'habitat

Les émissions liées au secteur tertiaire et à l'habitat résidentiel représentent actuellement plus de 18 % des émissions françaises, contre moins de 16 % en 1990. Elles sont donc à elles seules très proches du plafond total des émissions que le gouvernement veut atteindre en 2050. Grâce aux réglementations thermiques mises en place depuis 1973, la consommation moyenne d'énergie d'un logement neuf a pu être réduite de 60 %. En revanche, très peu d'actions ont été engagées concernant les logements anciens, bien que ceux-ci constituent l'écrasante majorité du parc (il faut en moyenne un siècle pour le renouveler).

Face à cette inertie, la réglementation thermique des logements neufs doit encore être renforcée, tout en alignant progressivement celle de l'ancien sur le neuf. Un programme ambitieux d'économies d'énergie dans le logement collectif, en particulier dans les logements sociaux, les bâtiments publics et le tertiaire de bureau, aurait un impact sensible et durable sur les émissions. Un renforcement des normes dans l'ancien permettrait également d'accélérer le renouvellement du parc.

Des possibilités juridiques nouvelles sont ouvertes sur ce plan par le projet de loi sur l'énergie, mais rien n'indique pour l'instant que le gouvernement souhaite en faire un usage rapide. Seuls sont actuellement prévus des dispositifs d'information : la réalisation de diagnostics de performance énergétique deviendrait obligatoire pour la vente de tout nouveau bâtiment, mais ils n'auront aucune valeur contraignante à l'égard du vendeur. Même constat concernant les équipements : le texte ne prévoit pas d'obliger les industriels à construire des appareils électriques et électroménagers plus sobres, notamment en supprimant les processus de veille, très gourmands en électricité. Le gouvernement se contente de renvoyer l'affaire au niveau euro-

Diviser les émissions par quatre : l'ampleur du défi

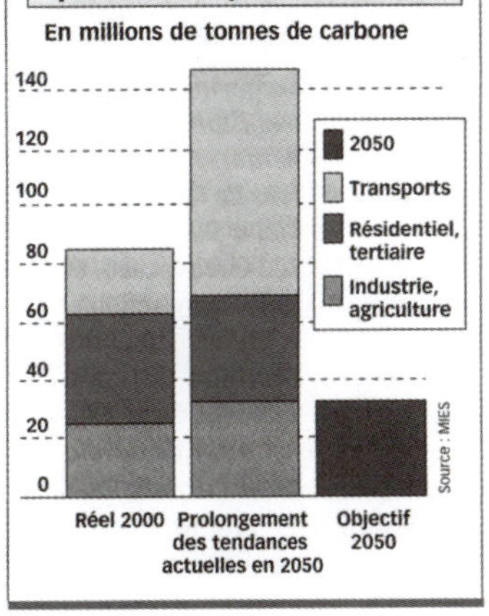

réduire ses émissions...

péen. Aucune mesure n'est prévue non plus en ce qui concerne les achats publics. Pour les particuliers qui achèteraient des matériaux d'isolation ou des appareils de régulation de chauffage, des crédits d'impôt sont cependant envisagés.

L'industrie

Si le tertiaire et le résidentiel recèlent un fort potentiel d'économies d'énergie, la partie semble plus serrée dans l'industrie. Celle-ci a en effet déjà fourni de gros efforts : son intensité énergétique a baissé de 43 % depuis 1973. Mais *« contrairement à l'idée établie, la part des industries grosses consommatrices d'énergie ne connaît pas une chute rapide »*, souligne Pierre Radanne, l'ancien président de l'Agence de l'environnement et de la maîtrise de l'énergie (Ademe), dans le rapport qu'il a réalisé pour la Mission interministérielle de l'effet de serre (voir « Pour en savoir plus »). *« Si en effet, les consommations d'énergie de secteurs comme la sidérurgie, le ciment, le textile sont en baisse, d'autres sont stables (verre, non-ferreux), tandis que d'autres connaissent une hausse régulière (agro-alimentaire, chimie, papier-carton). »* D'où la nécessité de maintenir la pression pour éviter les dérapages. De plus, une réduction drastique des émissions dans l'industrie ne sera pas possible sans mettre davantage l'accent en aval sur l'allongement de la durée de vie des produits et sur le recyclage des matériaux les plus énergivores.

Le gouvernement n'envisage pas de mesures particulières supplémentaires au-delà de la mise en place des quotas d'émissions prévus dans le cadre du protocole de Kyoto. Seule exception : les entreprises qui vendent *« de l'électricité, du gaz, de la chaleur, du froid et du fioul domestique »* seront soumises à des contraintes nouvelles d'économies d'énergie. La loi prévoit la création de « certificats d'économies d'énergie » que ces entreprises s'échangeront sur le modèle des marchés de permis d'émission. Les entreprises des autres secteurs pourront également obtenir de tels certificats lorsqu'elles réaliseront des investissements d'économie d'énergie et pourront les revendre aux entreprises du secteur de l'énergie.

Une amélioration très lente de l'efficacité énergétique

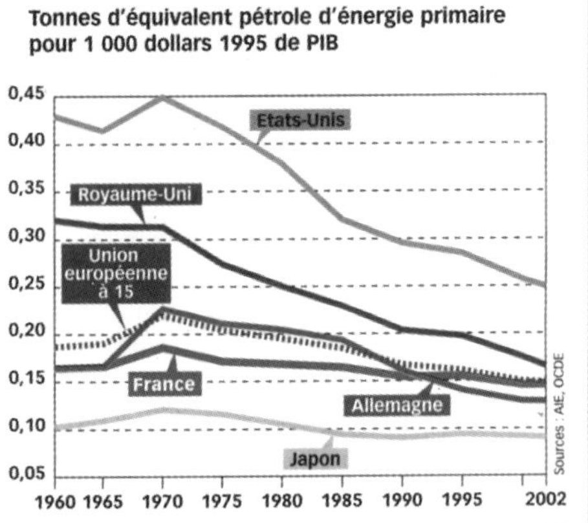

2. Développer les énergies sans carbone

Décarboniser l'énergie est l'autre enjeu majeur de la lutte contre le réchauffement climatique. Il s'agit de privilégier les énergies n'émettant pas de dioxyde de carbone, au premier rang desquelles les énergies renouvelables : l'hydraulique, le solaire thermique et photovoltaïque, l'éolien, la géothermie (qui utilise la chaleur de la terre dans ses couches profondes), mais aussi la biomasse, c'est-à-dire la gazéification du bois et des déchets. Selon une directive européenne de 2001, la France a l'obligation de porter, à l'horizon 2010, la part des énergies renouvelables à 21 % de sa consommation d'électricité. La proportion actuelle étant de 17 %, l'objectif semble aisé à atteindre, mais 95 % de cette électricité « verte » provient actuellement de l'hydraulique, dont le potentiel est proche de la saturation.

Les énergies renouvelables

Les autres énergies renouvelables, bien qu'elles se développent, restent encore quantité négligeable, notamment par rapport à nos voisins européens. L'éolien est 77 fois plus développé outre-Rhin et les mesures prises en France en 2002 pour compliquer l'obtention des permis de construire ont brutalement freiné l'amorce de décollage de la filière. De plus, EDF poursuit son action en vue de remettre en cause les prix d'achat garantis décidés en 2001, qui avaient permis de lancer la machine. Quant à l'électricité d'origine photovoltaïque, elle reste anecdotique pour l'instant. Bref, la France devrait mettre les bouchées doubles si elle ne veut pas voir la part des renouvelables reculer dans les prochaines années face à l'accroissement mécanique de la demande d'électricité.

Le nucléaire continue d'absorber la presque totalité de la recherche publique en matière d'énergie

Le potentiel le plus important et le plus immédiatement exploitable des énergies renouvelables concerne surtout les usages thermiques classiques : eau chaude et chauffage. Le solaire thermique en particulier est totalement sous-utilisé : les chauffe-eau solaires sont ainsi sept fois plus développés en Allemagne. De même, la filière bois-énergie pourrait assez aisément couvrir une part plus importante des besoins, notamment dans les usages collectifs (HLM, écoles, hôpitaux...). Là encore, le projet de loi sur l'énergie se concentre essentiellement sur le volet fiscal à l'attention des particuliers : des crédits d'impôts allant jusqu'à 40 % du montant de l'achat d'équipements, comme les chauffe-eau solaires ou les panneaux photovoltaïques. Cette mesure est nécessaire parce qu'une des clés de voûte du système énergétique de demain sera probablement les •••

••• « bâtiments à énergie positive ». C'est-à-dire un habitat et des bureaux assumant la quasi-totalité de leurs besoins énergétiques grâce à des équipements de ce type. Là où le bât blesse, c'est que l'Etat ne jouera aucun rôle moteur dans ce processus. Il n'est en effet pas prévu, par exemple, d'avoir recours systématiquement à de tels équipements pour les bâtiments publics, ni d'obliger les constructeurs de bâtiments neufs à prévoir à chaque fois ce type d'équipement.

Le tout-puissant nucléaire

Par ailleurs, le gouvernement annonce sa volonté d'accroître les dépenses de recherche publique en matière d'énergies renouvelables. Cette intention a également été relayée par le rapport remis le mois dernier par Jean Louis Beffa, le PDG de Saint Gobain, au président de la République. Mais pour l'instant, le nucléaire continue d'absorber la presque totalité de la recherche publique en matière d'énergie. Et dans le contexte budgétaire actuel, il est prudent d'attendre les actes.

La politique énergétique française reste en effet dominée par la foi dans le nucléaire. Hier instrument de l'indépendance énergétique nationale, il retrouve aujourd'hui une nouvelle justification dans la lutte contre le réchauffement climatique : le nucléaire présente en effet l'avantage de ne pas être émetteur de gaz à effet de serre. De plus, la plupart des énergies renouvelables susceptibles de produire de l'électricité (le solaire, l'éolien) ne possèdent qu'un caractère intermittent : le nucléaire semble un candidat tout désigné pour fournir le courant « de base » d'un nouveau régime énergétique sobre en carbone. Même si les risques liés à la sécurité de la filière, à la dissémination de produits toxiques et dangereux et les incertitudes concernant l'avenir des déchets radioactifs demeurent entiers. Et cela d'autant plus si la filière hydrogène devait finir par s'imposer dans les transports : le nucléaire serait alors bien placé pour produire ce gaz (voir partie 3).

Pour l'instant, le gouvernement a donc clairement choisi un « bouquet énergétique » composé de beaucoup de nucléaire et d'un petit peu de renouvelables. La loi sur l'énergie entérine en particulier la décision de construire un réacteur nucléaire EPR. Un type d'équipement dont le groupe d'experts de l'énergie Global Chance a pourtant montré qu'il était à la fois dépassé d'un point de vue technologique, inutile sur le plan des besoins énergétiques à court terme et qu'il ne présentait guère plus d'assurances que les vieilles centrales en termes de sécurité (1).

Enfin, encourager les énergies non émettrices de carbone signifie aussi décourager les autres, notamment sur un plan fiscal. La taxe intérieure sur les produits pétroliers (TIPP) pourrait devenir l'instrument d'une telle politique. On n'en prend pas le chemin. Pour l'instant, la France n'est même pas en règle avec le cadre communautaire, puisqu'elle n'a toujours pas transposé la directive européenne de 2003 sur la taxation des produits énergétiques et de l'électricité. Cette directive fixe des minima pour le charbon, le gaz naturel et l'électricité, destinés à décourager l'usage des combustibles les plus polluants. La droite, qui avait activement contribué à saboter le projet de taxe générale sur les activités polluantes (TGAP) proposée par Dominique Voynet à la fin des années 90, n'envisage manifestement pas de politique fiscale ambitieuse dans ce domaine.

3. Révolutionner les transports

Les transports constituent le chantier le plus difficile en matière de lutte contre le changement climatique. C'est en effet le secteur le plus dépendant du pétrole et la source d'émissions qui croît le plus vite : les transports représentaient 27 % des émissions françaises en 2003, contre 21 % en 1990. Soit plus de 25 % d'augmentation. Malgré cela, aucun mouvement de substitution vers des énergies moins carbonées n'est à l'œuvre.

Si rien n'est fait, les transports représenteront 80 % de l'accroissement des émissions d'ici à 2050, annulant tous les efforts entrepris dans les autres secteurs. Un essor encouragé par l'étalement des villes, le développement du juste-à-temps, la mondialisation... Répondre à ce défi des transports suppose donc une action à la fois sur la consommation des véhicules et sur la mobilité en général. Un terrain que les pouvoirs publics français, dans un cas comme dans l'autre, ont quasiment déserté.

La consommation des véhicules

La réduction de la consommation des véhicules impliquerait la poursuite des progrès techniques réalisés, afin d'atteindre une consommation de trois litres aux cent kilomètres. Un objectif raisonnable, mais qui a été contrarié ces dernières décennies par la montée en gamme des véhicules. Alourdis par de nouveaux équipements, comme la climatisation, ceux-ci n'ont pas profité des meilleures performances énergétiques de leurs moteurs.

Il s'agirait donc de durcir les normes, comme en Californie où la législation impose aux constructeurs l'objectif très ambitieux de mettre sur le marché d'ici à 2016 des véhicules émettant 30 % de gaz à effet de serre de moins que les modèles actuels. On pourrait au moins décourager fiscalement l'achat de véhicules voraces en carburant. C'était ce que comptait mettre en place le ministre de l'Ecologie, Serge Lepeltier, dans le cadre du Plan climat dévoilé l'été dernier. Ce projet a cependant été rapidement abandonné par le gouvernement.

Les pouvoirs publics français ne se sont guère engagés jusqu'à maintenant dans la recherche et le développement de modes de propulsion alternatifs faibles émetteurs de dioxyde de carbone (CO_2). Certes, le ministre de l'Equipement, Gilles de Robien, a marqué publiquement son intérêt pour la Prius de Toyota qui, avec son moteur hybride essence-électricité, consomme 25 % de moins de carburant qu'un véhicule classique. Ce véhicule bénéficie d'ailleurs d'un crédit d'impôt à l'achat d'un peu plus de 1 500 euros. Mais les commandes publiques pour renouveler l'immense flotte de véhicules de l'Etat n'ont pas été pour l'instant modifiées afin de privilégier ce type de motorisation.

De même, la France est jusqu'ici restée absente des grands programmes de recherche autour de l'hydrogène et de la pile à combustible. L'hydrogène séduit parce que sa combustion n'émet pas de CO_2, même si ce gaz n'est probablement pas l'énergie miracle vantée par certains (2). Il n'empêche : aux Etats-Unis et au Japon, l'Etat et les constructeurs automobiles ont lancé de vastes programmes sur ces sujets. La situation pourrait changer en France si les conclusions du rapport Beffa sont suivies d'effet. Celui-ci préconise en effet la relance de grands programmes de haute technologie (voir article page 38 de ce numéro), dont la pile à combustible et le véhicule hybride.

Concernant les biocarburants, le projet de loi d'orientation sur l'énergie prévoit de porter leur part dans l'ensemble des carburants utilisés en France à 5,5 % d'ici à 2010. De quoi satisfaire les lobbies agricoles, mais le bilan écologique d'une telle mesure reste contesté.

Urbanisme et infrastructures

En fait, l'action sur l'urbanisme et les infrastructures de transports est au moins aussi importante dans ce domaine que les recherches sur la motorisation des véhicules. La future loi dispose que *« l'Etat accorde, en matière d'infrastructures pour ce type de transports, une priorité aux transports en commun dans les zones urbaines et aux investissements ferroviaires par rapport au développement de projets routiers ou aéroportuaires. »* Une priorité qui n'apparaît pas vraiment jusqu'ici dans les politiques publiques : plusieurs projets ferroviaires sont abandonnés ou retardés, comme par exemple la ligne Paris-Toulouse, au profit de projets autoroutiers supplémentaires ; l'Etat se désengage aussi du financement des transports en commun en site propre (tramway notamment).

Il n'est pas question non plus d'agir pour rétablir davantage de mixité dans les zones urbaines de plus en plus étalées : rapprocher le lieu de travail du lieu d'habitation, et donc limiter les déplacements que leur éloignement entraîne, constitue pourtant l'un des moyens les plus sûrs de réduire durablement les émissions de gaz à effet de serre. ■ **Marc Chevallier**

Les transports, la source d'émissions qui augmente le plus vite

Emissions en millions de tonnes équivalents dioxyde de carbone

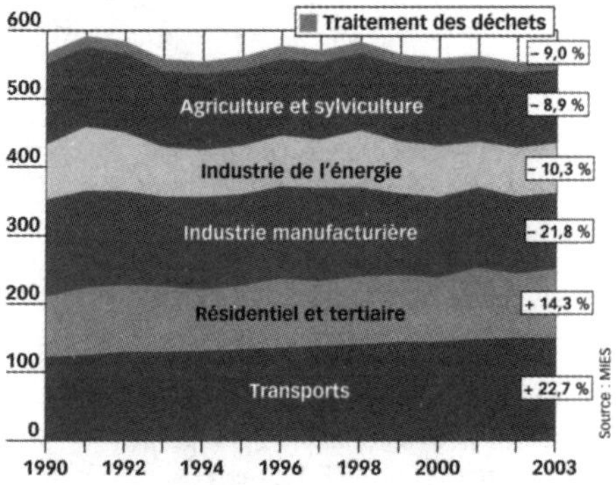

POUR EN SAVOIR PLUS

- ***La division par quatre des émissions de dioxyde de carbone en France d'ici 2050,*** rapport de Pierre Radanne, téléchargeable sur www.effet-de-serre.gouv.fr/fr/etudes/Facteur4-franc%20BAT.pdf
- **www.effet-de-serre.gouv.fr/fr/emissions/inventaire.htm** : le point sur les émissions françaises.
- **www.senat.fr/leg/tas03-093.html** : le projet de loi d'orientation sur l'énergie, tel que voté en première lecture.
- **Le scénario Negawatt** pour la France sur le site www.negawatt.org

(1) Voir en particulier « Le réacteur nucléaire EPR : un projet inutile et dangereux », *Les cahiers de Global Chance* n° 18, janvier 2004.

(2) Voir notamment *L'économie hydrogène*, par Jeremy Rifkin, éd. La Découverte, 2002.

Corrigé proposé

Le réchauffement climatique

Un an après la mise en place du dispositif issu des accords de Kyoto, les interrogations restent ouvertes. La conférence de Kyoto, en 1997, avait concrétisé la reconnaissance par les pays signataires de la réalité du changement climatique lié à l'activité humaine. Les textes correspondants sont en train de produire leurs premiers effets, notamment dans l'Union européenne et singulièrement en France. Pour cela, un certain nombre de directives ont été édictées et ont commencé à recevoir leur transcription en droit national. Cependant, l'évolution reste préoccupante. Et la question qui se pose aujourd'hui n'est plus celle de la réalité ou non du lien entre le réchauffement et la production des gaz à effet de serre, mais celle de l'impact du dispositif actuellement mis en place, de la préparation des phases suivantes, de la prise en compte réelle de tous les éléments qui pourront concourir à la préservation de la qualité de vie des générations futures.

La modification du climat, liée à l'activité humaine, est un fait constaté par les accords de Kyoto qui connaissent un début de concrétisation **(I)**. L'Union européenne a ainsi pris des dispositions qui sont relayées par les politiques publiques françaises, mais la question est de savoir si cela est suffisant pour lutter efficacement contre le réchauffement climatique **(II)**.

I. La modification du climat, liée à l'activité humaine, est un fait constaté par les accords de Kyoto qui connaissent un début de concrétisation

I-1. La modification du climat, liée à l'activité humaine, est un fait constaté

Alors que la température moyenne de la planète avait été pratiquement stable durant les XIXe et XXe siècles, avec une variation de 0,6° C seulement, les prévisionnistes envisagent pour le présent siècle une élévation pouvant aller de 1,4 à 5,8° C. Une telle élévation se traduira, et se traduit déjà, par des phénomènes climatiques nouveaux, parfois catastrophiques, et pas seulement par un réchauffement. Or, l'origine de ce réchauffement ne se rattache pas à une variation climatique naturelle, mais doit être rapprochée de l'activité humaine. En effet, la série de phénomènes ici mis en cause porte le nom d'« effet de serre ». Ce terme signifie que l'atmosphère terrestre se comporte, du fait de l'accumulation de gaz comme le monoxyde ou le dioxyde de carbone, les oxydes d'azote, l'anhydride sulfureux, comme une véritable serre, emprisonnant le rayonnement solaire. Ainsi, alors que la concentration de CO^2 était restée stable, à 280 particules par million, durant des siècles, elle est aujourd'hui de 360 ! Cet effet de serre ne constitue pourtant pas une pollution au sens habituel du terme. En effet, il n'est pas localisé à une zone, mais globalisé. L'explication s'en trouve dans la libération massive des gaz emprisonnés dans les énergies fossiles.

Or, cette production de gaz à effet de serre (GES) n'est pas également imputable à tous les pays. Ainsi, on estime qu'un Américain produit aujourd'hui environ 20 tonnes de GES par an, contre 6,2 pour un Français ou 0,9 pour un Africain. Par ailleurs, la croissance économique se traduit par une augmentation rapide de cette production. Ainsi, en 2006, la Chine produit-elle déjà plus de GES que l'Union européenne.

Les pays du monde ont fini par prendre conscience de ce que la nature n'était plus une ressource inépuisable, adjectif qui l'avait longtemps qualifiée. Ils se sont rendu compte aussi que ce processus était cumulatif et que même un arrêt brusque de toute production de GES ne permettrait pas un retour à la normale. Cette prise de conscience a notamment permis la signature des accords de Kyoto en 1997.

I-2. Les accords de Kyoto connaissent un début de concrétisation

Après le « Sommet de la Terre », qui s'était tenu à Rio en 1992 et avait rassemblé de nombreux chefs d'État et de gouvernement dans ce qui était apparu à beaucoup comme une prise de conscience générale des problèmes liés à l'altération de l'environnement, on attendait beaucoup de la réunion qui suivit cinq ans plus tard, au Japon, à Kyoto. De fait, le sommet de Kyoto permit de prendre en compte le réchauffement climatique et l'émission des gaz à effet de serre qui en est la cause. A Kyoto, trente-huit pays industrialisés se sont engagés à réduire leurs émissions de GES de 5 % entre 2008 et 2012. Pour sa part, l'Union européenne s'est engagée sur une réduction de 8 % en 2012 par rapport aux quantités émises en 1990. Mais les résultats sont encore bien minces et, en 2003, la réduction constatée n'était encore que de 1,4 %.

C'est que la mise en place des accords de Kyoto n'est ni facile ni rapide. Elle n'est pas facile, car techniquement, tous les obstacles ne sont pas levés. Ainsi, la volonté d'individualiser les normes pour mieux responsabiliser les utilisateurs se heurte-t-elle au risque d'une trop grande sophistication, quand ce n'est pas à une impossibilité. Ainsi, comment pourrait-on concrètement frapper l'utilisation d'un véhicule d'une « écotaxe » plus importante en montagne qu'en plaine, et pourquoi pas en montée qu'en descente ! Elle n'est pas facile non plus du fait de l'absence de consensus et particulièrement du refus des États-Unis, principal émetteur mondial de GES, de ratifier ces accords et donc de les appliquer. Ces difficultés expliquent en partie la lenteur du processus, qui a mis huit années après Kyoto avant de commencer à se traduire en actions.

Enfin, il faut noter également le problème que posent les pays en voie de développement, exclus du dispositif contraignant jusqu'en 2012 alors que certains, comme la Chine, l'Inde ou le Brésil, connaissent un décollage économique époustouflant qui en fait aujourd'hui des pollueurs de plus en plus redoutables. Face à cette situation, les 30 milliards de dollars consacrés chaque année aux énergies renouvelables semblent encore bien timides.

Pourtant l'Union européenne, et donc aussi la France, se sont engagées de façon volontariste dans ce processus.

Devenu évident, le changement climatique a suscité la signature des accords de Kyoto. Cependant, malgré un début de mise en place des mesures, la question se pose déjà de savoir si elles seront suffisantes pour bloquer le phénomène.

II. L'Union européenne a pris des dispositions qui sont relayées par les politiques publiques françaises, mais la question est de savoir si cela est suffisant pour lutter efficacement contre le réchauffement climatique

II-1. Les dispositions prises par l'Union européenne

Dès 2000, l'Union européenne définissait et approuvait son « programme européen sur le changement climatique » (PECC). Ce programme repose sur une définition des mesures sectorielles d'une part, mais aussi transversales, destinées à accompagner l'objectif de réduction des émissions de GES. Ainsi, des directives ont été prises dès 1999 pour fixer les objectifs en matière de taux d'émission de certains polluants (anhydride sulfureux, dioxyde d'azote, oxydes d'azote, benzène, monoxyde de carbone), suivies de la directive du 12 février 2002 relative aux émissions d'ozone.

Parallèlement, l'Union a défini un mécanisme de « quotas » appliqués à plus de 12 000 installations industrielles européennes. Des plans nationaux sont en charge de la répartition de ces quotas, pour lequel est encouragé un véritable mécanisme de bourse d'échanges. En 2005, l'autorisation d'émettre une tonne de GES se négociait aux alentours de 25 euros, et 12 % des quotas font l'objet d'échanges. Concrètement, les entreprises qui parviennent à réduire leurs émissions dans des proportions plus importantes que les objectifs fixés se voient donner la possibilité de rentabiliser économiquement leurs efforts, et celles qui peinent à y arriver participent quand même à l'effort collectif. Le mécanisme semble globalement satisfaisant, même si certaines questions restent en suspens : que faire des quotas abandonnés par des usines qui ferment ? Comment attribuer des quotas à des usines nouvelles ?

L'Europe s'est engagée résolument dans ce processus pour lequel elle investit chaque année 15 millions d'euros, et maintient à l'égard des États-Unis une pression constante. Au-delà des objectifs de Kyoto, le Parlement européen veut d'ores et déjà aller plus loin en souhaitant que l'objectif de 25 % de réduction soit désormais poursuivi.

II-2. Les politiques publiques françaises

Bien entendu, la PECC se décline dans chaque État par la transposition des directives et par des mesures nationales. C'est le cas en France, où une série de mesures va dans le même sens. Ainsi, depuis juillet 2004, le gouvernement a-t-il adopté un « plan climat » qui sera réactualisé tous les deux ans ; il comprend des mesures aussi diverses que les crédits d'impôts liés aux dépenses permettant la réalisation d'économies d'énergie, ou le développement d'énergies renouvelables, l'obligation d'étiquetage des rejets de CO^2 par les véhicules ou les logements, l'instauration de quotas de CO^2 pour plus de mille sites sensibles, l'incorporation de biocarburants aux carburants automobiles.

Par ailleurs, dès 1998, un décret avait fixé des objectifs de qualité de l'air ainsi que des procédures d'urgence et d'information. En 2004, le niveau d'émission des GES avait ainsi été ramené à son niveau de 1990 sur le territoire national. Il faut bien entendu y ajouter l'impact d'une présence forte du nucléaire dans la palette énergétique et la volonté d'individualiser les mesures avec, en 2004, l'édiction de plans régionaux pour la qualité de l'air.

Enfin, le rapport de la Commission des comptes de l'environnement montre que les écotaxes, qui se déclinent en 70 mesures, ont représenté en 2001 42,8 milliards d'euros. En 2004, lors de la publication des plans régionaux, le Premier ministre, Jean-Pierre Raffarin, évoquait un objectif de réduction par quatre des émissions de GES pour 2050.

II-3. L'ensemble des mesures prises sera-t-il suffisant pour lutter efficacement contre le réchauffement climatique ?

Cet objectif de réduction par quatre des GES à l'échelle des 38 pays industrialisés signataires des accords de Kyoto est d'ailleurs, de l'avis des spécialistes, la condition *sine qua non* pour contenir le réchauffement dans la limite de 2° C d'ici à 2050. Kyoto, en effet, ne suffit pas. Des efforts importants sont à accomplir dans les transports et dans les logements, sources importantes d'émission, avec une nécessité d'accentuer les transferts de charge de la route vers la voie ferrée et de maîtriser les transports aériens. Ce sont des mesures de ce type qui ont été discutées en 2005 à la conférence de Montréal, lors de laquelle les États-Unis se sont finalement ralliés au principe de l'effort global.

Il faut aussi affiner les dispositifs, s'assurer que les écotaxes ne rentrent pas simplement dans le budget des États mais soient affectées à la protection de l'environnement, au développement des énergies renouvelables et des énergies sans carbone, à l'action sur les logements anciens, à la redéfinition des normes de l'urbanisme et des infrastructures de transport.

Il s'agit là d'un effort conséquent, sur un chantier qui reste encore largement ouvert.

Ainsi, le réchauffement climatique est désormais un fait reconnu par les pays du monde qui ont signé les accords de Kyoto afin de lutter contre ce phénomène. L'Union européenne, et donc la France, ont mis en place un certain nombre d'outils mais déjà se pose la question de l'après-Kyoto. En effet, Kyoto ne pourra pas renverser l'évolution climatique, ni même l'arrêter. Alors que, ici ou là, se font craindre des risques d'accélération du phénomène, le processus engendré par les accords s'arrête en 2012. Rien ne sera encore résolu et les effets d'une maîtrise non encore consolidée des rejets ne s'en trouveront pas annulés. Il faudra donc aller plus loin. C'est ce à quoi ont commencé à réfléchir les dirigeants des différents pays réunis à Montréal, en 2005.

Note 2
La situation des handicapés en France

Ainsi que nous l'avons vu, la méthodologie est commune à la note de synthèse et à la note administrative. Mais, nous l'avons vu également, il existe des différences, particulièrement quant aux contenus de ces deux documents.

L'exercice qui suit montre qu'à partir d'un dossier unique – et donc identique pour les deux épreuves – il est possible d'obtenir deux types de note différents du fait qu'ils répondent à des consignes différentes.

L'étude du sujet, puis celle du dossier en fonction de la nature du travail demandé, sont donc deux étapes importantes.

Sujet de note de synthèse

« Attaché à la direction des ressources humaines d'une collectivité, vous êtes chargé(e) de rédiger une note de synthèse sur la situation des handicapés en France. »

Vous disposez pour ce faire du dossier suivant :

Document 1

« Personnes handicapées : citoyens avant tout », in *La Gazette des communes* du 13 mars 2006, 7 pages.

Document 2

« Mieux intégrer les personnes handicapées », in *La Gazette des communes* du 19 décembre 2005, 2 pages.

Document 3

« Emplois et compétences », in *La Lettre de l'employeur territorial*, n° 1014, 25 avril 2006, 1 page.

Document 4

« Le quotidien des handicapés dans la FPT », in *La Gazette des communes* du 4 décembre 2000, 3 pages.

Document 5

« Fonction publique territoriale. Emploi des travailleurs handicapés : l'objectif à la portée d'un effort », in *Les Cahiers de la Fonction publique*, juillet-août 2000, 2 pages.

Document 6

« Les recrutements de personnes handicapées dans la fonction publique... », in *La Lettre de l'employeur territorial*, n° 737, 13 juillet 2000, 1 page.

Document 7

« Le gouvernement présente un plan pour améliorer l'intégration des handicapés », in *Le Monde,* 27 janvier 2000, 1 page.

Document 8

« Le décret sur l'accessibilité des bâtiments enfin paru » in *Le Moniteur*, 18 mai 2006, 1 page.

Document 9

« Handicapés : obligation d'emploi », in *Actualités sociales hebdomadaires*, n° 1592, 22 avril 1988, 2 pages.

Document 10

« L'emploi des handicapés : lenteurs et résistances », in *Actualités sociales hebdomadaires*, n° 1814, 8 janvier 1993, 2 pages.

Document 11

« Lente progression de l'emploi des personnes handicapées », in *La Revue de la MFP*, avril 2006, 1 page.

Document 12

« Droit du travail », in *Actualités sociales hebdomadaires*, n° 1823, 12 mars 1993, 1 page.

Document 13

« Les employeurs territoriaux face à leur obligation d'insertion des personnes handicapées », in *La Lettre de l'employeur territorial,* 7, 14 et 21 mars 2006, 9 pages.

Sujet de note administrative

« Vous êtes rédacteur au service du personnel de la ville de Belle-Campagne-sur-Mer (environ 40 000 habitants, 680 agents au 1er janvier 2006).
Votre chef de service vous demande de lui rédiger une note faisant le point sur le recrutement de handicapés dans la fonction publique territoriale.
Vous disposez pour ce faire du dossier suivant. »

(Même dossier de treize documents que pour la note de synthèse.)

Document 1

Extrait de *La Gazette des communes* du 13 mars 2006.

PERSONNES HANDICAPÉES
Citoyens avant tout

Dossier réalisé par Hélène Girard et Catherine Maisonneuve

Citoyenneté

Au-delà de la solidarité réaffirmée avec les personnes handicapées (prestation de compensation du handicap) et des nouvelles obligations en matière d'accessibilité (voirie, bâtiments, transports), la loi du 11 février 2005 (*) insiste sur « la participation et la citoyenneté des personnes handicapées ». L'éducation, la formation, l'emploi, l'exercice des droits civiques, la vie associative ainsi que les activités sportives et culturelles constituent les clés de l'intégration dans la cité des quelque cinq millions de personnes concernées (estimation globale du ministre délégué aux Personnes handicapées, le 9 février, lors du lancement de la campagne d'information sur la loi du 11 février 2005). Au vu des constats de terrain et des quelques données statistiques disponibles (voir plus loin), force est de constater qu'il reste beaucoup à faire. Dans tous ces domaines, les citoyens handicapés interpellent leur maire.

Concertation

Pour répondre à leurs aspirations, les communes doivent dialoguer, voire négocier avec les habitants handicapés. Mieux vaut élaborer la démarche en amont, car le dialogue alibi ne fera pas longtemps illusion face à des citoyens avides de participation. Quoi qu'il en soit, la loi oblige désormais les communes de plus de 5 000 habitants à un minimum : se doter d'une commission communale pour l'accessibilité aux personnes handicapées. Les municipalités déjà rodées à l'exercice s'inquiètent du risque de formalisme introduit par la loi (rapport annuel, recensement des logements accessibles, articulation de la commission sur les structures intercommunales). « Je souhaite préserver le caractère familial et spontané de notre concertation, affirme Marc Saint-Denis, conseiller municipal à Vandœuvre-lès-Nancy. On ne conduit pas une concertation sur le handicap comme une réunion politique. » Beaucoup de ces communes comptent poursuivre, en parallèle, le dialogue de fond engagé avant la parution de la loi.

Obligations

La loi comporte aussi un certain nombre d'obligations pour les collectivités en matière d'emploi. Autres contraintes, l'accessibilité des bureaux et des techniques de vote, la traduction écrite simultanée ou en langue des signes pour les personnes qui le demandent dans leurs relations avec les services publics et l'adaptation des outils de communication (sites internet, brochures, etc.).

Initiatives locales

Rien ne les empêche d'aller plus loin et de soutenir, financer, voire initier des démarches visant à mieux intégrer leurs concitoyens handicapés. A Vandœuvre-lès-Nancy, par exemple, les conseils municipaux sont traduits en langue des signes et leur version sonore est mise en ligne sur le site internet de la ville. En matière culturelle et sportive, des collectivités s'efforcent de rendre accessibles les pratiques amateur (adaptation des locaux et de l'encadrement), voire professionnelles.

Chiffres

44 000 salariés handicapés travaillent dans la fonction publique territoriale, soit 4,4 % des effectifs des collectivités de plus de 20 agents. Chiffre que la loi du 11 février 2005 devrait faire remonter grâce au quota de 6 % applicable dans le secteur public.

Source : DGAFP, 2002.

89,8 % des bénéficiaires de l'allocation aux adultes handicapés (AAH) ne participent aucune association. Même si les effectifs de l'AAH ne représentent pas l'ensemble des personnes handicapées, ce chiffre constitue un indicateur de l'isolement qui pèse encore sur une majorité d'entre elles.

Source : Dress, *Etudes et résultats* n° 359, 2004.

40,9 % des allocataires de l'AAH ne fréquentent aucun lieu sportif ou culturel. Phénomène qui va croissant avec l'âge (57,1 % des plus de 30 ans, 74,3 % des plus de 50 ans).

Source : Dress, *Etudes et résultats* n° 359, 2004.

(*) Loi n° 2005-102 du 11 février 2005 pour l'égalité des droits et des chances, la participation et la citoyenneté des personnes handicapées.

CONCERTATION
Les quatre points clés pour conduire le dialogue

La bonne volonté ne suffit pas, la crédibilité des communes repose aussi sur la structuration de leur démarche.

1) Qui conduit le dialogue ?

La concertation avec les personnes handicapées se conçoit comme une activité à part entière, prise en charge par un élu seul ou en binôme avec un agent territorial. « Les personnes handicapées préfèrent avoir un interlocuteur bien identifié, qui soit toujours le même », affirme Virginie François, coordinatrice « handicap » à Vandœuvre-lès-Nancy (Meurthe-et-Moselle).

Dans la majorité des cas, l'élu ou l'agent territorial font eux-mêmes l'expérience du handicap, à titre personnel ou par l'intermédiaire d'un proche. « Un élu handicapé perçoit tout de suite les carences de sa ville », fait valoir Jacqueline Duval, conseillère municipale d'Évreux (Eure), en charge des personnes handicapées. Au vécu personnel s'ajoute souvent une compétence technique. Par exemple, à Vandœuvre, Virginie François a travaillé dans un institut médico-éducatif. L'élu de référence, Marc Saint-Denis, infirmier libéral, côtoie quotidiennement des patients handicapés. Mais ce dernier convient qu'il consulte régulièrement son collègue en mairie, Jean-Marc Houot, l'un des rares conseillers municipaux en France à être concerné par le handicap tout en travaillant sur une autre délégation, en l'occurrence les questions de « solidarité et modernité », autrement dit l'intégration. Pourtant, certaines villes ne font pas de l'expérience personnelle un pré-requis. Ainsi au Blanc-Mesnil (Seine-Saint-Denis), Frédérique Cousin pilote la mission handicap avec, pour référence, son expérience de la conduite de projet (lire son témoignage ci-dessous).

2) Avec qui dialoguer ?

Structurées et rompues au dialogue avec les institutions, les associations sont considérées comme incontournables. « Elles nous aident à tester des équipements, à trouver des fournisseurs et des idées », résume Dominique Trabucco, responsable de la mission handicap à Metz (Meurthe-et-Moselle). Pour autant, ce dernier estime devoir élargir le cercle. « Nous avons besoin d'une vision globale de la question. » La surreprésentation de certains handicaps (moteur et mental, notamment) complique les choses. A trop écouter les uns, les collectivités peuvent prendre des décisions défavorables aux autres. Ainsi, certains types de trottoirs abaissés, appréciés des personnes en fauteuil roulant, sont un cauchemar pour les non-voyants. De ce fait, certaines collectivités favorisent l'implication individuelle.

Pour constituer le conseil régional consultatif des personnes handicapées d'Ile-de-France, le premier du genre, Francine Bavay, conseillère régionale, a suscité 1 800 candidatures parmi les personnes inscrites dans les fichiers des Cotorep [1] et CDES [2]. Les associations ont relayé les informations sur le processus électoral. Un centre d'aide par le travail s'est chargé de l'expédition des candidatures. Le conseil compte 50 membres, dont 24 directement élus par les 8 000 Franciliens handicapés (sur un total de 180 000 personnes concernées) qui se sont fait inscrire sur la liste d'électeurs. « Les associations ont fait valoir leur attachement à la représentation collective, explique Francine Bavay. Je leur ai expliqué que le contact direct avec les personnes handicapées est indispensable pour qu'elles parviennent à une citoyenneté pleine et entière. »

3) Faut-il formaliser le dialogue ?

Par souci de souplesse, la plupart des collectivités adoptent un dialogue informel : les personnes handicapées viennent s'informer, soumettre un problème ou faire part de leurs doléances. Indispensable sur le plan du lien social, cette fonction risque, à terme, d'être redondante avec les maisons départementales des personnes handicapées, qui vont peu à peu se mettre en place. De plus, la démocratie participative, à laquelle aspirent les personnes handicapées et que les collectivités prétendent pratiquer, appelle une discussion collective. Mais, sans un minimum de règles, ce processus risque vite de s'essouffler. Pour éviter cet écueil, Cherbourg-Octeville (Manche) a formalisé le fonctionnement de son comité de pilotage. Il réunit tous les deux mois des représentants associatifs, des personnes qualifiées, des représentants de l'État et les élus concernés. « Tous ont signé une charte qui fixe les droits et devoirs de chacun », explique Henry Gerves, conseiller municipal chargé des problèmes d'accessibilité et responsable du comité de pilotage. « Elle rappelle l'obligation de participer régulièrement aux réunions et de se soumettre aux arbitrages du comité. Chaque groupe travaille à son rythme, auditionne qui il veut et rédige un rapport qu'il présente en séance plénière », détaille-t-il.

Témoignage

Frédérique Cousin, chargée de mission au Blanc-Mesnil (Seine-Saint-Denis)

« Améliorer le quotidien de chacun d'entre nous »

« Nous avons adopté un mode de dialogue très souple. Il s'agit d'un groupe de concertation, réunissant des représentants associatifs et des personnes à titre individuel. Il comprend un noyau dur de participants réguliers et un cercle de personnes sollicitées en fonction des sujets traités. Nous tenons à avoir la vision du handicap la plus large possible. Il ne s'agit pas de répondre aux demandes d'une catégorie particulière de citoyens, mais de prendre des mesures susceptibles d'améliorer le quotidien de chacun d'entre nous. C'est le cas, par exemple, de l'accessibilité de la voirie : une circulation plus fluide rend service à tout le monde. Ce n'est pas un hasard si notre charte municipale s'intitule »une ville pour tous« . Le dialogue avec les personnes handicapées ne présente pas de spécificité : il s'agit de conduire un projet, en tenant compte du contexte et des besoins de développement de la collectivité. »

1. Commissions techniques d'orientation et de reclassement professionnel.
2. Commissions départementales d'éducation spécialisée.

4) Comment le concrétiser ?

« Nous ne devons pas devenir un service ni gérer de budget, insiste Dominique Trabucco, à Metz. Sinon, nous entretiendrons l'idée que le handicap constitue une question à part au sein de la municipalité. » Pour autant, les instances de dialogue peuvent mener une action concrète, au-delà de la formulation de propositions. A Metz, la mission handicap exerce une veille sur tous les projets municipaux, qu'elle demande à examiner. « Cela nous permet de rencontrer les chefs de service et de les confronter avec les réalités du handicap », précise Dominique Trabucco. Au Blanc-Mesnil, le groupe de travail « handicap » a réalisé le diagnostic d'accessibilité des bâtiments et des espaces publics. Avec un bureau d'études et une société d'informatique, il a conseillé la municipalité dans l'élaboration d'un système d'évaluation de l'accessibilité d'un lieu depuis un ordinateur.

Entretien

Jean-Marie Schléret, président du Conseil national consultatif des personnes handicapées (CNQPH)

« Les communes ne peuvent plus s'en remettre aux seuls départements »

Dans quelle mesure la loi du 11 février 2005 constitue-t-elle une nouvelle donne pour le dialogue entre collectivités et personnes handicapées ?

La loi de 1975 affirmait des droits fondamentaux et parlait de protection. Elle maintenait les personnes handicapées dans une situation à part. La nouvelle loi parle de participation, de citoyenneté et de projet de vie. Il s'agit de refonder le pacte républicain. Pour les personnes handicapées, les collectivités doivent donc désormais parler emploi, logement, transports, culture, droit de vote, etc. Tout cela se traite à l'échelon local. Les collectivités sont d'autant plus prêtes à s'impliquer que la problématique du handicap échappe aux clivages politiques.

Avec les maisons départementales, les conseils généraux vont pouvoir donner une nouvelle impulsion à ce pacte républicain. A condition, toutefois, d'y associer toutes les parties intéressées, associations et CCAS compris. Quant aux communes, elles ne pourront plus s'en remettre aux seuls départements, sous prétexte que le handicap relève de leurs compétences sociales. Elles doivent d'ailleurs se doter d'une commission communale consultative pour l'accessibilité aux personnes handicapées.

Le pari est-il déjà gagné ?

La situation n'évoluera sans doute pas partout de la même façon. Depuis plusieurs années, certaines collectivités se sont engagées pour l'intégration des personnes handicapées, sans formalisme et avec la volonté d'avancer. Avec la nouvelle loi, celles-là vont essayer de faire encore mieux. Les autres vont se sentir obligées de faire quelque chose. Certaines, malheureusement, se contenteront d'exercices convenus, avec le risque de retomber dans le débat entre majorité et opposition municipales sur la question de savoir s'il faut choisir entre politique sociale et développement économique.

Comment optimiser le dialogue avec les personnes handicapées ?

Au-delà des échanges avec les associations, les communes devraient veiller à préserver des temps de dialogue direct avec les citoyens handicapés. Sinon, elles risquent de multiplier les filtres. Par exemple, sur la question de l'accessibilité des transports, les communes ont tendance à n'écouter que les grandes associations. Or les personnes handicapées sont des usagers comme les autres. Laissons-les s'exprimer à ce titre. Le risque de perdre le dialogue direct est d'autant plus grand que le monde associatif est compartimenté par types de handicap. Or nous avons besoin d'avoir une vision d'ensemble de la problématique du handicap.

Faut-il aborder le handicap de façon verticale, comme une compétence spécifique, ou de façon transversale, sans responsable identifié ?

Actuellement, c'est la logique de cloisonnement qui prime avec, dans la plupart des communes, une délégation aux personnes handicapées. Ce n'est pas satisfaisant, car ces dernières font valoir que leur horizon ne se limite pas à l'aide sociale. Néanmoins, cela garantit qu'un élu exerce une veille active sur la prise en compte du handicap par les autres délégations : tourisme, logement, école, etc. En tout état de cause, cet élu doit jouer un rôle d'aiguillon. La solution de facilité consiste à aller chercher un élu handicapé pour lui confier cette délégation. La collectivité croit alors faire un choix emblématique, mais c'est une forme de ségrégation. Car une personne handicapée a aussi vocation à prendre en charge n'importe quel secteur ! Inversement, un élu non handicapé peut s'intéresser au handicap.

CULTURE, SPORTS ET LOISIRS
Les sésames de l'accessibilité

Tout ce qui est du domaine de la vie sociale au quotidien doit être à la portée des personnes handicapées.

Le 7 février, une jeune paraplégique a porté plainte pour discrimination contre le cinéma CGR-Rex de Niort (Deux-Sèvres), déjà condamné en première instance et en appel, il y a quelques mois, à une amende de 10 000 euros. A l'image de SOS-Racisme et de ses « testings » à l'entrée des discothèques, l'Association des paralysés de France (APF) a décidé, huissier à l'appui, de faire l'illustration-type des difficultés rencontrées par les personnes handicapées dans leur vie quotidienne. Et ce, alors même que l'article 1er de la loi de 1975 s'était voulu la référence en matière d'accessibilité ! Du coup, et avant la parution des décrets d'application, l'APF et l'ensemble des associations se sont déclarées extrêmement vigilantes sur la mise en œuvre de la loi du 11 février 2005, qui en a réaffirmé le principe pour tous les établissements recevant du public (ERP) neufs, comme c'était le cas auparavant, mais surtout pour les ERP existants, qui ont dix ans pour se mettre en conformité.

Des communes pionnières

La barre est placée haut et les associations demandent, notamment, une programmation annuelle des travaux pour le cadre bâti ainsi qu'un dispositif d'incitation financière pour les ERP de 5e catégorie (de type commerces, restaurants mais aussi salles des fêtes, équipements sportifs accueillant moins de 200 personnes, etc.). « Sans cela, on risque de juger la loi inapplicable, dans neuf ans », préviennent-elles, échaudées par le précédent de 1975. Car la question ne se résume pas aux seuls grands musées ou bibliothèques qui, d'ores et déjà, ont fait des efforts et continueront d'en faire sous la surveillance promise de l'État. Mais, pour tout le reste, la loi se contente de prévoir la création d'une commission communale pour l'accessibilité aux personnes handicapées dans les communes de plus de 5 000 habitants...

Heureusement, certaines communes pionnières ont anticipé la loi, comme Cherbourg-Octeville (Manche), nommée aux 2e Trophées de la fédération des Apajh (associations pour adultes et jeunes handicapés). Constitué en 2002 sur le principe de la démocratie participative, un comité de pilotage a élaboré un projet global pour rendre la ville accessible en dix ans : aménagements, accès aux lieux publics et accès aux loisirs. Il est doté d'un budget de 160 000 euros. Ainsi, les animateurs d'un centre sportif ont-ils été formés à encadrer de jeunes handicapés et une école de voile s'est-elle équipée d'un bateau adapté aux fauteuils roulants.

En Meurthe-et-Moselle, où 600 personnes handicapées sont licenciées du comité départemental handisport, le conseil général a, lui aussi, choisi de décliner l'accessibilité sur un mode sportif, en aidant, notamment, à la formation des cadres associatifs. On y explique : « Dans le cadre des politiques publiques autres que le handicap, nous soutenons les actions qui permettent aux personnes handicapées de participer à la vie sociale. »

Le cinéma pour tous

Mais l'accessibilité ne doit pas se traduire uniquement par des aménagements de rampes ou d'ascenseurs pour personnes à mobilité réduite : à côté des associations de handicapés moteurs, assez influentes, les représentants des handicapés sensoriels ou mentaux appellent aussi à la prise en compte de leurs difficultés.

Message bien reçu par les quelques salles de cinéma qui, en France, se sont équipées de boucle magnétique augmentant ainsi le confort d'écoute des spectateurs malentendants portant un appareil auditif. Mieux, à l'initiative de la mission cinéma de la ville de Paris, l'Arlequin projette des films français sous-titrés pour les sourds et avec audio-description pour les aveugles ou malvoyants. Ces derniers sont munis d'un casque à infrarouge et peuvent écouter une description de l'action, entre les dialogues. Ce qui a d'abord été une expérience pilote avec « Comme une image », d'Agnès Jaoui puis « Un long dimanche de fiançailles », de Jean-Pierre Jeunet, se pérennise avec le soutien de la mairie. Celle-ci prend en charge le coût de la réalisation de chaque bobine adaptée (7 500 euros) : rédaction du texte, interprétation par des comédiens audio-descripteurs et sous-titrage.

Autre initiative : une trentaine de bibliothèques (la Bibliothèque nationale de France, la bibliothèque publique d'information de Paris-Beaubourg, la bibliothèque Nucéra de Nice, l'Alcazar de Marseille, celles de La Roche-sur-Yon, de Lille, de Rennes, etc.) se sont équipées de Vocale Presse, un logiciel qui propose une version audio de la presse nationale et régionale par internet.

Une bibliothèque numérique

Les nouvelles technologies, qui se révèlent un sésame précieux quel que soit le public, confirment qu'accès ne signifie pas forcément déplacement et transport. Ainsi, en novembre dernier, une étude baptisée « Elupha » (étude de la lecture numérique par les personnes handicapées) et une expérimentation de six mois ont démarré, préparant le lancement d'une bibliothèque numérique pour le handicap, pilotée par la mairie de Boulogne-Billancourt (Hauts-de-Seine) et l'Association française contre les myopathies. Son objectif est de permettre à toute personne handicapée d'emprunter, comme dans une bibliothèque traditionnelle, un choix d'œuvres littéraires téléchargeables sous forme de fichiers chronodégradables (durée de validité limitée dans le temps), et adaptés à tous les types de handicap. Un échantillon représentatif de lecteurs est chargé de tester cet outil qui pourrait, dans le futur, s'adresser à tous les publics. De même que les trottoirs abaissés ravissent les personnes âgées et les utilisateurs de poussette...

Un centre de formation handisport

La pratique sportive de haut niveau suscite la pratique de simples licenciés, ce que les IXes Jeux paralympiques d'hiver de Turin confirmeront, espère la fédération handisport. Il s'agit, pour elle, de profiter de cet effet boule de neige pour diffuser la culture sportive dans le monde du handicap. Et cela passe d'abord par le biais des clubs : l'un d'eux, CAP-Sport (basket fauteuil roulant, natation, vélo à main) vient de signer la première convention d'objectifs avec la ville de Paris, pour soutenir le développement du sport pour tous. Handisport a également décidé de créer un centre régional de formatio destiné aux professeurs d'éducation physique, pour favoriser l'intégration scolaire des jeunes handicapés, aux cadres techniques, souvent bénévoles, et aux personnes désirant travailler avec les collectivités ou les associations. La région Ile-de- France a voté une subvention de 500 000 euros pour cette opération, dont le coût prévu est de 2,7 millions d'euros.

ROUBAIX
L'Oiseau-Mouche a fait son nid sur les planches

Le Garage, au cœur de Roubaix. Ce grand garage désaffecté a été transformé, il y a cinq ans, en un théâtre de 124 places. A trois jours de la première, les comédiens filent « Le Roi Lear » sous l'œil attentif de la metteuse en scène, Sylvie Reteuna. Ce sont quelques-uns des vingt-trois professionnels de la troupe permanente de l'Oiseau-Mouche, un centre d'aide par le travail (CAT) unique en France qui, depuis le début des années 80, peut se prévaloir de trente créations théâtrales et d'un millier de représentations en France et à l'étranger. Sur un budget de 736 000 euros, la compagnie réussit à s'autofinancer à hauteur de 32 % (recettes propres et coproduction). Outre les financements classiques des CAT, elle ne peut, comme toute entreprise culturelle, se passer des subventions du département (10 %), de la ville (9,5 %), de la région (8 %) et de la direction régionale des affaires culturelles (6 %).

Enrichissement

« Les comédiens, qui souffrent de retards mentaux légers, sont tous orientés par la Cotorep et nous avons la particularité d'effectuer un recrutement national, explique Sylvie Piéron, adjointe de direction. Il nous arrive aussi de recourir aux petites annonces car, dans le monde de l'éducation spécialisée, ce professionnalisme-là n'est pas toujours bien compris : nous avons parfois des réflexions du type »il ferait pourtant un bon maçon'. « Pour certains, le passage à l'Oiseau-Mouche est un intermède, ils tentent l'expérience, quitte à faire le choix par la suite de retourner dans un CAT traditionnel, mais enrichis. Car les éducateurs de la compagnie (1,5 poste) les aident à développer leur esprit critique et leur ouverture à la culture : le Garage accueille d'autres troupes et fait intervenir des musiciens, des danseurs, des plasticiens, etc.

Rencontrer le public

D'autres, arrivés par hasard puis séduits, en ont longtemps fait leur métier, comme la doyenne, Valérie Szmigielsi, avec dix-huit ans de théâtre derrière elle. La troupe est portée par la rencontre avec le public, qu'il soit celui du circuit théâtral professionnel classique, ou celui du monde associatif, dans lequel l'Oiseau-Mouche tient à témoigner. Si l'on évoque une éventuelle plus grande fatigabilité des comédiens, Sylvie Piéron se récrie : « C'est leur vie qu'ils jouent et ils ont une plus grande puissance de travail qu'en milieu ordinaire. L'un d'eux m'a dit un jour : "sur scène, tu es quelqu'un d'autre, tu ne portes pas le poids du handicap". »

L'enjeu

Ne pas se contenter de faciliter l'accès à la vie culturelle, mais faire en sorte que les personnes handicapées puissent y prendre part.

Les solutions

L'Oiseau-Mouche, un CAT unique en son genre, emploie des comédiens professionnels handicapés mentaux. Ils interprètent « Le Roi Lear » cet été à la Cartoucherie de Vincennes.

EMPLOI
L'insertion ou la sanction

La loi du 11 février 2005 a fait de l'emploi une priorité. Le secteur privé n'est plus seul en ligne de mire : le principe de la sanction financière s'étend à la fonction publique.

Quels points communs entre Marc, ingénieur informaticien, diplômé d'un bac + 5, en fauteuil roulant à la suite d'un accident de moto, et Sébastien, un jeune homme atteint de retard mental léger, intégré dans une entreprise adaptée (nouveau nom des ateliers protégés) après sa sortie de section d'enseignement général et professionnel adapté (Segpa). Au moins un : la reconnaissance qu'ils ont demandée à la Cotorep de leur qualité de travailleur handicapé. Sans doute, aussi, sont-ils représentatifs des clivages qui traversent le monde du travail, entre handicap survenu à la suite d'un accident ou d'une maladie (87 %) et handicap de naissance, entre niveau de formation élevé et absence de qualification, entre travail en milieu ordinaire et travail en milieu protégé.

Un quota fixé à 6 %

Selon le premier « Atlas national de l'emploi des personnes handicapées », publié à la fin de 2005 par l'Agefiph [1], on dénombre 557 000 travailleurs handicapés en milieu ordinaire et environ 120 000 en milieu protégé. Mais près de 260 000 travailleurs handicapés sont au chômage. Le bilan est donc mitigé pour la loi de 1987 qui avait fixé aux entreprises de plus de 20 salariés la proportion de 6 % de salariés handicapés.

La loi du 11 février 2005 a choisi de frapper davantage les entreprises au porte-monnaie : les sanctions versées à l'Agefiph pourront aller jusqu'à 600 Smic horaires par « unité manquante » pour les grosses entreprises (4 818 euros) et 1 500 Smic horaires au bout de trois ans si elles n'ont fait aucun effort de recrutement. Désormais, le secteur public est logé à la même enseigne : les ministères, collectivités territoriales et hôpitaux ne respectant pas le quota de 6 % devront contribuer au fonds pour l'insertion des personnes handicapées (Fiph) dans la fonction publique, dont la création, prévue au 1er janvier 2006, est en attente de décret d'application.

Les contributions des collectivités seront calquées sur celles du secteur privé, par paliers de 20 % en 2006, à 100 % en 2010. La mission handicap de la communauté urbaine du Grand Nancy a déjà effectué ses comptes, en partant d'un taux de 3 % d'agents handicapés : pour une collectivité employant 200 agents et seulement six personnes handicapées (au lieu des 12 légales) la facture frôlerait un total de 25 000 euros en 2010. 3 %, l'hypothèse est basse car les trois fonctions publiques dépassent 4 % actuellement. « La fonction publique d'État m'apparaît plus réactive, pondère Corinne Bogaert, chargée de mission à Cap emploi, réseau d'associations pour l'insertion professionnelle des travailleurs handicapés : ses services déconcentrés ont le réflexe de faire appel à nous. Du côté de la fonction publique hospitalière, c'est très difficile, et de l'Éducation nationale, n'en parlons pas. En ce qui concerne les collectivités territoriales, elles ne nous sollicitent que sporadiquement, et surtout pour des actions d'insertion : il s'agit, par exemple, de la mise en œuvre de contrats aidés. Donc des emplois non pérennes. Les recrutements classiques sur des postes ordinaires sont plus rares, poursuit Corinne Bogaert, alors même que de nombreuses personnes handicapées, parmi les 6 000 que nous suivons, ont des compétences opérationnelles, et que nous pourrions pleinement jouer notre rôle de facilitateur en nous chargeant de l'information, du conseil et de la présélection, pour mettre la bonne personne au bon endroit. Nous n'avons, par exemple, pas réussi à convaincre la communauté urbaine de Lyon de recourir à notre savoir- faire », conclut-elle. Frilosité ? Choix d'une autre stratégie ? Il faut le dire, l'insertion professionnelle des personnes handicapées par les collectivités locales reste souvent le fruit d'initiatives individuelles ou d'implications personnelles d'élus.

Formation et aménagement

A l'inverse, à Paris, la construction d'une véritable politique d'insertion a été décidée, aussitôt connus les résultats d'un recensement interne : 1 638 travailleurs handicapés dans les services municipaux et départementaux, soit 4,16 % des effectifs. Négocié avec les syndicats, un protocole d'accord fixe pour objectif d'atteindre le seuil légal de 6 % en 2007 : « Procédant à 7 000 recrutements par an, la capitale dispose d'un levier important pour améliorer ce pourcentage », commentaient en juillet 2003, lors de la signature du protocole, Pénélope Komites, adjointe au maire (en charge des personnes handicapées) et François Dagnaud (adjoint chargé des ressources humaines). Soucieux de mettre l'accent sur l'aspect qualitatif, un important volet de formation et d'aménagement de postes a été mis en route pour corriger les déséquilibres : 93 % de travailleurs en catégorie C et très peu de cadres. Une politique globale que la loi « handicap » se propose de généraliser. Outre l'application du principe de non-discrimination, elle a, en effet, repensé l'accès à la fonction publique : relèvement de l'âge limite pour passer les concours, recrutement par contrat d'une durée équivalente à celle d'un stage effectué par un lauréat de concours, avant la titularisation sur dossier du travailleur handicapé, etc. Sans compter la création d'un temps partiel de droit et la possibilité d'aménagements d'horaires pour les fonctionnaires handicapés ou les aidants familiaux.

Chiffres clés

557 000 travailleurs handicapés en milieu ordinaire.
120 000 en milieu protégé (CAT et ateliers protégés).
44 000 agents handicapés dans la fonction publique territoriale.
260 000 actifs handicapés sont au chômage, soit environ un sur trois.

1. Association de gestion du fonds pour l'insertion professionnelle des personnes handicapées.

Contrats de sous-traitance

Mais le législateur a tenu surtout à sauvegarder les équilibres avec le milieu protégé. Les mairies, notamment les plus petites, sont nombreuses à y avoir recours et à participer ainsi, par ricochet, à l'insertion professionnelle des personnes handicapées les moins qualifiées. Sans le marché du routage de la ville de Roanne, le CAT de Riorges (Loire) pourrait-il continuer à employer ses 107 travailleurs handicapés mentaux ? Comme par le passé, les contrats de sous-traitance ou de prestation de service passés avec des entreprises adaptées, des centres de distribution de travail à domicile ou des établissements ou services d'aide par le travail exonéreront les secteurs privé et public de l'obligation d'emploi des travailleurs handicapés, mais dans une limite fixée à 50 %.

De plus, l'article 29, passé inaperçu, appelle les collectivités territoriales à une vigilance citoyenne sur le premier critère social intégré dans le Code des marchés publics. Jusqu'à présent, les soumissionnaires devaient attester de la régularité de leur situation fiscale et sociale. Désormais, ils doivent aussi justifier qu'ils satisfont à l'obligation d'emploi des travailleurs handicapés, ou qu'ils ont payé une contribution annuelle au fonds de développement pour l'insertion professionnelle des handicapés. La symbolique est forte !

Adapter les formations aux besoins

Dans son rapport « Favoriser l'insertion professionnelle des jeunes handicapés », remis le 7 février au ministre de l'Éducation nationale et au ministre délégué aux Personnes handicapées, Yvan Lachaud, député du Gard, cible le moment clé de l'entrée dans le monde du travail et privilégie le milieu ordinaire. Ce qui demande, d'abord, d'éviter la rupture entre la sortie de l'école et une première embauche, mais aussi un accompagnement des jeunes par un tuteur. Selon le député, la condition impérative est de mettre fin au décalage entre la formation et les besoins du monde du travail, qui provoque l'échec de l'intégration professionnelle. « La véritable et seule difficulté pour un jeune travailleur handicapé n'est pas le handicap, c'est la compétence. »

VICHY
Une passerelle entre le centre d'aide par le travail et le milieu ordinaire

« Séverine et Sylvie ont vraiment trouvé leur place aux Mésanges. Quand elles sont en vacances, elles manquent aux résidents du logement-foyer ». A elle seule, la remarque de Valérie Tantot, coordinatrice au centre communal d'action sociale (CCAS) de Vichy, suffirait à signer une intégration professionnelle réussie. Tout est né, il y a un peu plus de deux ans, d'une rencontre entre Christine Caul-Futy, la directrice du CCAS qui gère les Mésanges, et Cyril Bouchy, alors directeur du centre d'aide par le travail (CAT) de Creuzier-le-Neuf, qui emploie 160 travailleurs handicapés mentaux en horticulture, entretien d'espaces verts ou sous-traitance industrielle : pourquoi ne pas créer une passerelle entre milieu ordinaire et milieu protégé, et entre générations ?

Temps partagé

Une expérience a été décidée : une éducatrice spécialisée du CAT, coordinatrice du projet, s'est chargée de recruter parmi les volontaires, en tenant compte de leurs compétences mais aussi de leurs fragilités. Un travail de préparation puis d'accompagnement a été mis en place entre les équipes. Dix et vingt ans de CAT en horticulture derrière elles, Séverine et Sylvie ont alors été détachées à temps partiel (10 heures hebdomadaires facturées par le CAT) pour venir épauler les aides à domicile auprès des personnes âgées, toutes deux continuant leur activité en serres le reste du temps de travail. Outre un peu d'entretien des locaux, l'une assure tous les matins des services aux 27 résidents (aide aux courses, accompagnement aux rendez-vous ou à la promenade, arrosage des plantes, etc.) et l'autre participe aux animations qui leur sont proposées l'après-midi (atelier couture, travaux manuels.), chacune travaillant en binôme avec l'une des deux maîtresses de maison du logement-foyer.

Tisser des liens

« Le travail de Séverine et Sylvie soulage le personnel de la résidence et lui permet de se recentrer sur l'aspect relationnel. De leur côté, au fil des mois, leur ouverture au monde et leur épanouissement sont visibles », souligne Valérie Tantot. L'expérience a été saluée à la fin de 2004, lors de la première édition des prix Insertion Handicap, créés par la caisse de retraite CPM. Et des liens n'ont pas manqué de se nouer avec les personnes âgées, parfois bien seules.

L'enjeu

Le CAT de Creuzier-le-Neuf, que gère l'Averpahm (Association pour Vichy et sa région de parents et d'amis de handicapés mentaux) souhaite associer milieu protégé et milieu ordinaire.

Les solutions

En tant que prestataire de service, le CAT a détaché à temps partiel deux personnes handicapées pour travailler au sein du logement-foyer, géré par le CCAS de Vichy.

Source : *La Gazette des communes*, n° 1829, 13 mars 2006.

Document 2

Extrait de *La Gazette des communes* du 19 décembre 2005.

Mieux intégrer les personnes handicapées

- **Le non-respect du taux d'emploi à 6 % dans le secteur public sera bientôt sanctionné.**
- **Une politique de recrutement efficace nécessite l'établissement d'un schéma directeur, mais n'est pas forcément coûteuse.**

Difficile de cerner la réalité du monde handicapé dans la fonction publique territoriale (FPT). Le retard existe mais il est hétérogène dans les administrations. Certaines n'ont, en effet, pas attendu que la loi du 11 février 2005 [1] mette en place des sanctions à l'égard des employeurs publics pour engager une politique volontariste. « Les mentalités changent lentement. Il reste encore à faire », reconnaît Meryam Khalil, responsable du service recrutement au conseil général de l'Isère. Il faut donc valoriser les expériences d'insertion réussies, en évitant de stigmatiser le travailleur handicapé. La publication d'articles d'information (sur l'aide à l'orientation, la formation, l'aménagement du temps de travail et des postes, etc.) dans les journaux internes s'avère aussi un moyen efficace de mise en confiance. Car de nombreux agents ne voient pas l'intérêt à faire connaître leur handicap.

La tendance générale serait même plutôt de le dissimuler. D'où un taux d'emploi officiel de personnes handicapées assez faible dans la fonction publique territoriale : 3,6 % [2] dont 0,25 % d'emplois indirects (équivalents bénéficiaires résultant de la passation de marchés avec des ateliers protégés).

Audit en accessibilité

« L'association handicap-fauteuil roulant est encore trop systématique. Cette perception est erronée car elle n'est pas assez globale », souligne un directeur d'association favorisant l'insertion professionnelle de ces personnes. « Mais il suffit d'une expérience réussie pour faire tomber toutes les réticences des autres chefs de service », tempère Meryam Khalil.

L'efficacité d'une politique d'intégration ne saurait, toutefois, se résumer à une bonne communication. « Il faut mettre en place un projet global et transversal, qui associe tous les services susceptibles de rencontrer le travailleur handicapé », conseille Jean-Pierre Serrus, directeur de la société de conseil Accèsmétrie.

Une telle démarche peut être amorcée par un audit en accessibilité des locaux et de leur environnement proche. « Plutôt que d'aborder le sujet sous l'angle des volumes et des surfaces, nous étudions l'accessibilité dans sa fonctionnalité. En clair, nous vérifions que les fonctions nécessaires au travailleur handicapé dans l'exercice de son métier – restauration, transports, mobilité en interne – sont faciles d'accès », explique Jean-Pierre Serrus. Depuis 2003, il compte de plus en plus de collectivités clientes de ces audits. La mairie de Troyes (Aube) en fait partie. Quatre-vingts bâtiments publics et quatre-vingt-un kilomètres de voirie ont récemment été étudiés pour un montant de 68 000 euros. Cette opération permet d'établir la liste des travaux à réaliser pour être en conformité avec la nouvelle réglementation. Parmi les plus coûteux, on recense la création de places de parking réservées, la pose de rampes d'accès, l'élargissement des portes, l'aménagement des sanitaires ou l'installation d'ascenseurs.

Juridique

La loi n° 2005-102 du 11 février 2005 renforce l'obligation d'emploi de personnes handicapées, créée par la loi du 10 juillet 1987 (6 % des effectifs pour tout établissement d'au moins 20 salariés). Des sanctions seront infligées aux collectivités qui ne rempliront pas cette obligation. La loi crée aussi, à l'image de l'Agefiph (*) qui existe pour le secteur privé, un fonds d'insertion des personnes handicapées dans la fonction publique. Les employeurs publics qui n'auront pas respecté le taux imposé devront y contribuer.

(*) Association de gestion du fonds pour l'insertion professionnelle des personnes handicapées.

Formation de sensibilisation

D'autres types d'aménagements, du ressort des ergonomes et des ergothérapeutes, peuvent s'avérer nécessaires, mais sans entraîner de lourds financements. « Ils consistent simplement à déménager une armoire, un bureau ou à rehausser un fauteuil », illustre Meryam Khalil.

En parallèle, des formations de sensibilisation au handicap pour les personnels d'accueil, des transports publics et pour le personnel encadrant doivent être créées. En effet, comme le préconise « Vivre ensemble », le guide des civilités à l'usage des gens ordinaires [3], quelques gestes simples et adaptés suffisent pour mettre à l'aise une personne souffrant d'un handicap moteur, visuel, auditif ou mental. Par ailleurs, le réseau de diffusion des offres d'emploi peut aussi faire l'objet d'une réflexion.

1. Loi n° 2005-102 pour l'égalité des droits et des chances, la participation et la citoyenneté des personnes handicapées.
2. Selon la Direction générale de l'administration et e la fonction publique.
3. Guide « Vivre ensemble » édité avec le soutien du ministère délégué à la Sécurité sociale, aux personnes âgées, aux personnes handicapées t à la famille.

Certaines personnes handicapées prennent l'initiative d'adresser leur candidature aux missions handicap des collectivités. Elles y décrivent leurs compétences et la nature de leur handicap, dans l'espoir que la mission fasse le lien entre elles et les postes vacants accessibles. « Mais à l'égard de ceux qui n'auraient pas ce réflexe, les collectivités devraient sortir du circuit classique de diffusion des offres. Elles devraient au moins s'assurer que les actifs handicapés à la recherche d'un emploi ont connaissance des offres d'emploi accessibles », recommande le responsable de la mission handicap d'une commune de l'est francilien. Dans cette optique, la création d'un réseau de diffusion des offres auprès des associations d'insertion professionnelle des personnes handicapées (Cap emploi, l'Adapt, etc.) pourrait s'avérer efficace.

Pour l'heure, de nombreuses villes, comme Troyes ou Gennevilliers (Hauts-de-Seine) ont déjà signé la charte Ville handicap, dont un chapitre est consacré à l'emploi. Ainsi, à Gennevilliers, la direction des ressources humaines a engagé une politique active de reclassement pour prendre en compte les agents victimes d'accidents du travail ou d'un problème de santé.

Engagements fermes

D'autres, à l'instar du conseil régional des Pays de la Loire ou du conseil général de l'Isère, ont ciblé plus précisément la problématique de l'emploi des personnes handicapées en adoptant des protocoles en faveur de l'insertion professionnelle de ce public.

Selon le dirigeant d'Accèsmétrie, il n'existe pas de modèle type de bonne politique d'intégration. « Mais il faut des engagements fermes et que la collectivité se dote d'outils pour en mesurer l'efficacité dans le temps. »

Virginie Fauvel

« Associer les services susceptibles d'intervenir auprès de l'agent »

Avis d'expert de Jean-Pierre Serrus, dirigeant d'Accèsmétrie (*)

« Pour une politique efficace en matière d'intégration de travailleurs handicapés, la collectivité a intérêt à établir un schéma directeur. Tous les services susceptibles d'intervenir auprès de l'agent handicapé doivent y être associés et ce, afin d'élaborer un projet transversal. La création d'un comité de pilotage permettra de veiller au respect des engagements. Il faut alors procéder au recensement de chaque poste pouvant être occupé par une personne handicapée, quantifier le nombre d'embauches, de reclassements, diagnostiquer l'accessibilité des locaux, sensibiliser les personnels d'accueil et les collaborateurs. Enfin, pour mesurer l'efficacité de cette politique, la collectivité doit se doter d'outils qui garderont trace de ce qui a déjà été accompli. »

(*) Société conseil auprès des gestionnaires de lieux ou bâtiments accueillant du public et visant à faciliter l'accès à tous les handicaps.

Témoignage

Claudette Padé, directrice des ressources humaines à la ville de Gennevilliers (Hauts-de-seine)

« **Une politique active de reclassement** »

« Nous avons signé la charte Ville handicap en 2003. Force est de constater que le chapitre sur l'emploi est celui sur lequel nous avons le moins avancé pour le moment. Nous menons depuis trois ans une politique active de reclassement des agents qui ne peuvent plus exercer leur métier (handicap, problème de santé ou pénibilité du travail). Depuis septembre, à l'issue d'un bilan professionnel, nous leur proposons une formation de 1 200 heures. Agents d'entretien pour la plupart, ils ont un niveau de formation initiale assez bas mais leur profil reste très intéressant pour la collectivité. Après une remise à niveau en mathématiques, français, bureautique, accueil et comptabilité, ils retrouvent un poste adapté et motivant, au sein de la collectivité. »

Document 3

Emplois et compétences

Le refus de se déclarer travailleur handicapé peut justifier un licenciement

Depuis les années 1970, les textes font obligation aux employeurs de favoriser l'accès des personnes handicapées à l'emploi, pour autant qu'elles exercent des fonctions compatibles avec leur capacité résiduelle de travail. En revanche, si le salarié ne déclare pas son handicap, la collectivité pourra régulièrement prononcer son licenciement.

Dans une affaire, un agent d'entretien nommé stagiaire avait rapidement été placé en congé de maladie à plein, puis à demi traitement, avant que le comité médical départemental ne rende, le 11 mai 1999, un avis d'inaptitude définitive à l'exercice de ses fonctions, permettant le licenciement de l'agent le 14 juin, à effet du 18 juillet.

Le fonctionnaire rappelait que la visite médicale d'embauche l'avait reconnu apte à exercer ses fonctions, à l'exception du port de charges lourdes et qu'il était, de surcroît, atteint d'un handicap reconnu par la COTOREP avec un taux d'incapacité de 20 %. Il affirmait avoir été affecté d'emblée sur un poste d'éboueur impliquant le port de charges lourdes et avoir été maintenu dans ces fonctions en dépit de ses demandes réitérées d'affectation dans des fonctions moins éprouvantes.

La Cour relève, au contraire, que l'intéressé n'avait, préalablement à son engagement, informé ni le médecin, ni les services de la commune de son handicap, interdisant de fait à l'employeur de consulter la COTOREP sur la compatibilité du poste avec son handicap, poste au demeurant conforme aux prescriptions du médecin puisqu'il s'agissait de fonctions de balayeur. La Cour a donc considéré que la mairie pouvait légalement licencier l'intéressé, sans rechercher au préalable à le reclasser dans un autre emploi compatible avec son handicap.

Cette décision prend un relief particulier avec l'obligation faite aux employeurs de recenser, pour le 30 avril 2006, l'ensemble de leurs salariés atteints d'un handicap. Elle rappelle opportunément l'utilité pour les intéressés de déclarer leur situation, sauf à priver l'employeur des moyens d'adapter leur poste et de prévenir d'éventuels accidents. Rappelons que l'obligation des collectivités est aujourd'hui renforcée, puisque la loi impose la mise en oeuvre de mesures appropriées pour permettre aux personnes handicapées de conserver leur emploi, de l'exercer ou de progresser, fut-ce avec une formation adaptée (article 6 sexies de la loi n° 83 - 634 du 13 juillet 1983).

Relevons également que les collectivités disposent d'un recrutement direct par contrat, après évaluation du niveau des candidats. L'engagement, d'une durée identique à celle du stage correspondant du cadre d'emplois, permet une titularisation sans concours, après évaluation de l'intéressé. Dans l'affaire, le recrutement d'agent d'entretien échappait à ce dispositif puisque le cadre d'emplois d'agent des services techniques ne comporte pas de concours, même si la mairie avait organisé un test en vue de présélectionner les candidats. Cette modalité d'embauche ne s'impose pas aux employeurs, mais elle constitue une piste très souple d'insertion.

CAA Paris n° 02 PA 02979 Monsieur G du 30 novembre 2005.

LA LETTRE DE L'EMPLOYEUR TERRITORIAL. N° 1014. 25 AVRIL 2006

Document 4

Le quotidien des handicapés dans la FPT

Comment se déroule le quotidien des personnes handicapées travaillant dans les collectivités territoriales ? Quelques témoignages permettent de mieux appréhender cette question, de mesurer le chemin parcouru ces dernières années en matière d'intégration et les efforts encore nécessaires.

Martine Dane, 52 ans, est cadre au conseil général des Alpes-Maritimes. Atteinte d'une myopathie mais animée d'une volonté de fer, elle a toujours bataillé pour être une citoyenne à part entière, exercer le métier qu'elle a choisi, avoir une vie culturelle intense. « C'est déjà terriblement humiliant pour une jeune fille de 25 ans de demander une carte d'invalidité. De s'entendre répondre qu'il serait plus simple de demander l'allocation adulte handicapé plutôt que de s'embêter à chercher du travail, c'est révoltant. »

Diplômée en pharmacie, le secteur privé reste hermétique à ses demandes. En 1977, elle rencontre le directeur départemental des affaires sanitaires et sociales, qui l'engage sous contrat au tiers temps comme pharmacien contrôleur. « Quand ils ont vu que je faisais bien mon travail, je suis passée aux deux tiers temps, au bout de quatre ans, et finalement à temps complet. » En 1989, elle est titularisée par concours interne. Avec la décentralisation, les institutions sont remodelées. On lui a alors demandé d'apporter sa contribution à la direction des actions médicales et sociales (DAMS). « A chaque fois, j'ai eu à créer mon activité », explique-t-elle.

« J'ai appris à ne pas refuser de l'aide »

On croit faussement qu'une personne handicapée, parce que ses potentialités physiques sont limitées, ne peut pas réaliser certaines tâches. Dans les faits, elle procède à sa façon, mais y parvient aussi. Sa fonction est bien celle d'un pharmacien territorial, gérant trente centres médicaux. Elle suit leur approvisionnement en médicaments, vaccins, matériel médical et leur hygiène. « C'est un travail d'équipe, dans laquelle je suis parfaitement intégrée, avec ma personnalité », poursuit-elle. Quand, récemment, la DAMS a changé de locaux, des aménagements ont été réalisés en fonction de ses besoins. Elle dispose d'un bureau spacieux, d'un fauteuil élévateur et bientôt d'un ordinateur vocal. Des aménagements également utiles à d'autres quand il s'agit d'une place de parking ou de toilettes adaptées aux personnes handicapées.

Ces dernières années, Martine Dane a vu son état de santé se dégrader. Elle manipule difficilement et a besoin d'aide pour se déplacer. Ce sont les agents de sécurité qui viennent la chercher à son véhicule. « Ils étaient un peu réticents au départ. Peu à peu, nous avons noué des rapports amicaux. Ils sont perçus différemment depuis qu'ils m'aident », raconte-t-elle. Une solidarité qui s'est construite dans la perplexité des échanges, dans un va-et-vient interrogatif du regard confrontant l'image de soi à celle de l'autre, établissant le degré de différence.

« J'ai appris à ne pas refuser de l'aide. On ne refuse pas un cadeau », confie Martine Dane. Elle estime, de plus, qu'il revient à la personne handicapée de fournir des efforts, d'aller vers l'autre et qu'avec le sourire et la bonne humeur, rien ne se refuse. D'une situation de handicap, Martine Dane a donc fait une vie riche d'échanges. « Je suis en quelque sorte la psychologue de l'équipe. Comme j'ai ces problèmes, les gens viennent plus facilement se confier à moi. »

Jean Soyer occupe les fonctions d'économe au restaurant d'entreprise de la ville de Dijon (153 400 hab., Côte-d'Or). « Si je n'avais pas été handicapé, je ne serais probablement pas entré dans la fonction publique », déclare-t-il. Séquelle d'une poliomyélite remontant à l'enfance, une de ses jambes est paralysée. Il suit des études de comptabilité et, en 1971, son diplôme en poche, il s'adresse à la Seita pour décrocher son premier emploi. L'entreprise de tabac refuse sa candidature, au motif explicite de son handicap.

« J'ai une vie professionnelle épanouie »

Mais Jean Soyer ne se laisse pas démonter. « J'avais la volonté d'y arriver. On était en plein boom de l'informatique et cet outil m'intéressait. » La mairie de Dijon prend acte de sa motivation, de la lettre de refus que lui a adressée la Seita et l'embauche. « Il y a une bonne ambiance à la mairie. On ne m'a pas fait de cadeaux, de la même façon qu'on n'a pas freiné ma carrière. La seule chose que j'ai demandée, c'est d'être au rez-de-chaussée pour ne pas avoir d'escaliers à monter. Ce souhait a toujours été respecté. J'ai une vie professionnelle épanouie », conclut-il.

Avec sa maîtrise d'aménagement du territoire, Thierry Niaussat avait une préférence pour le secteur de l'immobilier. Il prend quelques contacts, mais on lui fait comprendre que son bras droit, qui est une prothèse, peut se révéler un désavantage dans les relations commerciales amplement tributaires des apparences. Il passe avec succès le concours de rédacteur en 1985, puis celui d'attaché en 1990 et travaille depuis aux services financiers de la mairie de Bordeaux. Des problèmes ? « Vous avez déjà essayé de démarrer une voiture avec la main gauche ? », dit-il en riant. Mais au travail, il n'y a guère que la pression simultanée sur les touches « Ctrl », « Alt » et « Suppr » de l'ordinateur pour le tenir en échec.

« Personne n'y pense »

Au standard du conseil général de Gironde officie Daniel Lafaye, aveugle depuis sa naissance. Son poste est équipé du matériel spécifique affichant en braille toutes les données transmises. A part cette adaptation technique, il n'y a pas d'autre aménagement que celui des horaires. Pour des raisons liées à la sécurité, on ne laisse pas les aveugles travailler seuls. Une mesure dont Daniel Lafaye semblerait pouvoir se passer.

Un peu de sémantique

Le « hand i'cap » (main dans le chapeau), pratiqué au 17e siècle, était à la fois un jeu d'argent et d'échange entre deux partenaires et leur arbitre. Il revenait à celui-ci d'évaluer la compensation que devait offrir celui qui échangeait un bien de moindre valeur.

De la notion de biens, on est passé à celle de justice : il s'agit de donner à ceux qui ont le moins pour qu'ils se retrouvent sur un pied d'égalité avec ceux qui ont le plus.

S'il voit des améliorations à apporter pour l'intégration des personnes handicapées dans le monde du travail, elles relèvent essentiellement du domaine technique. « Il faut que l'informatique se mette plus à l'écoute de nos besoins. On est maintenant capable de beaucoup de choses techniquement, mais on ne pense pas à nous. Il serait par exemple très simple de placer un bouton d'ascenseur à la hauteur d'une personne en fauteuil roulant, mais personne n'y pense. »

Emmanuelle Piriot

Un long chemin vers la titularisation

Si les personnes handicapées déclarent être intégrées dans la collectivité au même titre que leurs collègues, le chemin vers la titularisation peut être long. Les premiers arrivés, comme Martine Dane, ont dû faire la preuve de leurs compétences ou montrer que certaines activités pouvaient s'adapter à un handicap. Si, pour les derniers venus, le chemin est tracé, les postes ou les locaux aménagés, il y a une difficulté psychologique à être recruté sur des emplois réservés : le piège serait de croire que leur handicap prévaut sur leurs compétences. Dans tous les cas, les personnes handicapées se sentent dans l'obligation de prouver qu'elles ont leur place dans le travail et y mettent d'autant plus d'acharnement.

Pas de sanction en cas de non-respect du quota des 6 %

Jean-Claude Capron, directeur général adjoint au conseil régional du Nord-Pas-de-Calais, est, pour sa part, convaincu que les personnes handicapées apportent « un plus » au sein des équipes. Dans le cadre de l'accord sur la réduction du temps de travail, dix postes sur cinquante créés seront attribués à des personnes handicapées. « Cette mesure traduit une volonté politique d'intégration. Mais chacun y gagne », déclare-t-il.

La politique générale d'intégration des personnes handicapées est jalonnée de textes forts, qui ont favorisé la rupture des barrières de l'exclusion. La loi d'orientation n° 75-534 du 30 juin 1975 affirme ainsi que « la prévention et le dépistage des handicaps, les soins, l'éducation, la formation et l'orientation professionnelle, l'emploi, la garantie d'un minimum de ressources, l'intégration sociale et l'accès aux sports et aux loisirs des mineurs (...) constituent une obligation nationale ».

La loi n° 87-157 du 10 juillet 1987 oblige également les entreprises d'au moins vingt salariés à employer 6 % de travailleurs handicapés. Mais à côté de ces textes généreux, se profile une réalité moins accueillante. Si la loi de 1987 s'applique également aux collectivités territoriales, celles-ci n'étant soumises à aucune sanction financière, l'intégration de personnes handicapées relève avant tout de leur bonne volonté. Il semble néanmoins qu'elles s'y tiennent. « Quand un texte sort, il faut l'appliquer », estime Marie-Thérèse Chuzel, DRH de la ville de Villeurbanne (127 299 hab., Rhône).

Des épreuves aménagées pour les concours

Des dispositions particulières sont prévues pour favoriser l'accès des personnes handicapées à la fonction publique territoriale. Elles bénéficient d'un aménagement des épreuves des concours externes. De plus, la reconnaissance de travailleur handicapé par la Commission technique d'orientation et de reclassement professionnel (Cotorep) leur permet d'être recrutées sur diplômes (les mêmes que ceux exigés aux concours). Cette mesure a été instituée en 1987 pour la catégorie C et étendue par le décret n° 96-1087 du 10 décembre 1996 aux catégories A et B. La personne est sous contrat pendant un an renouvelable une fois, à l'issue duquel elle peut être titularisée sous réserve d'aptitude à exercer ses fonctions.

Philippe Bresson, responsable du service assurances à la ville de Nîmes, évoque ainsi son parcours. Titulaire d'une maîtrise de droit public, il a d'abord tenté la voie des concours externes sans signaler ses difficultés visuelles. Il réussit les écrits mais échoue aux oraux, où on lui fait comprendre qu'il aurait pu signaler son handicap. Reconnu travailleur handicapé par la Cotorep, il s'adresse à une centaine de collectivités avant d'être recruté à Nîmes en 1997. « Ce n'est pas que les collectivités ne veulent pas recruter de travailleurs handicapés, explique-t-il, mais c'est compliqué, ça leur demande un certain nombre de démarches administratives. »

Malgré les aménagements légaux, les aides financières aux employeurs, le travailleur handicapé doit faire preuve d'obstination.

La loi concerne aussi les personnes titulaires d'une allocation temporaire d'invalidité, celles victimes d'une maladie ou d'un accident professionnel. « A la différence du secteur privé, nous ne procédons pas à des licenciements dans de tels cas, précise Ambroise Georget, DRH de Saint-Brieuc (48 895 hab., Côtes-d'Armor). Quand un agent présente des ennuis de santé, on réfléchit d'abord à l'adaptation de son poste pour ne pas l'extraire de son service. C'est un travail qui se déroule en concertation avec le médecin, le chef du service et l'intéressé. Nous avons pu reclasser une personne devenue non-voyante au standard entièrement équipé de claviers adaptés. Et il nous arrive de garder des postes ne présentant pas un réel besoin, pour offrir une activité », explique-t-il.

Des recrutements en fonction des demandes

Mais les personnes présentant un handicap ne sont pas tenues de le déclarer à leur employeur, d'où des statistiques inférieures au taux d'emploi effectif de handicapés. Ceci dit, les DRH n'ont pas les yeux rivés sur les quotas. Les recrutements se gèrent en fonction des demandes qui ne sont pas si fréquentes, selon Marie-Thérèse Chuzel, et sur la base des compétences et non du handicap. Alors, pour ou contre la loi des 6 % ? « Ce serait dangereux de la supprimer. Certaines collectivités risqueraient de ne pas jouer le jeu », estime Marie-Thérèse Chuzel.

Le handicap du coût

Quels sont donc les freins à l'intégration des personnes handicapées en milieu dit « ordinaire » de travail ? « C'est avant tout une question de coût », juge Anita Brendel, adjointe déléguée aux personnes handicapées à Bourg-en-Bresse. Il s'agit d'adapter l'environnement à leurs besoins. Bien souvent, la présence d'une personne handicapée dans une collectivité est l'occasion de réaliser des aménagements. Ainsi, l'arrivée de Habiba Belhakri à l'accueil du CCAS de Bourg-en-Bresse (43 008 hab., Ain) a donné lieu à l'installation d'une rampe et d'une porte automatique. Mais ces aménagements ne peuvent se limiter au lieu de travail : il faut aussi adapter les transports, la voirie, les logements.

La ville de Nîmes est particulièrement attentive à ces questions. Corollaire ? Elle atteint 9 ou 10 % d'agents handicapés. « A chaque renouvellement du parc d'autobus, on achète des équipements adaptés aux personnes handicapées. Deux lignes sur dix leur sont maintenant accessibles », commente Jean-Pierre Charaix, adjoint délégué aux personnes handicapées. Viennent s'ajouter les associations de transport adapté : des véhicules sont mis à la disposition des personnes à mobilité réduite sur simple coup de fil. C'est ainsi que Murielle Vachalde, secrétaire de direction du service éducation de Nîmes, atteinte d'une sclérose en plaques, se rend sur son lieu de travail. Mais bien souvent ces associations ne sont pas en mesure de répondre à toutes les demandes.

Par son témoignage, Habiba Belhakri soulève également la question de l'éducation. Elle a suivi une formation en secrétariat dans un centre pour adultes handicapés, « un milieu très protégé », dit-elle. Éloignée des réalités du monde du travail, elle a connu une période de chômage de un an et demi avant de trouver un CES au CCAS de Bourg-en-Bresse. Lors de sa recherche d'emploi, elle s'était adressée à l'ANPE qui lui envoyait des courriers-types pour des postes auxquels elle ne pouvait se rendre ou qui n'étaient pas accessibles, raconte-t-elle.

Le handicap semble donc évoluer dans un environnement inadapté et l'intégration professionnelle des handicapés est liée à leur insertion à tous les niveaux de la vie de la cité.

Source : *La Gazette des communes*, n° 1576, 4 décembre 2000.

Document 5

Fonction publique territoriale

par Bernard Perrin

Emploi des travailleurs handicapés : l'objectif à la portée d'un effort

4,6 % en 1996, 5,12 % en 1998 pour un objectif fixé à 6 % de l'effectif total. Les collectivités locales et leurs établissements publics locaux ont fait un effort méritoire pour remplir les obligations de la loi n° 87-517 du 10 juillet 1987 en faveur de l'emploi des travailleurs handicapés. Le rapport récemment présenté au Conseil supérieur de la fonction publique territoriale témoigne des progrès accomplis tout en exhortant à un nouvel effort, cela d'autant plus que l'obligation d'emploi ne s'impose qu'aux collectivités qui emploient au moins vingt agents à temps plein ou à temps partiel recrutés dans les conditions prévues par la loi du 26 janvier 1984 qui a instauré, en faveur des personnes handicapées candidates à un poste ou titulaires d'un grade de la Fonction publique, plusieurs mesures destinées à faciliter l'accès aux concours (suppression de la limite d'âge) et le reclassement en cas d'inaptitude à l'emploi en cours de carrière.

Trois voies s'offrent aux personnes handicapées candidates à un emploi dans la fonction publique territoriale : le recrutement par concours selon les modalités de droit commun, avec possibilité d'aménagement des épreuves ; le recrutement par examen d'accès aux emplois réservés ; et le recrutement par la voie contractuelle dans des emplois de catégories A, B et C. Ce dernier mode de recrutement permet aux intéressés, recrutés pour une période d'un an renouvelable une fois, d'être titularisés dans la mesure où ils remplissent les conditions d'aptitude professionnelles à l'exercice des fonctions du grade correspondant.

La carrière des fonctionnaires handicapés, quelle que soit la voie d'accès, se déroule dans les mêmes conditions que celle des fonctionnaires appartenant au même cadre d'emplois. Ils disposent donc des mêmes droits, notamment en matière d'avancement, des mêmes obligations, de la même rémunération et des mêmes indemnités. Les intéressés bénéficient également d'une priorité de mutation, de détachement et éventuellement de mise à disposition. Enfin, lorsqu'un fonctionnaire devient inapte à l'exercice de ses fonctions en cours de carrière, ses conditions de travail doivent être adaptées à son état de santé. Il peut être reclassé dans un autre cadre d'emplois sans que sa rémunération en soit affectée (art. 81 de la loi du 26 janvier 1984).

Dans le cas où l'objectif de 6 % ne peut être atteint par la voie du recrutement, la loi du 10 juillet 1987 a ouvert aux employeurs tant publics que privés la faculté de s'acquitter de leur obligation en concluant des contrats de fournitures, de sous-traitance ou de prestations de services avec des centres d'aide par le travail, des ateliers de travail protégé ou des centres de distribution de travail à domicile agréés (et ceci à concurrence de 50 % de leur obligation). Le décret n° 89-355 du 1er juin 1989 pris pour l'application de cette disposition prévoit que le nombre de travailleurs (équivalents bénéficiaires) est égal au quotient obtenu en divisant le prix des fournitures et prestations par le traitement annuel minimum (Indice majoré 233) servi à un agent occupant un emploi à temps complet.

Les bénéficiaires de l'obligation d'emploi

Handicapés COTOREP : travailleurs reconnus handicapés par la commission technique d'orientation et de reclassement professionnel (COTOREP).

Accidentés du travail, victimes de maladies professionnelles ; victimes d'accidents du travail ou de maladies professionnelles ayant entraîné une incapacité permanente au moins égale à 10 % et titulaires d'une rente ; titulaires d'une pension d'invalidité attribuée au titre d'un régime de protection sociale obligatoire à condition que l'invalidité des intéressés réduise au moins de 2/3 leur capacité de travail ou de gain.

Agents titulaires d'une allocation temporaire d'invalidité : fonctionnaires atteints d'une invalidité résultant d'un accident de service ayant entraîné une incapacité permanente d'au moins 10 % d'invalidité ou d'une maladie professionnelle et bénéficiant à ce titre d'une allocation temporaire d'invalidité (art. L. 417-8 du Code des communes, art. II 9-111 de la loi n° 84-53 du 26 janvier 1984).

Anciens militaires (emplois réservés) : anciens militaires et assimilés, titulaires d'une pension militaire d'invalidité au titre du Code des pensions militaires d'invalidité et de victimes de guerre ; anciens militaires ayant bénéficié d'un emploi réservé (livre III, titre III, chapitre IV du Code des pensions militaires d'invalidité et des victimes de guerre), et, sous certaines conditions, les orphelins et veuves de guerre, les femmes d'invalides militaires.

Fonctionnaires reclassés : fonctionnaires devenus inaptes physiquement à l'exercice de leurs fonctions en cours de carrière et qui ont bénéficié des dispositions des articles 81 à 85 de la loi n° 84-53 du 26 janvier 1984. ■

Dans un souci de simplification, l'enquête spécifique aux travailleurs handicapés n'est faite que les années paires. Le dernier recensement qui porte sur l'année 1998 a été effectué par l'intermédiaire des services préfectoraux et a concerné les communes, les départements, les régions, les établissements publics rattachés à ces collectivités (CCAS, Caisses des écoles, OPHLM, SDIS...) et les établissements publics de coopération de la métropole et des départements d'outre-mer. Sur les 4 671 collectivités soumises à l'obligation d'emploi 3 282 ont répondu aux demandes de renseignements qui leur ont été transmises par l'intermédiaire des préfectures soit : 2 473 communes, 360 établissements publics communaux, 74 départements, 106 établissements publics départementaux, 23 Régions, 216 établissements publics de coopération et 30 centres de gestion. Le taux de réponse est de 74,2 % pour les communes, 50 % pour les établissements publics communaux, 81 % pour les départements, 71 % pour les établissements publics départementaux, 92 % pour les Régions, 69 % pour les établissements publics de coopération et 71 % pour les centres de gestion. Soit un taux de réponse global de 70 %, équivalent à celui de 1996.

On retiendra pour l'essentiel que les 3 282 collectivités qui ont répondu à l'enquête emploient 32 896 travailleurs handicapés, dont 30 945 bénéficiaires physiques et 1 951 équivalents bénéficiaires résultant de la passation de marchés avec des structures de travail protégé. Rapporté à l'effectif total des collectivités soumises à l'obligation, soit 641 693 agents, le nombre de bénéficiaires représente un pourcentage de 5,12 %. Sur les 32 896 bénéficiaires, 28 390 (86,3 %) sont titulaires, 2 539 non titulaires (7,7 %) et 1 951 (5,9 %) équivalents bénéficiaires. S'agissant de la répartition par collectivité, ce sont bien entendu, les communes qui emploient le plus de travailleurs handicapés (25 528), puis les groupements de communes (2 485), les départements (2 236), les établissements publics départementaux (1 336), les établissements publics communaux (1 164), enfin les Régions (103) et les centres de gestion (44). Par rapport à 1996, on note une progression du recrutement de titulaires. Toutes catégories confondues, les hommes représentent 70 % des bénéficiaires physiques (20 541) ; ceux-ci appartiennent pour l'essentiel (90,9 % de l'effectif total) à la catégorie C.

Pour ce qui est de l'emploi dans les structures de travail protégé, les collectivités ont passé des contrats pour un montant de 150 054 111 F, ce qui a permis de dégager 1 951 équivalents bénéficiaires (5,9 %). Là encore ce sont les communes qui ont passé l'essentiel des contrats (73,3 %), les départements participant à hauteur de 10 %, les Régions à 2 %.

Pour être globalement satisfaisants au regard des objectifs fixés par la loi, les progrès accomplis en deux ans ne peuvent dispenser les collectivités territoriales et leurs établissements publics d'un nouvel effort en faveur de l'insertion des travailleurs handicapés, l'initiative devant se concentrer sur une meilleure adaptation de l'emploi à l'agent tant sur le plan de la formation que sur le plan matériel par l'aménagement des postes de travail. ■

Document 6

Les recrutements de personnes handicapées dans la fonction publique sensiblement inférieurs à l'obligation d'emploi de 6 % des effectifs

C'est ce que vient d'indiquer le ministre chargé de la Fonction publique à un parlementaire [1].

Trois voies possibles s'offrent aux personnes handicapées pour entrer dans l'administration : le concours, l'examen d'accès aux emplois réservés et le recrutement par contrat. Ces trois voies doivent permettre aux administrations de remplir leur obligation de réserver 6 % des emplois aux personnes handicapées.

Concernant les emplois effectivement pourvus dans la fonction publique de l'État, l'administration ne dispose de chiffres, en termes de flux (hors Éducation nationale), que depuis 1996, date d'entrée en vigueur du dispositif pour l'ensemble des catégories. Ceux-ci font apparaître que 61 handicapés COTOREP ont étés recrutés en 1996 sur contrat, 88 en 1997 et 122 en 1998. Pour les recrutements par concours, les chiffres sont de 151 en 1996, 130 en 1997 et 255 en 1998. S'agissant des emplois réservés, la procédure, qui est gérée par le ministère chargé des Anciens combattants, permet aux handicapés d'obtenir une nomination sur un emploi dans la fonction publique après réussite à un examen professionnel et inscription sur une liste de classement.

1. Réponse à la question écrite n° 23132, publiée au *JO* Sénat du 15 juin 2000, p. 2143.

Les emplois relevant de l'examen de la 4e catégorie (connaissances élémentaires de français et de calcul) sont des postes manuels requérant l'intégrité à peu près complète des membres et de la musculature. Ceux qui relèvent de la 3e catégorie (niveau certificat d'études) et de la 5e catégorie (savoir lire, écrire et compter) ont quasiment disparu. En revanche, les vacances d'emplois exigeant une certaine technicité et les emplois sur titre (2e et 1ère catégories) sont parfois difficilement pourvus.

Dans la fonction publique hospitalière, le ministre note une baisse très nette du recrutement par la voie des emplois réservés (de 3 % en 1993 à 1,16 % en 1997) ; le recrutement par voie contractuelle au titre du décret n° 97-185 du 25 février 1997 est prévu, mais les chiffres sont inconnus.

La fonction publique territoriale privilégie également le recrutement contractuel, plus souple. Ainsi, le taux d'emploi de travailleurs handicapés s'établit, en 1997, à 5,35 % dans la fonction publique hospitalière, à 3,06 % dans la fonction publique de l'État et à 4,50 % dans la fonction publique territoriale. Ce qui est inférieur à l'obligation d'emploi fixée à 6 % de l'effectif total des services.

Source : *La Lettre de l'employeur territorial*, n° 737, 13 juillet 2000.

Document 7

Le gouvernement présente un plan pour améliorer l'intégration des handicapés

Les associations saluent comme un « vrai virage » ces mesures d'un coût de 2,52 milliards de francs

Lionel Jospin a présenté, mardi 25 janvier, un plan triennal de 2,52 milliards de francs pour améliorer l'autonomie et l'intégration des quelque 3 millions de personnes handicapées vivant en France. Ces mesures qui portent notamment sur l'accès à l'école, à l'emploi, aux transports et au logement, sont approuvées par les associations, qui y voient *« un signe politique très fort et très satisfaisant »*

AUX QUELQUE 3 millions de personnes handicapées vivant en France, Lionel Jospin veut offrir *« la liberté de choisir leurs modes de vie, une égale participation aux activités de tous, la fraternité effective d'une République qui proscrit toute forme de discrimination »*. Le premier ministre a détaillé, mardi 25 janvier, devant le Comité national consultatif des personnes handicapées, en compagnie de sept membres de son gouvernement (Martine Aubry, Dominique Gillot, Marie-George Buffet, Michelle Demessine, Ségolène Royal, Jean-Claude Gayssot et Louis Besson), un plan triennal, de 2001 à 2003, de 2,52 milliard de francs visant à favoriser l'autonomie *« de tous ceux qui peuvent s'intégrer dans un milieu de vie ordinaire »*.

Ce plan, financé sur le budget de l'Etat et de la Sécurité sociale, est un *« signe politique très fort et très satisfaisant »*, pour Patrick Gohet, directeur général de l'Unapei (Union national des associations de parents et amis de personnes handicapées mentales). *« Un vrai virage »*, renchérit le président de l'Association des paralysés de France (APF), Paul Boulinier : *« Enfin un gouvernement qui veut aider les handicapés à devenir des citoyens autonomes dans la société ! C'est une conversion historique des mentalités. En France, quand on pense personne handicapée, on pense structures collectives spécialisées. Personne n'a le réflexe de dire qu'il faut l'intégrer partout dans la société, pour qu'elle vive une vraie vie de citoyen »*.

Afin que les enfants accèdent à une *« vraie vie »* d'écolier, afin que les parents ne perçoivent plus l'école comme une « course d'obstacles », M. Jospin a rappelé que le plan Handiscol présenté au printemps 1999 doublera le nombre d'enfants et adolescents accueillis en milieu scolaire ordinaire (*lire ci-contre*). Les services qui accompagnent les enfants en milieu scolaire verront leurs moyens augmenter. Tous les instituteurs et professeurs devront suivre une formation en IUFM. L'Etat se chargera encore d'acheter du matériel pédagogique spécifique : *« Ce n'est plus seulement à l'élève, mais aussi à l'école, de s'adapter pour accueillir les enfants dans toutes leurs différences »*, a indiqué M. Jospin.

Accès aux études, accès à l'emploi ensuite. Les handicapés ne sont pas plus de 4 % à travailler en France. Une convention signée, pour cinq ans, avec l'Agefiph (Fonds pour l'insertion professionnelle des personnes handicapées) permettra de développer les contrats aidés et les tutorats. L'Etat s'engage par ailleurs à *« mobiliser plus efficacement les moyens du service public de l'emploi »*, et fera en sorte que *« les administrations remplissent pleinement leur obligation d'emploi »*. Des programmes départementaux d'insertion doivent être mis en œuvre sur l'ensemble du territoire.

Dans cette perspective d'autonomisation des handicapés, des actions sont encore envisagées dans les domaines de l'accessibilité des transports, des logements et des lieux de loisir, notamment par le biais de l'élaboration de codes de bonne conduite et de campagnes de sensibilisation. Catherine Bachelier vient d'ailleurs d'être nommée « déléguée interministérielle à l'accessibilité ». Des *« fonds départementaux de compensation »* seront mis en place, qui permettront aux familles d'acheter des matériels perfectionnés comme des fauteuils roulants, peu remboursés actuellement par la Sécurité sociale. Chaque département devra disposer de son *« site pour la vie autonome »*, chargé d'informer les handicapés sur le choix des matériels et les meilleures formules de financement. Le nombre de postes d'auxiliaires de vie, qui aident les handicapés à domicile, sera porté à 5 000 en 2003, contre 1 864 aujourd'hui, l'Etat accroissant son aide aux associations concernées.

M. Jospin : « Ce n'est plus seulement à l'élève, mais aussi à l'école de s'adapter »

Pour autant, l'accueil en institution demeure indispensable pour les handicapés lourds ou vieillissants, reconnaissent les responsables associatifs. Lionel Jospin a annoncé que le plan quinquennal mis en place en janvier 1999 par Martine Aubry, ministre de l'emploi et de la solidarité, et qui prévoyait la création de 16 500 places dans les établissements spécialisés, serait *« amplifié »* : 2 000 places supplémentaires seront créées. Ce qui ne représente que la moitié des places réellement nécessaires, commente l'Unapei. Le plan Aubry, d'un montant de 1,8 milliard – les 2,52 milliards du plan Jospin prennent en compte, à hauteur de un milliard, les investissements programmés par Martine Aubry pour les périodes 2001-2003 –, avait déjà permis la création de 7 200 places.

Enfin, la loi de juin 1975 sur les handicapés et les institutions qui les accueillent sera modernisée, afin, notamment, de corriger *« les fortes disparités géographiques qui persistent »*. Un projet de loi sera déposé au Parlement avant la fin de la session en cours. Samedi 22 janvier, Jacques Chirac avait assuré aux présidents de l'APF et de l'Association française contre les myopathies (AFM) qu'il *« serait très attentif à la mise en œuvre des mesures attendues par leurs associations »*, ainsi qu'à la révision des textes en faveur des handicapés. Les associations, globalement fort satisfaites par le plan de Lionel Jospin, entendent elles-aussi veiller à sa réalisation effective.

Pascale Krémer

Le plan Handiscol en place depuis un an

Mis en place en février 1999 par Ségolène Royal, ministre déléguée à l'enseignement scolaire, et Bernard Kouchner, alors secrétaire d'Etat à la santé et à l'action sociale, le plan Handiscol comprend vingt mesures destinées à améliorer la scolarisation des enfants et adolescents handicapés. Aujourd'hui, les écoles n'accueillent, à temps plein ou à temps partiel, que 24 000 élèves, et les collèges et lycées, que 16 200 jeunes ; les classes d'intégration scolaire (CLIS) en scolarisent quelque 23 200 supplémentaires. Parmi les mesures mises en place en 1999 figurent la création, pour les familles et les professionnels, d'une cellule d'écoute nationale, d'un guide d'information, et l'installation de groupes départementaux de coordination Handiscol. D'autres mesures visent l'accessibilité des locaux, le recrutement d'emplois-jeunes faisant office d'auxiliaires d'intégration et la préparation des enseignants à l'accueil d'un élève handicapé.

Le Monde 27 janvier 2000

Document 8

Le Moniteur, 18 mai 2006.

Le décret sur l'accessibilité des bâtiments enfin paru

On l'attendait depuis des mois. Le décret relatif à "l'accessibilité généralisée" aux personnes handicapées des établissements recevant du public et des bâtiments d'habitation est finalement paru jeudi au Journal officiel.

Conformément à la loi du 11 février 2005, dite loi Handicap, il "met en œuvre le principe d'accessibilité généralisée qui doit permettre à toutes les personnes, quel que soit leur handicap (physique, sensoriel, mental, psychique et cognitif) d'exercer les actes de la vie quotidienne et de participer à la vie sociale", expliquent les ministères de la Cohésion sociale et des Personnes handicapées dans un communiqué.
"La vie quotidienne de 5 millions de personnes pourra ainsi être facilitée", ajoutent-ils.

Ce décret met en œuvre le principe d'accessibilité généralisée, posé par la loi du 11 février 2005. Concrètement, il prévoit que tous les types de handicap seront désormais pris en compte dans la conception des bâtiments, et que les règles actuelles d'accessibilité des logements seront renforcées (réserve d'un emplacement pour ascenseur, caves, balcons et terrasses accessibles, salles de bains adaptables, etc).

Les maisons individuelles neuves destinées à la vente ou la location seront également accessibles, tandis que les bâtiments d'habitation existants qui font l'objet de travaux importants devront être mis en conformité avec les règles d'accessibilité.

Un délai de 10 ans
"Avant le 1er janvier 2015, les 650.000 établissements existants recevant du public devront être adaptés ou aménagés afin que toute personne handicapée puisse y accéder", précise en outre le communiqué.
Le délai est ramené au 31 décembre 2010 pour les parties de bâtiments des préfectures délivrant les prestations au public, ainsi que les parties ouvertes au public des établissements d'enseignement supérieur appartenant à l'Etat.

Enfin, à l'achèvement des constructions neuves, une attestation sera établie certifiant que les règles d'accessibilité sont respectées, selon le communiqué.

Le texte complet sera publié dans le cahier Textes Officiels du prochain numéro du Moniteur.

18/05/2006

Document 9

Handicapés : obligation d'emploi

Les entreprises occupant 20 salariés au moins sont assujetties à une obligation d'emploi de travailleurs handicapés à hauteur de 6 % de leurs effectifs

La législation sur l'emploi des travailleurs handicapés est désormais fusionnée avec celle des mutilés et accidentés du travail. La loi du 10 juillet 1987 substitue à l'ancien dispositif une obligation de résultat : toute entreprise occupant au moins 20 salariés doit embaucher, à temps plein ou à temps partiel, 6 % de personnes handicapées.

Elle étend, d'autre part, l'obligation d'emploi au secteur public. L'ensemble des administrations de l'État, les collectivités locales et leurs établissements publics lorsqu'ils occupent au moins vingt agents y sont également tenus.

Toutefois, la loi du 10 juillet 1987 prévoit, tant pour le secteur privé que pour le secteur public, une période transitoire de trois ans. Son application sera donc progressive : l'obligation sera limitée à 3 % en 1988, 4 % en 1989 et 5 % en 1990.

Les employeurs disposent d'autres moyens pour s'acquitter de leur obligation. Ils peuvent :
– verser, pour les emplois non pourvus, une contribution à un fonds ;
– appliquer un accord de branche ou d'entreprise en faveur des handicapés ;
– passer des contrats de fournitures, de sous-traitance ou de prestations de services avec des ateliers protégés, des centres de distribution de travail à domicile ou des CAT afin d'être exonérés partiellement (cette dernière possibilité est offerte aux entreprises publiques comme aux entreprises privées).

Les bénéficiaires

– Les travailleurs reconnus handicapés par la COTOREP.

– Les victimes d'accidents du travail ou de maladies professionnelles ayant entraîné une incapacité permanente au moins égale à 10 % et titulaires d'une rente attribuée au titre du régime général de la Sécurité sociale ou de tout autre régime de protection sociale obligatoire.

– Les titulaires d'une pension d'invalidité attribuée au titre du régime général de sécurité sociale, de tout autre régime de protection sociale obligatoire ou au titre des dispositions régissant les agents publics, à condition que l'invalidité des intéressés réduise au moins des deux tiers leur capacité de travail ou de gain.

– Les anciens militaires et assimilés, titulaires d'une pension militaire d'invalidité au titre du code des pensions militaires d'invalidité et des victimes de la guerre.

– Les veuves de guerre non remariées titulaires d'une pension au titre du même code, dont le conjoint militaire ou assimilé est décédé des suites d'une blessure ou d'une maladie imputable à un service de guerre ou alors qu'il était en possession d'un droit à pension militaire d'invalidité d'un taux au moins égal à 85 %.

– Les orphelins de guerre âgés de moins de 21 ans et les mères veuves non remariées ou les mères célibataires, dont respectivement le père ou l'enfant militaire ou assimilé, est décédé des suites d'une blessure ou d'une maladie imputable à un service de guerre ou alors qu'il était en possession d'un droit à pension d'invalidité d'un taux au moins égal à 85 %.

– Les veuves de guerre remariées ayant au moins un enfant à charge issu du mariage avec le militaire ou assimilé décédé des suites d'une blessure ou d'une maladie imputable à un service de guerre ou alors qu'il était en possession d'un droit à pension militaire d'invalidité d'un taux au moins égal à 85 %, lorsque ces veuves ont obtenu ou auraient été en droit d'obtenir, avant leur remariage, une pension.

– Les femmes d'invalides internés pour aliénation mentale imputable à un service de guerre, si elles bénéficient de l'article L. 124 du code des pensions militaires et des victimes de la guerre.

Les employeurs assujettis

Sont assujettis, lorsqu'ils emploient au moins 20 salariés (ou agents) :
– tous les employeurs privés : pour les entreprises à établissements multiples, l'obligation d'emploi s'applique établissement par établissement ;
– les entreprises de travail temporaire (article L. 124-1 du code du travail) pour leurs salariés permanents uniquement ;
– les établissements publics industriels et commerciaux (EPIC) ;
– les administrations de l'État ;
– les établissements publics autres qu'EPIC, c'est-à-dire les établissements publics à caractère administratif, culturel et scientifique, selon des modalités fixées par décret en Conseil d'État.

Une obligation progressive

Toute entreprise qui entre dans le champ d'application de la loi soit, au moment de sa création, soit en raison de l'accroissement de son effectif, dispose, pour se mettre en conformité avec cette obligation d'emploi, d'un délai de trois ans.

Exonération partielle

Les employeurs privés et publics peuvent s'acquitter partiellement de l'obligation d'emploi en passant des contrats de fournitures, de sous-traitance ou de prestations de services avec des ateliers protégés, des centres de distribution de travail à domicile ou des CAT.

Ces contrats doivent être conformes aux modèles fixés par l'arrêté du 17 mars 1988.

Calcul de l'exonération

L'obligation d'emploi est alors réduite :
– du nombre de salariés ayant un rendement normal et accomplissant une durée normale de travail, qui serait nécessaire pour exécuter la tâche confiée ;
– à condition de ne pas dépasser la moitié du quota en vigueur, soit 3 % à compter du 1er janvier 1991 (1,5 % en 1988, 2 % en 1989 et 2,5 % en 1990).

L'exonération partielle est prononcée par le commissaire de la République du département où est située l'entreprise ou l'établissement (en cas d'établissements multiples).

Accords de branche ou d'entreprise

L'emploi effectif n'est pas la seule voie ouverte aux employeurs pour œuvrer en faveur de l'insertion professionnelle des travailleurs handicapés.

Les employeurs privés ont la possibilité de s'acquitter totalement de leur obligation d'emploi en faisant application d'un accord de branche, d'un accord d'entreprise ou d'établissement qui prévoit la mise en œuvre d'un programme pluriannuel en faveur des handicapés, comportant au moins deux des actions suivantes :
– plan d'embauche en milieu ordinaire de travail ;
– plan d'insertion et de formation (300 heures minimum) ;
– plan d'adaptation aux mutations technologiques ;
– plan de maintien dans l'entreprise en cas de licenciement.

Attention, les plans ne peuvent concerner que les travailleurs handicapés reconnus par la COTOREP.

L'accord doit être agréé par l'autorité administrative après avis de la Commission départementale des travailleurs handicapés, des mutilés de guerre et assimilés ou du Conseil supérieur pour le reclassement professionnel et social des travailleurs handicapés.

Les accords de branche ou d'entreprise peuvent prévoir une péréquation entre établissements d'une même entreprise de l'obligation d'emploi mise à la charge de l'employeur.

En revanche, une péréquation de l'obligation d'emploi entre entreprises distinctes appartenant à une même branche est interdite. Il ne peut y avoir de transfert d'obligation légale d'une entreprise à une autre.

Contributions versées à un fonds spécifique

Montant de la contribution

Un fonds de développement pour l'insertion sociale et professionnelle des handicapés a été créé. Les entreprises privées pourront s'acquitter de leur obligation d'emploi en versant à ce fonds une contribution annuelle pour chacun des bénéficiaires qu'ils auraient dû employer.

Le montant de cette contribution qui peut être modulée en fonction de l'effectif de l'entreprise, est fixé par bénéficiaire manquant à :
– 500 fois le Smic horaire pour les entreprises comptant 750 salariés et plus, soit 13 920 F ;
– 400 fois le Smic horaire pour les entreprises comptant de 200 à 749 salariés, soit 11 136 F ;
– 300 fois le Smic horaire pour les entreprises comptant de 20 à 199 salariés, soit 8 352 F ;

Gestion du fonds

La gestion du fonds est assurée par une association administrée par des représentants des salariés, des employeurs, des handicapés et des personnalités qualifiées, à laquelle sont adressées les contributions. Avant le 15 janvier de l'année suivant l'année civile au titre de laquelle les contributions sont dues, par chèque bancaire ou postal ou par virement bancaire.

Affectation des ressources

Les ressources du fonds sont destinées à favoriser toutes les formes d'insertion professionnelle des handicapés en milieu ordinaire de travail.

Source : *Actualités sociales hebdomadaires*, n° 1592, 22 avril 1988.

Document 10

L'emploi des handicapés : lenteurs et résistances

Malgré la loi de 1987, l'insertion professionnelle des handicapés dans les secteurs privé ou public se heurte encore à de nombreux obstacles. Si quel-ques expériences heu-reuses existent ici ou là, le bilan global reste décevant. Nul doute que les contrain-tes économiques mais aussi la méconnaissance du handi-cap pèsent fortement.

Au-delà des incantations sur l'obligation d'emploi qu'a donc impulsé, à ce jour, la loi du 10 juillet 1987 en matière d'intégration en milieu ordinaire de travail ? En effet, le législateur a obligé les entreprises d'au moins vingt salariés à employer parmi leurs effectifs un minimum de 6 % de handicapés – un quota à atteindre sur une période transitoire de trois ans. L'une des innovations ayant été d'étendre cette contrainte au secteur public, collectivités locales incluses [1].

Les entreprises privées disposent, en outre, de divers moyens pour s'acquitter de leur obligation : embaucher des handicapés ; verser une contribution à un fonds spécifique, l'AGEFIPH [2] ; passer des contrats avec des centres d'aide par le travail ou des ateliers protégés : conclure un accord d'entreprise, de branche ou d'établissement.

La vérité des chiffres

Bilan ? Il reste, finalement, extrêmement décevant. On est loin d'atteindre le quota indiqué, tant dans le secteur privé que dans le secteur public. Ce qui fait dire à Michel Gillibert, secrétaire d'État aux Handicapés et Accidentés de la vie, que l'on s'inscrit encore dans une « phase de montée en charge ». Les chiffres du récent rapport du Conseil économique et social sur la situation de l'emploi des handicapés d'âge actif montrent bien les retards en la matière [3].

En effet, en 1990, 256 000 handicapés seulement étaient employés dans les entreprises assujetties, soit un taux de 3,76 %. Et parmi ceux-ci, seulement 9 600 avaient été embauchés en cours d'année. Le recrutement dans les entreprises privées est donc une donnée rare (il est plus courant que ces dernières conservent des salariés malades ou accidentés).

Globalement, sur 1,1 million d'adultes handicapés, 500 000 seulement sont employés en milieu ordinaire. Les entreprises non assujetties à la loi de 1987 (c'est-à-dire les PME de moins de vingt salariés) accueilleraient donc autant de handicapés que celles qui sont soumises à l'obligation ! Faut-il voir là l'expression d'une tradition de solidarité et de proximité plus importante dans les PME ?

Pourquoi ce décalage entre l'obligation légale et la réalité ? Les premières années, les employeurs ont eu tendance à choisir la solution la plus facile en s'acquittant par le versement de leur contribution à l'AGEFIPH. Aujourd'hui, ils expliquent le déficit d'emploi des handicapés de deux manières. Par l'insuffisance de qualification de ces travailleurs, d'abord. « Il y a inadéquation entre l'offre et la demande d'emploi », estime Jean Gautier, ex-directeur général des Affaires sociales au CNPF pour lequel, d'ailleurs, la barre des 6 % est trop élevée.

Autre motif avancé : la crise économique. « L'emploi de personnes handicapées ne peut échapper à un ralentissement général », estime Marie-Françoise Fossati, membre de la commission sociale de la Confédération générale des petites et moyennes entreprises (CGPME). « Invoquer des difficultés conjoncturelles n'est pas un motif suffisant pour pénaliser les handicapés, estime Thérèse Poupon, rapporteur de l'étude du Conseil économique et social et membre des sections des Affaires sociales et du Travail à la CGT. Des entreprises montrent qu'il est possible d'atteindre et même de dépasser le quota, alors qu'elles ne connaissent pas nécessairement des situations florissantes. C'est avant tout une affaire de volonté. »

Un choix politique

« Cela relève d'une décision à la fois politique et éthique », renchérit Robert Bedos, chargé pour la FEHAP [4] d'assurer la mise en application d'un accord de branche, signé en 1991, relatif à l'emploi de travailleurs handicapés dans le secteur hospitalier à but non lucratif. Objectif de celui-ci : l'embauche de mille travailleurs handicapés dans un délai de cinq ans afin d'atteindre le quota requis par la loi. La première année, ils ont été près de 180 à être embauchés dans toutes les catégories d'emploi. Un exemple puisqu'on ne compte, à ce jour, que deux accords de ce type. Sachant que le pourcentage de travailleurs handicapés au sein des établissements de la FEHAP est déjà supérieur à la moyenne nationale. « Pourtant, commente Robert Bedos, nous sommes soumis à des restrictions budgétaires depuis plusieurs années et les créations d'emploi sont rares. »

Dans la fonction publique, on ne déroge pas au même leitmotiv des difficultés économiques pour expliquer le peu d'embauches de ces travailleurs. Avec officiellement 3,8 % de personnes handicapées parmi les fonctionnaires, l'État ne montre d'ailleurs pas l'exemple. Certes, des aménagements ont été réalisés pour rendre les concours plus accessibles et pour ouvrir l'accès à l'emploi par contrat. Mais le bilan demeure lui aussi peu satisfaisant. Les

1. Voir ASH n° 1592 du 28.04.99 p. 11 à 17.
2. Association nationale de gestion du fonds pour l'insertion professionnelle des handicapés (AGEFIPH) : 14, rue Delambre, 75014 Paris – Tél : (1) 43.79.35.10.
3. Le potentiel productif des personnes handicapées : conditions sociales et technologiques de sa valorisation – CES – juin 1992.
4. Fédération des établissements hospitaliers et d'assistance privés à but non lucratif (FEHAP) : 18-26, rue Goubet, 75019 Paris.

données officielles sont d'ailleurs controversées puisque dans le recensement sont inclus les emplois dits « réservés » qui ne correspondent pas à des situations de handicap (militaires retraités, veuves et orphelins de guerre...). Si l'on décompte ces emplois réservés, on ne trouve alors que 2,6 % de personnes présentant un handicap.

Pour Lucile Mariotte, sous-directeur à la direction générale de l'Administration et de la Fonction publique, la difficulté à insérer des personnes handicapées dans ce secteur pourrait être, en partie, contournée de deux manières. D'une part, en mettant au point des formations adaptées préparant aux concours. Actuellement, des contacts sont pris dans ce but avec des universités. D'autre part, en sensibilisant les différents acteurs des administrations (gestionnaires, étudiants à l'ENA, stagiaires des instituts de formation continue, etc.). « Il existe encore beaucoup de préjugés. Le handicap est associé au mauvais rendement, y compris dans nos propres ministères », commente-t-elle.

Il semblerait en revanche que, globalement, les communes françaises dépassent les 5 %, même si elles sont nombreuses à compter moins de vingt employés. « Certaines villes vont d'ailleurs au-delà de l'obligation légale en accompagnant l'embauche de travailleurs handicapés de mesures plus larges, notamment pour rendre la ville et les transports plus accessibles comme à Nice ou à Grenoble », précise Paul Blanc, membre de l'Association des maires de France (AMF). Cependant et malgré certaines bonnes volontés, on ne peut attribuer au secteur public que la mention « peut mieux faire ». « Les locaux sont en grande majorité inaccessibles et les crédits inexistants pour aménager des postes de travail », déplore-t-on à l'Association pour le travail des handicapés dans la recherche publique (ATHAREP).

Et les syndicats ?

Même les représentants des organisations patronales et syndicales reconnaissent, aujourd'hui, leur faible engagement en matière d'emploi des handicapés. C'est ce qui est apparu lors des journées organisées par le Comité national de coordination de l'action en faveur des personnes handicapées (CCAH) [1].

« L'accès à un véritable emploi est un droit pour tous. Mais c'est encore une position de principe, je dois l'avouer, qui ne s'est pas suffisamment concrétisée », confie Thérèse Poupon (CGT). Parmi les actions à impulser, les représentants des organisations syndicales de salariés privilégient deux axes : la prévention en liaison avec les comités d'hygiène, de sécurité et des conditions de travail (CHSCT) ; l'information des salariés et des différents acteurs de l'entreprise.

« Comment concevoir que, dans une ZAC récente, aucun poste de travail ne soit accessible en fauteuil roulant ! », s'est étonnée Sylvana Gélin, secrétaire adjointe du syndicat général des médecins du travail CFE-CGC. Certains syndicats ont déjà mis sur pied des formations au profit de leurs élus en collaboration avec l'AGEFIPH ou bien ont rédigé une charte destinée à circuler au sein des entreprises. Des commissions sur l'insertion ont également été créées comme à Air inter. « Les organisations syndicales ont un rôle primordial à jouer, en particulier auprès des personnes valides. Il est important de pouvoir aider le nouveau venu à s'adapter pour qu'il ne soit plus handicapé par rapport à son travail », défend Bernard Belin, directeur du CCAH. D'où la nécessité de bien distinguer entre embauche et intégration. « Intégrer, c'est aussi accueillir et accompagner, un peu à l'image de l'intégration scolaire qui a su faire la preuve de sa réussite », souligne Françoise Landry, secrétaire générale de l'Association pour adultes et jeunes handicapés (APAJH).

Des fonds pour l'innovation

L'intégration ne saurait se résumer à une seule affaire de chiffres, encore faut-il mener une véritable politique d'accueil et d'accompagnement

Conclusion : des services d'accompagnement et de tutorat sont indispensables. Car, on ne peut demander aux employeurs de remplir, au-delà de l'embauche, une mission qui ne leur incombe pas. Des mesures, en particulier sur la formation et l'accessibilité des transports, s'imposent également. Ces revendications sont connues. Mais aujourd'hui, des fonds existent pour avancer sur une voie plus concrète.

En effet, les sommes collectées par l'AGEFIPH sont mises à la disposition des organisations syndicales, des associations ou des personnes handicapées elles-mêmes, pour financer des actions innovantes favorisant l'intégration dans les entreprises du secteur privé (le secteur public est pour l'instant exclu du bénéfice de ce fonds). En 1992, 55 000 personnes en ont profité, et 24 000 d'entre elles ont pu trouver un emploi en milieu ordinaire. A noter que faute de projets suffisants, l'AGEFIPH n'utilise qu'une partie de ses fonds : 1,2 milliard de francs en 1992 sur 1,6 milliard collecté ! Un reliquat d'ailleurs fort convoité [2].

Malgré les critiques suscitées par la sous-utilisation de cet argent, l'association a le mérite de soutenir des actions concrètes, parfois tout à fait originales. Et, surtout, favorise-t-elle une synergie entre les acteurs puisqu'elle regroupe, dans chaque région, des patrons, des salariés et des associations représentant les handicapés [3]. Si la loi de 1987 n'a encore que trop faiblement suscité des embauches, elle a certainement bousculé les bonnes consciences et permis que les partenaires se rencontrent. Mais, trop souvent, hors de l'entreprise !

Laure Lasfargues

Source : *Actualités sociales hebdomadaires*, n° 1814, 8 janvier 1993.

1. Journées organisées les 9 et 10 décembre 1992 par le Comité national de coordination de l'action en faveur des personnes handicapées (CCAH) : 36, rue de Prony 75017 Paris. Cette association finance et accompagne des actions favorisant l'intégration des personnes handicapées physiques et mentales.

2. Voir ASH, n° 1805, du 6/11/92, p. 7.
3. Voir ASH, n° 1771, du 7/02/92, p. 21.

Document 11

LENTE PROGRESSION DE L'EMPLOI DES PERSONNES HANDICAPEES

L'Etat est tenu d'employer un quota de 6 % de travailleurs handicapés dès lors qu'une structure occupe plus de 20 agents.
Fin 2001, le taux d'emploi des personnes handicapées dans la fonction publique d'Etat représentait 4,33% des effectifs. Un taux qui reste donc trop bas, même si, depuis 1994, on observe sa progression lente mais certaine dans la fonction publique d'Etat (et ce dans l'ensemble des ministères). Rappelons que depuis la loi du 30 juin 1975 l'emploi des personnes handicapées est une obligation nationale. Elle est complétée par la loi n°87-517 du 10 juillet 1987 fixant l'obligation pour tout employeur, public ou privé, de maintenir ou intégrer des travailleurs handicapés dans ses effectifs.
Les concours demeurent la procédure d'accès de droit commun à la fonction publique. Toutefois, les personnes handicapées peuvent bénéficier d'aménagements d'épreuves proposés en fonction du handicap : temps de composition augmenté, utilisation d'un ordinateur, aide d'un secrétariat, locaux aménagés, etc. Dans la pratique, la principale difficulté à laquelle se heurtent les actifs atteints d'un handicap, reste d'être enfin regardées pour leurs compétences et non à cause de leur handicap.

La Revue de la M.P.F avril 2006.

Document 12

Droit du travail

Handicapés : encore de gros efforts à faire en matière de formation, d'emploi et de négociation collective

Le 3 mars, au cours de la réunion du Conseil supérieur pour le reclassement social et professionnel des travailleurs handicapés dont la composition vient d'être récemment élargie, Gérard Vanderpotte et Jean Marimbert ont présenté au ministre du Travail les principales conclusions de leurs groupes de travail. Le premier porte sur « le développement de la qualification des travailleurs handicapés par l'alternance en vue d'une intégration professionnelle durable », le second concerne « les accords de branche, d'entreprise ou d'établissement conclus dans le cadre des dispositions de la loi du 10 juillet 1987 en faveur de l'emploi des travailleurs handicapés ».

L'occasion pour Martine Aubry de déplorer que le taux d'emploi des handicapés, comparé au quota obligatoire de 6 % résultant de la loi de 1987, n'a atteint que 3,76 % en 1991 dans le secteur privé et semi-public (contre 3,6 % en 1988), ce qui représente 258 000 salariés handicapés. Et de souligner que des « progrès restent à accomplir » s'agissant, tout particulièrement, de la formation des personnes handicapées et de la négociation collective.

Concernant le développement de la formation en alternance des travailleurs handicapés, le rapport « Vanderpotte » se fonde sur un double constat : les travailleurs handicapés sont moins qualifiés que la moyenne des salariés (65 % d'entre eux n'ont pas le niveau V, c'est-à-dire BEP ou CAP) et ont moins accès à la formation en alternance. Aussi, le groupe de travail préconise que « toutes les composantes de la politique de l'emploi et de la formation professionnelle des handicapés s'inscrivent dans un objectif d'ensemble d'accès du plus grand nombre à l'emploi ordinaire » et fixe cinq axes d'action :

• faire évoluer les compétences des travailleurs handicapés employés en milieu ordinaire afin de favoriser le maintien dans l'emploi. A cet effet, il est proposé que la formation des travailleurs handicapés fasse l'objet d'un effort particulier du plan de formation continue dans l'entreprise ;

• développer une utilisation plus importante des dispositifs de la formation en alternance en encourageant notamment la conclusion de contrats d'insertion en alternance et plus particulièrement d'apprentissage. Mais également en incitant l'AGEFIPH à étendre le bénéfice de la prime de formation versée actuellement en cas de contrat d'apprentissage (15 000 F par année de formation) aux contrats de qualification ;

• aider les structures de travail protégé à participer à la production des compétences des travailleurs handicapés en vue de leur accès au milieu ordinaire de travail. Un droit au retour en milieu protégé serait aménagé en cas d'échec de l'intégration en milieu ordinaire ;

• permettre aux entreprises qui investissent dans la création ou le développement d'ateliers protégés de comptabiliser ces investissements comme modalité de l'obligation d'emploi. Tout comme le recours à des contrats de sous-traitance qui, au prorata du nombre de travailleurs handicapés employés, vaudrait libération de l'obligation d'emploi.

Ce manque de qualification serait l'une des causes de la faiblesse de la négociation collective en matière d'emploi des handicapés, selon le rapport de Jean Marimbert. Il constate que, compte tenu des difficultés rencontrées pour recruter des personnes handicapées, les entreprises craignent que les engagements arrêtés dans des accords ne puissent être respectés. C'est ainsi que seules deux branches (assurances et hospitalisation privée à but non lucratif) sur plus de 230 ont conclu des accords sur l'emploi des handicapés. Quant aux 74 accords d'entreprises et aux 15 accords d'établissements, ils concernent le plus souvent des grandes entreprises comme EDF-GDF qui a présenté, lors de la réunion du conseil, son second accord sur l'emploi des handicapés. Cet accord prévoit notamment l'embauche de 200 personnes handicapées sur 3 ans, l'octroi de 60 000 heures de formation qualifiantes par an aux personnes handicapées ne travaillant ni à EDF, ni à GDF pour faciliter leur embauche dans d'autres entreprises.

Malgré la « modestie de ces résultats », le rapport Marimbert a néanmoins « tenu à souligner l'attachement qu'il porte à la voie conventionnelle ». Et propose de rendre « plus stimulante » la négociation de branche en favorisant la conclusion d'accords cadre, relayés au niveau de l'entreprise, puis conclus au niveau de la branche. Par ailleurs, si l'idée d'une obligation annuelle de négocier en matière d'emploi des handicapés n'a pas été retenue, le rapport propose cependant que la négociation puisse être éclairée par la présentation d'un état des lieux préalable par l'employeur. Et que, d'une manière générale, la situation des branches professionnelles soit connue.

Quant au contenu des accords, l'ouverture du champ d'application de l'accord est souhaitée : il ne se limiterait plus aux seuls travailleurs handicapés reconnus par la COTOREP mais à l'ensemble des bénéficiaires de la loi de 1987. Le groupe de travail souligne, par ailleurs, l'importance d'engagements chiffrés et insiste pour que le plan de maintien dans l'emploi soit considéré comme essentiel dans l'appréciation portée par l'administration sur l'accord.

Source : *Actualités sociales hebdomadaires*, n° 1823, 12 mars 1993.

Document 13

Les employeurs territoriaux face à leur obligation d'insertion des personnes handicapées

Depuis les années 1970 (loi d'orientation du 30 juin 1975), l'insertion des personnes handicapées relève d'une obligation nationale de solidarité. Les textes successifs, aujourd'hui insérés dans différents codes, forment un ensemble cohérent de droits, de services, de prestations, de procédures et d'institutions couvrant les principaux aspects de la vie des personnes handicapées : emploi (loi du 10 juillet 1987), éducation (loi du 10 juillet 1989), accessibilité de différents lieux (loi du 13 juillet 1991).

■ La loi de modernisation sociale du 17 janvier 2002 a posé le principe d'un droit à compensation des conséquences du handicap et celle du 4 mars 2002, relative aux droits des malades et à la qualité du système de soins, a réaffirmé le droit de «toute personne handicapée, quelle que soit la cause de sa déficience, à la solidarité de l'ensemble de la collectivité nationale». Enfin, la France a adhéré à plusieurs textes européens et internationaux qui prohibent toute forme de discrimination du fait du handicap. Une réforme du 11 février 2005 a complété cet ensemble (loi n° 2005-102). Pour les employeurs locaux, elle institue principalement un fonds qui recueillera les contributions des collectivités de plus de 20 agents qui ne répondent pas à leur obligation d'emploi de 6 % de personnes handicapées.

Les trois objectifs de la réforme du 11 février 2005

L'effort de la nation en direction des handicapés, quel que soit le régime dont ils relèvent, représentait, en 2001, 1,7 % du PIB, soit 6,1 % des prestations de protection sociale. Près de 14 milliards d'euros étaient consacrés aux personnes handicapées relevant de la loi de 1975. Pourtant, le taux d'emploi des travailleurs handicapés stagne depuis plusieurs années autour de 4 % dans les entreprises et 5,12 % dans la fonction publique territoriale, donc à un niveau significativement inférieur à celui prévu par la législation.
La loi nourrit donc l'ambition de concrétiser l'égalité des droits et des chances des personnes handicapées selon trois axes :

✔ Garantir aux personnes handicapées le libre choix de leur projet de vie grâce à la compensation des conséquences de leur handicap et à un revenu d'existence favorisant une vie autonome digne. La compensation des conséquences du handicap renvoie aux prestations en nature ou en espèces, services d'accompagnement à la vie en milieu ordinaire ou en établissement. C'est pratiquement l'objet de la nouvelle prestation de compensation qui se substitue à l'allocation compensatrice tierce personne.
La question des moyens d'existence renvoie, quant à elle, au travail et à la solidarité nationale. Il s'agit pratiquement de mieux articuler l'allocation adultes handicapés octroyée aux invalides de 80 % et plus, avec des revenus d'activité. De même, les revenus versés en centres d'aide par le travail (CAT) identifient mieux l'aide de l'Etat et les revenus propres du handicapé, directement liés à son activité.

✔ Le second objectif de la loi vise une participation effective des personnes handicapées à la vie sociale, grâce à l'organisation de la cité autour d'un principe d'accessibilité généralisée. Il s'agit de l'école, de l'emploi des transports, du cadre bâti (particulièrement les établissements recevant du public) ou encore de la culture et des loisirs.
- Dans le secteur public, un fonds pour l'insertion professionnelle des personnes handicapées commun aux trois fonctions publiques est institué. Il doit recueillir la contribution des collectivités qui n'atteignent pas un taux d'emploi de 6 % de personnes handicapées.
- Dans les entreprises, le fonds équivalant au secteur public est géré par, l'association de gestion du fonds pour l'insertion professionnelle des personnes handicapées (AGEFIPH). Son intervention fait désormais l'objet d'une convention annuelle avec l'Etat. Rappelons que l'AGEPFIPH a notement permis la constitution d'un réseau favorisant le placement des personnes handicapées le réseau «Cap Emploi».
- Par ailleurs, la loi consacre la transformation des ateliers protégés en entreprises adaptées, en leur reconnaissant une place spécifique mais entière, dans le milieu de travail ordinaire. Par conséquent, le travail protégé, pour les handicapés qui ne peuvent pas travailler en milieu ordinaire de travail, relève spécifiquement des centres d'aide par le travail.

LA LETTRE DE L'EMPLOYEUR TERRITORIAL. N° 1007. 7 MARS 2006

✔ Le dernier axe de la loi du 11 février 2005 place la personne handicapée au centre des dispositifs qui la concernent, en substituant une logique de service à une logique administrative. La loi réunit donc l'ensemble des partenaires dans une instance départementale unique, la maison des personnes handicapées, qui peut être dotée d'antennes locales. Les personnes handicapées et leurs familles doivent y trouver l'accueil, l'information et les conseils nécessaires pour formaliser leurs demandes. Une équipe pluridisciplinaire prendra en compte les aspirations de la personne, évaluera ses aptitudes et ses besoins et proposera un plan personnalisé de compensation déterminant les décisions d'orientation et de financement. La maison des personnes handicapées assure le suivi de la mise en œuvre des décisions, l'accompagnement et les médiations éventuelles. À cette fin, un interlocuteur unique prend en charge les démarches complexes imposées aujourd'hui à la personne ou à sa famille.

Au sein de la maison départementale, la commission des droits et de l'autonomie des personnes handicapées regroupe la commission départementale d'éducation spéciale, la commission technique d'orientation et de reclassement professionnel (la COTOREP) et les sites pour la vie autonome. Cette organisation devrait éviter les dysfonctionnements en matière d'attribution de prestations et d'orientation, lors du passage des enfants à l'âge adulte. Elle devrait faciliter les décisions concernant la scolarisation, les études supérieures et l'orientation professionnelle.

Cette commission est composée notamment de représentants du département, des services de l'Etat, des organismes de protection sociale et des personnes qualifiées désignées par les associations. Elle siège soit en formations spécialisées, soit en formation plénière. Elle prend, sur la base de l'évaluation réalisée par l'équipe pluridisciplinaire et du plan de compensation proposé par celle-ci, les décisions d'ouverture des droits au bénéfice des personnes handicapées.

Les obligations de recrutement des personnes handicapées *(article L. 323-1 et article L. 323-2 du code du travail)*

L'obligation d'emploi des personnes handicapées (articles L. 323-1 à L. 323-8-8 du code du travail) procède de 4 idées principales :

✔ le remplacement d'une obligation de procédure par une obligation de résultats ;

✔ la fusion des législations sur les mutilés de guerre et les travailleurs handicapés ;

✔ l'association des partenaires sociaux à la politique de l'emploi des personnes handicapées ;

✔ l'extension de l'obligation de résultats au secteur public.

Ainsi, l'Etat et, lorsqu'ils occupent au moins 20 agents à temps plein (ou équivalent), ses établissements administratifs, les collectivités territoriales et leurs établissements publics administratifs et les hôpitaux, sont assujettis à une obligation d'emploi des travailleurs handicapés à hauteur de 6 % de leurs effectifs totaux. Les dispositions du code du travail relatives aux bénéficiaires, au calcul du taux d'emploi, aux prestations équivalentes leur sont alors applicables (articles L. 323-3, L. 323-4-1, L. 323-5, L. 323-8 du code du travail). La mise en œuvre de l'obligation fait l'objet, chaque année, d'un rapport présenté aux comités techniques paritaires (CTP) ou aux instances en tenant lieu. Un rapport est également adressé aux conseils supérieurs de la fonction publique de l'Etat, de la fonction publique territoriale et de la fonction publique hospitalière. Les employeurs territoriaux peuvent s'acquitter de leur obligation de 3 manières :

✔ en embauchant effectivement des bénéficiaires de l'obligation d'emploi ;

✔ en passant des contrats de fourniture de sous-traitance avec des établissements de travail protégé (ateliers protégés, centres d'aide par le travail ou centres de distribution de travail à domicile). Rappelons que l'équivalence, avec l'emploi de personnes handicapées, de la passation de contrats de fournitures, de sous-traitance ou de prestations de services résulte d'un quotient : prix hors taxes des fournitures, travaux ou prestations figurant au contrat - (coûts des matières premières, produits, matériaux, consommations et des frais de vente) / 3 000 fois le SMIC en vigueur au 31 décembre de l'année d'assujettissement à l'obligation d'emploi. Le contrat précise les éléments chiffrés nécessaires au calcul de la déduction. En outre, l'exonération ne peut pas être supérieure à la moitié du pourcentage légal, donc 3 % (articles R. 323-2 et 3 du code du travail).

✔ la collectivité peut enfin répondre à son obligation en versant une contribution à un fonds spécifique institué par la loi de février 2005.

En revanche, seules les entreprises peuvent s'acquitter partiellement (2 % de l'effectif total) de leur obligation en accueillant en stage des personnes handicapées au titre de la formation professionnelle.

La base de calcul des 6 % *(article L. 323-4-1 du code du travail)*

Depuis le 1er janvier 2006, pour le calcul du taux d'emploi de 6 %, l'effectif total de la collectivité est constitué de l'ensemble des agents rémunérés par chaque employeur au 1er janvier de l'année écoulée (donc 2005 pour cette année). Observons que la rédaction nouvelle intègre toutes les catégories d'emplois, y compris ceux dont on pourrait considérer qu'ils exigent des conditions d'aptitude physique particulières. Antérieurement, «les salariés occupant certaines catégories d'emplois exigeant de telles conditions d'aptitude» n'étaient pas décomptés dans les effectifs. Ces emplois faisaient l'objet d'une liste annexée à l'article D. 323-3 du code du travail. Dans les entreprises, 456 000 emplois relevant de ces catégories particulières étaient exclus des quelque 8 millions d'emplois des entreprises de 20 salariés assujetties à l'obligation d'emploi (soit 5,7 %). Mais, selon l'exposé des motifs du texte, «le maintien de l'exclusion de ces emplois n'aurait pas été compatible avec le principe de non-discrimination par ailleurs réaffirmé dans la loi. D'autre part, on observe, en pratique, que sur les 220 000 travailleurs handicapés en milieu ordinaire, plus de 13 000 occupent déjà des fonctions entrant dans le champ de ces catégories d'emplois».

L'effectif des bénéficiaires

Quant à l'effectif des bénéficiaires de l'obligation d'emploi, il est constitué de l'ensemble des personnes handicapées rémunérées par les employeurs (au sens des articles L. 323-3 et L. 323-5 du code du travail), au 1er janvier de l'année écoulée (soit 2005 pour l'année 2006).

Dans ces calculs, chaque salarié, à temps complet ou non-complet, compte pour une unité dans l'effectif de la collectivité. Bien que le texte ne le précise pas, le rapport du Sénat suggère que ce décompte s'applique (comme d'ailleurs pour les entreprises, articles L. 323-4 et 431-12 du code du travail), dès lors que l'agent a été présent 6 mois au cours des 12 derniers mois écoulés, quelles que soient la nature et la durée de son contrat de travail. Dans le cas contraire, le décompte s'effectuerait au *prorata temporis*. Relevons que ce décompte par personne a été étendu aux entreprises, qui ne bénéficient plus de la notion d'unité bénéficiaire, faisant l'objet, après une conversion en équivalent temps plein, d'un mécanisme complexe de majorations. Il visait à prendre en compte le niveau d'employabilité des personnes recrutées (âge, importance du handicap) et l'effort de l'employeur pour permettre leur insertion (durée et nature du contrat offert), de sorte que la personne handicapée comptait en moyenne pour 1,38 unités dans les entreprises.

Le taux d'emploi correspond donc à l'effectif des handicapés employés, rapporté à l'effectif total de la collectivité.

Les bénéficiaires de l'obligation d'emploi

■ La notion de personnes handicapées, donc bénéficiaires de l'obligation d'emploi, recouvre une douzaine de situations.

1° Les travailleurs reconnus handicapés par la commission technique d'orientation et de reclassement professionnel (COTOREP) (article L. 146-9 du code de l'action sociale et des familles). La COTOREP avait pour mission de classer les handicapés en catégories A, B ou C - selon que le handicap était léger (A), modéré (B) ou grave (C) - en fonction des capacités professionnelles de la personne et de l'emploi proposé. Le classement influait principalement sur le nombre d'«unités bénéficiaires» pour l'obligation d'emploi. Une personne classée en catégorie B justifiait une demi-unité supplémentaire et une unité et demie en catégorie C. Avec la suppression de ce mécanisme, le classement des travailleurs handicapés par les COTOREP n'avait plus de raison d'être et a donc été supprimé ;

2° Les victimes d'accidents du travail ou de maladies professionnelles ayant entraîné une incapacité permanente au moins égale à 10 % et titulaires d'une rente attribuée au titre du régime général de sécurité sociale ou de tout autre régime de protection sociale obligatoire ;

3° Les titulaires d'une pension d'invalidité après une maladie, attribuée au titre du régime général de sécurité sociale ou de tout autre régime de protection sociale obligatoire. L'invalidité doit réduire au moins des 2/3 la capacité de travail ou de gain des intéressés ;

4° Les anciens militaires et assimilés, titulaires d'une pension militaire d'invalidité au titre du code des pensions militaires d'invalidité et des victimes de guerre ;

5° Les veuves de guerre non remariées, titulaires d'une pension au titre du même code, dont le conjoint militaire ou assimilé, est décédé des suites d'une blessure ou d'une maladie imputable à un service de guerre ou alors qu'il était en possession d'un droit à pension militaire d'invalidité, d'un taux au moins égal à 85 % ;
6° Les orphelins de guerre âgés de moins de 21 ans et les mères veuves non remariées ou les mères célibataires, dont, respectivement, le père ou l'enfant, militaire ou assimilé, est décédé des suites d'une blessure ou d'une maladie imputable à un service de guerre ou alors qu'il était en possession d'un droit à pension d'invalidité d'un taux au moins égal à 85 % ;
7° Les veuves de guerre remariées ayant au moins un enfant à charge issu du mariage avec le militaire ou assimilé décédé, lorsque ces veuves ont obtenu ou auraient pu obtenir, avant leur remariage, une pension comme veuve de guerre non remariée ;
8° Les femmes d'invalides internés pour aliénation mentale imputable à un service de guerre, si elles bénéficient de l'article L. 124 du code des pensions militaires d'invalidité ;
9° Les titulaires d'une allocation ou d'une rente d'invalidité attribuée après un accident ou une maladie, contracté en service comme sapeurs-pompiers volontaires (loi n° 91-1389 du 31 décembre 1991) ;
10° Les titulaires d'une carte d'invalidité (article L. 241-3 du code de l'action sociale et des familles) ;
11° Les titulaires de l'allocation aux adultes handicapés.
Sur cette liste, les 2 dernières hypothèses, rajoutées par la loi, sont prises en compte depuis le 1er janvier 2006.

La situation particulière de certains bénéficiaires *(article L. 323-5 du code du travail)*

Dans les collectivités locales, les titulaires d'un emploi réservé (chapitre IV du titre III du livre III du code des pensions militaires d'invalidité et des victimes de guerre) sont pris en compte pour le calcul du nombre de bénéficiaires de l'obligation d'emploi de 6 %.
Il en est de même, spécifiquement pour la fonction publique :

✔ des agents reclassés pour inaptitude physique (articles 81 à 85 de la loi n° 84-53 du 26 janvier 1984). Rappelons que ce reclassement ouvre aux intéressés l'accès à des cadres d'emploi, emplois ou corps d'un niveau supérieur, équivalent ou inférieur. À niveau égal ou supérieur, l'accès s'effectue selon le droit commun des statuts particuliers (concours, contrats handicapés, promotion interne, articles 36, 38 et 39 de la loi du 26 janvier 1984), nonobstant les limites d'âge. L'accès à un niveau hiérarchique inférieur s'effectue au premier grade du nouveau cadre d'emplois, compte tenu des services accomplis dans le cadre d'origine, sur la base de l'avancement dont les agents auraient bénéficié s'ils avaient accompli ces services dans leur nouveau cadre d'emplois. Les services ainsi valorisés sont assimilés à des services effectifs dans le corps d'accueil. Le reclassement à niveau équivalent ou inférieur peut également s'appuyer sur le détachement. Après une année, le fonctionnaire définitivement inapte peut demander son intégration dans le cadre d'emploi, emploi ou corps de détachement. Dans tous les cas, s'il se trouve classé à un échelon doté d'un indice inférieur à celui qu'il détenait dans son grade d'origine, il en conservera le bénéfice jusqu'au jour où il aura rattrapé son ancienne situation. La charge financière résultant de cet avantage indiciaire incombe au centre de gestion auquel la collectivité ou l'établissement est affilié, le cas échéant.

✔ le bénéfice d'une allocation temporaire d'invalidité (ATI) est également retenu au titre de l'insertion des handicapés (article L. 417-8 du code des communes, article 119 de la loi n° 84-53 du 26 janvier 1984 et décret n° 2005-442 du 2 mai 2005). Rappelons que son attribution est liée à une invalidité permanente résultant :
a) soit d'un accident de service ayant entraîné une incapacité permanente d'un taux au moins égal à 10 % ;
b) soit d'une maladie d'origine professionnelle figurant sur un tableau (article L. 461-2 du code de la sécurité sociale) ;
c) soit d'une maladie reconnue d'origine professionnelle dans certaines conditions (alinéas 3 et 4 de l'article L. 461-1 du code de la sécurité sociale). Si,

en effet, une ou plusieurs conditions tenant au délai de prise en charge, à la durée d'exposition ou à la liste limitative des travaux n'étaient pas remplies, la maladie désignée dans un tableau pourra néanmoins être reconnue d'origine professionnelle. Elle devra être directement causée par le travail habituel de la victime. Il en va de même de la maladie caractérisée non désignée dans un tableau de maladies professionnelles, mais essentiellement et directement causée par le travail habituel de la victime. Elle devra avoir entraîner son décès ou une incapacité permanente d'un taux au moins égal à 25 % (article R. 461-8 du code de la sécurité sociale).
Les fonctionnaires relevant d'une maladie professionnelle ne peuvent bénéficier de l'ATI que si l'affection contractée est susceptible de leur ouvrir droit à une rente dans le régime général de sécurité sociale.
La demande d'allocation doit, à peine de déchéance, être présentée dans l'année qui suit la reprise des fonctions après la consolidation de la blessure ou de l'état de santé. Lorsque le fonctionnaire n'a pas interrompu son activité, atteint la limite d'âge ou est radié des cadres avant de pouvoir reprendre ses fonctions, le droit à l'allocation peut lui être reconnu. La demande d'allocation doit être présentée dans l'année suivant la date de consolidation de l'état de santé. Cette date est fixée par la commission de réforme, comme d'ailleurs l'imputabilité de la maladie ou de l'accident au service, lorsqu'il donne lieu à l'attribution d'un congé au titre du régime de réparation des accidents de service. À défaut, un médecin assermenté est compétent pour statuer sur l'imputabilité.
Le montant de l'allocation temporaire est fixé à la fraction de traitement brut afférent à l'indice 100 correspondant au taux d'invalidité (articles 1er du décret n° 48-1108 du 10 juillet 1948 et 7 du décret n° 85-1148 du 24 octobre 1985).
Le taux d'invalidité est déterminé compte tenu du barème indicatif prévu à l'article L. 28 du code des pensions civiles et militaires de retraite.
Dans le cas d'aggravation d'infirmités préexistantes, le taux à retenir est apprécié par rapport à la validité restante du fonctionnaire.

Le fonds d'insertion des handicapés, commun aux trois fonctions publiques *(article L. 323-8-6-1 du code du travail)*

Les employeurs publics bénéficiaient d'un champ élargi des bénéficiaires potentiels. Mais, les modalités pour s'acquitter de leur obligation d'emploi des handicapés étaient plus restrictives que celles accordées aux employeurs privés : la signature d'un accord collectif, l'accueil de stagiaires handicapés de la formation professionnelle et le versement d'une contribution à un fonds (l'AGEFIPH) ne leur étaient pas accessibles.
Pour remédier à cette situation, la loi crée, au 1er janvier 2006, un fonds commun aux trois fonctions publiques reposant sur un système contributif analogue à celui des entreprises, géré par un établissement public sous la tutelle de l'Etat. Ce fonds est réparti en trois sections étanches de l'Etat, territoriale et hospitalière, destinées à recueillir les contributions des employeurs de chacune des 3 fonctions publiques et à financer des actions réalisées à leur initiative. L'exposé des motifs du projet de loi précise que «cette organisation doit permettre à chaque catégorie d'employeurs d'être assurée de bénéficier de financements à hauteur des contributions versées». Des actions communes aux trois fonctions publiques pourront toutefois être financées, sous réserve de l'accord des employeurs concernés et d'un partage des frais entre chacune des trois sections.
Ce fonds doit favoriser l'insertion professionnelle des personnes handicapées, la formation et l'information des agents. Un comité national, composé de représentants des employeurs, des personnels et des personnes handicapées, définit, notamment, les conditions générales d'utilisation du fonds par des comités locaux. Il établit un rapport annuel, soumis aux conseils supérieurs, ainsi qu'au Conseil national consultatif des personnes handicapées. Les modalités d'application de ce nouveau dispositif seront précisées par décret.

Les ressources du fonds

Les contributions des employeurs qui n'atteignent pas les 6 % requis par la loi financeront le fonds. Elles résulteront du taux d'emploi de personnes handicapées et des sommes affectées à des mesures d'insertion professionnelle, rapportés aux effectifs employés. Comme dans le secteur privé, le montant de la cotisation pourra pénaliser les employeurs les plus importants, qui ont le plus de facilités pour reclasser des personnes handicapées. Pratiquement, la contribution est calculée en fonction du nombre d'unités manquantes, constatées au 1er janvier de l'année écoulée (2005 pour 2006).

✔ Le nombre d'unités correspond à la différence entre le nombre total de personnes rémunérées par l'employeur, auquel est appliquée la proportion de 6 %, arrondi à l'unité inférieure, et celui des bénéficiaires de l'obligation d'emploi effectivement rémunérés.

✔ Il est réduit d'un nombre d'unités égal au quotient suivant : (montant des dépenses réalisées au titre de contrats de fourniture de sous-traitance et de prestations de service + celles affectées à des mesures adoptées en vue de faciliter l'insertion professionnelle des personnes handicapées dans la fonction publique) / traitement brut annuel minimum servi à un agent occupant à temps complet un emploi public au 31 décembre de l'année écoulée.

✔ Le nombre d'unités est également réduit pour tenir compte de l'effort de l'employeur pour accueillir ou maintenir dans l'emploi des personnes lourdement handicapées.

✔ Le montant de la contribution est égal au nombre d'unités manquantes, multiplié par un montant unitaire (4 800 € probablement). Toutefois, la montée en charge de la contribution s'effectuera progressivement sur 5 années (de 20 % en 2006 à 100 % en 2010). Rappelons, dans les entreprises, que la contribution tient compte de l'effort consenti en matière de maintien dans l'emploi ou de recrutement direct des bénéficiaires de l'obligation d'emploi. Notamment ceux pour lesquels le directeur départemental du travail, de l'emploi et de la formation professionnelle, après avis éventuel de l'inspection du travail, a reconnu la lourdeur du handicap ou les bénéficiaires rencontrant des difficultés particulières d'accès à l'emploi. Les modalités de calcul de la contribution, qui ne peut excéder la limite de 600 fois le SMIC horaire par bénéficiaire non employé, sont fixées par décret. Dans les entreprises qui n'ont occupé aucun bénéficiaire de l'obligation d'emploi, passé aucun contrat de fourniture ou appliqué aucun accord collectif pendant plus de 3 ans, la limite de la contribution est portée à 1 500 fois le SMIC horaire.

Les obligations matérielles des employeurs publics

■ Pour le 30 avril au plus tard de chaque année, les collectivités locales déposent, auprès du comptable du Trésor public, une déclaration annuelle accompagnée du paiement de leur contribution. Le contrôle de la déclaration annuelle est effectué par le gestionnaire du fonds (probablement la Caisse-des-dépôts). A défaut de déclaration et de régularisation dans le délai d'un mois suivant une mise en demeure adressée par le même gestionnaire, l'employeur est présumé ne pas répondre à son obligation d'emploi. Le montant de la contribution est alors calculé en retenant la proportion de 6 % de l'effectif total rémunéré, de sorte que la contribution maximale sera appliquée. Dans cette situation ou dans les cas de défaut de paiement ou de paiement insuffisant, le gestionnaire émet un titre exécutoire, recouvré par le comptable du Trésor selon les règles applicables au recouvrement des créances étrangères à l'impôt et au domaine.

L'utilisation du fonds

La loi retient une définition très large des actions auxquelles le fonds peut contribuer, puisqu'il s'agit des "actions réalisées sur l'initiative des employeurs" dans la limite de son objet, "favoriser l'insertion professionnelle des personnes handicapées au sein des trois fonctions publiques". L'exposé des motifs de la loi évoque :

- l'accompagnement et la sensibilisation des employeurs à l'insertion des personnes handicapées ;
- l'aménagement des postes de travail ;
- l'aménagement des moyens de transport utilisés par les personnes handicapées, pour rejoindre leur lieu de travail ;
- des actions de formation ou d'information à destination des personnes handicapées ou des personnels ;
- des outils de recensement des bénéficiaires de l'obligation d'emploi ;
- le versement de subventions à des organismes contribuant, par leur action, à l'insertion professionnelle des personnes handicapées dans la fonction publique ;

- la réalisation d'études et les frais de gestion du fonds. Un comité national définira les règles générales d'utilisation du fonds et la répartition locale des crédits. Une organisation déconcentrée permettra de sélectionner les projets à financer et de bâtir un programme annuel d'actions. Observons que le texte a préféré un instrument dédié à la fonction publique, au lieu d'élargir la mission de l'AGEFIPH, centrée sur les entreprises. Pour la commission des lois au Sénat, rien ne s'opposait, juridiquement, à un regroupement de tous les employeurs publics et privés sous l'égide d'une AGEFIPH transformée en établissement public. Il semble que le gouvernement ait privilégié un dispositif incitant les employeurs publics à développer des synergies entre eux : l'agrément des demandes de financement devrait être décidé par des structures constituées au niveau local, au sein desquelles seront réunis des employeurs des trois fonctions publiques. Au-delà de ces seules décisions d'agrément, leurs travaux et réflexions pourront favoriser des actions communes : bourses d'emplois, actions de formation et d'information, constitution ou renforcement d'un réseau de référents locaux. En complément de ces dispositions financières, la loi de février 2005 comporte plusieurs mesures favorisant les conditions d'emploi des handicapés.

La lutte contre les discriminations à l'embauche

Le principe de non-discrimination dans l'emploi de personnes handicapées figure déjà dans la législation française. Elle ne répondait cependant pas totalement aux exigences communautaires (directive 2000/78/CE du Conseil du 27 novembre 2000).

Cette directive stipule en effet que les Etats membres doivent prévoir des "aménagements à l'égard des personnes handicapées". Les employeurs doivent prendre "des mesures appropriées, en fonction des besoins d'une situation concrète, pour permettre à une personne handicapée d'accéder à un emploi, de l'exercer et d'y progresser, ou pour qu'une formation lui soit dispensée, sauf si ces mesures imposent à l'employeur une charge disproportionnée".

La loi introduit donc cette notion, y compris en matière d'horaire, dans le code du travail et dans la loi n° 83-634 du 13 juillet 1983. Ces mesures font l'objet d'un bilan tant auprès des CTP (art 35 bis de la loi du 26 janvier 1984), que du CSFPT et du Parlement (article 23 de la loi du 13 juillet 1983).

Rappelons que le projet de loi sur la formation professionnelle donne la possibilité aux personnes handicapées de bénéficier d'actions spécifiques permettant de rétablir l'égalité en matière de formation professionnelle.

Pratiquement, la qualité de fonctionnaire est subordonnée à plusieurs conditions essentielles : la nationalité française, la jouissance des droits civiques, l'absence de mentions portées au bulletin n° 2 du casier judiciaire, incompatibles avec l'exercice des fonctions, une position régulière au regard du code du service national (articles 5, 6 sexies et 23 bis de la loi n° 83-634 du 13 juillet 1983).

S'y ajoute une exigence d'aptitude physique aux fonctions. La loi précise désormais, explicitement, que cette condition s'apprécie compte tenu des possibilités de compensation du handicap, susceptibles de rendre l'exercice de la fonction compatible avec la déficience du candidat.

Plus généralement, les employeurs doivent prendre, en fonction des besoins et des situations, les mesures appropriées pour permettre aux personnes reconnues handicapées d'accéder à un emploi ou de conserver un emploi correspondant à leur qualification, de l'exercer et d'y progresser. Les mesures doivent également assurer une formation adaptée à leurs besoins, sous réserve que les charges consécutives à la mise en œuvre de ces mesures ne soient pas disproportionnées, notamment compte tenu des aides qui peuvent compenser, en tout ou partie, les dépenses supportées à ce titre par l'employeur.

Les bénéficiaires de ces garanties

Ces mesures s'adressent aux personnes reconnues handicapées par la COTOREP, aux victimes d'accidents du travail ou de maladies professionnelles ayant entraîné une incapacité permanente au moins égale à 10 % et titulaires d'une rente attribuée au titre d'un régime de protection sociale obligatoire, aux titulaires d'une pension d'invalidité attribuée au titre du régime général de sécurité sociale ou des dispositions régissant les agents publics. L'invalidité des intéressés doit réduire au moins des 2/3, leur capacité de travail ou de gain. S'y ajoutent les anciens militaires et assimilés, titulaires d'une pension militaire d'invalidité au titre du code des pensions militaires d'invalidité, les titulaires d'une allocation ou d'une rente d'invalidité attribuée comme sapeur-pompier volontaire, à la suite d'un accident ou d'une maladie contractée en service et les titulaires de l'allocation adulte handicapé (article L. 323-3 du code du travail 1°, 2°, 3°, 4°, 9°, 10° et 11°).

Conséquence de cette obligation, le gouvernement dépose, chaque année, sur le bureau des assemblées parlementaires, un rapport, établi après avis des conseils supérieurs de la fonction publique de l'Etat, de la fonction publique territoriale et de la fonction publique hospitalière, sur la situation de l'emploi des personnes handicapées dans chacune des trois fonctions publiques. Chaque employeur fait localement un rapport au comité technique paritaire sur l'emploi des personnes handicapées (article 35 bis de la loi n° 84-53 du 26 janvier 1984).

Un assouplissement du dispositif des concours (article 35 de la loi n° 84-53 du 26 janvier 1984)

Un candidat ayant fait l'objet d'une orientation en milieu ordinaire de travail par la commission des droits et de l'autonomie des personnes handicapées (article L. 146-9 du code de l'action sociale et des familles) ne peut être écarté, en raison de son handicap, d'un concours ou d'un emploi de la fonction publique ; sauf si son handicap a été déclaré incompatible avec la fonction postulée, à la suite de l'examen médical destiné à évaluer son aptitude à l'exercice de sa fonction. De même, les limites d'âge supérieures fixées pour l'accès aux emplois des collectivités et établissements ne sont pas opposables aux personnes reconnues handicapées au sens de la loi du 13 juillet 1983 (personnes handicapées COTOREP, victimes d'accidents, invalides, sapeurs-pompiers volontaires...).

Les personnes qui ne relèvent plus de l'une de ces catégories peuvent bénéficier d'un recul de limite d'âge égal à la durée des traitements et soins qu'elles ont eu à subir lorsqu'elles en relevaient. Cette durée ne peut excéder 5 années.

Plus généralement, des dérogations aux règles normales de déroulement des concours et des examens sont prévues afin, notamment, d'adapter la durée et le fractionnement des épreuves aux moyens physiques des candidats ou de leur apporter les aides humaines et techniques nécessaires, précisées par eux au moment de leur inscription. Des temps de repos suffisants sont notamment accordés à ces candidats, entre 2 épreuves successives, de manière à leur permettre de composer dans des conditions compatibles avec leurs moyens physiques.

Le recrutement sans concours des handicapés (article 38 de la loi n° 84-53 du 26 janvier 1984)

Les personnes reconnues handicapées au sens de la loi du 13 juillet 1983 bénéficient, en outre, d'un dispositif d'embauche, qui ne s'impose pas aux employeurs, tenus seulement au respect du quota de 6 % et non aux modalités de leur emploi dans la fonction publique. Il permet aux collectivités locales de conclure un contrat dans les emplois de catégories A, B et C. Sa durée correspond désormais à la durée de stage prévue par le statut particulier du cadre d'emplois dans lequel les personnes handicapées ont vocation à être titularisées. Le contrat est renouvelable, pour une durée qui ne peut excéder la durée initiale de l'engagement. À l'issue de cette période, les intéressés sont titularisés de plein droit, sous réserve qu'ils remplissent les conditions d'aptitude pour l'exercice de la fonction.

Rappelons que les candidats de catégories A, B et C doivent justifier des diplômes ou du niveau d'études exigés des candidats aux concours externes. Ceux qui possèdent un autre diplôme que celui exigé par les statuts particuliers et peuvent justifier d'un niveau équivalent, du fait de leur formation continue ou de leur expérience professionnelle, éventuellement validée, peuvent déposer leur candidature auprès d'une commission. Elle vérifiera, au vu de leur dossier, qu'ils possèdent le niveau requis. En catégorie C, cette évaluation est réalisée par l'employeur.

Au terme du contrat, l'appréciation de l'aptitude professionnelle de l'agent est effectuée par son employeur, au vu du dossier de l'intéressé, après un entretien de celui-ci avec la commission, pour les

catégories A et B. Si l'agent est apte à exercer les fonctions, l'autorité territoriale procède à sa titularisation, après avis de la commission administrative paritaire. Dans le cas contraire, le contrat peut, le cas échéant, être renouvelé, dans des conditions proches d'un stage.
Ce mode de recrutement n'est pas ouvert aux personnes qui ont la qualité de fonctionnaire.

Les garanties en matière de mobilité

En cas de mutation (art. 54, 60 bis et 60 quinquies de la loi n°84-53 du 26 janvier 1984), les demandes concernant les fonctionnaires handicapés, au sens de la loi du 13 juillet 1983, sont examinées en priorité. Les fonctionnaires handicapées rejoignent, sur ce plan, les agents séparés de leur conjoint pour des raisons professionnelles ou du partenaire avec lequel ils sont liés par un pacte civil de solidarité.
Dans le même esprit et dans toute la mesure compatible avec le bon fonctionnement du service, l'employeur fait bénéficier en priorité le handicapé des positions de détachement et, le cas échéant, de la mise à disposition. De même, une autorisation d'accomplir un service à temps partiel est accordée de plein droit aux fonctionnaires handicapés, après avis du médecin du service de médecine professionnelle et préventive. L'autorisation est octroyée selon les quotités de 50 %, 60 %, 70 % et 80 %.
Enfin, des aménagements d'horaires, propres à faciliter un exercice professionnel ou le maintien du fonctionnaire handicapé dans son emploi, lui sont accordés à sa demande, dans toute la mesure compatible avec les nécessités du fonctionnement du service.
Des aménagements d'horaires sont également accordés, aux mêmes conditions et à sa demande, à tout fonctionnaire pour lui permettre d'accompagner une personne handicapée. Elle doit être son conjoint, son concubin, la personne avec laquelle il a conclu un pacte civil de solidarité, un enfant à charge, un ascendant ou une personne accueillie à son domicile et qui requiert la présence d'une tierce personne.

Étude du sujet

Note de synthèse	Note administrative
La consigne est claire : il s'agit de faire la synthèse des documents d'un dossier portant sur la situation des handicapés en France. Cette dernière indication vous permettra d'éliminer, s'il y en a dans ce dossier, les documents évoquant la situation des handicapés à l'étranger. Par ailleurs, le caractère « généraliste » du mot « situation » sous-entend que tous les aspects évoqués dans ce dossier devront être abordés. Aucun plan n'est ici suggéré.	La mise en situation, votre grade, le nom de la collectivité qui vous emploie sous-entendent un certain formalisme qu'il conviendra de respecter sauf, bien sûr, indications contraires le jour du concours. L'indication du nombre d'habitants et de celui des agents de la ville va peut-être avoir des conséquences sur le raisonnement. Il faudra donc garder ces précisions présentes à l'esprit tout au long de l'étude du dossier. La consigne ne pose pas de problème particulier, simplement elle est un peu limitative : ce qui intéresse votre chef de service est ce qui se passe dans la fonction publique territoriale. Il sera donc tout à fait inutile de vous perdre dans des digressions concernant la fonction publique d'État ou hospitalière (si le dossier évoque ces aspects). Enfin, cette consigne ne vous donne aucune indication pour l'élaboration de votre plan : celui-ci sera donc déterminé après le survol des documents (ou, au plus tard, après la lecture approfondie).

Le travail à effectuer ayant ainsi été tracé, il convient maintenant de passer à l'étape suivante : l'étude du dossier.

Étude du dossier

Elle commence par la lecture de la liste des pièces fournies dans le dossier pour, au besoin, la compléter, comme cela vous a été expliqué. La nature des documents va déjà vous donner une indication sur la « tonalité » générale du dossier : s'agit-il d'extraits de lois, de décrets, de jurisprudence, d'articles de presse, nationale, spécialisée... ?

Dans le cas présent, il s'agit d'un ensemble de treize documents variés représentant une bonne trentaine de pages.

Votre attention doit toutefois être attirée très rapidement par les dates de ces documents : 1988 - 1993 - 2000 - 2005/2006. Immédiatement, vous devez vous demander : les documents les plus anciens sont-ils toujours d'actualité ? Particulièrement pour la note administrative, les plus récents n'ont-ils pas modifié les plus anciens ? Cette répartition temporelle permet-elle de faire ressortir une (ou des) évolution(s) ?

Il est alors possible de procéder à la lecture de survol ; cette lecture d'orientation doit aboutir à un ordre rationnel de lecture plus approfondie, en éliminant les documents parasites, sans rapport direct avec la consigne.

Ce doit être également le moment de repérer tous les thèmes et sous-thèmes qui vont vous permettre d'élaborer un plan détaillé répondant bien à la consigne.

Toutes ces « aspérités » des documents vous serviront à établir la grille de recueil des données que vous remplirez lors de la lecture plus approfondie.

La lecture sélective

Document 1

« Personnes handicapés : citoyens avant tout », *La Gazette* du 13 mars 2006.

Intégration des handicapés dans la cité : peu de choses existent ; une loi du 11 février 2005 impose des obligations aux collectivités locales dans plusieurs domaines :
– concertation / participation ;
– accessibilité des locaux (bureaux de vote), adaptation des outils de communication (Internet) ;
– culture, sports et loisirs des handicapés ;
– priorité à l'emploi : principe de la sanction financière en cas de non-recrutement pour les secteurs privé comme public.

Des exemples sont donnés de plusieurs communes qui ont déjà imaginé des actions dans ces domaines et dans d'autres (rubrique initiatives locales).

Ce document est utilisable pour la note de synthèse, de même que pour la note administrative, mais seulement en ce qui concerne les deux dernières pages.

Document 2

« Mieux intégrer les personnes handicapées », *La Gazette* du 19 décembre 2005.

L'encadré placé en haut de la 1ère page donne un résumé du contenu de la loi n° 2005-102 du 11 février 2005, évoquée dans le document 1 : l'obligation d'emploi de personnes handicapées dans les collectivités se traduira par des sanctions pour celles qui ne la rempliront pas.

Ce document concerne plus la note administrative.

Document 3

« Le refus de se déclarer travailleur handicapé peut justifier un licenciement » (*La Lettre de l'employeur territorial* du 25 avril 2006).

Le titre résume l'article : il s'agit d'un jugement de la Cour administrative d'appel de Paris du 30 novembre 2005. Ce document concerne à la fois la note de synthèse et la note administrative.

Document 4

« Le quotidien des handicapés dans la FPT » (*La Gazette* du 4 décembre 2000).

L'article est surtout constitué de témoignages de personnes handicapées.
Il concerne *a priori* la note administrative mais attention à la date du document : il faudra vérifier si la législation en vigueur est encore valable.

Document 5

« Emploi des travailleurs handicapés : l'objectif à la portée d'un effort » (*Les Cahiers de la Fonction publique*, juillet-août 2000).

La note de synthèse et la note administrative paraissent concernées par ce document dont l'absence de titres de paragraphes rend un peu difficile la première approche. Ici encore, attention à la date : depuis 2000, « l'effort » en question a – peut-être – été fait (ou non).

Document 6

« Les recrutements de personnes handicapées dans la fonction publique sensiblement inférieurs à l'obligation d'emploi de 6 % des effectifs » (*La Lettre de l'employeur territorial*, 13 juillet 2000).

Le titre révèle bien ce que contient l'article (réponse à une question écrite posée par un sénateur) mais, encore une fois, attention à la date.

Ce document, utile aux deux notes, permettra peut-être de mesurer une évolution dans ce domaine.

Document 7

« Le gouvernement présente un plan pour améliorer l'intégration des handicapés » (*Le Monde*, 27 janvier 2000).

La lecture du chapeau de l'article, figurant en gras au-dessous du titre, permet de voir que ce document concerne essentiellement la note de synthèse. Il faudra tenir compte de sa date.

Document 8

« Le décret sur l'accessibilité des bâtiments enfin paru » (*Le Moniteur*, 18 mai 2006).

Le premier paragraphe indique que ce document sera utile aux deux notes.

Document 9

« Handicapés : obligation d'emploi » (*Actualités sociales hebdomadaires*, 22 avril 1988).

La date de cet article montre que le problème posé est relativement ancien : c'est un élément qui devra être pris en considération dans la note de synthèse. Il en sera de même pour la note administrative mais la réglementation édictée n'est sans doute plus en vigueur dans les mêmes termes.

Document 10

« L'emploi des handicapés : lenteurs et résistances » (*Actualités sociales hebdomadaires*, 8 janvier 1993).

L'encadré placé en haut à gauche (en italiques) donne la « tonalité » générale de l'article qui date de... 1993 ! Sans doute, pour la note de synthèse, faudra-t-il s'interroger sur les raisons pour lesquelles de nouvelles lois ont dû être promulguées...

La lecture des titres et des sous-titres montre que ce document est de peu d'intérêt pour la note administrative.

Document 11

« Lente progression de l'emploi des personnes handicapées » (*La Revue de la MPF*, avril 2006).

Ce court article donne des indications de « tendance » datant de 2006, utilisables pour les deux notes.

Document 12

« Handicapés : encore de gros efforts à faire en matière de formation, d'emploi et de négociation collective » (*Actualités sociales hebdomadaires*, 12 mars 1993).

Un document ancien dont le titre est à rapprocher de celui du document 5 (qui, lui, datait de 2000...) et qui concerne plus la note de synthèse.

Document 13

« Les employeurs territoriaux face à leur obligation d'insertion des personnes handicapées » (*La Lettre de l'employeur territorial*, 7, 14 et 21 mars 2006).

Les titres et sous-titres de ce document de neuf pages montrent qu'il sera d'abord utile à la rédaction de la note administrative, même si quelques éléments pourront être introduits dans la note de synthèse.

Le tri des documents en fonction du sujet

Cette lecture sélective vous a ainsi permis de « faire le tri » en fonction de la consigne :
– soit pour la note de synthèse dans laquelle il conviendra de reprendre, d'une façon synthétique, toutes les informations des documents portant sur le thème de la situation des handicapés en France ;
– soit pour la note administrative, en privilégiant les documents vous permettant de « faire le point sur le recrutement des handicapés dans la fonction publique territoriale ».

C'est ainsi que pour la note de synthèse, les documents détaillés concernant les recrutements de handicapés dans la fonction publique territoriale auront un caractère secondaire, alors que pour la note administrative, ils constitueront un élément essentiel de l'étude à mener.

En définitive, cette lecture sélective a permis d'effectuer un premier tri indiquant le nombre de documents à examiner plus en détail.

N° des documents	Nombre de pages	Utile pour la note de synthèse	Utile pour la note administrative
1	7	X	X (2p)
2	2		X
3	1	X	X
4	3		X
5	2	X	X
6	1	X	X
7	1	X	
8	1	X	X
9	2	X	
10	2	X	
11	1	X	X
12	1	X	
13	9		X
Totaux	33	19	22

Par exemple, le document 1, choisi comme « document-pivot », contient beaucoup de renseignements utiles pour les deux notes, mais de façon différenciée. En effet, le sujet de la première note porte sur la rédaction « d'une note de synthèse sur la situation des handicapés en France ». Il s'agit bien là d'une note concernant la situation des handicapés en France, « en général ».

Le sujet de la seconde note est, lui, plus « ciblé » : « ... une note faisant le point sur le recrutement des handicapés dans la fonction publique territoriale. » En conséquence, seuls les renseignements contenus dans le dossier et ayant trait au recrutement des handicapés seront à prendre en considération. Qui plus est, il s'agit des recrutements dans la fonction publique territoriale, ce qui exclut donc ceux du secteur privé, de la fonction publique d'État et de la fonction publique hospitalière.

C'est pourquoi, par exemple :
- le document 1 est à prendre en considération dans sa totalité pour la note n° 1, alors que seules les deux dernières pages intéressent directement la note n° 2 ;
- le document 2 sera utile pour la note n° 2, plus spécialisée, alors qu'il est inutile pour la note de synthèse ;
- le document 7 sera intéressant pour la note de synthèse mais absolument pas pour la note administrative, etc.

Ainsi, tous les documents ne sont pas utiles à exploiter pour la rédaction des deux notes. Certains ne seront utiles que pour l'une ou l'autre, d'autres le seront pour les deux, etc.

Enfin il n'y a pas, dans ce dossier, de documents réellement parasites n'ayant aucun rapport ni aucun lien avec le thème. Simplement certains d'entre eux, anciens, sont peut-être obsolètes : il faudra y veiller.

L'ordre de lecture sera lui aussi différent, selon qu'il s'agit de la note de synthèse ou de la note administrative. De même que le plan, bien évidemment, et le devoir rédigé.

C'est pourquoi nous vous proposons dans un premier temps d'examiner le cheminement propre à la note de synthèse et, dans un second temps, celui de la note administrative.

L'ordre des documents à lire (pour la note de synthèse)

Le document à lire en priorité va dépendre de votre choix à l'issue de la lecture sélective. Vous retiendrez celui qui vous paraît contenir le plus d'informations intéressantes pour répondre à la consigne.

Mais il peut aussi être intéressant de placer en première position un article court vous donnant une idée générale du thème traité. Ce « document de tête » (ou « document d'entrée ») est particulièrement utile dans le cas où ce thème vous est peu familier : ce peut être, par exemple, un article de presse, nationale ou spécialisée.

Dans le cas présent, nous placerons en tête le document 1, non pas parce qu'il est le premier de la liste, mais simplement parce que la lecture sélective a montré que beaucoup de domaines touchant les handicaps y étaient évoqués. Et puis également parce que le dossier ne présentait pas le « document d'entrée » évoqué ci-dessus.

Pour rester dans le domaine législatif, nous étudierons en deuxième position le document 9, *Actualités sociales hebdomadaires* (ASH) du 22 avril 1988 : si la législation présentée ici a changé, des indications auront été fournies dans le document précédent.

Puis nous effectuerons un retour dans le passé pour savoir « d'où l'on vient » avec :
- en 3e position, le document 10, « L'emploi des handicapés, lenteurs et résistances », *ASH* du 8 janvier 1993 ;
- en 4e, le document 12, « Droit du travail » (*ASH* du 12 mars 1993) ;
- en 5e, le document 7 (article du *Monde* du 27 janvier 2000).

Les documents 13 (*La Lettre de l'employeur territorial* de mars 2006) et 3 (*La Lettre de l'employeur territorial* du 25 avril 2006) apporteront quelques précisions ponctuelles supplémentaires.

Si la lecture de survol a pour objectif d'aboutir à un ordre rationnel de lecture, elle va également révéler les thèmes et les sous-thèmes d'étude qui sont apparus en parcourant le dossier. Ceux-ci vont vous permettre de réaliser une grille de lecture que vous compléterez lors de la lecture approfondie.

Dans le cas présent, les points suivants ont pu être notés :
- la législation, la réglementation ;
- les obligations des collectivités locales (participation, emploi, accessibilité...) ;
- les initiatives locales ;
- les travailleurs handicapés : droits et obligations ;
- des résultats décevants malgré plusieurs lois.

Cette grille de lecture pourrait se présenter de la façon suivante :

Législation/réglementation	Droits et obligations des handicapés	Les handicapés et l'emploi
L'accessibilité des handicapés aux espaces publics	Bilan	Divers

La lecture approfondie (pour la note de synthèse)

• **Premier document à lire** : le doc. 1, *La Gazette* du 13 mars 2006

– **La première page** indique :
• le contenu de la loi n° 2005-102 du 11 février 2005 pour l'égalité des droits et des chances, la participation et la citoyenneté des personnes handicapées ;
• des exemples d'initiatives locales.

– **L'encadré de la même page** donne quelques statistiques :
44 000 salariés handicapés travaillent dans la fonction publique territoriale mais 89,8 % des bénéficiaires de l'AAH (allocation adulte handicapé) ne participent à aucune association (indicateur d'isolement renforcé par 40,9 % des allocataires ne fréquentant aucun lieu sportif ou culturel) et qui augmente avec l'âge.

– **2e page :**
un interlocuteur privilégié et identifié est préférable mais il n'est pas nécessaire d'être handicapé pour être adjoint aux personnes handicapés ;
• le cercle des interlocuteurs ne doit pas être limité aux associations car il faut avoir une « vision globale de la question ». Il peut être constitué par un conseil consultatif des personnes handicapées (municipal, départemental, régional) ;
• le travail de concertation peut se faire de façon simple et informelle, mettant en pratique la démocratie participative.

– **3e page :**
mais un minimum de formalisme doit être instauré pour un bon fonctionnement de l'organisme représentatif ;
• sa mission peut être une mission d'écoute, d'information, de proposition, de « veille » concernant tous les projets communaux, départementaux ou régionaux (exemple : diagnostic d'accessibilité des bâtiments et espaces publics) ;
• l'encadré (interview de J.-M. Schleret, président du conseil national consultatif des personnes handicapées ou CNCPH) : les communes doivent se doter d'une commission consultative pour l'accessibilité aux personnes handicapés ; mais la tâche n'est pas facile ; tous les handicapés doivent pouvoir s'exprimer, pas seulement les associations de handicapés (déjà vu page précédente) ; il faut qu'un élu ait une délégation aux personnes handicapées ; attention à la ségrégation (voir page précédente).

– **4e et 5e page :**
la loi du 11 février 2005 a réaffirmé le principe d'accessibilité des établissements neufs recevant du public (ERP) mais surtout des établissements existants (nouveauté) ; ils ont dix ans pour se mettre en conformité ;
• les bâtiments culturels sont, entre autres, concernés ;
• création d'une commission pour l'accessibilité aux personnes handicapées dans les communes de plus de 5 000 habitants (voir le sujet) ;
• des collectivités ont anticipé le vote de la loi ;
• cette accessibilité s'adresse à tous les handicapés (moteurs, sensoriels ou mentaux).

Des bibliothèques proposent des logiciels spécialisés pour la consultation de la presse nationale et régionale par Internet ; l'encadré donne un exemple de Centre aidé par le travail (CAT) au moyen du théâtre.

– **6e page :**
elle concerne d'abord la fonction publique territoriale :
• le quota d'emploi de personnes handicapées est fixé à 6 % pour les entreprises de plus de 20 salariés ; 55 700 personnes handicapées travaillent en milieu ordinaire et 12 000 en milieu protégé, et 26 000 sont au chômage ; donc un bilan mitigé de la loi de 1987 ;
• la loi de 2005 aggrave les sanctions : 600 Smic horaires par unité manquante, 4 818 € et 1 500 Smic horaires au bout de trois ans si aucun effort de recrutement n'a été fait (versé à l'AGEFIPH) ;
• le secteur public est logé à la même enseigne ; il contribuera à un fonds pour l'insertion des personnes handicapées (FIPH) au 1er janvier 2006. Les contributions seront identiques à celles du secteur privé, par palier de 20 % par an : 20 % en 2006 pour atteindre 100 % en 2010.
L'encadré : il faudra adapter les formations aux besoins.

– **7e page :**
des contrats de sous-traitance sont possibles avec des CAT.
L'encadré donne une illustration de relations entre un CAT et une collectivité locale.

• **2e document à lire :** le doc. 9, *ASH* du 22 avril 1988

Contenu de la loi de 1987 évoquée dans le document précédent.

• **3e document à lire** : le doc. 10, *ASH* du 8 janvier 1993

Bilan de l'application de la loi de 1987 :
– des expériences « heureuses » existent mais les résultats sont globalement décevants ;
– les employeurs ont tendance à favoriser le paiement de leur contribution à l'AGEFIPH plutôt que de recruter des personnes handicapées ;
– les handicapés ne seraient pas suffisamment qualifiés ;
– une crise économique (en 1993) ralentit les embauches en général et cela a une répercussion négative sur celles des handicapés ;
– mais ce ne seraient que des prétextes car il suffit d'avoir la volonté de recruter des handicapés pour le faire ;
– le bilan est aussi insatisfaisant dans le secteur public, sauf peut-être pour les communes ;
– il faudrait améliorer la formation aux concours et rendre les locaux accessibles ;
– les syndicats et les organisations patronales estiment qu'ils auraient dû s'engager plus fortement ;

– usage partiel des sommes collectées par l'AGEFIPH (actions innovantes favorisant l'intégration des handicapés dans les entreprises privées, à l'exclusion du secteur public).

• **4e document à lire** : le doc. 12, *ASH* du 12 mars 1993

Le titre donne le ton de l'article. Constat en demi-teinte de la loi de 1987, quatre ans après sa promulgation : le taux de 6 % d'emplois est loin d'être atteint ; environ 3,6 à 3,7 % public/privé en 1991. Des efforts sont à faire en matière de formation, de qualification.

• **5e document à lire** : le doc. 7, *Le Monde* du 27 janvier 2000

Un plan approuvé par les associations de handicapés a été présenté pour améliorer l'autonomie et l'intégration des handicapés en France (3 millions) dans des domaines divers : école (plan Handiscol), emploi, transports, logements :
– il s'agit d'une étape importante se traduisant par des crédits visant à aider les handicapés à « devenir des citoyens autonomes dans la société » ;
– seulement 4 % des handicapés travaillent et des contrats aidés par l'AGEFIPH permettront d'améliorer la situation ;
– meilleure accessibilité des transports, des logements, des lieux de loisirs ;
– des postes d'auxiliaires de vie à domicile seront créés ;
– le plan quinquennal de 1999 pour l'accueil en institution sera amplifié (+ 5 % de places, soit 2000 places mais il en faudrait le double) ;
– la loi de juin 1975 sera actualisée.

• **6e document à lire :** le doc. 5, *Cahiers de la Fonction publique* de juillet-août 2000

Cet article est très orienté vers l'emploi des handicapés dans la fonction publique territoriale. Seules quelques statistiques pourront être utilisées dans la note de synthèse.

• **7e document à lire** : le doc. 11, *La Revue de la MFP* d'avril 2006

Quelques indications statistiques concernant la fonction publique d'État ; quelques rappels de la réglementation relative aux concours de la fonction publique.

• **8e document à lire** : le doc. 8, *Le Moniteur* du 18 mai 2006

Décret pris en application de la loi du 11 février 2005, relatif à « l'accessibilité généralisée » aux personnes handicapées des établissements recevant du public et des bâtiments d'habitation ; il concerne cinq millions de personnes.
Le contenu de ce document a déjà été vu précédemment.

• **9e document à lire** : le doc. 6, *La Lettre de l'employeur territorial* du 13 juillet 2000

Évolutions statistiques des recrutements de personnes handicapées dans la fonction publique d'État et dans la territoriale en 1997.

• **10e document à lire** : le doc. 3, *La Lettre de l'employeur territorial* du 25 avril 2006 : jugement de la Cour administrative d'appel du 30 novembre 2005

Le titre révèle le contenu de l'article : « Le refus de se déclarer travailleur handicapé peut justifier un licenciement », à relier à « l'obligation pour les employeurs de recenser pour le 30 avril 2006 l'ensemble de leurs salariés atteints d'un handicap ».
L'article rappelle les conditions de recrutement des personnes handicapées dans les collectivités.

Plan et rédaction

Une fois toutes ces information relevées, comment aboutir à un plan cohérent et équilibré ?

Il s'agit d'organiser les informations de telle sorte que le contenu réponde bien à la consigne. La grille de lecture et la lecture approfondie montrent :
– qu'une réglementation confère des droits et des obligations aux handicapés ;
– que leur accessibilité aux locaux et aux autres espaces est une obligation pour les collectivités ;
– que leur insertion passe par un emploi ;
– qu'un bilan modeste peut être tiré de l'application des lois en la matière ;
– qu'une législation récente vient d'augmenter les pouvoirs de coercition mis à la disposition des pouvoirs publics lorsque ces obligations ne sont pas respectées.

Le plan qui vous est proposé ci-dessous reprend ces différentes idées en essayant de les articuler selon une suite logique.

Plan proposé

I Les personnes handicapées et leur insertion en France

I 1 La réglementation et son évolution
I 2 Une concertation nécessaire
I 3 L'accessibilité des handicapés aux bâtiments et aux espaces publics

II Les personnes handicapées face à l'emploi

II 1 Les obligations d'emploi
II 2 Un bilan globalement décevant
II 3 Des moyens de coercition pour l'améliorer

Corrigé proposé

La situation des handicapés en France

Dans un état démocratique moderne, la citoyenneté doit pouvoir être exercée par tous mais encore faut-il que toutes les composantes de la société en aient la possibilité. Ce n'est pas toujours le cas en France et certaines catégories sociales se heurtent encore à des difficultés d'insertion, d'intégration. Il en est ainsi pour les personnes handicapées ; il revient donc au législateur d'adopter des lois facilitant, voire imposant, des mesures propres à leur favoriser l'exercice de cette citoyenneté.

C'est ainsi que la loi n° 2005-102 du 11 février 2005 pour l'égalité des droits et des chances, la participation et la citoyenneté des personnes handicapées a prévu un ensemble de dispositions confirmant ou amplifiant les législations précédentes.

L'intégration des personnes handicapées, accompagnée par une réglementation en évolution, passe d'abord par leur intégration dans la vie quotidienne **(I)** avant d'envisager leur situation face à l'emploi, véritable clé d'accès à une participation citoyenne **(II)**.

I Les personnes handicapées et leur insertion en France

Plusieurs lois sont venues préciser les droits des personnes handicapées en vue de leur insertion dans la société. Récemment, celle du 11 février 2005 a mis l'accent sur la concertation nécessaire avec les personnes handicapées. Des mesures ont été prises pour leur faciliter, notamment, l'accès aux bâtiments et aux espaces publics.

I 1 La réglementation et son évolution

Une législation de 1975 avait affirmé les droits fondamentaux des personnes handicapées tout en les maintenant dans un régime de protection sociale, sachant que pour 87 % d'entre elles, leur handicap résulte d'un accident ou d'une maladie invalidante. En 2000, un plan triennal s'était adressé aux quelque trois millions de personnes handicapées vivant en France afin d'améliorer leur intégration dans la société. Il s'agissait de leur offrir « la liberté de choisir leurs modes de vie, une égale participation aux activités de tous, la fraternité effective de la République ». Ce plan, d'un coût de 420 millions d'euros (2,52 milliards de francs) financé sur le budget de l'État et de la sécurité sociale, fut ressenti comme un « véritable virage » par les associations concernées. Il visait à faciliter l'accès des enfants handicapés à l'école au travers du plan Handiscol, qui avait prévu de doubler le nombre d'enfants et adolescents accueillis en milieu scolaire traditionnel. Il avait également pour objectif de favoriser l'accès à l'emploi (4 % seulement des personnes handicapées travaillaient en France en 1999).

La vie quotidienne n'était pas oubliée car il était nécessaire de faciliter les déplacements des personnes handicapées (transports, accessibilité des locaux, logements, lieux de loisirs) tout en leur assurant un revenu minimum. Des financements étaient prévus, par ailleurs, pour leur permettre l'acquisition de matériels indispensables (fauteuils roulants ou autres). Enfin, l'accueil des handicapés lourds ou vieillissant en établissement spécialisé, selon un plan quinquennal établi en 1999, allait être amélioré en augmentant le nombre de places dans ces établissements.

Si les associations furent globalement satisfaites de ce plan, encore fallait-il être attentif à son application effective, ce qui passait, grâce à la loi du 11 février 2005, par « la participation et la citoyenneté des personnes handicapées » au travers d'une concertation instaurée.

I 2 La concertation instaurée par la loi du 11 février 2005

Le plus souvent, les personnes handicapées confrontées à un problème interpellent leur maire. De fait, certaines collectivités n'avaient pas attendu cette loi pour engager des mesures favorisant l'intégration des personnes handicapées, avec des dispositifs parfois informels. Désormais, toutes les communes de plus de 5 000 habitants devront se doter d'une commission pour l'accessibilité aux personnes handicapées en liaison avec les structures intercommunales et un rapport annuel devra être rédigé. La désignation d'un « référent » est un plus.

Au-delà de ce que les communes vont mettre en place, les départements devront également instaurer des maisons départementales des personnes handicapées. Il importe que toutes les sortes de handicaps soient prises en compte pour éviter que la suppression d'un obstacle pour un handicapé en devienne un pour un autre (exemple : un trottoir abaissé est un avantage pour les personnes en fauteuil roulant mais un « cauchemar » pour les non-voyants).

Des « conseils » peuvent aussi être constitués, comme en région Ile-de-France, avec 50 représentants dont 24 élus directement par les 8 000 Franciliens handicapés.

La démocratie participative, à laquelle les personnes handicapées aspirent, nécessite toutefois un minimum de formalisme, avec des réunions régulières sous la responsabilité de l'élu en charge des personnes handicapées. Mais cette concertation a elle-même des aspects pratiques : ici se pose le problème de l'accessibilité.

I 3 L'accessibilité des handicapés aux bâtiments et aux espaces publics

Les personnes handicapées rencontrent toujours des difficultés dans leur vie quotidienne. La loi du 11 février 2005 a donc réaffirmé l'obligation pour les établissements neufs recevant du public (ERP) d'être accessibles aux personnes handicapées et impose aux ERP existants de se mettre en conformité dans un délai de dix ans. Un décret relatif à « l'accessibilité généralisée aux personnes handicapées des établissements recevant du public et des bâtiments d'habitation » a été publié au *Journal officiel* du 18 mai 2006. La vie quotidienne de 5 millions de personnes en sera ainsi facilitée, leur permettant d'accéder, au plus tard fin décembre 2014, à 650 000 établissements existants recevant du public.

D'une façon plus générale, l'organisme consultatif mis en place dans les communes de plus de 5 000 habitants devrait pouvoir, sur sa demande, examiner tous les projets municipaux quels qu'ils soient. Il peut être appelé à réaliser un diagnostic d'accessibilité des bâtiments et des espaces publics. En effet, 49,1 % des allocataires de l'allocation aux adultes handicapés ne fréquentent aucun lieu culturel ni sportif.

Mais ces mesures devant aboutir à une meilleure insertion des handicapés dans la société ne seront pleinement efficaces que si ces personnes peuvent bénéficier d'un emploi leur permettant de subvenir pleinement à leurs besoins.

II Les travailleurs handicapés face à l'emploi

Une législation déjà ancienne n'a pas eu les résultats escomptés. De ce fait, les moyens coercitifs prévus ont été renforcés, notamment à l'encontre des collectivités locales.

II 1 Les obligations d'emploi

La loi du 10 juillet 1987 intégrant des dispositions antérieures avait prévu un système simple : les entreprises privées et publiques occupant vingt salariés au moins étaient désormais assujetties à une obligation d'emploi de travailleurs handicapés à hauteur de 6 % de leurs effectifs. Les entreprises privées, l'ensemble des administrations de l'État, les collectivités locales et leurs établissements publics avaient trois ans pour respecter cette obligation de façon progressive. Les bénéficiaires de cette législation étaient les travailleurs reconnus handicapés par une commission dénommée COTOREP. Les victimes d'accident du travail ou de maladies professionnelles ayant entraîné une incapacité permanente d'au moins 10 %, les anciens pensionnés militaires ou invalides civils, les veuves de guerre non remariées dont le mari possédait un droit à pension d'invalidité de 85 %, bénéficiaient également de cette législation. Les employeurs publics et privés pouvaient remplacer partiellement cette obligation par des contrats de formation ou de sous-traitance ou de prestations de services passés avec des ateliers protégés, des centres de distribution de travail à domicile ou des centres d'aides par le travail (CAT).

Cette loi de 1987 avait également créé un fonds de développement pour l'insertion sociale et professionnelle des handicapés (AGEFIP). Les entreprises pouvaient s'acquitter de leurs obligations d'emploi en versant une contribution à ce fonds selon une cotisation variable en fonction du nombre de salariés (de 300 fois le Smic horaire pour les entreprises de 20 à 199 salariés jusqu'à 500 fois le Smic horaire pour les entreprises de plus de 750 salariés).

Mais, malgré cette loi de 1987, l'insertion professionnelle des handicapés s'est heurtée à de nombreux obstacles.

II 2 Un bilan globalement décevant

Pour 1,1 million d'adultes handicapés, 500 000 environ, en 1990, travaillaient en milieu ordinaire. Or, seulement 256 000 étaient employés dans les entreprises assujetties, ce qui d'ailleurs ne représentait que 3,76 % des emplois, loin du quota de 6 %. En fait, ceci voulait dire que les entreprises de moins de 20 salariés non assujetties employaient presque autant de travailleurs handicapés que celles qui y étaient assujetties. Ce décalage entre les obligations légales et la réalité est dû à différentes causes. D'abord, il était plus facile de verser une cotisation à l'AGEFIPH mais, faute de projets, cet organisme n'avait en 1992 utilisé qu'une partie des fonds collectés (environ 70 %). Ensuite, les employeurs estimaient souvent insuffisante la qualification des handicapés. De fait, globalement, les travailleurs handicapés étaient moins qualifiés que la moyenne des salariés (65 % d'entre eux n'ont pas le niveau V, c'est-à-dire BEP/CAP) et ils avaient moins accès à la formation en alternance. De plus, la crise économique des années 1990 était également avancée comme prétexte, avec moins d'emplois offerts.

Dans la fonction publique, la situation n'était guère plus favorable. L'État ne montrait pas vraiment l'exemple avec un taux d'emploi des handicapés de 2,6 à 3,8 % selon les estimations en 1993, et de 4,33 % seulement en 2001, malgré des aménagements dans l'organisation des concours pour faciliter l'accès de la fonction publique aux handicapés.

Le bilan pour le moins mitigé de la loi de 1987 a finalement abouti à un renforcement des mesures existantes.

II 3 Des moyens de coercition pour améliorer ce bilan

La loi du 11 février 2005 a ainsi choisi d'augmenter les sanctions financières subies par les entreprises ne respectant pas les obligations pesant sur elles en matière de travailleurs handicapés. C'est ainsi que la pénalité de 500 fois le Smic horaire maximum pour les grandes entreprises est portée dans un premier temps à 600 fois ce Smic horaire, ce qui représente 4 818 euros. Et, dans un second temps, au bout de trois ans, à 1 500 fois si aucun effort de recrutement n'a été fait. Désormais, le secteur public est traité de la même façon : les contributions sont les mêmes que dans le secteur privé, soit 4 818 euros par emploi (ou plutôt « unité » manquante selon un calcul complexe prenant en compte les efforts faits par l'entreprise ou la collectivité pour le recrutement de handicapés ou de contrats passés avec des ateliers protégés).

D'ailleurs, les collectivités avaient jusqu'au 30 avril 2006 pour recenser l'ensemble de leurs salariés atteints d'un handicap. Il faut noter à ce sujet qu'un jugement de la Cour administrative d'appel de Paris a rappelé l'obligation faite à un travailleur de déclarer son handicap. S'il ne le fait pas, il se prive de toute possibilité d'adaptation de son poste de travail et cette omission peut justifier son licenciement.

Enfin, pour favoriser l'emploi, les modalités d'accès à la fonction publique ont été aménagées : outre certains assouplissements pour passer les concours, une possibilité de recrutement direct par contrat a été confortée. Au terme d'un an, après appréciation de l'aptitude professionnelle de l'agent par l'employeur, le travailleur handicapé pourra être titularisé sur dossier.

En définitive, la situation des handicapés en France relève d'un système législatif leur permettant de percevoir des aides et prestations destinées à des besoins vitaux. Mais ceci ne suffit pas et il faut désormais parler logement, transports, culture, loisirs et, bien sûr, emploi.

Faute sans doute d'une volonté politique généralisée, une loi récente a rendu les dispositifs existants plus coercitifs, notamment en matière d'emploi, que ce soit dans le secteur privé ou dans le secteur public. Par ailleurs, tous les établissements recevant du public, neufs et anciens, devront permettre l'accès des handicapés dans un délai de dix ans.

La note administrative (catégorie B)

Rappel du sujet : « Vous êtes rédacteur au service du personnel de la ville de Belle-Campagne-sur-Mer (environ 40 000 habitants, 680 agents au 1er janvier 2006).
Votre chef de service vous demande de lui rédiger une note faisant le point sur le recrutement des handicapés dans la fonction publique territoriale. »

L'ordre de lecture des documents

Il résulte de votre choix de lire d'abord le « document-pivot », c'est-à-dire celui qui vous apportera le plus d'informations par rapport à la consigne ; puis vous passerez à un document d'un intérêt un peu moins grand pour terminer par ceux qui n'offrent qu'un intérêt secondaire, voire anecdotique.

Pour les aspects législatifs ou réglementaires, rappelez-vous qu'il est préférable de commencer par un texte récent car celui-ci risque de modifier ou d'en abroger un autre, plus ancien, figurant dans le dossier (rendant ainsi sa lecture tout à fait inutile).

Rappelons que l'objectif de la note est de permettre à son destinataire de prendre connaissance de la synthèse d'un thème ou d'un sujet sans avoir à examiner lui-même l'ensemble du dossier dont *a priori* il n'a pas connaissance. Mais le rédacteur peut très bien, lui aussi, n'avoir aucune connaissance particulière du thème qu'il va traiter. Dans ce cas, mieux vaut alors éviter de commencer par un document technique, trop complexe.

C'est la raison pour laquelle nous classerons en premier le document 2 du 19 décembre 2005 qui, en deux pages, donne une idée générale de la question. Puis, nous aborderons le document 13 (mars 2006), plus long et plus complet.

Ensuite, nous regrouperons les documents à connotations « statistiques » pour un examen rapide :
– document 5, juillet-août 2000, *Les Cahiers de la Fonction publique* ;
– document 6, 13 juillet 2000, *La Lettre de l'employeur territorial* ;
– document 11, avril 2006, *La Revue de la MFP*.

Nous terminerons par une série de trois documents :
– document 4, 4 décembre 2000, *La Gazette*, « Le quotidien des handicapés dans la FPT : témoignages » ;
– document 8, 18 mai 2006, *Le Moniteur*, « Le décret sur l'accessibilité des bâtiments » ;
– document 3, 25 avril 2006, *La Lettre de l'employeur territorial* : un cas particulier.

En définitive, il vous reste huit documents pour une vingtaine de pages dont certaines seront très rapides à exploiter. La lecture de survol permet aussi de déterminer les thèmes et sous-thèmes d'études qui vont vous permettre de répondre à la consigne.

Au fil de cette lecture d'orientation, différents éléments sont apparus et le questionnement habituel – « qui fait quoi, pourquoi, pour qui, comment, où, avec quels effets » – doit vous aider dans ce travail.

C'est ainsi que sont apparus :
– le « juridique » : la loi du 11 février 2005 ;
– l'obligation d'un taux d'emploi de 6 % ;
– un schéma directeur est intéressant ;
– les obligations de recrutement ;
– les bénéficiaires ;
– le fonds d'insertion des handicapés ;
– l'embauche, le recrutement des handicapés ;
– des statistiques ;
– l'accessibilité des locaux de travail aux handicapés.

La grille de recueil des données pourrait se présenter de la façon suivante sur votre feuille :

Réglementation : lois, Code du travail...	Les obligations des collectivités territoriales, les sanctions	Les bénéficiaires
Le recrutement des handicapés	**L'environnement de travail des handicapés**	**Divers : statistiques**

Cette grille (qui ne constitue pas un plan) vous permettra de collecter les informations contenues dans les documents sélectionnés et classés après lecture de survol pour répondre à la consigne.

La lecture approfondie

• **Premier document à examiner** : le document 2, *La Gazette* du 19 décembre 2005

Éléments à retenir : la loi n° 2005-102 pour l'égalité des droits et des chances du 11 février 2005, qui complète la loi du 10 juillet 1987 :
• obligation d'emploi de 6 % des effectifs pour tout établissement de plus de 20 salariés, ce qui est le cas présent (voir le sujet : 680 agents) ; il y aura des sanctions (ce qui n'était pas le cas auparavant) ;
• un fonds d'insertion des personnes handicapées est créé ; les employeurs publics y verseront leurs cotisations s'ils ne respectent pas le taux imposé ;
• il faut veiller à l'accessibilité des locaux des travailleurs handicapés ;
• les offres d'emploi des collectivités devraient être mieux diffusées ;
• des engagements fermes de la collectivité favorisent la réussite de l'intégration.

• **2e document à examiner** : le document 13, *La Lettre de l'employeur territorial* des 7, 14 et 21 mars 2006

– Rappel historique des différentes législations en la matière depuis les années 1970 ;
– les trois objectifs de la réforme du 11 février 2005 ne concernent guère la note administrative ;
– obligations à la charge des collectivités :
• emplois des handicapés (6 % des effectifs, déjà vu) ;

- contrats de formation et sous-traitance avec des établissements de travail protégé ;
- contribution à un fonds spécifique ;
- les bénéficiaires avec la situation particulière de certains d'entre eux ;
- le fonds d'insertion des handicapés pour les trois fonctions publiques ;
- obligation de déclaration des collectivités territoriales.

– lutte contre la discrimination à l'embauche ;
– les nouveaux dispositifs de recrutement.

Ce document est sans doute le « document-pivot » du dossier, mais ce peut être un document « piège » en ce sens que les candidats seraient tentés de n'étudier que celui-ci, en en reprenant le cheminement et en le recopiant plus ou moins maladroitement.

Il convient donc de faire preuve de discernement et de bien repérer le principal de l'accessoire, par rapport à la consigne.

- **3e document à examiner** : le document 5, *Les Cahiers de la Fonction publique* de juillet-août 2000

– Des statistiques ;
– un rappel législatif ;
– trois possibilités pour accéder à la fonction publique, mais attention, cette réglementation a été modifiée comme indiqué dans le document 13.

En définitive, seuls les renseignements statistiques peuvent être intéressants pour retracer une évolution.

- **4e document à examiner** : le document 6, *La Lettre de l'employeur territorial* du 13 juillet 2000

Des statistiques en 2000 mais seules sont intéressantes celles concernant la fonction publique territoriale.

- **5e document à examiner** : le document 11, *La Revue de la MFP* d'avril 2006

Finalement, ce document ne concerne que la fonction publique d'État et n'apporte rien à la consigne.

- **6e document à examiner** : le document 4, « Le quotidien des handicapés dans la FPT »

Ce sont des témoignages dont il faudra extraire les informations intéressantes par rapport à la consigne :
– aménagement de bureaux, de places de parking... ;
– solidarité entre handicapés et valides ;
– aménagements simples à prévoir : informatique, ascenseurs ;
– le handicap ne prévaut pas sur les compétences ;
– rappel de la loi de 1975 puis de 1987 ;
– pas de sanction en cas de non-respect du quota des 6 % (déjà vu) ;
– l'encadré concernant les épreuves aménagées pour les concours administratifs doit être lu en sachant que l'article date du 13 juillet 2000 ;
– le coût de l'intégration des personnes handicapées peut être un frein à cette intégration.

- **7e document à examiner** : le document 8, *Le Moniteur* du 18 mai 2006

Publication d'un décret relatif à l'accessibilité des locaux :
– rappel de la loi du 11 février 2005 ;
– un délai de dix ans est prévu pour l'adaptation des locaux recevant du public.

- **8e document à examiner** : le document 3, *La Lettre de l'employeur territorial* du 25 avril 2006

– Rappel de l'obligation faite aux employeurs de recenser pour le 30 avril 2006 l'ensemble de leurs salariés atteints d'un handicap ;
– rappel des dispositions en faveur du recrutement des handicapés ;
– allusion au recrutement direct pour le cadre d'emploi « d'agent des services techniques », sans concours (possibilité d'insertion).

Il reste maintenant à ordonner toutes ces informations selon un **plan cohérent et équilibré**.

Avant d'entamer cette étape, relisez encore une fois intégralement le sujet pour être certain d'être dans le droit fil de la consigne.

Les renseignements recueillis lors de cette lecture approfondie et reportés dans la grille des données vont vous donner des indications sur les « volumes » des différentes rubriques. De la sorte, il vous sera plus facile de préparer un plan – et donc une copie – équilibré.

Plan proposé

I Les personnes handicapées peuvent exercer leur droit à l'emploi dans la fonction publique territoriale

I 1 Les obligations générales à la charge de la collectivité
I 2 Les pénalités financières
I 3 Les aménagements nécessaires pour l'accueil des handicapés

Transition : des contrats passés avec des ateliers protégés.

II Les modalités de recrutement des personnes handicapées dans la fonction publique territoriale

II 1 Les droits et obligations des personnes concernées
II 2 Le recrutement par concours
II 3 Le recrutement par contrat

Vous trouverez page suivante un exemple de copie rédigée selon ce plan.

Corrigé proposé

Ville de Belle-Campagne-sur-Mer
Service du Personnel

Belle-Campagne-sur-Mer, le...

Note à l'attention de M. le Chef du service

Objet : Le recrutement des handicapés dans la fonction publique territoriale

Une récente réglementation (loi n° 2005-102 du 11 février 2005 pour l'égalité des droits et des chances, la participation et la citoyenneté des personnes handicapées) a été adoptée par le Parlement afin de favoriser l'insertion des handicapés dans la société. Si les communes sont concernées par tous les aspects de cette insertion (transports, logements, éducation, sports, loisirs), il en est un dans lequel elles sont plus directement impliquées : celui de l'emploi.

C'est dans ce contexte que vous m'avez demandé de vous présenter les modalités de recrutement de personnes handicapées dans la fonction publique territoriale. La présente note abordera donc d'abord les droits à l'emploi dans la fonction publique territoriale des personnes handicapées **(I)** puis les modalités pratiques de recrutement **(II)**.

I Les personnes handicapées peuvent exercer leurs droits à l'emploi dans la fonction publique territoriale

La loi du 10 juillet 1987 avait prévu des obligations à la charge des collectivités locales dans ce domaine. Et la loi du 11 février 2005 a renforcé le dispositif existant en prévoyant des moyens de coercition financière. Par ailleurs, l'accueil de travailleurs handicapés dans une collectivité nécessite la réalisation d'aménagements matériels.

I 1 Les obligations générales à la charge de la collectivité

La loi du 10 juillet 1987 avait obligé les entreprises d'au moins vingt salariés à recruter des personnes handicapées à raison de 6 % des effectifs et cette obligation d'emploi avait été étendue à l'ensemble du secteur public, donc aux collectivités locales employant au moins vingt agents. Les bénéficiaires étaient, globalement, les travailleurs reconnus handicapés par une commission spécialisée, la COTOREP.

Les entreprises ne respectant pas la législation devaient verser une contribution à un fonds spécial d'intervention leur accordant des aides, notamment pour l'aménagement des postes de travail des handicapés. Cette contribution était calculée en fonction de leurs effectifs par rapport au taux de 6 % mais des exonérations partielles étaient prévues si les entreprises passaient des contrats de fournitures ou de prestations de services avec des ateliers protégés. Les collectivités locales, quant à elles, avaient généralement « joué le jeu » et, même si les statistiques sont parfois divergentes, le taux d'emploi dans les communes était compris entre 4,5 et environ 5 %. Mais aucune sanction financière n'était prévue à l'encontre des collectivités locales ne respectant pas leurs obligations.

Il était donc nécessaire d'aller plus loin et ce fut également l'objet de la loi du 11 février 2005.

I 2 Les pénalités financières

Désormais, les collectivités locales sont traitées comme les entreprises privées et la loi du 11 février 2005 a prévu des sanctions à leur encontre. Par palier de 20 % (20 % à payer en 2006, 100 % en 2010), une contribution de 4 818 euros au taux plein par agent non recruté sera versée à un fonds pour l'insertion des personnes handicapées (FIPH), équivalent pour le secteur public de ce qui existe déjà dans le secteur privé.

Bien entendu, les contrats de sous-traitance ou de prestation de services passés avec des entreprises adaptées (tel le routage des envois d'une mairie, par exemple) permettront aux collectivités de s'exonérer de l'obligation d'emploi de travailleurs handicapés. Il en sera de même pour les contrats signés avec des centres de distribution de travail à domicile ou services d'aide par le travail. Mais ce ne sera qu'une exonération partielle, car limitée à 50 % de l'obligation. Par ailleurs, les collectivités doivent, pour le 30 avril 2006, recenser l'ensemble de leurs agents atteints d'un handicap.

S'il n'est pas obligatoire de se déclarer travailleur handicapé, le fait de s'en abstenir empêche le travailleur de bénéficier des mesures liées à ce statut et peut même justifier son licenciement.

De plus, et même si ce n'est pas une pénalité, le Code des marchés publics oblige les soumissionnaires à justifier qu'ils satisfont à l'obligation d'emploi de personnes handicapées (ou qu'ils ont payé leur contribution annuelle au fonds de développement pour l'insertion sociale et professionnelle des handicapés). Les collectivités locales devront donc être particulièrement attentives à cette disposition. La contribution, nous l'avons vu, ne dispense donc pas la collectivité d'employer des travailleurs handicapés. Encore faut-il prévoir les aménagements nécessaires pour leur accueil dans de bonnes conditions.

I 3 Les aménagements nécessaires pour l'accueil des handicapés

La loi du 11 février 2005 confirme que les établissements neufs recevant du public (ERP) doivent être accessibles aux handicapés. Mais cette obligation s'applique dorénavant aux ERP existants qui auront un délai de dix ans pour se mettre en conformité. Bien entendu, les locaux de travail des handicapés sont concernés, pas seulement les espaces publics.

S'il est vrai que beaucoup de villes ont été pionnières en ce domaine, il n'en reste pas moins qu'une bonne insertion des travailleurs handicapés passe par un audit en accessibilité des locaux et de leur environnement proche. Il s'agit là d'une approche globale des conditions d'exercice du métier (transports, accès aux locaux de travail, de restauration, déplacements internes, parkings, toilettes) qu'il conviendra de chiffrer. Mais, de même que pour des aménagements internes propres au handicap (fauteuil ou clavier informatique adaptés...), le fonds alimenté par les cotisations de collectivités ne respectant pas le quota de 6 % pourra être sollicité.

Sans doute aussi faudrait-il prévoir une diffusion adaptée des offres d'emploi de la collectivité accessible à tous les handicapés et, dans ce cadre, certaines collectivités ont décidé d'adopter des protocoles en faveur de l'insertion professionnelle de ce public.

Ceci étant, les obligations de la loi du 11 février 2005 se traduisent également au travers du recrutement proprement dit des personnes handicapées dans la fonction publique territoriale.

II Les modalités de recrutement des personnes handicapées dans la fonction publique territoriale

Les dispositions de la loi du 26 janvier 1984 portant statut de la fonction publique territoriale ont été assouplies, améliorant les droits des travailleurs handicapés qui sont au nombre de 44 000 dans la fonction publique territoriale. C'est ainsi que deux voies d'accès leur sont ouvertes : le recrutement par concours ou le recrutement par contrat.

II 1 Les droits et obligations des personnes concernées

Le principe de non-discrimination dans l'emploi de personnes handicapées figurait déjà dans la législation française mais la loi du 11 février 2005 a introduit une nouvelle notion : les employeurs doivent prendre « des mesures appropriées en fonction des besoins d'une situation concrète pour permettre à une personne handicapée d'accéder à un emploi, de l'exercer et d'y progresser, ou pour qu'une formation lui soit dispensée sauf si ces mesures imposent à l'employeur une charge disproportionnée ».

Ces mesures, pour les collectivités, devront faire l'objet d'un bilan présenté au Comité technique paritaire (CTP).

Les obligations sont identiques à celles des personnes non handicapées : pour être fonctionnaire, il faut être de nationalité française, jouir de ses droits civiques et justifier l'absence de mentions au bulletin n° 2 du casier judiciaire, incompatibles avec les missions envisagées. De plus, il faut être en règle vis-à-vis du Code du service national et l'exigence d'aptitude physique s'apprécie en fonction des possibilités de compensation du handicap (l'exercice de la fonction doit être compatible avec la déficience du candidat).

Une fois ces conditions remplies, les personnes handicapées peuvent accéder à la fonction publique territoriale par concours.

II 2 Le recrutement par concours

Tout d'abord, les limites d'âge supérieures fixées pour l'accès aux emplois des collectivités ne s'appliquent pas aux personnes handicapées reconnues comme telles par la COTOREP, ou invalides, etc. Par ailleurs, le déroulement des épreuves devra être adapté aux handicaps constatés (durée, fractionnement, aides matérielles et techniques nécessaires en fonction des indications fournies par eux lors de l'inscription). Des temps de repos peuvent même être accordés entre deux épreuves successives pour tenir compte de leurs moyens physiques.

Mais la reconnaissance de travailleur handicapé par la COTOREP permet aussi d'être recruté sur diplôme (les mêmes que pour se présenter aux concours).

II 3 Le recrutement par contrat

Ce type de recrutement ne s'adresse qu'aux non-fonctionnaires et ne s'impose pas aux collectivités mais leur permet de conclure un contrat avec une personne handicapée quelle que soit la catégorie de l'emploi, à condition qu'elle possède le diplôme ou le niveau d'étude requis pour se présenter au concours correspondant. Les agents sont recrutés par contrat d'un an correspondant généralement à la durée du stage prévu pour les statuts particuliers. A l'issue de cette durée, les contractuels « diplômés » sont titulaires de plein droit sous réserve d'aptitude physique ; mais leur contrat initial d'un an peut aussi être renouvelé une fois.

Pour les candidats ayant dû s'adresser à une commission d'évaluation, la titularisation, sous réserve d'aptitude physique, ne sera prononcée par la collectivité qu'après un entretien d'aptitude avec cette commission (en catégories A et B) et avis de la commission paritaire compétente. Le cas échéant, en cas de non-titularisation, le contrat peut être renouvelé comme pour un stage.

Ainsi, la législation a dû être rendue plus contraignante afin d'obliger les collectivités territoriales à respecter le quota d'emploi de 6 % de travailleurs handicapés.

Parallèlement, les conditions d'accès à la fonction publique territoriale ont été assouplies, ce qui permettra aux collectivités de mieux respecter leurs obligations.

Note 3
L'organisation de la santé en milieu carcéral

Sujet

A partir des documents ci-dessous, rédigez une note de synthèse sur le sujet suivant : « Organisation de la santé et prestations sanitaires en milieu carcéral. »

Vous vous attacherez à faire un état descriptif retraçant les grandes lignes du système existant en en relevant les forces et les faiblesses.

Documents

Document 1

« Guide méthodologique relatif à la prise en charge sanitaire des personnes détenues » (septembre 2004), extraits, 11 pages.

Document 2

« Les chiffres-clés de la Justice » (octobre 2005), extraits, 3 pages.

Document 3

Loi n° 94-43 du 18 janvier 1994 relative à la santé publique et à la protection sociale, extraits, 2 pages.

Document 4

« Rapport de M. Alvaro Gil-Robles, commissaire aux Droits de l'homme, sur le respect effectif des Droits de l'homme en France » (février 2006), extraits, 6 pages.

Document 5

Discours du garde des Sceaux en réaction au rapport de Gil Robles, extraits, 2 pages.

Document 6

« Prévention du suicide des personnes détenues », rapport de Jean-Louis Terra, décembre 2003, extraits, 6 pages.

Document 1

Ministère de la Santé et de la Protection sociale **Ministère de la Justice**

Guide méthodologique
relatif à la prise en charge sanitaire
des personnes détenues

Septembre 2004

Chapitre I
Le dispositif de soins somatiques et les actions de prévention

Les missions de santé sont identiques dans tous les établissements pénitentiaires quel que soit le type de ces établissements, de même que les principes d'organisation et de fonctionnement. Toutefois la nature et la charge de travail sont différentes selon qu'il s'agit d'une maison d'arrêt caractérisée par un renouvellement rapide de la population pénale ou d'un établissement pour peine (centre de détention, maison centrale), accueillant des personnes détenues condamnées à de moyennes et longues peines. Par ailleurs, les modalités pratiques doivent être adaptées en fonction de l'effectif moyen de l'établissement pénitentiaire. Les centres de semi-liberté et les centres pour peines aménagées font l'objet d'un autre dispositif.

I-1 – Missions de l'établissement de santé chargé des soins somatiques

L'établissement de santé chargé des soins somatiques apporte une réponse d'ensemble aux besoins de santé des personnes détenues de l'établissement pénitentiaire avec lequel il a conclu un protocole, en application des articles R. 711-7 et suivants du Code de la santé publique (CSP). Ce protocole détermine les conditions de fonctionnement de l'unité de consultation et de soins ambulatoires (UCSA) et les obligations respectives de l'établissement de santé et de l'établissement pénitentiaire.

Les prestations fournies dépassent le cadre de l'établissement pénitentiaire et concernent, quand cela est nécessaire, l'accueil hospitalier en consultation ou en hospitalisation dans les conditions prévues par le schéma national d'hospitalisation (SNH) ainsi que la préparation du suivi après la libération. Elles se situent tant sur le plan des soins que sur celui de la prévention.

I-1.1 – Les soins en milieu pénitentiaire

Au sein de l'établissement pénitentiaire, l'établissement de santé est chargé de dispenser les soins aux personnes détenues, dont l'état de santé ne nécessite ni hospitalisation, ni consultations ou examens en milieu hospitalier.

Il convient de souligner que, sauf cas d'urgence, les soins dispensés aux enfants laissés auprès de leur mère détenue ne relèvent pas du dispositif de prise en charge sanitaire des personnes détenues assurée par le service public hospitalier ; les enfants bénéficient du dispositif de soins de droit commun. De même, les soins au personnel pénitentiaire ne relèvent pas des missions de l'établissement de santé décrites dans le présent guide et sont assurés dans le cadre du dispositif prévu par l'article D. 227 du Code procédure pénale.
Il revient à l'établissement de santé d'assurer sur place l'ensemble des prestations relevant de la médecine générale, des soins dentaires, des consultations spécialisées, et d'organiser la réponse médicale aux urgences. Une attention particulière doit être apportée à la prise en charge sanitaire des mineurs qui nécessite une approche pluridisciplinaire.

Ses services médico-techniques sont chargés, notamment, de la fourniture et de la dispensation de l'ensemble des médicaments et autres produits pharmaceutiques nécessaires et de la réalisation des examens de laboratoire et de radiologie.

L'ensemble de ces prestations est décrit au § 3 du présent chapitre.

I-1.2 – L'accueil et la prise en charge hospitalière

Lorsque les soins et les examens requis par l'état de santé de la personne détenue nécessitent le recours à un plateau technique ou à des moyens de surveillance médicale qui ne peuvent être assurés en milieu pénitentiaire, il appartient à l'établissement de santé d'organiser l'accueil hospitalier de la personne détenue dans ses services ou dans un autre établissement de santé, qu'il s'agisse de consultations, d'examens spécialisés ou d'hospitalisations dans les conditions prévues par le SNH (cf. § 2.2 du présent chapitre).

Il appartient à l'établissement pénitentiaire d'assurer dans les meilleures conditions l'extraction de la personne détenue.

I-1.3 – La préparation du suivi médical après la détention

Favoriser l'accès aux soins des personnes détenues à l'issue de leur période d'incarcération et les inciter à prendre en charge leurs problèmes de santé est l'un des enjeux de la politique de santé en milieu pénitentiaire. Cet objectif est poursuivi au travers, d'une part, d'une démarche d'éducation pour la santé développée pendant l'incarcération, à l'occasion des soins et d'actions spécifiques et, d'autre part, des dispositions prises pour organiser le suivi sanitaire à la sortie de l'établissement pénitentiaire.

I-1.4 – Les actions de prévention

C'est un des points forts de la politique de santé en milieu pénitentiaire que de faire bénéficier cette population le plus souvent jeune, fragilisée et ayant eu jusque-là un faible accès aux soins, d'actions de prévention susceptibles de l'amener à une meilleure prise en charge de sa santé.

L'établissement de santé est chargé de coordonner les actions de dépistage en faveur des personnes détenues, y compris celles relevant de la compétence de l'État et du conseil général. En outre, il est chargé d'élaborer, en liaison avec le service pénitentiaire d'insertion et de probation (SPIP), la direction de l'établissement pénitentiaire et les autres partenaires, un programme annuel ou pluriannuel d'actions d'éducation pour la santé (cf. § 4 du présent chapitre).

I-2 – Organisation des soins aux personnes détenues

Pour fournir l'ensemble des prestations sanitaires relevant de sa compétence, l'établissement de santé organise les soins aux personnes détenues au sein de l'établissement pénitentiaire et leur prise en charge en milieu hospitalier, lorsqu'elle s'avère nécessaire.

I-2.1 – L'organisation des soins en milieu pénitentiaire : l'unité de consultations et de soins ambulatoires

Les soins en milieu pénitentiaire sont dispensés par l'établissement de santé dans une unité de consultations et de soins ambulatoires (UCSA). Celle-ci est constituée par une équipe hospitalière pluridisciplinaire et comporte des équipements médicaux et non médicaux mis en place par l'établissement de santé. Elle est installée, en détention, à l'intérieur de locaux spécifiques aménagés par l'administration pénitentiaire, qui en assure la maintenance.

Les modalités de fonctionnement de l'UCSA sont fixées par un protocole établi conformément au modèle figurant en annexe A.

I-2.1.1 – Statut et organisation de l'UCSA

L'UCSA est pleinement intégrée dans l'organisation de l'établissement de santé. Cette appartenance hospitalière se concrétise au travers d'une connexion très forte avec les divers services hospitaliers. Le statut d'unité fonctionnelle, rattachée à un service clinique ou à un département hospitalier, permet de répondre à cet objectif dans la très grande majorité des cas. A ce titre, l'UCSA figure dans le projet d'établissement et son activité est identifiée et retracée dans son rapport annuel.

Le service clinique ou le département de rattachement est choisi en fonction de sa vocation à dispenser des prestations de médecine générale et à assurer la permanence des soins. Les services de médecine ou d'urgences (SMUR) ont vocation à répondre à ces exigences.

Le mode d'organisation et le cas échéant le service de rattachement sont mentionnés dans l'annexe I du protocole A.

I-2.1.2 – L'équipe pluridisciplinaire

Composée de personnels hospitaliers, l'équipe est placée sous l'autorité médicale du praticien hospitalier ou du praticien hospitalo-universitaire responsable de l'unité fonctionnelle. Les responsabilités respectives du chef de service et du responsable de l'unité fonctionnelle sont fixées par les articles L. 6146-5 et L. 6146-6 du CSP. Elles s'exercent dans le respect de la responsabilité médicale de chacun des praticiens qui y intervient.

L'équipe hospitalière chargée des soins somatiques comporte :
– des personnels médicaux : médecins généralistes, y compris internes, médecins spécialistes hors psychiatres, chirurgiens dentistes et pharmaciens ;
– des personnels non médicaux : personnels infirmiers, préparateurs en pharmacie, masseurs-kinésithérapeutes, manipulateurs en électroradiologie, personnels administratifs et médico-sociaux.

Les personnels détachés de services autres que le service de rattachement de l'UCSA, demeurent sous la responsabilité technique de leur chef de service d'origine et sont placés sous la responsabilité fonctionnelle du médecin responsable de l'UCSA.

L'affectation au sein de l'équipe hospitalière de l'UCSA repose sur le volontariat des personnels. Cependant, pour faciliter le recrutement, la garantie d'une priorité pour la mobilité au sein des différents services de l'hôpital, doit être donnée aux agents.

[...]

I-2.1.2.1 – Le personnel médical

Le praticien responsable de l'unité en assure la responsabilité médicale. Il y exerce une activité régulière de consultation sous l'autorité du praticien chef du service ou du département auquel l'unité est rattachée. En dehors des établissements de faible capacité, il est assisté de médecins généralistes hospitaliers.

L'unité peut également accueillir des internes et des résidents lorsque le service ou le département dont elle dépend est agréé, dans le cadre de leur formation. Les praticiens exercent dans cette unité dans le respect de leurs obligations de service respectives et participent à la continuité des soins et à la permanence pharmaceutique.

Le tableau des effectifs médicaux est établi de façon à répondre aux impératifs suivants :

– assurer l'ancrage hospitalier des UCSA en favorisant le partage d'activité médicale entre l'établissement pénitentiaire et l'établissement hospitalier, ce qui présente l'avantage d'offrir des profils de poste diversifiés ;

– éviter cependant le fractionnement des temps médicaux entre un trop grand nombre de praticiens, de façon à préserver la continuité des soins ;

– assurer les remplacements pendant les congés et les absences occasionnelles.

Les praticiens à temps plein, les praticiens exerçant à temps partiel, les assistants, les praticiens adjoints contractuels et les praticiens attachés peuvent exercer leur activité dans plusieurs établissements dans le cadre, notamment, de mises en réseau et d'actions de coopération en application de l'article L. 6134-1 du CSP. Dans ce cadre, leur activité peut être répartie par convention entre plusieurs établissements dont un signataire du protocole.

Les soins dentaires sont dispensés par des chirurgiens-dentistes régis par les statuts médicaux hospitaliers ou hospitalo-universitaires recrutés en fonction de la quotité de temps nécessaire pour faire face aux besoins. Les consultations spécialisées sont assurées par des médecins spécialistes hospitaliers.

[...]

I-2.1.2.2 – Le personnel soignant

Le personnel infirmier est placé sous la responsabilité d'un infirmier cadre de santé. Dès lors que l'effectif réel moyen de l'établissement pénitentiaire dépasse 1 000 personnes détenues, un infirmier cadre de santé est affecté à l'UCSA. Dans les autres cas, un infirmier cadre de santé du service de rattachement assure cette responsabilité.

Le profil de l'activité en soins détermine la nécessité d'avoir recours ou non à des aides-soignants, dans le respect des textes qui régissent les missions qui peuvent leur être confiées sous la responsabilité du personnel infirmier.

Le statut d'assistant dentaire n'existe pas dans la fonction publique hospitalière. Cependant leur rôle apparaît essentiel pour optimiser l'organisation des soins dentaires. Il importe donc que cette fonction puisse être assurée par des infirmiers (ères) ou par délégation par un(e) aide-soignant(e).

[...]

I-2.1.3 – Les locaux, les règles d'hygiène et les équipements nécessaires au fonctionnement de l'UCSA

En application des dispositions de l'article R. 711-15, 2° du CSP, reprises par l'article D. 370 du Code de procédure pénale (CPP), l'administration pénitentiaire met à disposition de l'UCSA des locaux spécialisés destinés aux consultations, aux examens et, le cas échéant, à une implantation de la pharmacie à usage intérieur.

Hors le cas des services médico-psychologiques régionaux (SMPR) qui disposent, conformément à l'article D. 372 du CPP, de locaux spécifiques dans les établissements où ils sont implantés, les locaux de l'UCSA sont mis à disposition des équipes des secteurs de psychiatrie ainsi que des équipes des antennes de SMPR pour leurs consultations et leurs entretiens. Pour les autres activités thérapeutiques, d'autres locaux peuvent être mis à disposition de ces équipes.

Les modalités pratiques de mise à disposition des locaux spécifiques sont fixées par le protocole qui mentionne également les salles d'activité mises à disposition des équipes de secteurs.

[...]

Les règles d'hygiène afférentes au milieu hospitalier doivent être respectées dans les locaux de l'unité de consultations et de soins ambulatoires (UCSA). Ces règles concernent tant l'entretien des locaux que celui du matériel. A cet effet, il sera fait appel au comité de lutte contre les infections nosocomiales (CLIN) de l'établissement de santé chaque fois que nécessaire.

L'établissement de santé est responsable de l'application des bonnes pratiques en matière de nettoyage, de désinfection et de stérilisation des dispositifs et des équipements. Cette activité ne doit en aucun cas être confiée aux personnes détenues.

En l'absence d'agents des services hospitaliers, les personnes détenues peuvent être employées à des tâches d'entretien et de maintenance des locaux affectés à l'UCSA, s'agissant des circulations, des couloirs et des salles d'attente. Dans les locaux de soins, elles ne peuvent être employées qu'à l'entretien du sol, en présence d'un membre du personnel infirmier (articles 11 et 15 du décret n° 93-221 du 16 février 1993 relatif aux règles professionnelles des infirmiers et infirmières). Il importe que ces tâches n'entravent pas l'organisation des consultations et des soins et ne portent pas atteinte à leur confidentialité. Il revient, par ailleurs, à l'administration pénitentiaire de prévoir, pour les personnes détenues employées à ces tâches, un temps de formation en hygiène hospitalière. Cette formation est réalisée sous l'égide des services pénitentiaires dans le cadre de la formation professionnelle des personnes détenues et en liaison avec l'établissement de santé.

[....]

I-2.2 – Organisation des soins en milieu hospitalier : consultations spécialisées et hospitalisations

Lorsque les examens ou les soins requis ne peuvent être délivrés en milieu pénitentiaire, il appartient à l'établissement de santé signataire du protocole d'organiser la prise en charge sanitaire de la personne détenue, qu'il s'agisse de consultations, d'examens spécialisés ou d'hospitalisation. Selon les cas, il a un rôle d'accueil et/ou d'orientation.

L'établissement hospitalier doit établir un protocole avec le (ou les) chef (s) d'établissement (s) pénitentiaire (s) concerné (s) et les représentants des forces de l'ordre, afin de fixer, en fonction de la topographie des lieux, les mesures à prendre afin d'accueillir les personnes détenues dans des conditions de sécurité optimales pour l'ensemble des patients et du personnel. Le contenu de ces protocoles sera fixé par une circulaire interministérielle.

I-2.2.1 – Les consultations spécialisées en milieu hospitalier

Conformément aux dispositions de l'article R. 711-16-3° du CSP, l'établissement de santé organise l'accès des personnes détenues à l'ensemble des consultations ou aux examens spécialisés qui n'ont pas pu être réalisés dans l'établissement pénitentiaire. Il les assure lui-même, chaque fois que son plateau technique et son niveau de spécialisation le permettent. La réalisation de ces consultations en milieu hospitalier nécessite une étroite coordination avec le responsable de l'établissement pénitentiaire, au regard de la question des escortes [...].

I-2.2.2 – Les hospitalisations en rapport avec une affection somatique

Les hospitalisations en rapport avec une affection somatique sont réalisées conformément aux dispositions des articles R. 711-19-2° du CSP et D. 391 a) et b) du CPP.

I-2.2.2.1 – Les hospitalisations urgentes ou de très courte durée

Les personnes détenues nécessitant une hospitalisation urgente ou de très courte durée sont accueillies par l'établissement de santé signataire du protocole.

– **L'urgence** répond non seulement aux situations où le pronostic vital est engagé mais aussi aux cas nécessitant des actes diagnostiques et/ou thérapeutiques immédiats. L'alerte sur ces situations d'urgence peut être donnée non seulement par la personne détenue mais aussi par le personnel pénitentiaire qui, en tout état de cause, en assure le relais en toutes circonstances.

En situation d'urgence survenant en dehors des heures d'ouverture de l'UCSA, sans faire obstacle aux dispositions du § I-3.2, la personne détenue peut bénéficier du système de permanence des soins assuré par les médecins de ville.

Dans tous les cas, la décision d'hospitalisation d'un patient détenu adressé aux urgences est du ressort du médecin du service d'accueil et de traitement des urgences (SAU) ou de celui de l'unité de proximité d'accueil, de traitement et d'orientation des urgences (UPATOU), si possible après concertation avec le médecin de l'UCSA.

Si le plateau technique de l'hôpital de proximité est insuffisant pour faire face à l'état de santé de la personne accueillie par son SAU ou par son UPATOU, il appartient au personnel de ce service ou de cette unité d'orienter la personne détenue vers l'établissement de santé adapté le plus proche, en mesure de la prendre en charge. Il en est de même en l'absence de lit disponible dans l'établissement de santé.

La durée de séjour dans l'hôpital de proximité, consécutive à cette hospitalisation urgente, n'est pas limitée dans le temps. Toutefois, dès lors que l'hospitalisation est appelée à se prolonger, un transfert vers l'unité hospitalière sécurisée interrégionale (UHSI) peut être envisagé. Il n'est réalisé que lorsque le médecin responsable de la prise en charge hospitalière de la personne détenue estime que son état de santé est compatible avec celui-ci. Ce transfert est également subordonné à la disponibilité de places à l'UHSI.

– **L'hospitalisation programmée** de très courte durée correspond à une hospitalisation en règle générale inférieure ou égale à 48 heures. Toutefois, dans certains cas exceptionnels, notamment lorsque le temps d'accès entre l'établissement pénitentiaire et l'UHSI est important, la durée d'hospitalisation peut être supérieure à 48 heures, sous réserve d'un accord conclu, sous l'égide du préfet du département, entre l'établissement pénitentiaire, les forces de l'ordre et l'établissement de santé de proximité. Cet accord est formalisé sous forme d'une convention fixant la durée localement admise pour l'hospitalisation de très courte durée qui est préalablement soumise à la validation des administrations centrales.

Si le plateau technique de l'hôpital de proximité est insuffisant pour faire face à l'état de santé de la personne, il appartient au médecin de l'UCSA d'organiser l'hospitalisation de la personne détenue dans l'établissement de santé adapté le plus proche, en mesure de la prendre en charge.

Dès lors que l'établissement de santé en est doté, l'hospitalisation est réalisée dans une chambre sécurisée, si l'état de santé de la personne détenue ne requiert pas une hospitalisation en service spécialisé (réanimation, par exemple). A défaut, le malade détenu est accueilli dans un service adapté à sa pathologie.

Les chambres sécurisées répondent à un cahier des charges fixé par la note du 17 mai 2001 du ministère de l'Intérieur. Leur implantation doit répondre aux critères suivants : une implantation au sein des services actifs de l'hôpital, le plus près possible du plateau technique, de préférence en étage. A l'intérieur de l'unité d'hospitalisation, rien ne doit permettre d'identifier ces chambres par rapport aux autres. Leur aspect extérieur doit être banalisé. La responsabilité médicale de la prise en charge de la personne détenue incombe à un praticien de l'unité d'hospitalisation dans laquelle elle est intégrée, qui fait appel, en tant que de besoins, à l'intervention de médecins d'autres spécialités.

I-2.2.2.2 – Les hospitalisations dans les unités hospitalières sécurisées interrégionales (UHSI)
Les hospitalisations excédant la très courte durée ou réclamant la proximité d'un plateau technique très spécialisé sont mises en œuvre dans des unités hospitalières sécurisées interrégionales (UHSI) définies par l'arrêté interministériel du 24 août 2000 relatif à la création des unités hospitalières sécurisées interrégionales destinées à l'accueil des personnes incarcérées.

L'objectif poursuivi est de concilier les impératifs de qualité des soins et de rationalisation des escortes et des gardes des personnes hospitalisées.

A cette fin, les UHSI sont implantées dans des centres hospitaliers régionaux. La liste et la capacité d'accueil de ces unités sont fixées par l'arrêté interministériel précité, qui a prévu la création de telles unités à Bordeaux, Lille, Lyon, Nancy, Rennes, Toulouse, Marseille. L'établissement public de santé national de Fresnes (EPSNF) constitue le huitième pôle d'hospitalisation interrégional des patients détenus, en complémentarité avec l'UHSI implantée au sein du groupe hospitalier Pitié-Salpétrière de l'Assistance publique-Hôpitaux de Paris (AP-HP). Cet arrêté précise les aires d'attraction interrégionales des UHSI ainsi que les modalités de remboursement par l'administration pénitentiaire de la sécurisation de ces unités. Un cahier des charges fixant l'aménagement des UHSI lui est annexé.

Toutefois, ces dispositions ne font pas obstacle à l'hospitalisation des personnes détenues dans des services très spécialisés, dès lors que leur état de santé l'exige.
[...]

I-3 – Prestations délivrées par l'UCSA

Le praticien responsable de l'UCSA est chargé, conformément aux dispositions des articles R. 711-13 et R. 711-14 du CSP, reprises par l'article D. 379 du CPP, d'organiser le suivi médical des personnes détenues. Il lui revient également de coordonner les actions de prévention mises en œuvre à leur égard.

I-3.1 – Les prestations de médecine générale

Les prestations de médecine générale comportent l'ensemble des soins médicaux et infirmiers concourant au suivi des personnes détenues.

I-3.1.1 – Les aspects médicaux

Les médecins chargés des prestations de médecine générale au sein des UCSA assurent les consultations nécessaires au suivi des personnes détenues et des consultations spécifiques en milieu pénitentiaire. Ils ont notamment la charge de l'examen médical d'entrée, de la visite au quartier d'isolement, de la visite des personnes détenues placées au quartier disciplinaire, du suivi des personnes détenues en grève de la faim et/ou de la soif, de l'examen médical des personnes détenues soumises à des mesures de contrainte physique.

I-3.1.1.1 – Les consultations nécessaires au suivi des personnes détenues (art. R. 711-16-1° du CSP et D. 381 du CPP)
Les médecins assurent les consultations médicales nécessaires au suivi des personnes détenues. Elles répondent à des demandes formulées soit par la personne détenue elle-même, soit, le cas échéant, par le personnel pénitentiaire ou par tout autre personne agissant dans l'intérêt de la personne détenue.

L'acheminement des demandes de consultations vers l'UCSA est assuré :
– au moyen d'une boite à lettres réservée à cet effet, directement accessible aux personnes détenues à l'occasion de leurs mouvements en détention (mouvement de promenade, par exemple) et dont seuls les personnels soignants détiennent la clef ;
– par le personnel pénitentiaire qui relaye les demandes orales ou écrites. Lorsque la demande est formulée sous pli fermé, la confidentialité en est respectée.

I-3.1.1.2 – Les consultations spécifiques en milieu pénitentiaire

Le suivi médical de la personne détenue comporte notamment les consultations suivantes :
– l'examen médical d'entrée des personnes venant de l'état de liberté ;
– les visites au quartier d'isolement ;
– les visites aux personnes détenues placées au quartier disciplinaire ;
– la prise en charge des personnes détenues grévistes de la faim et/ou de la soif.

En application de l'article D. 283-3 du CPP, le médecin peut prescrire un moyen de contrainte. Par ailleurs, à la demande du chef d'établissement pénitentiaire, il peut être amené à examiner une personne détenue pour laquelle un moyen de contrainte a été utilisé.

Il est à noter, s'agissant de la situation des personnes détenues placées à l'isolement ou au quartier disciplinaire, qu'il n'appartient pas au médecin de se prononcer sur la décision prise qui ne relève, ni de sa compétence, ni de sa responsabilité. En ce qui concerne l'isolement, son avis, lorsqu'il est préalablement sollicité, porte uniquement sur l'éventuelle incompatibilité de la mesure au regard de l'état de santé des personnes détenues.

Par ailleurs, les enfants de moins de 18 mois laissés auprès de leur mère en détention, n'étant pas détenus, ne relèvent pas de la compétence de l'UCSA sauf lorsque des soins d'urgence sont requis, dans l'attente de l'intervention des services d'urgence ou du praticien choisi par la mère.

I-3.1.1.2.1 – L'examen médical d'entrée des personnes détenues venant de l'état de liberté (art. R. 711-16-1° du CSP et D. 381 a) du CPP)

Ce premier examen doit avoir lieu dans les plus brefs délais, avec le consentement de la personne détenue, de façon à déceler toute affection contagieuse ou évolutive, à mettre en œuvre toute mesure thérapeutique appropriée, notamment à l'égard des personnes présentant des conduites addictives et à assurer la continuité des soins pour les personnes déjà sous traitement. A ce titre, une attention particulière doit être portée aux personnes détenues pour lesquelles la notice individuelle remplie par l'autorité judiciaire (art. D. 32-1 et art. D. 55-1 du CPP) mentionne la nécessité d'un examen urgent.

Il doit être aussi l'occasion de pratiquer un examen médical, de contrôler l'état vaccinal, de proposer une consultation spécialisée, si nécessaire, notamment en cas de troubles psychiatriques ou psychologiques, de conduites addictives ou de risques suicidaires.

Dans les établissements pénitentiaires où un entretien psychiatrique systématique d'entrée ne peut être réalisé par l'équipe psychiatrique, une procédure de signalement et de réponse à l'urgence devra être formalisée entre les équipes de soins somatiques et psychiatriques. A cet égard, une attention particulière devra être portée aux personnes détenues signalées par le juge d'instruction par le biais de la notice individuelle comme nécessitant un examen psychiatrique urgent. Elles devront bénéficier d'un entretien avec un membre de l'équipe psychiatrique dans les meilleurs délais.

Si l'examen d'entrée n'est pas obligatoire à l'occasion du transfert entre établissements pénitentiaires d'une personne détenue, toutes mesures doivent être prises pour assurer la continuité de la surveillance médicale, en fonction des éléments transmis par l'équipe médicale précédemment en charge de cette personne.

I-3.1.1.2.2 – Les visites aux personnes détenues placées au quartier d'isolement (art. D. 283-1 et D. 381 c) du CPP)

La liste des personnes détenues présentes au quartier d'isolement est communiquée quotidiennement aux équipes médicales (UCSA et SMPR). Le médecin se rend au quartier d'isolement au moins deux fois par semaine et y visite les personnes détenues chaque fois qu'il l'estime nécessaire. A l'occasion de ce déplacement, il vise le registre de visite.

Il appartient au médecin, chaque fois qu'il l'estime utile au regard de l'état de santé de la personne détenue, d'émettre un avis sur l'opportunité de mettre fin à la mesure d'isolement (...).

Par ailleurs, le médecin est informé par l'administration pénitentiaire des éventuelles prolongations de la mesure. Son avis n'est requis que dans le cadre de la procédure de prolongation de la mesure d'isolement au-delà d'un an [...]. L'administration peut également solliciter son avis lorsque le placement à l'isolement concerne un mineur.

Les visites et les avis concernant les personnes détenues présentes au quartier d'isolement font l'objet d'une mention au dossier médical.

I-3.1.1.2.3 – Les visites aux personnes détenues placées au quartier disciplinaire (art. D. 251-4, 251-8 et D. 381 b) du CPP)

Conformément aux dispositions de l'article D. 251-4 du CPP, la liste des personnes présentes au quartier disciplinaire est communiquée quotidiennement aux équipes médicales (UCSA et SMPR). En dehors des horaires d'ouverture de l'UCSA, elle lui est adressée par tout moyen approprié. Il peut notamment suffire de déposer la liste dans la boîte à lettres de l'UCSA. L'équipe médicale en prend connaissance dès sa prise de service, au plus tard le lendemain matin. Dès lors, il n'y a pas lieu de communiquer cette liste aux médecins intervenant ponctuellement dans le cadre des urgences (centre 15, SOS médecins...).

Les médecins visitent, sur place, chaque personne détenue au moins deux fois par semaine et aussi souvent qu'ils l'estiment nécessaire. Cette visite peut avoir lieu, soit dans la cellule de la personne détenue, soit dans un local du quartier disciplinaire, en présence ou non du personnel pénitentiaire, pour des raisons de sécurité du médecin. Si, entre ces visites, l'état de santé de la personne détenue est jugé préoccupant par le personnel pénitentiaire, celui-ci le signale à un médecin. La visite peut également être demandée par la personne détenue elle-même. Toutes ces visites doivent faire l'objet d'une mention au dossier médical.

Dans le cas où un examen plus approfondi s'avère nécessaire, il est réalisé dans les locaux de l'UCSA, selon des modalités définies par le chef de l'établissement pénitentiaire en liaison avec le médecin responsable de l'UCSA.

Lors de chacune de ses visites au quartier disciplinaire, le médecin vise le registre mis en place à cet effet, mais non les fiches individuelles de procédure disciplinaire.

La continuité des soins, y compris les consultations spécialisées et les explorations à l'hôpital, doit être assurée dans les lieux adaptés (UCSA, établissement hospitalier) pendant l'exécution de la mesure de mise au quartier disciplinaire. Les modalités d'administration des médicaments relèvent, dans ce lieu également, de la responsabilité médicale et leur administration est réalisée, comme dans tous les autres secteurs de la détention, par le personnel soignant, conformément aux procédures de dispensation des médicaments.

Si la personne détenue placée au quartier disciplinaire est sous traitement médical (y compris psychothérapeutique), il appartient au médecin, au vu de la liste qui lui est communiquée, de s'assurer que le maintien au quartier disciplinaire n'est pas de nature à compromettre ou à aggraver sa santé et que la continuité des soins peut être garantie.

Si, à l'occasion d'une visite, le médecin estime que l'exécution de la mesure disciplinaire est de nature à compromettre la santé de la personne détenue, il le signale au moyen d'un certificat médical au chef d'établissement pénitentiaire qui suspend la mesure.

[...]

I-3.2 – La réponse aux urgences en dehors des heures de présence médicale à l'UCSA

Le médecin responsable organise les modalités de recours à un médecin en cas d'urgence, en dehors des heures de présence médicale à l'UCSA. Cette organisation figure en annexe I du protocole A. Les modalités pratiques de recours à ce dispositif de permanence des soins sont consignées dans un document, à disposition de l'ensemble des personnels concernés.

Conformément aux dispositions de l'article D. 374 du CPP, les personnels pénitentiaires appliquent les directives prévues par ce document. Ils interviennent, soit à la demande de la personne détenue, soit de leur propre initiative si son état leur apparaît préoccupant. Le personnel d'encadrement de permanence doit notamment disposer des coordonnées téléphoniques d'un interlocuteur sanitaire qualifié, capable de répondre à tout moment. Ce dernier déclenche les moyens d'intervention appropriés.

L'établissement pénitentiaire est invité à mettre en place un dispositif permettant à la personne détenue concernée de communiquer directement par téléphone avec le médecin régulateur du centre 15 ou de l'établissement de santé. Les modalités doivent être intégrées au protocole. L'établissement pénitentiaire met en place des dispositifs garantissant la confidentialité de l'entretien médical ainsi que la sécurité de la communication entre le médecin et la personne détenue.

La mise en relation téléphonique directe entre la personne détenue et le médecin régulateur est de nature à permettre à ce dernier d'évaluer la situation sanitaire de l'intéressée et de pouvoir décider si une intervention médicale urgente doit être décidée. Elle permet de mieux cerner les cas d'urgence vitale et d'éviter ainsi de prendre du retard dans la dispensation des soins pouvant entraîner des conséquences graves pour les personnes détenues. En outre, elle permet de limiter le déplacement des médecins aux seuls cas qui l'exigent et de diminuer le nombre d'extractions médicales.

Ce dispositif place les personnels pénitentiaires dans une position plus conforme à leur mission de surveillance et de sécurité en ne les mettant plus dans une position d'intermédiaire entre la personne détenue et le médecin régulateur.

En pratique, il convient de distinguer les modalités de régulation des appels et les moyens d'intervention mis en œuvre (une réflexion est en cours dans le cadre plus général des travaux sur les urgences pré-hospitalières et hospitalières).

– La régulation des appels

En cas d'urgence vitale, le centre 15 est obligatoirement l'interlocuteur désigné. Dans les autres cas, la régulation des appels est préférentiellement confiée au centre 15. Cependant, en fonction des situations locales, elle peut reposer sur d'autres dispositifs, sous réserve que ceux-ci soient en mesure de déclencher à tout moment l'intervention appropriée à la situation.

– Les moyens d'intervention

Dans la majorité des cas, l'effectif médical de l'UCSA est insuffisant pour assurer seul la permanence des soins. Cependant, le nombre d'interventions en dehors des heures de présence médicale habituelle est généralement limité. En règle générale, l'instauration d'une garde médicale spécifique ne se justifie donc pas et la réponse médicale aux appels provenant de l'établissement pénitentiaire doit être intégrée dans le tableau de gardes et d'astreintes de l'établissement de santé, sans création de garde supplémentaire.

Cependant, des difficultés pourront être rencontrées, par exemple du fait de la spécialisation des gardes et de l'absence de garde de médecine générale dans l'établissement de santé ou lorsque l'établissement hospitalier est relativement éloigné de l'établissement pénitentiaire. Il importe alors de retenir des solutions pratiques utilisant au mieux le potentiel local et répondant à un double principe d'économie et de sécurité.

Le recours au médecin du système de garde libérale de la ville, rémunéré à l'acte en tant que consultant exceptionnel, peut ainsi être envisagé en substitution du système de garde hospitalière. Dans cette hypothèse, il est indispensable qu'une convention soit conclue entre l'établissement de santé et les médecins du système de garde libérale.

I-3.3 – Les soins dentaires

Chaque personne détenue doit pouvoir bénéficier d'un examen bucco-dentaire dans le cadre de l'examen médical approfondi d'entrée et avoir accès aux soins dentaires qui lui sont nécessaires dans des délais appropriés à son état clinique.

Comme pour les autres soins, la personne détenue bénéficie de la prise en charge de l'ensemble des actes inscrits à la nomenclature générale des actes professionnels, dans la limite des tarifs de responsabilité. Le chirurgien-dentiste hospitalier ne peut pratiquer que des actes inscrits à cette nomenclature. Les dépassements autorisés pour certains actes sont à la charge des personnes détenues. Dès lors que les appareillages sont médicalement justifiés, l'administration pénitentiaire peut se substituer aux personnes détenues dont les ressources sont insuffisantes, dans les conditions prévues à l'article D. 367 du CPP.

[...]

I-3.4 – Les consultations spécialisées

Des consultations spécialisées sont organisées au sein de l'établissement pénitentiaire. L'objectif est d'assurer sur place le maximum de consultations spécialisées, afin de limiter les difficultés inhérentes aux déplacements des personnes détenues à l'extérieur, du fait notamment de la nécessité de mobiliser des personnels pour assurer la sécurité.

Le tableau de ces consultations spécialisées est établi en fonction des besoins recensés et des possibilités matérielles d'organisation. Les spécialités les plus souvent concernées sont l'ophtalmologie, la dermatologie, l'ORL, la pneumologie, la cardiologie, la gastro-entérologie, la gynécologie-obstétrique.

Les femmes enceintes bénéficient d'un suivi prénatal spécialisé réalisé par une équipe de gynécologie-obstétrique. La dernière visite prénatale sera assurée obligatoirement par l'équipe hospitalière en charge de l'accouchement.

Le suivi des personnes infectées par le virus de l'immunodéficience humaine (VIH) est organisé en liaison avec les centres d'information et de soins de l'immunodéficience humaine (CISIH) ou les services spécialisés de référence.

Lorsque le volume d'activité ne justifie pas l'instauration d'une consultation spécialisée régulière, des interventions ponctuelles de spécialistes peuvent être réalisées.

La mise en place d'un réseau de télémédecine (visioconférence, téléradiologie, télétransmission des résultats, téléconsultation) permet aux médecins des UCSA et des SMPR de bénéficier de la technicité du plateau technique hospitalier et de l'accès à des avis spécialisés sans pour autant recourir à des extractions médicales, tout en garantissant la sécurité et la confidentialité des informations transmises. A cet égard, un programme est en cours d'expérimentation. Il convient de souligner que le recours à ces nouvelles techniques d'information et de communications médicales ne se substitue pas au nécessaire dialogue entre le médecin traitant et la personne détenue.
[...]

I-3.6 – Les autres prestations

I-3.6.1 – La fourniture et la dispensation des médicaments et des produits pharmaceutiques

En application du 3° de l'article R. 711-13 du CSP, la fourniture et la dispensation de l'ensemble des médicaments et autres produits de santé nécessaires à la prise en charge sanitaire de la personne détenue, y compris au titre de la psychiatrie, sont à la charge de l'établissement de santé responsable des soins somatiques, qu'il assure également ou non les prestations psychiatriques.

Ces produits sont dispensés conformément aux dispositions de l'arrêté du 31 mars 1999 relatif la prescription, à la dispensation et à l'administration des médicaments soumis à la réglementation des substances vénéneuses dans les établissements de santé.
[...]

I-3.6.2 – La réalisation des examens de laboratoire et de radiologie
Les examens nécessaires au suivi sanitaire des personnes détenues, au sein de l'établissement pénitentiaire, sont à la charge de l'établissement de santé. En est exclue celle des examens de dépistage afférents aux actions de prévention qui sont à la charge des départements ainsi que ceux réalisés par un centre de dépistage anonyme et gratuit (CDAG) ne relevant pas de l'hôpital. En sont exclus également les examens biologiques et radiologiques demandés dans le cadre d'une procédure judiciaire (enquête ou expertise).

I-4 – Les actions de prévention

La prévention incluant l'éducation pour la santé et la réduction des risques font partie intégrante des missions de l'établissement de santé signataire du protocole, qu'il s'agisse de prévention :
– primaire (environnement, conditions de vie, hygiène, éducation pour la santé, vaccinations...) ;
– secondaire (dépistages) ;
– tertiaire (soins et éducation thérapeutique du patient).

Dans le cadre de ses missions, « l'établissement public de santé coordonne les actions de prévention et d'éducation pour la santé organisées dans l'établissement pénitentiaire » (art. R. 711-14 du CSP). A ce titre, il élabore un programme en accord avec le service pénitentiaire d'insertion et de probation, l'établissement pénitentiaire, ainsi qu'avec les préfets de région et de département et le président du conseil général pour les actions et les services, dont sont respectivement responsables l'État et le département. Les organismes d'assurance-maladie ainsi que les autres activités et associations concernées sont associés à ce programme sur lequel le directeur de l'agence régionale de l'hospitalisation donne son avis.

Les actions de prévention ont la spécificité d'impliquer, aux côtés des personnels hospitaliers, d'autres partenaires internes ou externes au milieu pénitentiaire. L'établissement de santé veille à ce que des outils de prévention et de réduction des risques de transmission des maladies infectieuses soient mis à la disposition des personnes incarcérées.

La réalisation des actions de prévention relevant de la compétence de l'État et du conseil général peut être déléguée par voie de convention à l'établissement de santé, dans certains cas et en fonction des situations locales. Celui-ci a par ailleurs, toute latitude pour engager ou impulser des actions complémentaires et/ou novatrices en collaboration avec les partenaires de son choix, avec l'accord des services pénitentiaires.

I-4.1 – La coordination des actions de dépistage

Les actions de dépistage en milieu pénitentiaire font intervenir différents acteurs de santé, qui peuvent être extérieurs à l'UCSA. Le médecin responsable de l'UCSA doit à la fois s'assurer de la cohérence de ces interventions et veiller à l'efficacité de leur mise en œuvre. A cette fin, des conventions sont signées, fixant les modalités de réalisation de ces actions adaptées aux situations locales.

Pour des raisons de confidentialité, la communication du résultat d'un test de dépistage à une personne détenue reste orale. Toutefois, la communication écrite de ces résultats de tests de dépistage ne peut être refusée aux personnes détenues qui en font la demande (loi n° 2002-303 du 4 mars 2002 relative aux droits des malades et à la qualité du système de santé). En tout état de cause, ces résultats écrits sont remis à la personne détenue, sous pli cacheté, au moment de sa libération.

I-4.1.1 – Le dépistage obligatoire de la tuberculose

En raison, d'une part, des facteurs de risque présentés par une majorité des personnes détenues avant même leur incarcération et, d'autre part, des conditions de promiscuité inhérentes à la vie carcérale, le dépistage de la tuberculose est systématique pour toutes les personnes arrivant de l'état de liberté.

Les activités de dépistage de la tuberculose relèvent des conseils généraux. L'établissement de santé doit, en liaison avec la DDASS, prendre contact avec les services compétents du conseil général afin de déterminer avec eux, en fonction des conditions locales, leurs modalités d'intervention. En tout état de cause, et quelles que soient les solutions adoptées, le coût de ce dépistage est à la charge du conseil général.

En cas d'utilisation de rayonnements ionisants, les éléments de justification et d'optimisation devront être conformes aux articles R. 1333-55 à R. 1333-74 du CSP. En pratique, le médecin de l'UCSA devra s'assurer préalablement à l'examen radiologique, lors de l'examen médical systématique d'entrée, que le rapport bénéfice/risque n'est pas défavorable à la personne détenue (cas de la femme enceinte, des clichés radiologiques récents...).

Le dépistage par intradermo-réaction peut également être envisagé sous réserve de certaines conditions :
– réalisation et lecture du test par un personnel soignant compétent et entraîné (médical ou infirmier) ;
– interprétation par le médecin de l'UCSA, conformément aux recommandations du Conseil supérieur d'hygiène publique de France du 14 mars 2003 relatif au traitement de la tuberculose infection.

Quel que soit le mode de dépistage, le délai entre l'entrée en détention et la connaissance du résultat du dépistage ne doit pas excéder une semaine.

Les dispositions de la circulaire DGS/DAP n° 98-538 du 21 août 1998 relative à la lutte contre la tuberculose en milieu pénitentiaire vont être adaptées en ce sens.

La découverte, par l'équipe médicale, d'un cas de tuberculose pulmonaire contagieuse impose, dès sa suspicion, des liaisons immédiates avec le chef de l'établissement pénitentiaire afin que soient prises toutes les mesures prophylactiques nécessaires à l'égard des personnes détenues et des personnels.

L'enquête autour d'un cas confirmé de tuberculose pulmonaire contagieuse est entreprise avec le médecin de prévention du personnel pénitentiaire, le médecin du travail de l'établissement public de santé et le service départemental de lutte contre la tuberculose.

La déclaration obligatoire des cas de tuberculose est faite par le médecin ayant effectué le diagnostic. Elle est transmise au médecin inspecteur de santé publique de la DDASS par le médecin responsable de l'UCSA.

I-4.1.2 – Les autres actions de dépistage

Les dépistages proposés à la population générale en milieu libre doivent l'être également en milieu carcéral. Ils sont proposés à la personne détenue et réalisés avec son consentement ; les résultats doivent lui être communiqués, qu'ils soient positifs ou négatifs.

Le dépistage est un acte médical conçu dans une démarche d'éducation pour la santé comprenant trois étapes :
– une consultation médicale qui s'accompagne d'une information sur les infections virales (VIH, VHC, VHB), d'un conseil personnalisé de prévention et de la recherche des facteurs de risque (VIH, VHC, VHB) et des situations pour lesquelles le dépistage du VHC est indiqué. Elle doit être l'occasion de rechercher des signes cliniques de ces infections ;
– une prescription de test par le médecin ;
– une consultation médicale de remise des résultats qui permet au médecin de rappeler la signification du test, d'analyser à nouveau avec l'intéressé sa compréhension des risques de transmission et sa capacité à adopter des comportements de prévention.

Lorsque le résultat d'un dépistage est positif, le médecin de l'UCSA doit faire réaliser les examens complémentaires nécessaires au diagnostic et au bilan de l'évolution de la pathologie. En cas d'infection, le médecin doit faciliter la démarche de soins et le suivi psychologique et social.

– Le dépistage volontaire de l'infection par le VIH

En matière de dépistage de cette infection, les principes généraux du milieu libre s'appliquent en milieu pénitentiaire, comme le rappelle la circulaire DGS/DH/DAP n° 96-739 du 5 décembre 1996 relative à la lutte contre l'infection par le VIH en milieu pénitentiaire.

Le médecin de l'UCSA invite toute personne venant de l'état de liberté à bénéficier d'un conseil personnalisé de prévention de l'infection par le VIH et, si nécessaire, d'un test de dépistage. Cette information-conseil se déroule à l'occasion de la visite médicale d'entrée ou, mieux, dans le cadre d'une consultation spécifique de prévention axée sur les maladies transmissibles et organisée quelques jours après l'incarcération, afin que la personne détenue soit plus réceptive aux messages de prévention. [...]

– Le dépistage volontaire des hépatites

Le dépistage de l'hépatite B doit être proposé à toutes les personnes détenues en raison de la forte prévalence de cette infection dans la population carcérale et de la possibilité de vaccination. Après accord de la personne détenue, des tests sérologiques sont réalisés et, en fonction de leurs résultats, la vaccination est entreprise chez les personnes non immunisées. Cette vaccination est intégrée depuis 1997 dans un programme national de prévention de l'hépatite B en milieu pénitentiaire.

Le dépistage de l'hépatite C doit également être proposé systématiquement aux personnes détenues en attachant une attention spéciale aux personnes particulièrement exposées, notamment aux personnes déclarant avoir fait usage de drogues par voie intraveineuse. Ce dépistage s'inscrit dans le cadre du programme national de lutte contre l'hépatite C en population générale. Conformément à la circulaire DGS/DH n° 99/299 du 21 mai 1999 relative à l'organisation des soins pour les personnes atteintes d'hépatite C, une séropositivité au VHC implique donc, comme en milieu libre, un bilan biologique qui peut conduire à la réalisation d'une ponction-biopsique hépatique et, le cas échéant, à la mise sous traitement. Les différentes alternatives à la ponction biopsique du foie doivent être validées scientifiquement avant toute utilisation à large échelle (expertise collective sur hépatite C – INSERM – juin 2003). [...]

– Le dépistage des autres affections

Une attention particulière est souhaitée en ce qui concerne les infections sexuellement transmissibles, notamment la syphilis, les condylomes, les chlamydia, la gonococcie.

Pour les personnes incarcérées, les dépistages de certains cancers (sein, colo-rectal et utérus) prévus par l'arrêté du 24 septembre 2001 doivent être faits selon les mêmes dispositions que celles de la population générale :
– pour le dépistage organisé du cancer du sein, toutes les femmes de 50 à 74 ans, ne justifiant pas de modalités particulières de suivi, sont invitées à passer, tous les deux ans, à une mammographie à deux incidences par sein ;
– le dépistage organisé du cancer colo-rectal est proposé actuellement dans 22 départements pilotes, avant de définir une stratégie nationale. Il s'adresse aux hommes et aux femmes de 50 à 74 ans auxquels est proposé tous les deux ans, un test de recherche de sang occulte dans les selles ;
– pour le dépistage du cancer du col de l'utérus, les cahiers des charges sont en cours d'élaboration.

Tous ces dépistages seront ordonnés par des structures de gestion départementales ou inter-départementales, chargées de les mettre en place et de les organiser.

Les DDASS informeront le médecin de l'UCSA des coordonnées des structures gérant ces dépistages afin qu'il puisse se mettre en relation avec le médecin coordonnateur responsable.
[...]

Chapitre II
Prise en charge de la santé mentale des personnes détenues

La prise en charge de la santé mentale des personnes détenues est confiée au service public hospitalier depuis la parution du décret n° 86-602 du 14 mars 1986 relatif à la lutte contre les maladies mentales et à l'organisation de la sectorisation psychiatrique, instituant les secteurs de psychiatrie en milieu pénitentiaire. Le dispositif de prise en charge des soins psychiatriques en milieu pénitentiaire a fait l'objet de renforcements successifs de moyens depuis la mise en œuvre de la loi n° 94-43 du 18 janvier 1994 relative à la santé publique et à la protection sociale.

Cependant, ce dispositif ne répond qu'incomplètement aux besoins de santé mentale qui sont majeurs en milieu pénitentiaire. Cette situation a notamment été dénoncée par les rapports parlementaires de juillet 2000 sur l'état des prisons françaises, ainsi que par le rapport d'évaluation de l'organisation des soins aux personnes détenues de l'inspection générale des affaires sociales et de l'inspection générale des services judiciaires de juin 2001.

C'est pourquoi les axes d'amélioration suivants ont été fixés dans le domaine de la santé mentale :
– augmentation et diversification des activités ambulatoires ;
– meilleure prise en compte des besoins d'hospitalisation pour motif psychiatrique ;
– amélioration de la coordination des équipes psychiatriques avec les UCSA ;
– développement de la prise en charge pluridisciplinaire, notamment des personnes détenues présentant un risque suicidaire, des personnes détenues auteurs d'infraction à caractère sexuel atteintes de troubles mentaux en lien avec l'infraction commise et de celles présentant des comportements addictifs.

En matière d'hospitalisation pour trouble mental des personnes détenues, des dispositions ont d'ores et déjà été prises dans le cadre de l'article 48 de la loi n° 2002-1138 du 9 septembre 2002 d'orientation et de programmation pour la justice qui prévoit d'importantes évolutions en ce qui concerne leur encadrement juridique et leur organisation.
[...]

Chapitre IV
La protection sociale et les modalités financières de prise en charge des personnes détenues

IV-1 – La protection sociale des personnes détenues

Cette partie définit le champ d'application de ce régime de sécurité sociale, les conditions d'ouverture des droits aux prestations, les règles relatives aux modalités d'immatriculation et d'affiliation ainsi que celles relatives aux cotisations, à l'exclusion :
– des prestations en espèces (maladie, maternité, invalidité, décès) ;
– des questions relatives aux accidents du travail, aux maladies professionnelles ;
– des questions relatives à l'assurance vieillesse ;
– de la situation des personnes placées sous surveillance électronique.

Les articles L. 381-30 à L. 381-30-6 du Code de la sécurité sociale (CSS) et l'article D. 366 du C ode de procédure pénale (CPP) organisent l'affiliation des personnes détenues aux assurances maladie et maternité du régime général.

IV-1.1 – Le champ d'application

L'article L. 381-30 du CSS prévoit l'affiliation obligatoire des personnes détenues au régime général. Sont donc affiliées au régime général toutes les personnes détenues :
1° – quelle que soit leur situation au regard des prestations en nature maladie et maternité du régime d'assurance maladie dont elles relevaient à titre personnel ou en qualité d'ayant droit avant leur incarcération ;
2° – quel que soit leur âge ;
3° – quelle que soit leur situation au regard de la législation relative au séjour des étrangers en France ;
4° – quelle que soit leur situation pénale et administrative en détention : prévenus ou condamnés, sans activité ou effectuant un travail pénitentiaire ou un stage de formation professionnelle ou condamnés bénéficiant d'une permission de sortir.

Sont également affiliés au régime général, dans les mêmes conditions, les condamnés bénéficiant d'une mesure de semi-liberté ou de placement à l'extérieur en application de l'article 723 du CPP dès lors qu'ils n'exercent pas une activité professionnelle.

En revanche, lorsque ces personnes exercent une activité professionnelle ou suivent une formation professionnelle, elles sont affiliées au régime de sécurité sociale dont elles relèvent au titre de cette activité, dès lors que la durée de celle-ci permet l'ouverture des droits. Dans le cas où la condition d'ouverture de droits aux prestations en nature n'est pas remplie, elles restent affiliées au régime général du fait de leur détention.

IV-1.2 – L'affiliation-immatriculation des personnes détenues au régime général

IV-1.2.1 – La date d'effet de l'affiliation

L'affiliation au régime général, conformément aux termes de l'article L. 381-30 du CSS, prend effet à compter de la date de l'incarcération. La caisse d'assurance maladie compétente est celle dont relève l'établissement pénitentiaire dans lequel est écrouée la personne détenue.
[...]

IV-1.2.2.2 – La procédure d'affiliation des personnes détenues au régime général par la caisse

La caisse dans le ressort de laquelle l'établissement pénitentiaire est implanté procède, sur la base des éléments transmis, à l'affiliation de la personne détenue au régime général. Elle informe le directeur de l'établissement pénitentiaire de cette opération, matérialisée par un document adressé à la personne détenue (carte vitale ou attestation papier) permettant d'établir ses droits aux assurances maladie et maternité.

Cette carte ou cette attestation papier facilitera la prise en charge, dans les conditions de droit commun de la réglementation de l'assurance-maladie, des soins éventuels donnés soit en cours de permission de sortir, soit lors d'un placement à l'extérieur ou d'une mesure de semi-liberté.

Lorsque la personne détenue étrangère est en situation irrégulière, une attestation papier spécifique est remise à l'établissement pénitentiaire. Au moment de la libération et si l'intéressée est toujours en situation irrégulière, l'établissement pénitentiaire en avise la caisse avant de procéder à la destruction de cette attestation.

Par ailleurs, il est procédé à un échange d'informations tous les deux mois, ou plus fréquemment si l'importance des mouvements des personnes détenues le justifie, entre la caisse et l'établissement pénitentiaire, au moyen d'une liste nominative. Sur cette liste figure l'ensemble des personnes détenues identifiées. Elle est établie par la caisse à partir des éléments transmis par l'établissement pénitentiaire pour l'affiliation. Ce document « navette » est complété par l'établissement pénitentiaire et actualisé :
– pour les personnes détenues transférées, avec l'indication du lieu de destination du transfert ;
– pour les personnes détenues libérées, avec indication du lieu de résidence tel que déclaré par l'intéressé ;
– pour les personnes détenues admises au bénéfice du régime du placement à l'extérieur ou de la semi-liberté, avec indication du fait que ces personnes ont une activité professionnelle ou suivent une formation professionnelle au titre de laquelle elles sont affiliées au régime de sécurité sociale.
[...]

Source : Ministère de la Santé et ministère de la Justice, septembre 2004.

Document 2

L'ADMINISTRATION PÉNITENTIAIRE

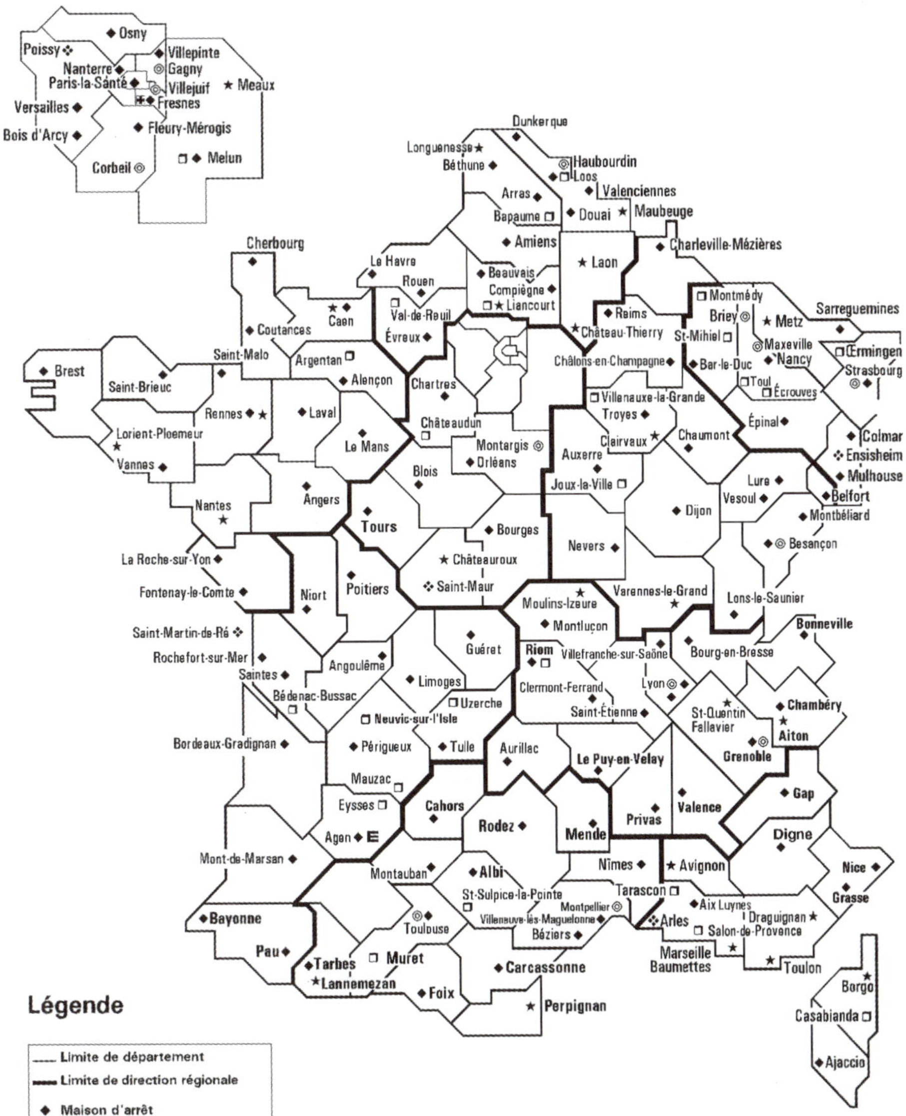

Légende

- Limite de département
- Limite de direction régionale
- ◆ Maison d'arrêt
- ◻ Centre de détention
- ✣ Maison centrale
- ★ Centre pénitentiaire
- ◎ Centre de semi-liberté
- ✚ Établissement d'hospitalisation public national
- E École nationale de l'Administration pénitentiaire

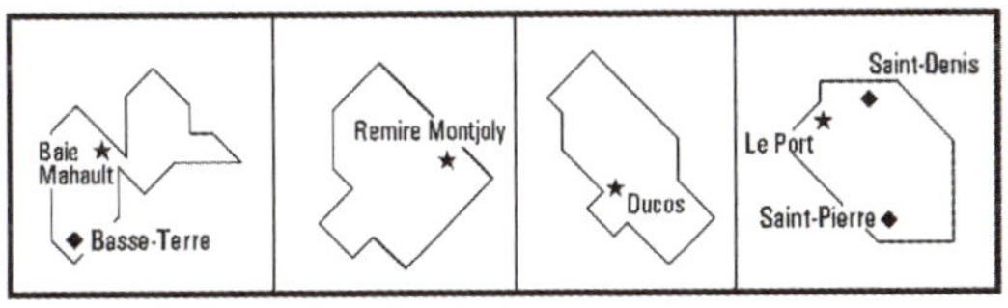

Les chiffres-clés de la Justice. 2005 27

Le milieu fermé

- **188 établissements pénitentiaires*, 51 312 places en service [au 01-06-2005]**

115 **maisons d'arrêt** recevant les prévenus et les condamnés dont le reliquat de peine est inférieur ou égal à un an.
(N. C. les 26 quartiers de maison d'arrêt inclus dans un centre pénitentiaire et les 13 centres de semi-liberté distingués ci-après).

60 **établissements pour peines**

24 centres de détention accueillant des condamnés qui sont considérés comme présentant les meilleures perspectives de réinsertion. À ce titre, ils comportent un régime principalement orienté vers la resiocialisation des détenus.

31 centres pénitentiaires, établissements mixtes comportant à la fois un quartier "maison d'arrêt" et/ou un quartier "maison centrale et/ou un quartier centre de détention". Ils reçoivent à la fois des prévenus et des condamnés à de courtes et longues peines.

5 maisons centrales recevant les condamnés les plus sensibles. Leur régime de détention est essentiellement axé sur la sécurité.

13 **centres de semi-liberté autonomes**, recevant les condamnés admis au régime de semi-liberté, leur permettant d'exercer une activité : travailler, recevoir un enseignement ou une formation professionnelle, apporter une participation essentielle à la vie de leur famille ou subir un traitement médical. Les condamnés sont astreints à rejoindre l'établissement pénitentiaire dès la cessation de cette activité.

et 1 Établissement public de santé national à Fresnes

* *L'établissement hospitalier pénitentiaire relève du ministère de la Santé*

- **Évolution de la population carcérale**

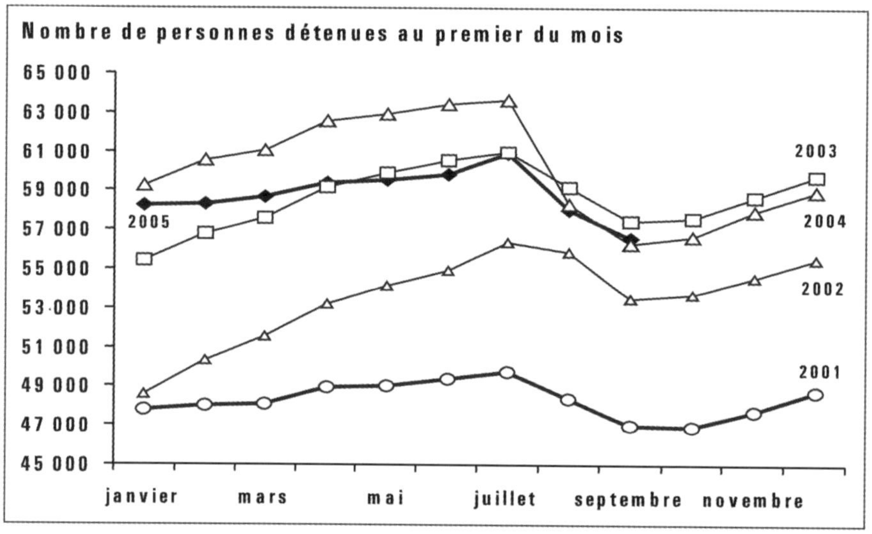

* *En 2003, les détenus des MA de Majicavo, Mata-utu et Saint-Pierre-et-Miquelon sont comptés dans ces données.*

Source : statistique mensuelle de la population incarcérée

■ Population pénitentiaire au 1/07/2005

		Évolution (%) sur 12 mois
Ensemble	**62 438**	***- 3,7***
personnes écrouées	*60 925*	*- 4,3*
Condamnés	41 439	*- 3,0*
Prévenus	20 999	*- 5,0*
Hommes	60 163	*- 3,4*
Femmes	2 275	*- 9,3*
Moins de 18 ans	744	*- 0,9*
18 ans < 25 ans	16 086	*- 6,8*
25 ans < 30 ans	11 359	*- 3,9*
30 ans < 40 ans	16 197	*- 4,6*
40 ans et plus	18 052	*+ 0,3*
Français	49 518	*- 3,0*
Étrangers	12 920	*- 6,3*

■ Peines en cours d'exécution par les détenus condamnés au 01/07/2005

Moins d'un an	31,9 %
1 à 3 ans	22,5 %
3 à 5 ans	11,0 %
5 ans et plus	34 6 %
Peine correctionnelle	*14,7 %*
Réclusion criminelle à temps	*18,7 %*
Réclusion criminelle à perpétuité	*1,3 %*

Entrées en prison en 2004	**84 710**	**100,0**	
Condamnés	26 115	*30,8*	
Prévenus	58 595	*69,2*	100,0
dans le cadre de la comparution immédiate	28 512		*48,7*
dans le cadre d'une autre procédure	30 083		*51,3*

Source : DAP, statistique trimestrielle de la population incarcérée

■ Flux annuels d'entrées en détention de 1990 à 2004

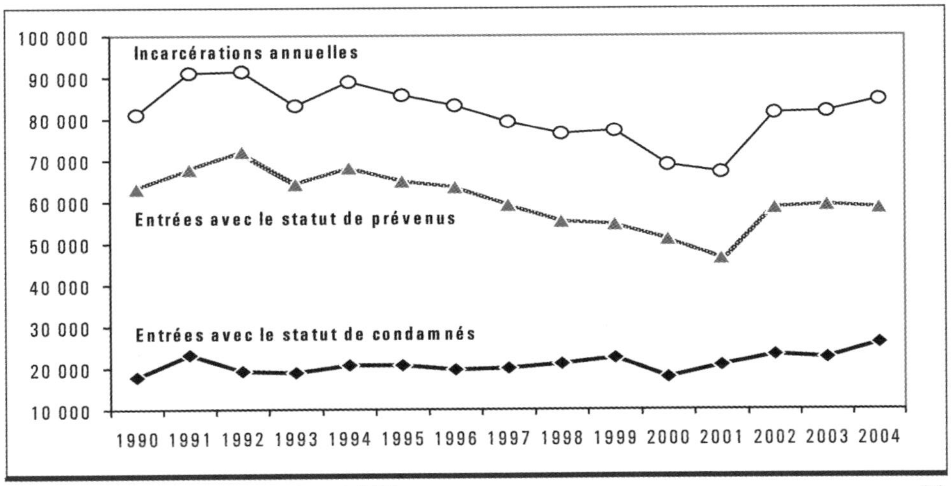

Les chiffres-clés de la Justice. 2005 29

Document 3

Loi n° 94-43 du 18 janvier 1994 relative à la santé publique et à la protection sociale, extraits.

Chapitre II
Soins en milieu pénitentiaire
et protection sociale des détenus

Art. 2. L'article L. 711-3 du code de la santé publique est complété par un alinéa ainsi rédigé :

« Le service public hospitalier assure, dans des conditions fixées par voie réglementaire, les examens de diagnostic et les soins dispensés aux détenus en milieu pénitentiaire et, si nécessaire, en milieu hospitalier. Il concourt, dans les mêmes conditions, aux actions de prévention et d'éducation pour la santé organisées dans les établissements pénitentiaires. »

Art. 3. La sous-section 1 de la section 9 du chapitre Ier du titre VIII du livre III du code de la sécurité sociale est ainsi rédigée :

« Sous-section 1
Assurances maladie et maternité

Art. L. 381-30. Les détenus sont affiliés obligatoirement aux assurances maladie et maternité du régime général à compter de la date de leur incarcération.

Les condamnés bénéficiant d'une mesure de semi-liberté ou de placement à l'extérieur en application de l'article 723 du code de procédure pénale qui exercent une activité professionnelle dans les mêmes conditions que les travailleurs libres sont affiliés au régime d'assurance maladie et maternité dont ils relèvent au titre de cette activité. Toutefois, les intéressés sont affiliés au régime général lorsqu'ils ne remplissent pas les conditions leur permettant de bénéficier des prestations des assurances maladie et maternité du régime dont ils relèvent au titre de leur activité.

Les dispositions de l'article L. 115-6 ne sont pas applicables aux détenus.

Une participation peut être demandée, lorsqu'ils disposent de ressources suffisantes, aux détenus assurés en vertu du premier alinéa ou à leurs ayants droit.

Les conditions d'application du présent article sont déterminées par décret en Conseil d'État.

Art. L. 381-30-1. Durant leur incarcération, les détenus affiliés en application de l'article L. 381-30 bénéficient pour eux-mêmes et, sous réserve de l'article L. 161-25-2, pour leurs ayants droit des prestations en nature des assurances maladie et maternité.

Toutefois, les détenus de nationalité étrangère qui ne remplissent pas les conditions prévues à l'article L. 115-6 ne bénéficient que pour eux-mêmes des prestations en nature des assurances maladie et maternité.

Les dispositions de l'article L. 161-13 ne sont pas applicables aux détenus de nationalité étrangère et à leurs ayants droit qui ne satisfont pas aux conditions prévues par les articles L. 161-25-1 et L. 161-25-2.

Art. L. 381-30-2. L'État est redevable d'une cotisation pour chaque détenu affilié en application de l'article L. 381-30. Cette cotisation est calculée sur la base d'une assiette forfaitaire et d'un taux déterminés par décret en tenant compte de l'évolution des dépenses de santé de la population carcérale.

Art. L. 381-30-3. Les cotisations dues par l'État en application de l'article L. 381-30-2 font l'objet d'un versement global à l'Agence centrale des organismes de sécurité sociale, dont le montant est calculé et acquitté selon des modalités déterminées par décret en Conseil d'État.

Art. L. 381-30-4. La rémunération versée aux détenus qui exécutent un travail pénal est soumise à cotisations patronale et salariale d'assurance-maladie et maternité dans des conditions et selon des modalités fixées par décret en Conseil d'État. Les obligations de l'employeur sont assumées par l'administration pénitentiaire.

Art. L. 381-30-5. I. La part des dépenses prises en charge par les régimes d'assurance-maladie afférente aux soins dispensés aux détenus, soit en milieu hospitalier, soit en milieu pénitentiaire, par un établissement de santé en application du dernier alinéa de l'article L. 711-3 du code de la santé publique est financée par la dotation globale versée à cet établissement en application de l'article L. 174-1.

Cette part est financée hors taux directeur, en fonction des dépenses de fonctionnement et d'investissement constatées et de leur évolution prévisible, selon des modalités déterminées par décret.

II. – L'État verse à l'établissement de santé le montant du forfait journalier institué par l'article L. 174-4 ainsi que la part des dépenses de soins non prise en charge par l'assurance maladie dans la limite des tarifs servant de base au calcul des prestations.

Art. L. 381-30-6. L'État prend en charge :

1° Les dépenses afférentes aux actions de prévention et d'éducation pour la santé engagées par l'établissement de santé, sous réserve de celles qui sont prises en charge par d'autres personnes morales de droit public ou privé, et notamment par le département, en application de l'article 37 de la loi n° 83-663 du 22 juillet 1983 complétant la loi n° 83-8 du 7 janvier 1983 relative à la répartition de compétences entre les communes, les départements, les régions et l'État ;

2° Les frais de transport du personnel hospitalier, des produits et petits matériels à usage médical et des produits pharmaceutiques ;

3° Les frais d'aménagement des locaux spécialement prévus pour l'admission des détenus dans les établissements de santé et dans les établissements pénitentiaires. »

Art. 4. – Par dérogation aux dispositions de l'article L. 381-30-1 du code de la sécurité sociale, les détenus incarcérés dans les établissements pénitentiaires à l'intérieur desquels le service public hospitalier, à titre transitoire, n'assure pas encore les soins, et notamment les établissements pénitentiaires, dont le fonctionnement est régi par une convention mentionnée à l'article 2 de la loi n° 87-432 du 22 juin 1987 relative au service public pénitentiaire, ne bénéficient des prestations en nature d'assurance maladie et maternité qu'en cas d'admission dans les établissements de santé.

Dans ce cas, la cotisation due par l'État en application de l'article L. 381-30-2 du code de la sécurité sociale est minorée d'un pourcentage fixé par le décret mentionné au même article.

Art. 5. – L'article L. 161-12 du code de la sécurité sociale est abrogé.

Art. 6. – I. Les personnels infirmiers fonctionnaires régis par le décret n° 90-230 du 14 mars 1990, en fonctions dans les services extérieurs de l'administration pénitentiaire à la date de la prise en charge effective par les établissements publics de santé associés au dispositif de soins en milieu pénitentiaire des obligations de service public mentionnées au dernier alinéa de l'article L. 711-3 du code de la santé publique, sont détachés auprès desdits établissements dans l'un des corps des personnels infirmiers de la fonction publique hospitalière s'ils remplissent les conditions d'accès audit corps.

II. Dans un délai d'un an à compter de la date mentionnée au I ci-dessus, les personnels pourront opter pour leur intégration dans l'un des corps précités, dans des conditions fixées par décret en Conseil d'État. Les services accomplis dans le corps des infirmiers des services extérieurs de l'administration pénitentiaire sont considérés comme services effectifs accomplis dans les établissements publics de santé. Les agents qui n'auront pas fait valoir leur droit à cette intégration pourront la demander dans l'un des autres corps d'infirmiers relevant de la fonction publique d'État.

III. Les personnels infirmiers régis par la convention collective de la Croix-Rouge en fonctions à la date de la prise en charge mentionnée au I ci-dessus dans les services extérieurs de l'administration pénitentiaire sont mis à la disposition des établissements publics de santé associés au dispositif de soins en milieu pénitentiaire pour une période ne pouvant excéder la date d'expiration de la convention passée entre le ministère de la Justice et la Croix-Rouge.

Les établissements publics de santé associés au dispositif de soins en milieu pénitentiaire peuvent maintenir et prendre à leur charge après son expiration les obligations résultant de la convention passée entre le ministère de la justice et la Croix-Rouge.

Art. 7. Les dispositions des articles 2 à 6 entrent en vigueur le 1er janvier 1994.

Source : *Journal officiel*, n° 15, 19 janvier 1994, page 960.

Document 4

COUNCIL OF EUROPE CONSEIL DE L'EUROPE

OFFICE OF THE COMMISSIONER
FOR HUMAN RIGHTS

BUREAU DU COMMISSAIRE
AUX DROITS DE L'HOMME

Strasbourg, le 15 février 2006

CommDH(2006)2
Version originale

RAPPORT

DE M. ALVARO GIL-ROBLES, COMMISSAIRE AUX DROITS DE L'HOMME,

SUR LE RESPECT EFFECTIF DES DROITS DE L'HOMME EN FRANCE

SUITE A SA VISITE

DU 5 AU 21 SEPTEMBRE 2005

à l'attention du Comité des Ministres et de l'Assemblée Parlementaire

[...]

3. L'organisation des soins en prison

a. Les maladies somatiques et les addictions

La loi du 18 janvier 1994 a instauré une nouvelle organisation des soins en prison, rattachant la population carcérale au régime hospitalier de droit commun et affiliant les détenus à la sécurité sociale. Des unités de consultations et de soins déambulatoires (ci-après UCSA) ont été créées dans les prisons, les équipes médicales étant fournies par les hôpitaux publics. Les détenus malades qui nécessitent des examens médicaux poussés, une hospitalisation ou une intervention chirurgicale sont transférés dans un hôpital public. Ceux qui doivent être hospitalisés sur la longue durée sont incarcérés à l'hôpital pénitentiaire de Fresnes.

Dans chacune des prisons que j'ai visitées, je me suis rendu dans les UCSA afin de discuter avec le personnel médical des principales pathologies qu'il rencontre, des moyens dont il dispose et des problèmes auxquels il fait face quotidiennement. La situation varie d'une prison à l'autre. Globalement, ces unités de soins sont plutôt bien tenues. L'UCSA du Pontet, qui compte parmi les prisons les plus récentes, bénéficie d'installations modernes qui lui permettent d'effectuer 95 % des traitements sur place. Une salle de radiographie a ainsi été aménagée au sein de l'UCSA. D'autres sont plus vétustes, comme celles de la prison de la Santé ou des Baumettes, et souffrent de l'insuffisance de leurs équipements. Si le personnel fait preuve de dévouement et de professionnalisme, je ne peux que constater la grande disparité dans l'accès aux soins qui existe entre les différents établissements. De plus, il est à signaler que les médecins ne sont que très rarement présents le week-end, et que certaines prisons ne bénéficient pas des services d'une infirmière au cours de cette même période. En cas de nécessité, il est fait appel aux services d'urgence, mais de nombreux détenus se plaignent de l'attitude de certains surveillants qui ne préviendraient pas assez rapidement les secours d'urgence.

D'une manière générale, les UCSA ont connu ces deux dernières années une forte recrudescence de leurs activités. 108 détenus passent par exemple en moyenne chaque jour à l'UCSA de la prison du Pontet sur un nombre total de 730 détenus ; les médecins y ont effectué 10 826 consultations durant l'année 2004, les infirmières 19 731, auxquelles il faut ajouter les 283 consultations au centre hospitalier d'Avignon, et 210 hospitalisations dans divers hôpitaux. A Fleury-Mérogis, 24 154 actes médicaux ont été effectués par l'équipe médicale en 2004 pour un effectif moyen de 3 160 détenus, et de plus 32 120 soins et consultations ont été délivrés par les infirmières.

Deux raisons expliquent cette augmentation du nombre de consultations. Premièrement, les mauvaises conditions de détention multiplient les soucis de santé et leur impact sur le moral des détenus. Une consultation à l'UCSA est ainsi perçue par nombre d'entre eux comme un réconfort physique et psychique. Deuxièmement cette augmentation est due à l'évolution de la population carcérale. Pour beaucoup de détenus qui connaissaient des difficultés sociales avant leur mise sous écrou, la prison constitue le lieu de découverte et de diagnostic de maladies. On observe une résurgence de maladies contagieuses chez les plus marginalisés. Plusieurs cas de tuberculose ont ainsi été détectés dans les prisons françaises ces derniers mois, dont deux au Pontet. Parallèlement, le nombre de détenus âgés ne cesse de progresser, ce qui entraîne une activité médicale plus importante.

Les pathologies dont souffrent ces derniers nécessitent l'intervention de médecins spécialistes très peu représentés en prison. Or, il s'avère que la réalité liée au vieillissement de la population carcérale est encore trop peu prise en considération et n'est pas toujours bien traitée. Une suspension de peine pour raisons médicales pour les détenus en fin de vie a été introduite par la loi du 4 mars 2002, mais ses critères d'application restent très subjectifs. Quelle que soit la réalité, j'appelle les autorités à ne pas hésiter à faire preuve d'humanisme envers les personnes âgées et les personnes en fin de vie.

Enfin, selon plusieurs études, près de 30 % des prisonniers présentent à leur arrivée des problèmes d'addiction [1]. L'alcoolisme et le tabagisme sont les formes de dépendance les plus courantes. Le recours aux drogues touche plus de 10 % de ceux qui déclarent une dépendance. Si la pratique de la toxicomanie par voie intraveineuse semble avoir diminué, la polytoxicomanie est en très nette hausse. Pour les malades identifiés, la prise en charge associe la délivrance d'un traitement de substitution et, s'ils le souhaitent, d'un suivi psychologique ou psychiatrique suivant les cas. Toutefois, la comparaison des chiffres avancés plus haut et de ceux des malades effectivement traités laissent entrevoir de graves insuffisances dans le dépistage et les soins prodigués : sur les 1 606 détenus incarcérés lors de ma visite aux Baumettes à Marseille, 150 avaient été identifiés comme toxicomanes et étaient suivis. Ce chiffre très faible soulève plusieurs questions : celle de la gestion de ces détenus potentiellement violents sous l'effet du manque tout d'abord, celle du sevrage et de la sortie alors que le traitement n'est pas achevé ensuite. Or très peu de programmes d'éducation à la santé sont mis en œuvre. Une meilleure prise en charge de ces détenus me semble d'autant plus nécessaire qu'ils posent également des problèmes en termes de suivi psychologique.

La croissance de l'activité médicale en prison se manifeste également par la progression du nombre de consultations et d'hospitalisations à l'extérieur. Les interventions médicales qui nécessitent une extraction du détenu se révèlent très complexes. Les quelque 55 000 extractions médicales auxquelles il est procédé en moyenne tous les ans posent d'évidents problèmes de sécurité lors du transport et pendant la consultation et les soins [2]. Les plus grosses difficultés tiennent au nombre d'intervenants et au manque de personnel. Le transport des personnes détenues vers un hôpital pour une consultation est placé sous la responsabilité du personnel pénitentiaire. Or, il m'a été expliqué que le nombre de ces transports est contingenté en fonction du quota de personnel dont dispose l'administration pénitentiaire pour escorter le détenu. Il arrive fréquemment que des consultations programmées soient

1. Jean-Louis Terra, *Prévention du suicide des personnes détenues*, Rapport de mission à la demande du Garde des Sceaux, ministre de la Justice et du ministre de la Santé, de la Famille et des Personnes Handicapés, décembre 2003, p. 84.

2. Pour 1999 et 2000, voir M. Fatome, M. Vernerey, Mme Froment et Mme Valdes-Boulouque, *L'organisation des soins aux détenus*, juin 2001, p. 57 ; pour 2005, collectif, « Que cesse le scandale du traitement hospitalier des détenus ! », *Le Monde*, 8 mars 2005.

annulées au dernier moment, faute de personnel disponible pour effectuer le transfert, ce qui est choquant car cela pourrait même parfois représenter un risque pour la vie de la personne concernée. Heureusement, d'importants efforts sont accomplis par les médecins pour diminuer ce risque.

Quant au transport des détenus pour une hospitalisation, il est assuré par les forces de l'ordre (police ou gendarmerie), de même que la surveillance à l'hôpital. Il arrive, comme à Avignon, que la gendarmerie effectue le transport et que la police s'occupe de la garde. Là encore, l'hospitalisation est subordonnée à la disponibilité de policiers ou de gendarmes. Si ces procédures d'extraction en vue d'une hospitalisation semblent poser moins de problèmes à la Santé ou à Fleury-Mérogis, prisons situées à Paris et dans ses environs, il n'en va pas de même en province. Un détenu incarcéré au Pontet et qui avait avalé une fourchette a attendu trois longs mois pour être opéré. Certes, son pronostic vital n'était pas engagé, certes il a bénéficié d'un suivi très attentif de la part des médecins de l'UCSA ; une telle situation n'en est pas moins inacceptable et reflète le fossé de plus en plus grand entre les intentions portées par la loi de 1994 et la pratique. Celle-ci reflète un manque criant de moyens, qui contrevient à la dignité des prisonniers et à leurs droits à un traitement médical adéquat dans des délais respectables.

De plus, le transfert et l'hospitalisation se déroulent souvent dans des conditions qui entravent l'accès aux soins. Une circulaire du 18 novembre 2004 autorise le directeur de l'établissement pénitentiaire à imposer le port de menottes et la présence des surveillants pendant l'examen médical, afin de minimiser tout risque d'évasion. Seules les femmes qui accouchent échappent théoriquement à ces mesures. Encore cette limitation concernant les femmes enceintes est-elle intervenue à la suite d'une affaire très médiatisée qui a très récemment défrayé la chronique et poussé les autorités à s'engager à ne plus recourir à cette ignoble pratique lors des accouchements. Les dispositions introduites par cette circulaire nuisent aux droits de la personne : le secret médical n'est pas respecté ; le port d'entraves et de menottes rajoutent à la souffrance et à l'inconfort et peut ainsi constituer une humiliation et un traitement inhumain et dégradant.

Je m'étonne de la teneur de cette circulaire alors même que la France a été condamnée à deux reprises en 2002 et 2003 par la Cour européenne des droits de l'homme pour utilisation abusive de menottes et d'entraves lors du transport à l'hôpital [3]. De plus, les chiffres relatifs aux évasions en 2004 ne peuvent en rien motiver l'imposition de telles mesures : même si 4 évasions ont eu lieu au cours d'une extraction médicale cette même année, cela ne représente qu'un pourcentage infime par rapport aux 55 000 escortes réalisées tous les ans. Dès lors, j'appelle les autorités françaises à prendre urgemment toutes les mesures nécessaires pour que le transfert des détenus pour raison médicale et leur hospitalisation se passent dans des conditions dignes, qui respectent leurs droits et prennent en considération leur état. Cela suppose la modification sans délais de la circulaire du 18 novembre 2004.

Les autorités françaises entendent généraliser les chambres sécurisées au sein des hôpitaux, comme il en existe déjà dans certains établissements aux urgences ou dans certains services. La construction de telles chambres va certainement permettre d'accueillir les détenus dans de meilleures conditions. Toutefois, selon la maladie dont est atteint le détenu et les soins qu'il nécessite, il n'est pas toujours possible de le placer dans une telle structure au confort, il faut bien le dire, spartiate. Si, en l'état actuel, cette solution n'est pas entièrement satisfaisante, car non applicable partout et en toutes circonstances, elle a au moins le mérite de rassurer le personnel hospitalier et de ne pas exposer le détenu au regard des autres.

La solution préconisée face à l'augmentation du nombre de soins et d'extractions médicales consiste en la construction d'unités hospitalières sécurisées interrégionales (arrêté interministériel du 24 août 2000). Ces lieux sont des centres de soins classiques placés sous surveillance du personnel de l'administration pénitentiaire. Le principe semble donc bon, en ce sens que de telles structures permettraient de résoudre les problèmes de sécurité posés par les hospitalisations à l'extérieur. Une question se pose toutefois quant à leur capacité à absorber la demande croissante de soins émanant des détenus. A première vue, la réponse est négative : à terme huit unités devraient être construites pour un total de 182 lits et cela à l'horizon 2008 -2010, sans pour autant que le calendrier définitif soit arrêté. Trois seulement fonctionnent à ce jour, à Nancy, Lille et Lyon. De plus, la totalité des problèmes est loin d'être résolue, surtout en ce qui concerne l'organisation du transport. Il paraît que forces de l'ordre et administration pénitentiaire peinent à trouver un accord à ce sujet.

b. Les maladies psychiatriques

i. Aperçu du problème

Le rapport de Jean-Louis Terra, publié en décembre 2003, estime à 55 % le pourcentage des détenus entrants qui présentent un trouble psychologique : 30 % des hommes et 45 % des femmes seraient atteints de dépression, et 1 détenu sur 5 était suivi avant son incarcération [4]. Une étude plus récente, rendue publique en décembre 2004, évalue quant à elle à 80 % le nombre de personnes sous écrous présentant une pathologie psychiatrique. Elle montre que les prisons comptent 7 % de schizophrènes, soit sept fois plus que dans la population générale, et que 40 % des détenus souffrent de dépression [5].

Ces chiffres alarmants sont confirmés par les données qui m'ont été fournies lors de ma visite par le personnel pénitentiaire et les médecins qui officient dans les prisons : au Pontet, un tiers des détenus est sous traitement somatique et psychiatrique ; à Lannemezan, 20 % des détenus relèvent de la psychiatrie, 10 % sont atteints de pathologie lourde, et 25 % suivent un traitement psychiatrique (parmi

3. Arrêt Mouisel contre France, requête n° 67263/01, 14 novembre 2002 ; Arrêt Hénaf contre France, requête n° 65436/01, 27/11/2003, définitif le 27 février 2004.

4. Jean-Louis Terra, *Prévention du suicide des personnes détenues*, op. cit.

5. Dominique Simonnot, « La prison, un monde de détenus murés dans leur folie », *Libération*, 08 décembre 2004 et Cécile Prieur, « La majorité des détenus souffrent de troubles psychiques », *Le Monde*, 8 décembre 2004.

ces derniers, 25 % prennent des psychotropes et 8 % des neuroleptiques) ; à Strasbourg, entre 100 et 120 cas psychotiques se présentent chaque année.

Autre illustration tout aussi inquiétante : le taux de suicide en prison est particulièrement élevé. S'il reste à peu près stable depuis 2002, il a atteint un niveau alarmant : 115 personnes se sont suicidées en 2004, et 53 entre le 1er janvier et le 15 juin 2005. Le suicide survient majoritairement dans les six premiers mois qui suivent l'incarcération. Près de la moitié des suicidés étaient en détention provisoire. Le placement en cellule disciplinaire représente également une circonstance favorisant le passage à l'acte. Enfin, un transfert, surtout quand celui-ci n'est pas expliqué au détenu et qu'il l'éloigne de sa famille, peut constituer un autre élément déclencheur. D'une manière générale, on constate que le taux de suicide est un peu plus élevé chez les femmes que chez les hommes : 26,2 ‰ pour les premières contre 23,1 ‰ pour les seconds.

J'ai rencontré des fonctionnaires très préoccupés par la question des troubles psychiatriques et des suicides en prison. Le directeur de la prison de Strasbourg et les médecins m'ont confié leur désarroi après que deux détenus se soient suicidés en deux jours, les 8 et 9 septembre 2005, juste une semaine avant notre visite. Aucune de ces deux personnes n'avait été identifiée comme potentiellement à risque ; aucune d'elles ne présentait de signes laissant présager leur acte. La prévention du suicide est certes devenue l'un des impératifs du personnel pénitentiaire : des formations leur sont délivrées et des actions sont menées auprès des détenus en général, et des primo-arrivants [6] en particulier. Pour ces derniers, une phase d'accueil d'une semaine est mise en place avec la possibilité de rencontrer à tout moment de la journée le personnel médical. Les médecins des Baumettes ont proposé une augmentation du nombre des travailleurs sociaux qui interviennent dans le quartier des primo-arrivants, afin de fournir un véritable encadrement à ceux qui sont incarcérés pour la première fois. Cette suggestion a malheureusement été rejetée par la direction. Il me semble pourtant qu'elle aurait pu permettre l'instauration d'un meilleur contact avec les détenus, en contribuant ainsi à l'identification des personnes les plus fragiles psychologiquement et à la prévention du suicide.

Le nombre de malades mentaux en prison pose d'énormes problèmes, tant au niveau de la prise en charge de ces détenus qui sont avant tout des malades, qu'au niveau de la gestion de ce type de prisonniers. Si la proportion de toxicomanes explique en partie cette tendance, elle n'est pas seule responsable de l'inflation constatée. Le fort pourcentage de délinquants sexuels – près de 25 % de la population carcérale totale – n'a fait que progresser au cours de ces dix dernières années. Cette situation pose d'importants problèmes au personnel pénitentiaire. En effet, certaines pathologies donnent lieu à des manifestations de violences à l'encontre des surveillants et des autres détenus. Le personnel pénitentiaire n'est pas formé pour canaliser ces personnes et répondre à des réactions imprévisibles par définition. J'ai reçu un grand nombre de plaintes des représentants du personnel, avant tout des surveillants quant à l'aggravation dramatique de leurs conditions de travail sans que de réelles mesures soient prises.

Il faut rajouter à ces premières constatations une évolution des pratiques et de la législation. Les médecins que j'ai rencontrés dans les sept établissements pénitentiaires visités sont unanimes quant aux conséquences de l'ouverture des hôpitaux psychiatriques dans les années 1980. Ils ont également mis en avant les incidences de la pénalisation de plus en plus forte des malades mentaux : depuis l'adoption de l'article 122-1 du Code pénal, les experts tendent à privilégier l'altération du discernement sur l'irresponsabilité et donc à envoyer des malades mentaux en prison [7]. Ainsi, au début des années 80, le taux d'irresponsabilité pénale pour cause de maladie mentale était de 17 % ; il est passé à 0,17 % en 1997 [8], et n'a connu depuis que peu d'évolutions. Punir semble primer sur les soins, qui ne suivent pas toujours en prison. Ce constat avait déjà été établi par le rapport du Sénat en 2000 [9]. Aucune conclusion sérieuse ne semble avoir été tirée depuis. Pire, d'après tous mes interlocuteurs la situation se serait nettement dégradée, sous l'effet de ces dimensions combinées, et du manque de moyens flagrants de la psychiatrie en prison.

ii. Les Services Médico-Psychologiques Régionaux

Des services spécialisés ont été créés en 1986 au sein de certains établissements pénitentiaires. Il s'agit des Services Médico-Psychologiques Régionaux (ci-après SMPR). Ils sont aujourd'hui 26 répartis dans les neuf directions régionales des services pénitentiaires de la France métropolitaine. Chacun dispose de 10 à 32 places. Ils sont chargés de dépister les pathologies mentales, d'œuvrer à la prévention des suicides, et de prodiguer les soins. Seuls les malades consentants peuvent y séjourner.

Toutefois, même s'ils bénéficient de moyens importants, les SMPR rencontrent de nombreuses difficultés. Ainsi, certains sont logés dans des locaux vétustes et non adaptés aux soins. Le SMPR des Baumettes à Marseille disposent de 32 lits répartis dans 14 cellules de 10m² chacune. Six cellules accueillent trois malades sur des lits superposés. De telles conditions nuisent grandement à la qualité des soins et décuplent les difficultés des personnels soignants.

En outre, il faut surtout signaler le très faible nombre de places disponibles dans les SMPR, en comparaison des besoins réels. Ces services perdent ainsi très rapidement leur vocation régionale, et les établissements non dotés d'un SMPR s'en trouvent réduits à assurer les soins courants, alors qu'ils n'ont pas toujours l'appui d'une équipe médicale spécialisée. Des unités psychiatriques ont été intégrées à certains UCSA, comme au Pontet, mais une telle initiative est loin d'être généralisée.

---

6. Terme professionnel désignant des personnes entrant pour la première fois dans un établissement pénitentiaire.

7. L'article 122-1 du Code pénal, qui renouvelle l'article 64 du Code pénal de 1810, stipule que « la personne qui est atteinte d'un trouble psychique ou neuropsychique ayant altéré son discernement ou entravé le contrôle de ses actes demeure punissable ; toutefois, la juridiction tient compte de cette circonstance lorsqu'elle détermine la peine et en fixe le régime ».

8. Joseph Minervini, « Psychiatrie en milieu pénitentiaire : Etat des lieux », conférence *Psychiatrie en milieu pénitentiaire*, juin 2001.

9. Sénat, *Prisons : une humiliation pour la République*, 2000, p. 43.

La situation est plus difficile encore pour les femmes. Il n'existe en effet que deux SMPR réservés aux femmes sur toute la France. La maison d'arrêt de Fleury-Mérogis accueille l'un d'entre eux, mais ne dispose que de dix places. Dans les prisons mixtes, les femmes n'ont pas toujours accès aux activités thérapeutiques gérées par le SMPR. A la prison de l'Elsau, à Strasbourg, les femmes en ont récemment été exclues. Elles ont toujours la possibilité de consulter les médecins présents, mais ne peuvent plus bénéficier du suivi qui leur été autrefois proposé. Je me demande pourquoi priver les femmes volontaires de telles activités, alors que de l'avis même des psychiatres que j'ai rencontrés, la cohabitation hommes-femmes se passait plutôt bien. Il me semble nécessaire de rétablir au plus vite l'équité et de ne pas ôter aux femmes une chance supplémentaire qui leur est offerte d'accéder à des soins et à une prise en charge plus complète.

iii. Le traitement des détenus à l'extérieur des établissements pénitentiaires.

Tous les détenus nécessitant des soins et un suivi dans une structure spécialisée sont loin d'être accueillis par les SMPR, soit que ces services manquent de places et de moyens, soit que le prisonnier malade ne soit pas consentant (surtout par crainte d'être éloigné de sa famille et de ne pas être assuré de pouvoir par la suite regagner l'établissement initial), soit qu'il présente une pathologie appelant des soins spécifiques dans un environnement psychiatrique. Des hospitalisations d'office dans les hôpitaux psychiatriques peuvent ainsi être décidées par le préfet à la demande du directeur de l'établissement dans lequel le détenu est incarcéré [10]. Le nombre de prisonniers placés en hôpital psychiatrique ne cesse d'augmenter : alors qu'une centaine d'hospitalisation d'office a été décidée en 1994, 1 800 détenus ont été hospitalisés dans des unités psychiatriques normales en 2004, exception faite de ceux qui ont été internés dans les Unités pour Malades Difficiles (ci-après UMD), qui accueillent les cas les plus difficiles.

– Placement en hôpital psychiatrique

Le placement de détenus en hôpital psychiatrique soulève de nombreuses difficultés. Le dispositif de garde qui existe dans le cadre d'une hospitalisation pour cause de maladie somatique n'est pas prévu par la loi dans le cas d'un internement en psychiatrie [11] : aucun policier, ni gendarme ne veille sur le prisonnier au cours de son internement. Ainsi, le détenu se retrouve le plus souvent au milieu des autres patients, sans que des mesures de sécurité autres que celles qui existent soient mises en place. Le personnel de santé, qui n'est pas formé pour gérer de tels malades, et dont ce n'est pas la vocation première, doit assurer, outre les soins psychiatriques, une surveillance particulière de ces malades. Ces situations entraînent de graves problèmes de gestion et de fonctionnement pour l'équipe médicale et l'on comprend aisément les craintes des personnels soignants et les réticences des hôpitaux psychiatriques à accueillir de tels patients, surtout après la tragique affaire de Pau et l'évasion de plusieurs détenus alors qu'ils étaient placés en hôpital psychiatrique.

Les situations de tensions résultant de la présence de détenus dans les hôpitaux psychiatriques ont également des conséquences en termes d'accès aux soins pour ces derniers : les hospitalisations sont retardées, ou au contraire écourtées. Il n'est, en effet, pas rare de voir un détenu revenir en prison après 3 ou 4 jours d'internement en hôpital psychiatrique. Dès lors il n'est pas certain que son état ait connu une amélioration probante en si peu de temps. De plus, le personnel médical, qui s'avoue être désarmé face à cette catégorie de patients, ne cache pas avoir recours à leur enfermement en chambre sécurisée, alors que leur état ne le justifie pas toujours. Les soins s'en trouvent donc altérés.

– Les Unités pour Malades Difficiles

Les détenus qui présentent les pathologies les plus graves sont placés dans les Unités pour Malades Difficiles. Ces structures sont nettement plus sécurisées que les unités « normales », et le personnel formé pour faire face aux éruptions de violences de certains des patients qui y sont internés. Toutefois, une autre difficulté survient lors de la sortie des détenus des UMD : leur retour en prison, où les dispositifs ne permettent ni une bonne transition, ni une bonne gestion de leur maladie, suscite en effet de nombreuses interrogations. Le cas d'un détenu placé dans l'UMD de Montfavet illustre cette situation : cet homme m'a dit être là depuis 30 ans. Il revendiquait même le titre du plus vieux détenu de France. D'après mes interlocuteurs, la commission qui statue sur les hospitalisations d'office a refusé en 2004 son retour en prison, estimant que ce patient n'était pas prêt pour affronter à nouveau le milieu carcéral et que ce dernier ne pouvait pas l'accueillir en toute sécurité.

Force est de constater que la France ne possède aucune structure adaptée permettant d'accueillir ce type de détenus, qui relèvent avant tout de la psychiatrie et qui, après un long séjour dans une unité spécialisée, ne peuvent être replacés en prison, au risque d'une nouvelle dégradation de leur état de santé, avec toutes les implications en termes de violences que cela peut comporter pour le personnel pénitentiaire et les co-détenus. Ils sont donc condamnés, faute de mieux, à rester en UMD, et ce même si des évolutions notables ont été constatées au niveau de leur comportement.

– Les Unités Hospitalières Spécialement Aménagées (UHSA)

La loi 2002-1138 du 9 septembre 2002 a introduit un nouveau schéma d'hospitalisation pour les détenus atteints de troubles psychiatriques. Prenant pour modèle la nouvelle organisation des soins somatiques, la loi d'orientation et de programmation pour la justice prévoit la création d'unités spécialement aménagées pour les détenus nécessitant des soins psychiatriques. La construction de 19 de ces unités est attendue entre 2007 et 2012 pour un total de 705 lits. Ces structures spécialisées devraient être intégrées aux établissements de santé délivrant des soins généraux ou à des centres hospitaliers psychiatriques. En d'autres termes, elles entérinent la prise en charge des détenus présentant des pathologies psychiatriques lourdes par des établissements hospitaliers sous administration pénitentiaire. Les cinq premières UHSA devraient voir le jour d'ici à 2008 : l'une devrait être implantée dans la région Provence Alpes Côte d'Azur, une autre dans le Nord Pas de Calais, une en Picardie et deux en Ile-de-France. Elles offriront 290 lits. Le calendrier a été accéléré après les pro-

10. On traitera des questions liées aux procédures d'hospitalisation d'office plus loin Voir infra, p. 100-101.
11. Article D. 398 du Code de procédure pénale.

testations des professionnels de santé faisant suite aux événements de Pau.

Si le principe même semble s'accorder avec les besoins réels de la psychiatrie en prison et les soucis de sécurité des établissements hospitaliers classiques, le projet soulève deux questions. La première a trait à ses capacités réelles d'absorber le nombre sans cesse croissant de détenus souffrant de pathologies psychiatriques lourdes. La mise en perspective du chiffre de 1 800 prisonniers hospitalisés d'office en 2004 et de 700 lits proposés à terme par les UHSA laisse planer le doute. Il convient de reconnaître que l'initiative du gouvernement en la matière mérite d'être saluée. Dans le même temps, les moyens alloués à la mise en œuvre de ce projet semblent tout à fait insuffisants à la vue des difficultés soulevées par la présence d'un grand nombre de malades mentaux dans les prisons françaises. Dès lors, je comprends parfaitement les craintes exprimées par mes interlocuteurs quant à la faisabilité de ce projet risquant, selon eux, de ne créer qu'un effet d'annonce. C'est pourquoi, j'espère que tout sera mis en œuvre pour que ce projet voie réellement le jour.

La deuxième question concerne la période intermédiaire : en effet aucune disposition définitive n'a été prise pour les années 2005-2008. L'une des propositions avancées consiste en la construction de pavillons spécifiques au sein des hôpitaux psychiatriques : ces pavillons comporteraient quatre à cinq chambres sécurisées permettant d'accueillir les détenus dans des conditions dignes et assurant un environnement serein aux médecins et infirmières. Une réflexion sur de tels pavillons est actuellement menée au sein du centre hospitalier de Lannemezan. Il me semble que cette solution comporte plusieurs avantages, tant pour le personnel médical que pour les détenus eux-mêmes. Toutefois, à la vue de la situation extrêmement déficiente de la psychiatrie en prison, elle ne devrait pas être considérée seulement comme une mesure transitoire. Elle pourrait ainsi être amenée à se pérenniser et à cohabiter avec les UHSA, pour offrir à la psychiatrie en prison les moyens qui lui font aujourd'hui cruellement défaut et qui mettent en péril le fonctionnement des prisons françaises déjà au bord de l'implosion.

Document 5

Discours du garde des Sceaux en réaction au rapport Gil Robles.

Le rapport sur sa visite en France de Monsieur Gil Robles, Commissaire aux Droits de l'Homme, a été présenté ce matin à Strasbourg.

[...]

Je vais d'abord vous présenter mes observations sur les éléments du rapport relatifs au fonctionnement de la justice, puis celles qui en concernent la partie pénitentiaire.

[...]

II – Observations sur le fonctionnement de l'administration pénitentiaire

Loin de moi l'idée que les remarques de Monsieur Gil Roblès soient injustifiées dans le secteur pénitentiaire. Je n'ai jamais hésité à dire que certains établissements ne sont pas conformes à nos principes républicains. Nul plus que moi n'en a conscience.

Je suis en revanche persuadé que ce rapport est injuste avec notre système carcéral et ne reflète pas la réalité des efforts menés par les gouvernements successifs depuis 2002.

• 1 – La surpopulation carcérale et la vétusté de certains établissements pénitentiaires

La priorité de la politique pénitentiaire du gouvernement est de rendre les conditions de détention plus dignes. C'est pourquoi elle s'appuie sur la construction de nouveaux établissements pour lutter contre le surencombrement et la vétusté.

La Nation a entrepris des efforts considérables pour ses prisons, d'autant plus considérables, d'ailleurs, qu'on a trop attendu pour le faire. Alors qu'entre 1900 et 1986, aucun programme immobilier pénitentiaire n'a été mis en œuvre, les gouvernements appartenant à l'actuelle majorité ont réalisé des efforts sans précédent pour moderniser le parc pénitentiaire.

En 1986, Albin Chalandon lance un programme ambitieux de construction de 13 000 places de prison. En 1994, c'est le programme Méhaignerie qui prévoit la construction de 4 000 places. Enfin, la loi d'orientation et de programmation pour la justice, votée en 2002, prévoit la construction de 13 200 places, répartie sur 30 sites, dont les premières verront le jour en 2007.

La situation dans les prisons françaises ne sera conforme à notre tradition humaniste et à nos valeurs républicaines qu'à la sortie de ce lourd programme immobilier, qui permettra de fermer les établissements plus vétustes.

C'est aussi ce qu'a pu constater le Commissaire aux droits de l'homme en visitant le Centre pénitentiaire du Pontet à Avignon.

Un programme supplémentaire d'extension des capacités des établissements existants permettra en outre la construction d'ici 2007 de 3 000 cellules, plus spacieuses, plus modernes, aux conditions d'hygiène plus dignes.

Il faut cependant reconnaître que la situation de nos maisons d'arrêt n'est pas enviable. Je regrette qu'aucun programme de travaux n'ait été engagé avant 2002. Depuis, cet oubli est en voie d'être réparé.

A FLEURY-MEROGIS : un programme immobilier de 340 millions d'euros est en cours.

Construite en 1968, une des plus grandes sinon la plus grande prison d'Europe, d'une capacité théorique de 3 200 places, c'est elle qui fait l'objet du programme immobilier le plus avancé en réalisation. Lancé en 2004, celui-ci s'étalera sur plusieurs années.

Aujourd'hui sont réalisées ou en cours de réalisation : la remise en état de 350 cellules qui étaient insalubres et inoccupées de ce fait, la construction de 3 bâtiments d'accueil des familles, la réhabilitation des réseaux électriques et du mess du personnel. Sont encore à réaliser la rénovation de l'ensemble des autres hébergements et la construction d'un nouveau quartier dédié aux « courtes peines » de 120 places qui favorisera leur réinsertion des détenus.

LES BAUMETTES : un programme de 134 millions d'euros est lancé.

Un appel d'offres infructueux retarde simplement le début des travaux à mi 2006, lesquels s'étaleront sur plusieurs années.

LA SANTÉ :

Constatant l'état de vétusté et voyant qu'aucun programme lourd n'était prévu, j'ai proposé en août 2005 à Dominique de Villepin de lancer l'opération de rénovation totale de l'établissement de la Santé en « partenariat public / privé ». Le Premier ministre a accepté. Les études préalables ont démarré. Les travaux commenceront fin 2007. Des travaux conservatoires urgents seront réalisés dès 2006.

• 2 – Coût des objets et produits achetés par les détenus ainsi que la location des téléviseurs

Les écarts de prix des produits achetés par des détenus proviennent de la localisation géographique et de la taille des établissements. D'ici 2007 ces prestations, tout comme la location de téléviseurs, seront confiées par l'administration à des prestataires privés, ce qui permettra d'harmoniser et de baisser les coûts.

• 3 – La politique d'insertion

La mise en service de nouveaux établissements adaptés à la diversité des détenus (centres pénitentiaires classiques, quartiers courtes peines, établissements pour mineurs) améliorera les actions d'insertion conduites en détention (sport, travail, formation, enseignement).

Les 1 000 postes de travailleurs sociaux créés depuis 2002 permettront d'accentuer les efforts réalisés pour préparer les détenus à leur sortie et de poursuivre l'augmentation déjà enregistrée des aménagements de peine.

• 4 – Maintien des liens familiaux

Actuellement, trois unités expérimentales de visite familiale (UEVF) fonctionnent (Rennes, Poissy, Saint-Martin de Ré).

Une évaluation sera effectuée cette année. Elles ont vocation à être étendues à d'autres établissements pour longues peines. J'ai la conviction que le maintien des liens familiaux est une condition nécessaire à la réinsertion des détenus.

• **5 – Procédure d'isolement**

Une réforme de la procédure d'isolement est actuellement en cours et devrait entrer en application au printemps.

Elle prévoit, afin de se mettre en conformité avec la jurisprudence récente du Conseil d'État, une procédure contradictoire où le détenu pourra être entendu avec l'assistance d'un avocat avant tout placement à l'isolement. Il pourra également exercer des recours tant administratifs que judiciaires.

• **6 – La prise en charge médicale**

Monsieur Robles note les progrès réalisés depuis la réforme de 1994 qui a confié la prise en charge médicale des détenus aux services du Ministère de la Santé. Il est toutefois critique sur la question des escortes, estimant que trop d'extractions médicales sont reportées en raison d'un manque de disponibilité des fonctionnaires pénitentiaires et des policiers.

Il estime également que les mesures de sécurité (menottage des détenus) prises à l'occasion des extractions médicales sont excessives.

A ce titre, il convient de souligner que les consignes de la DAP sont mesurées et adaptées à la dangerosité de chaque détenu. Elles ont d'ailleurs été jugées conformes au droit par le Conseil d'État.

Enfin, la poursuite de l'ouverture des unités d'hospitalisation sécurisées interrégionales (UHSI pour les soins somatiques) et la mise en service dès 2008 des unités hospitalières spécialement aménagées (UHSA pour les détenus souffrant de troubles psychiatriques) amélioreront considérablement la situation.

Contrairement à ce que craint Monsieur Robles, le nombre de lits envisagés tant en UHSI qu'en UHSA devrait être suffisant. Ainsi les trois premières UHSI ouvertes n'ont jamais été occupées à pleine capacité. Huit UHSI seront ouvertes d'ici 2007.

[...]

Source : Ministère de la Justice, Intranet.

Document 6

« Prévention du suicide des personnes détenues », rapport de Jean-Louis Terra, décembre 2003

Rapport de mission à la demande du garde des Sceaux, ministre de la Justice et du ministre de la Santé, de la Famille et des Personnes handicapées

Deux paragraphes importants se trouvent à la fin de cette volumineuse circulaire : l'un porte sur l'inscription des besoins des établissements pénitentiaires dans la programmation régionale de santé pour prévenir le suicide et le second demande à ce que, *ensemble, les acteurs du milieu carcéral devront s'employer à ce que les actions de prévention du suicide fassent l'objet d'****une parfaite coordination, notamment entre les établissements de santé et les établissements pénitentiaires concernés.***

La grille d'aide au signalement des personnes détenues présentant un risque de suicide complète cette circulaire. Elle est commentée et fait l'objet de suggestions, de modification dans nos propositions.

5.13. Circulaire DGS/SD6C n° 2002-271 du 29 avril 2002 relative à la Stratégie nationale d'actions face au suicide 2000-2005 : actions prioritaires pour 2002

Dans le droit fil de celle du 5 juillet 2001, cette circulaire prolonge les formations de formateurs, en prévoyant le financement de 2 sessions en plus. Plus de 80 seront ainsi formés en 4 sessions.

Les formations régionales sont aussi financées sous forme de crédits délégués sur le chapitre 47-11/70 pour indemniser les binômes de formateurs et assurer les frais attenants aux personnes formées.

Ceci démontre bien la volonté du ministère de la santé via la DGS pour mettre en œuvre la stratégie nationale de prévention dans un souci de cohérence et de progressivité.

Les chefs de service pénitentiaires et travailleurs sociaux des SPIP sont identifiés parmi 10 champs d'action prioritaires.

5.14. L'organisation des soins aux détenus : rapport d'évaluation de l'Inspection générales des affaires sociales et de l'Inspection générale des services judiciaires (juin 2002)

L'Inspection Générale des Affaires Sociales (IGAS) et l'Inspection Générales des Services Judiciaires (IGSJ) ont été chargées d'évaluer l'organisation des soins aux détenus suite à la loi du 18 janvier 1994 et le décret du 27 octobre 1994. Cette loi modifie profondément les soins aux détenus en :

- rattachant automatiquement chaque personne détenue au régime général d'assurance maladie et maternité de la sécurité sociale ;
- mettant en place des unités de consultations et de soins ambulatoires (UCSA), confiées aux hôpitaux publics ;
- instaurant la prise en charge des détenus nécessitant une hospitalisation par le service public hospitalier.

Cette loi est dans la logique de la réforme qui a conduit à la création des services médico-psychologiques (SMPR), en 1986, par les établissements hospitaliers publics, dans le cadre de la sectorisation.

La lettre de mission donnée aux inspections générales contenait plusieurs points qui concernent la nôtre : les traitements psychologiques et psychiatriques, le mode de signalement par les personnels médicaux, paramédicaux et de surveillance des attitudes suicidaires, les précautions prises à la suite de ces signalements et les initiatives déjà engagées pour enrayer ce phénomène.

Nous ne reprendrons que quelques idées et recommandations de ce rapport, uniquement sur le thème de la prévention du suicide.

Il est noté que *le repérage suicidaire et l'accompagnement d'un détenu suicidaire sont une œuvre collective* et que *le partage trop strict des rôles peut s'avérer contre-productif.*

Nous ne pouvons que souscrire à cette remarque d'autant plus que la situation est urgente.

L'amélioration *des échanges entre les médecins et les travailleurs sociaux (de la permanence d'orientation pénale ou du service éducatif auprès du tribunal) qui ont été amenés à rencontrer le futur détenu lors de sa garde à vue*, est recommandée.

Le SMPR ou le secteur de psychiatrie doit répondre aux demandes de l'UCSA, des surveillants ou des travailleurs sociaux lorsque ces derniers signalent une situation à risque, ***sans attendre une demande expresse du détenu.***

La mission demande que la question du placement en quartier disciplinaire de personnes souffrant de troubles mentaux soit évoquée et traitée par un groupe de travail DGS/DAP.

Personnellement, nous savons que le guide méthodologique des UCSA et SMPR est en cours de révision avec la DHOS à « code constant », c'est-à-dire sans modifier le code de procédure pénale actuel qui définit précisément les actions sanitaires au sein des établissements pénitentiaires. Cette contrainte limite totalement la possibilité d'introduire les changements qui seraient protecteurs pour les personnes détenues et malades mentalement.

En particulier, l'intervention des équipes de psychiatrie devrait être systématique en cas de mise au quartier disciplinaire pour vérifier que les troubles du comportement du détenu ne sont pas en lien avec un trouble mental non diagnostiqué et/ou en lien avec une crise suicidaire qui prend un masque d'irritabilité, d'agressivité ou de violence.

Les idées d'expérimentation de détenus confidents, d'assistance téléphonique sont reprises.

Enfin, la mission distingue bien le champ de la recherche de responsabilité après la survenance d'un suicide et la recherche de causalité en vue d'améliorer la construction de la prévention. Ce domaine est celui du **retour d'expérience** qui est trop peu développé en santé.

La mission propose :

- le caractère pluridisciplinaire de cette réflexion, sans pointer l'engagement indispensable des acteurs sanitaires ;
- la position de retrait que devrait avoir l'administration pénitentiaire pour cette analyse afin de laisser la réflexion se conduire avec l'animation d'un technicien ayant l'habitude de ce type d'exercice.

Nous pensons que si la France se dotait de l'équivalent de l'institution des coroners, la question se poserait différemment car les administrations sanitaire et pénitentiaire disposeraient d'une enquête conduite par un enquêteur (officier public au Québec) extérieur, rôdé à l'exploration de la causalité dans tous les milieux. Elles auraient de ce fait seulement à se préoccuper de la mise en œuvre des recommandations qui leur sont faites, et ne seraient pas constamment juge et partie. En souhaitant à la fois rechercher ce qui s'est réellement passé, sans oser mettre à jour réellement le potentiel de prévention et à la fois protéger les acteurs et les institutions, la mission devient impossible. Personne ne peut adopter simultanément ces postures sans le risque de n'atteindre aucun objectif totalement.

La mission souligne l'importance des troubles mentaux chez les détenus, l'augmentation de la prescription des psychotropes. Elle cite une étude de la pharmacie de Fleury-Mérogis montrant la progression de la présence des psychotropes chez les détenus qui ont un traitement médicamenteux. De 39 % en 1996, le taux de 80 % est mesuré en 2000. Aucun commentaire ne peut être fait sans analyse plus fine. Meilleure couverture des besoins et/ou prescriptions inutiles ?

L'enquête des entrants de 1997 est citée. Pour les 17 % de détenus ayant une prescription de psychotropes, 3,5 % avaient des neuroleptiques et 4 % des antidépresseurs, alors que l'enquête présentée ci-après a mesuré que 30 % des hommes détenus auraient un trouble dépressif et 45 % des femmes détenues.

Il n'est pas possible de retraduire la richesse d'informations apportée par cette mission. Nous retiendrons qu'elle prend acte des progrès sanitaires induits par la réforme introduite par la loi du 18 janvier 1994 tout en notant de façon générale :

- **l'existence de divergences cultures professionnelles et de blocages organisationnels pour la coopération entre les différents acteurs ;**
- des lacunes importantes pour la mise en œuvre d'une politique de santé publique, pour le traitement des détenus présentant des troubles mentaux et la prise en charge du handicap et du vieillissement.

Si cette tendance générale est globalement confirmée par nos visites, plusieurs établissements sont capables d'instaurer une collaboration entre les acteurs qui permet de rendre caduques ces remarques. Le chemin pour généraliser ces réussites locales à l'ensemble des structures reste à trouver.

5.15. La santé mentale et le suivi psychiatrique des entrants accueillis par les services médico-psychologiques : étude de la Direction de la recherche, des études, de l'évaluation et des statistiques du ministère de la santé et le Groupe français d'épidémiologie psychiatrique (juillet 2002).

Il s'agit de la première étude dont l'objectif principal est d'évaluer la santé mentale des personnes détenues. Elle avait seulement été précédée par une étude réalisée par les médecins généralistes en 1997 avec pour résultats principaux pour notre sujet :

- 30 % des arrivants cumulaient les consommations d'alcool, de tabac, de drogues et de psychotropes ;

- un détenu sur 10 était orienté par le généraliste vers une consultation spécialisée en psychiatrie.

L'étude publiée en 2002 a été réalisée en 2001 conjointement par la Direction de la recherche, des études, de l'évaluation et des statistiques (DREES) du ministère de la santé et le Groupe français d'épidémiologie psychiatrique (GFEP).

L'étude a porté sur 2302 arrivants d'établissements dotés d'un SMPR en juin 2001. L'évaluation conduite par les psychiatres de ces établissements apporte des informations très intéressantes qui sont les suivantes en lien avec la prévention du suicide :

- au moins un trouble psychiatrique est décelé chez 55 % des arrivants ;
- 30 % des hommes et 45 % des femmes auraient un trouble dépressif ;
- 54 % un trouble addictif ;
- un sur 5 a déjà été suivi par les secteurs de psychiatrie ;
- un suivi psychiatrique est préconisé pour presque l'ensemble des arrivants pour lequel un trouble a été décelé (52 %) mais 10 % des arrivants ont été pris en charge en juin 2001 par les SMPR ;
- le taux de suivi préconisé est très supérieur à celui de l'étude de 1997 par les généralistes qui orientaient 9 % des arrivants en psychiatrie, 7 % en alcoologie et 4 % vers une consultation de toxicomanie.

Il est extrêmement surprenant que dans la publication de cette enquête, dans le n°181 de juillet 2002 de la revue *Etudes et Résultats,* le mot suicide n'apparaisse pas une seule fois dans un article de 10 pages alors que des données ont pourtant été recueillies dans ce sens lors de l'enquête. Le problème du suicide n'est jamais évoqué, ni le lien entre maladie mentale et conduite suicidaire.

Aussi nous remercions Madame le docteur Nathalie Prieto du GFEP d'avoir répondu à notre demande en nous apportant les données portant sur les arrivants qui avaient formulé des idées suicidaires. Ainsi :

- sur 2302 personnes enquêtées, 147 ont formulé des idées de suicide dont 113 de « façon patente », soit presque 7 % ;
- pratiquement tous ont des problèmes de santé mentale associés (troubles anxieux, 90 % ; impulsivité, 63 % ; tendances addictives, 35 %) ;
- pour 97 % d'entre une indication de suivi est mentionnée mais seulement 21 % ont été suivis au cours du mois de juin, entretien d'accueil exclu. L'enquête ayant inclus les arrivants de juin, il est certain que les personnes écrouées en fin de mois ont moins de chance d'avoir un suivi initialisé en juin. Cependant en raison du lien entre

l'existence d'une idéation suicidaire et le suicide, le taux de suivi est très faible et constitue en soi une anomalie majeure sauf à considérer que la prise en charge de ces personnes suicidaires est répartie entre les équipes des SMPR, des UCSA, les surveillants, les travailleurs sociaux, les bénévoles...

Cette enquête indique que ce sous-groupe avec idéation suicidaire présente quelques différences avec l'ensemble des arrivants sur les points suivants :

- meilleure insertion sociale des personnes suicidaires ;
- un peu plus d'antécédents judiciaires ;
- moins de primo-incarcérés ;
- 40 % ont été suivis en psychiatrie dont 25 % hospitalisés en psychiatrie et 33 % soignés antérieurement en SMPR.

Nathalie Prieto indique dans les tableaux fournis qu'il s'agit des idées de suicide exprimées ; nous n'avons aucune indication dans qu'elle mesure les cliniciens avaient des consignes pour explorer l'idéation suicidaire et s'ils les ont respectées, le cas échéant, de manière systématique. Selon les données, on peut supposer qu'ils ont mis à jour des idées suicidaires chez 34 patients alors que 113 les ont exprimées spontanément soit un total de 147.

Les antécédents de tentative de suicide ne sont pas abordés ce qui est très rare dans une enquête de santé mentale. En réalité, cette enquête porte sur les troubles psychiatriques car les paramètres de la santé mentale positive sont inexistants.
Cette enquête sera bientôt complétée par une autre étude de grande envergure et en phase de démarrage sur la prévalence des troubles mentaux dans la population carcérale.

5.16. Le Livre blanc de la psychiatrie (janvier 2003)

Cet ouvrage édité par la Fédération française de psychiatrie avec la collaboration de ses associations membres regroupe ce que les rédacteurs appellent les fondamentaux de la psychiatrie. Nous avons examiné essentiellement les idées défendues pour la psychiatrie pénitentiaire et la prévention du suicide.

La psychiatrie pénitentiaire occupe 14 lignes dans un ouvrage de 234 pages. La difficulté des conditions d'exercice est soulignée ainsi que les troubles du comportement (violence, tentatives de suicide) de la population carcérale. La psychiatrie au sein des UCSA n'est pas citée.

Commentaire

Lecture et découverte du sujet et des documents

Le sujet

Il s'agit d'un sujet concernant à la fois des problèmes de santé et de justice. Avant même de parcourir le dossier, réfléchissez à ce que ces problèmes impliquent.

La santé en milieu pénitentiaire revêt nécessairement des aspects spécifiques pour lesquels des réponses particulières et adaptées doivent être apportées. Même si les détenus ont le droit absolu d'être soignés, ce qui va de soi, l'organisation des soins ne peut pas être exactement la même qu'en milieu ouvert ou hospitalier. Des précautions doivent être prises, des mesures préventives envisagées, pour tenir compte des particularités de la population concernée.

Par ailleurs, et la presse s'en fait parfois l'écho, les troubles psychologiques et psychiatriques constatés en prison peuvent revêtir une acuité particulière, nécessitant là aussi des réponses spécifiques.

Ce sont donc ces problématiques que vous devez vous attendre à retrouver, sans surprise, à des degrés divers, dans les documents.

Survol des documents

Fort de ces premières réflexions, parcourez à présent rapidement les documents.

Que constatez-vous dans ce dossier ? Un ensemble de documents disparates et d'origine très différente. Abordons-les rapidement les uns après les autres.

Document 1

Ce « guide méthodologique relatif à la prise en charge sanitaire des personnes détenues » constitue un document central, riche en informations directement exploitables pour le sujet à traiter.

Élaboré conjointement par le ministère de la Santé et par le ministère de la Justice en septembre 2004, à l'attention de leurs agents concernés, il présente l'intérêt de décrire objectivement le dispositif mis en place en matière de soins pour les personnes détenues.

En vous reportant au sommaire, vous constatez immédiatement que les informations essentielles suivantes y sont données : le chapitre 1 est consacré à l'organisation des soins et aux actions de prévention, avec une distinction fondamentale établie entre les soins en milieu pénitentiaire par le biais de l'UCSA (définie en I-2 1 comme « unité de consultations et de soins ambulatoires ») et les soins en milieu hospitalier.

Le chapitre 2 porte sur la prise en charge de la santé mentale des personnes détenues.

Le chapitre 4 sur la protection sociale et les modalités de cette prise en charge.

Document 2

A l'inverse du précédent, ce document, court, n'a qu'un rapport indirect avec le sujet. Il présente cependant l'intérêt de donner des éléments chiffrés susceptibles d'être exploités.

Document 3

Vous avez, avec ce texte, affaire à un extrait de la loi du 19 janvier 1994, et plus précisément à son chapitre II consacré aux « soins en milieu pénitentiaire et à la protection sociale des détenus ».

Une lecture très rapide montre que la loi définit le rôle du service public hospitalier et pose le principe de l'affiliation obligatoire des détenus au régime générale d'assurance maladie.

Ce document complète donc *a priori* utilement, mais partiellement, les informations contenues dans le document 1.

Document 4

Le titre de ce document comme son origine attirent immédiatement l'attention : il s'agit d'un extrait du rapport déposé en février 2006 par le Commissaire aux Droits de l'homme du Conseil de l'Europe.

Nous sommes ici au cœur du sujet puisqu'il y est fait état de l'organisation des soins en prison, décrite sous un angle critique, voire polémique.

Un tableau du traitement des maladies somatiques et des addictions y est brossé, de même qu'un aperçu du problème et des difficultés spécifiques posés par les maladies psychiatriques des détenus.

Document 5

Pendant du document précédent, cette réaction du ministère de la Justice aux critiques formulées par le Commissaire aux Droits de l'homme apporte un contre-point utile, même si le passage concernant directement notre sujet ne figure que sur quelques lignes à la dernière page.

Document 6

Cet extrait d'un rapport de mission, remis au garde des Sceaux et au ministre de la Santé en décembre 2003, attire l'attention sur un problème récurrent en milieu pénitentiaire : celui de l'importance des troubles psychologiques et psychiatriques, ainsi que des risques de suicide.

Bilan de cette première phase

Un premier constat s'impose : **tous les documents sont utiles, mais pas au même degré**.

Les documents 1 et 4 font figure de documents de base, à la fois documents d'entrée et documents-pivots, contenant les informations les plus substantielles et les plus directement exploitables au vu du sujet. Ce sont donc sur ces documents, et dans une moindre mesure sur le document 3, qu'il faut concentrer le maximum de son temps et de son attention.

Les autres donnent un éclairage intéressant mais de moindre importance.

D'ores et déjà, à ce stade, vous êtes ainsi en mesure de déterminer et de hiérarchiser les priorités.

Exploitation du dossier et élaboration du plan

Exploitation du dossier

Procédons à présent à l'exploitation plus systématique du dossier par une lecture ciblée et approfondie des textes repérés comme utiles, en particulier les documents 1 et 4.

Document 1

Vous avez déjà repéré (voir p. 164) les trois têtes de chapitre portant respectivement sur :
– l'organisation des soins et les actions de prévention (chapitre1) ;
– la prise en charge de la santé mentale (chapitre 2) ;
– la protection sociale et ses modalités (chapitre 4).

Ces trois chapitres comprennent des informations directement exploitables : leur lecture est grandement facilitée par les titres et sous-titres très explicites destinés précisément à orienter la recherche du lecteur (n'oublions pas qu'il s'agit d'un guide méthodologique à l'usage des agents des ministères de la Justice et de la Santé).

Le chapitre 1, en particulier, répond en grande partie à la question de l'organisation de la santé en milieu carcéral.

Nous y découvrons que les hôpitaux et les établissements pénitentiaires sont liés par un protocole, les premiers mettant en place pour les seconds des unités de consultation et de soins ambulatoires (UCSA) ouverts dans la journée. Sont décrits le statut et l'organisation de l'UCSA, son mode de fonctionnement, ses prestations, la composition pluridisciplinaire de ses agents. Lorsque les soins requis ne peuvent être délivrés en milieu pénitentiaire, un protocole prévoit le transfert des personnes dans des conditions de sécurité optimales, en milieu hospitalier.

Le même chapitre consacre des développements utiles sur les hospitalisations en distinguant les hospitalisations courtes (moins de 48 heures) de celles qui nécessitent des interventions lourdes, effectuées dans des unités hospitalières sécurisées interrégionales (UHSI) implantées dans des centres régionaux tels que Bordeaux, Lille, Lyon, etc.

Sont également décrits dans ce chapitre 1 le traitement aux urgences en dehors des heures de présence médicales à l'UCSA (recours au médecin du numéro d'urgence, le 15), les consultations spécialisées et surtout les actions de prévention et de dépistage, qui revêtent une importance particulière en milieu carcéral. Le dépistage de la tuberculose est ainsi obligatoire.

Le chapitre 2, très court, appelle notre attention sur la prise en charge de la santé mentale des personnes détenues. Nous avons déjà vu en survolant le dossier que ce thème, important pour notre sujet, est aussi traité dans d'autres documents, notamment les documents 5 et 6.

Enfin le chapitre 4 contient des informations qui ne méritent pas toutes d'être retenues. On note surtout les modalités d'octroi de la protection sociale aux personnes détenues : celles-ci bénéficient dès leur incarcération, et quelle que soit leur situation, du régime général d'assurance maladie.

Document 2

Inutile de perdre du temps avec ce document repéré, dans le survol du dossier, comme un simple indicateur de chiffres. Il peut être juste utile, ne serait-ce que pour introduire le sujet, d'y relever qu'il existe en France 188 établissements pénitentiaires avec 51 300 places en service (au 1er juin 2005). La population pénitentiaire était à la même époque de 63 400 personnes.

Document 3

Nous avons déjà vu que ce document recouvre en partie les informations communiquées dans le document 1. Il a le mérite d'être précis puisque c'est un extrait de loi. On y relève notamment les dispositions simples suivantes, susceptibles d'être reprises telles quelles dans la note :

– « Le service public hospitalier assure [...] les examens de diagnostic et les soins dispensés aux détenus en milieu pénitentiaire et, si nécessaire, en milieu hospitalier. Il concourt dans les mêmes conditions aux actions de prévention et d'éducation pour la santé en milieu pénitentiaire. »

– « Les détenus sont affiliés obligatoirement aux assurances maladie et maternité du régime général à compter de la date de leur incarcération. »

Document 4

Après le document 1, nous abordons ici un autre « document-pivot », riche en informations couvrant la quasi-totalité du sujet. Deux volets apparaissent dans cet extrait de rapport, marqués par les sous-titres : l'un consacré aux maladies somatiques et aux addictions, l'autre aux maladies psychiatriques.

N'oublions pas que ce texte est un rapport critique, établi par le Commissaire aux Droits de l'homme du Conseil de l'Europe. Il est rédigé de ce fait à la première personne. Cette dimension « polémique » est très utile pour relever, comme cela nous est demandé par le sujet de la note, les forces et surtout les faiblesses du système français.

Sont ainsi à retenir :
– les UCSA sont des unités de soins en général bien tenues, avec néanmoins des disparités selon les établissements ;
– les UCSA ont connu ces deux dernières années une forte recrudescence de leur activité, avec une augmentation sensible de la demande de soins. Celle-ci est liée à la fois aux conditions de détention et au besoin, selon le Commissaire, de réconfort physique et psychique des personnes détenues ainsi qu'aux résultats de la prévention ;
– près de 30 % des personnes présentent à leur arrivée des problèmes d'addiction (alcoolisme, tabagisme...) qu'il faut traiter ;
– les interventions médicales nécessitant une extraction vers un hôpital, au nombre d'environ 55 000 par an, posent des problèmes de sécurité et d'organisation (toujours selon le Commissaire aux Droits de l'homme) difficilement réglés par les services d'escorte (police et gendarmerie) ;
– le Commissaire s'interroge, à cet effet, sur une circulaire du 18 novembre 2004 autorisant le port de menottes et la présence de surveillants pendant l'examen médical ;
– une appréciation plutôt positive est portée en revanche sur les UHSI.

Dans le volet consacré aux maladies psychiatriques, le Commissaire s'appuie entre autres sur le rapport Terra (voir plus bas, document 6) pour s'alarmer de leur ampleur en milieu pénitentiaire et relever leur impact sur le fort taux de suicide constaté.

Le nombre de malades mentaux en prison pose d'énormes problèmes, de prise en charge et de gestion, difficilement réglés par les services médico-psychologiques régionaux (SMPR). La création en 2002 des UHSA, structures spécialisées en milieu hospitalier, constituerait néanmoins une amélioration notable à généraliser.

Document 5

Dans la réponse du ministère de la Justice au Commissaire, on peut retenir les passages suivants :
– des progrès incontestés ont été réalisés depuis la réforme de 1994, qui a confié la prise en charge médicale des détenus aux services du ministère de la Santé ;
– les critiques concernant les escortes policières doivent être relativisées : les consignes de l'administration pénitentiaire sont mesurées et adaptées à la dangerosité de chaque détenu.

Enfin la poursuite de l'ouverture des unités d'hospitalisation sécurisées interrégionales (UHSI) et la mise en service, dès 2008, des unités hospitalières spécialement aménagées (UHSA) amélioreront considérablement la situation. Le nombre de lits envisagé tant en UHSI qu'en UHSA devrait être suffisant.

Document 6

Ce document recouvre des informations déjà vues dans les documents 1 et 4 mais donne un éclairage complémentaire, avec des données statistiques, sur les problèmes psychiatriques en milieu pénitentiaire :
– au moins un trouble psychiatrique est décelé chez 55 % des détenus arrivants ;
– les situations à risques doivent être repérées par les surveillants et les travailleurs sociaux pour prévenir les risques de suicide.

Élaboration du plan

L'élaboration du plan ne comporte pas de difficultés majeures, compte tenu notamment du libellé du sujet, qui vous guide et vous oriente.

Il faut traiter la question de l'organisation de la santé en milieu pénitentiaire, donc décrire qui fait quoi, quelles sont les structures mises en place (les UCSA, les UHSI, etc.). Il faut aussi expliquer quels types de soins sont donnés, à l'intérieur et à l'extérieur des établissements pénitentiaires, et selon quelles modalités. Par ailleurs, vous êtes également invité à distinguer, au-delà de cet état descriptif, les forces et les faiblesses du système.

Après une courte introduction, la première partie de la note met en exergue la loi du 18 janvier 1994 qui d'une part, confie au service public hospitalier une mission générale de soins aux détenus en milieu hospitalier, et d'autre part, dispose que les détenus sont obligatoirement affiliés au régime général d'assurance maladie. Le rôle et le fonctionnement des UCSA, des UHSI, les modalités de fonctionnement à l'intérieur et à l'extérieur des établissements y sont décrits, de même que les soins dispensés en urgence et en dehors des jours ouvrables.

Enfin, les problèmes liés aux troubles psychologiques et psychiatriques ainsi que la prévention du suicide ont leur place ici.

La deuxième partie, tout naturellement, porte un regard plus critique pour répondre à l'invitation faite, dans le sujet, de souligner les forces et faiblesses du système.

Elle s'appuie sur les principaux constats du rapport du Commissaire aux Droits de l'homme : disparité des situations selon les établissements, transferts dans des conditions selon lui discutables des détenus vers les hôpitaux, prise en charge difficile des maladies psychiatriques, suicides, etc.

Un contrepoint doit être apporté à ce tableau en s'appuyant sur les observations du ministère de la Justice, qui soulignent les efforts déployés ces dernières années, notamment par la création d'unités spécialisées.

Une conclusion, qui n'apporterait rien à la note, apparaît ici superflue.

Corrigé proposé

Rappel du sujet : rédigez une note de synthèse sur le sujet suivant : « Organisation de la santé et prestations sanitaires en milieu carcéral ».
Vous vous attacherez à faire un état descriptif retraçant les grandes lignes du système existant en en relevant les forces et les faiblesses.

Pour 188 établissements pénitentiaires, on dénombrait en France, en 2005, 63 600 personnes détenues, à un titre ou à un autre. Cette population importante et particulière nécessite des soins et une prise en charge médicale, comme toute autre catégorie de population, chaque fois que nécessaire.

La santé en milieu pénitentiaire présente néanmoins des spécificités évidentes, nécessitant une organisation propre de la part des administration concernées, Justice et Santé **(I)**, ce qui ne va pas toujours sans critiques, qu'il convient toutefois de relativiser **(II)**.

I. La santé en milieu carcéral : une organisation et des prestations spécifiques

I.1 Les unités de consultations et de soins ambulatoires, structures de base dans chaque établissement

Afin d'offrir aux personnes prises en charge par l'administration pénitentiaire une qualité et une continuité de soins équivalentes à celles dont dispose l'ensemble de la population, la loi du 18 janvier 1994 a confié au service public hospitalier une mission générale de soin aux détenus en milieu pénitentiaire et, si nécessaire, en milieu hospitalier.

Cette loi dispose que les détenus sont affiliés obligatoirement aux assurances maladie et maternité du régime général à compter de la date de leur incarcération.

Pour assurer leur mission, les hôpitaux ont créé des unités de consultations et de soins ambulatoires (UCSA) dans chaque établissement pénitentiaire. L'UCSA est constituée par une équipe hospitalière pluridisciplinaire et comporte des équipements médicaux et non médicaux mis en place par l'établissement de santé. Elle est installée, en détention, à l'intérieur de locaux spécifiques aménagés par l'administration pénitentiaire qui en assure la maintenance.

Les médecins chargés des prestations de médecine générale au sein des UCSA assurent les consultations nécessaires au suivi des personnes détenues et des consultations spécifiques en milieu pénitentiaire. Ils ont ainsi la charge de l'examen médical d'entrée, de la visite au quartier d'isolement, du quartier disciplinaire, du suivi des grévistes de la faim, etc.

Les personnes détenues bénéficient également d'actions de prévention et de dépistage des maladies infectieuses. Ainsi, le dépistage de la tuberculose est obligatoire. Pour le reste, les dépistages mis en œuvre pour la population générale en milieu libre doivent l'être également en milieu carcéral. Ils sont proposés à la personne détenue et réalisés avec son consentement (VIH, hépatite B, etc.).

I.2 Des traitements spécifiques pour les urgences, hospitalisations longues et soins psychiatriques

L'UCSA ne peut assurer une permanence des soins 24 heures sur 24 aussi, en cas d'urgence, il est fait appel aux moyens « classiques » (appel au centre 15, au médecin de garde libérale de la ville...).

Par ailleurs, les personnes détenues nécessitant une hospitalisation urgente ou de très courte durée (moins de 48 heures) sont accueillies dans l'hôpital de rattachement, sauf dérogation. Les hospitalisations excédant la très courte durée ou réclamant la proximité d'un plateau technique très spécialisé sont mises en œuvre dans des unités hospitalières sécurisées interrégionales (UHSI) implantées dans des centres hospitaliers régionaux : à ce jour, huit UHSI ont été créés à Bordeaux, Lille, Lyon, Nancy, Rennes, Toulouse, Marseille.

Les soins psychiatriques sont également assurés par le service public hospitalier. Parallèlement au secteur de psychiatrie générale intervenant en milieu pénitentiaire pour les soins ambulatoires, existent des services médico-psychologiques régionaux (SMPR), au nombre de 26, pour les soins intensifs et les hospitalisations volontaires.

L'article 48 de la loi d'orientation et de programmation pour la justice du 9 septembre 2002 prévoit la création d'unités hospitalières spécialement aménagées (UHSA). Elles permettent l'hospitalisation en psychiatrie de personnes détenues atteintes de troubles mentaux qu'il n'est pas possible de maintenir dans une structure hospitalière classique.

II. Une organisation faite de défis et de difficultés parfois difficiles à relever

II.1 La demande croissante de soins pose d'abord des problèmes de moyens

A la suite de sa visite effectuée en France du 5 au 21 septembre 2005, M. Alvaro Gil Robles, Commissaire aux Droits de l'homme au Conseil de l'Europe, a déposé un rapport sur le respect effectif des droits de l'homme en France comportant un passage sur l'organisation des soins en prison. Ce rapport, ainsi que la réponse qui y a été apportée par le ministère de la Justice, éclaire les forces et les faiblesses du système de santé dans les prisons françaises.

A propos des unités de consultation et de soins déambulatoires (UCSA), le Commissaire relève qu'elles sont globalement bien tenues avec toutefois des disparités, notamment dans l'accès aux soins. D'une manière générale les UCSA ont connu ces dernières années une forte recrudescence de leurs activités, avec une augmentation continue de la demande de consultation.

M. Robles y voit, d'une part, l'effet des mauvaises conditions de détention qui multiplient les soucis de santé et, d'autre part, celui du vieillissement de la population et de la présence grandissante de prisonniers arrivant avec des problèmes d'addiction : alcoolisme et tabagisme, en particulier, mais aussi toxicomanie.

C'est surtout la question de l'extraction des détenus pour des problèmes de soins (consultation et hospitalisation à l'extérieur) qui retient l'attention du Commissaire. Celles-ci sont au nombre d'environ 55 000 chaque année et posent de sérieux problèmes de moyens et de sécurité difficilement résolus. Il semblerait qu'en province, en particulier, les services de police et de gendarmerie aient du mal à assurer le transport des personnes dans des délais corrects, ce qui présente un risque pour la santé des intéressés. De plus, le transfert et l'hospitalisation se déroulent souvent dans des conditions qui entravent l'accès aux soins.

A cet égard, une circulaire du 18 novembre 2004 autorise le directeur de l'établissement pénitentiaire à imposer le port de menottes et la présence de surveillants pendant l'examen médical, afin de minimiser les risques d'évasion.

Sur ce point, le ministère de la Justice a rappelé que les consignes de la direction de l'administration pénitentiaire sont mesurées et adaptées à la dangerosité de chaque détenu. Elles ont d'ailleurs été jugées conformes au droit par le Conseil d'État.

II.2 Malgré la création de structures spécialisées, le traitement des maladies psychiatriques reste un enjeu majeur

S'agissant des unités hospitalières sécurisées interrégionales (UHSI), le Commissaire porte une appréciation plutôt positive sur le principe de création de ces unités, assimilables à des centres de soins classiques placés sous la surveillance du personnel de l'administration pénitentiaire, tout en s'interrogeant sur leur capacité, en l'état, à absorber la demande.

Enfin la question des maladies psychiatriques en prison reste une question difficile, voire alarmante, si l'on se réfère aux chiffres : selon une étude réalisée en 2004, 55 % des personnes détenues présenteraient des troubles psychologiques et les taux de suicide sont alarmants (115 suicides en 2004). Le nombre des malades mentaux pose de sérieux problèmes, tant en ce qui concerne la prise en charge des détenus qu'en ce qui concerne leur gestion.

Le phénomène est sans doute lié à la forte proportion de toxicomanes, au fort pourcentage de délinquants sexuels ainsi qu'à une pénalisation de plus en plus marquée des malades mentaux. Dans ce contexte, les services médico- psychologiques régionaux (SMPR) sont trop souvent débordés et un grand nombre de détenus sont placés en hôpitaux psychiatriques, ce qui soulève encore d'autres difficultés.

En effet, le dispositif de garde qui existe dans le cadre d'une hospitalisation pour cause de maladie ou d'accident, n'est pas prévu par la loi dans le cadre d'un internement en psychiatrie : le personnel doit en conséquence assurer lui-même la surveillance des malades, avec toutes les difficultés que cela implique.

La création en 2002 des UHSA, structures spécialisées en milieu hospitalier, constituerait ainsi une amélioration notable : la construction de 19 de ces unités est attendue entre 2007 et 2012 pour un total de 705 lits.

Il n'est pas certain, pour le Commissaire aux Droits de l'homme, que cette innovation, qu'il salue, se révèle à terme suffisante.

Note 4
Le juge de proximité

Sujet

A partir des documents ci-dessous, rédigez une note de synthèse sur le sujet suivant : Le juge de proximité.

Documents

Document 1

Extraits de la loi n° 2002-1138 du 9 septembre 2002 d'orientation et de programmation pour la justice, 3 pages.

Document 2

Loi organique n° 2003-153 du 26 février 2003 relative aux juges de proximité, 2 pages.

Document 3

Décret n° 2003-438 du 15 mai 2003, 2 pages.

Document 4

Extraits de la circulaire du ministère de la Justice du 12 septembre 2003, 5 pages.

Document 5

Extraits de la loi n° 2005-47 du 26 janvier 2005 relative aux compétences du tribunal d'instance, de la juridiction de proximité et du tribunal de grande instance, 2 pages.

Document 6

« La juridiction de proximité : retouchée mais pas encore coulée », article publié dans *La Semaine juridique Édition générale*, n° 10, 9 mars 2005, 4 pages.

Document 1

Loi nº 2002-1138 du 9 septembre 2002 d'orientation et de programmation pour la justice

[...]

Titre III
La juridiction de proximité

Chapitre unique

Dispositions générales

Section 1 : Institution, compétence et fonctionnement

Art. L. 331-1. – Il est institué, dans le ressort de chaque cour d'appel, des juridictions de première instance dénommées juridictions de proximité.

Art. L. 331-2. – En matière civile, la juridiction de proximité connaît en dernier ressort des actions personnelles mobilières dont elle est saisie par une personne physique pour les besoins de sa vie non professionnelle, jusqu'à la valeur de 1 500 euros ou d'une valeur indéterminée mais qui ont pour origine l'exécution d'une obligation dont le montant n'excède pas 1 500 euros.

Elle connaît des procédures d'injonction de payer ou de faire, dans les conditions prévues au premier alinéa.

Elle connaît aussi, dans les mêmes conditions, en vue de lui donner force exécutoire, de la demande d'homologation du constat d'accord formée par les parties, à l'issue d'une tentative préalable de conciliation menée en application de l'article 21 de la loi nº 95-125 du 8 février 1995 relative à l'organisation des juridictions et à la procédure civile, pénale et administrative.

Art. L. 331-3. – En matière civile, la juridiction de proximité statue selon les règles de procédure applicables devant le tribunal d'instance. Elle se prononce après avoir cherché à concilier les parties par elle-même ou, le cas échéant et avec l'accord de celles-ci, en désignant une personne remplissant les conditions fixées par décret en Conseil d'État.

Les parties peuvent se faire assister et représenter devant elle dans les mêmes conditions que devant le tribunal d'instance.

Art. L. 331-4. – Lorsque, en matière civile, le juge de proximité se heurte à une difficulté juridique sérieuse portant sur l'application d'une règle de droit ou sur l'interprétation du contrat liant les parties, il peut, à la demande d'une partie ou d'office, après avoir recueilli l'avis, selon le cas, de l'autre ou des deux parties, renvoyer l'affaire au tribunal d'instance qui statue en tant que juridiction de proximité.

Art. L. 331-5. – En matière pénale, les règles concernant la compétence et le fonctionnement de la juridiction de proximité ainsi que celles relatives au ministère public près cette juridiction sont fixées par l'article 706-72 du code de procédure pénale et, en ce qui concerne les mineurs, par l'article 21 de l'ordonnance nº 45-174 du 2 février 1945 relative à l'enfance délinquante.

Section 2 : Organisation

Art. L. 331-6. – Le siège et le ressort des juridictions de proximité sont fixés par décret en Conseil d'État.

Art. L. 331-7. – La juridiction de proximité statue à juge unique.

Art. L. 331-8. – La juridiction de proximité peut tenir des audiences foraines en tout lieu public approprié dans des conditions fixées par décret en Conseil d'État.

Art. L. 331-9. – En cas d'absence ou d'empêchement du juge de proximité ou lorsque le nombre de juges de proximité se révèle insuffisant, les fonctions de ce juge sont exercées par un juge du tribunal d'instance, désigné à cet effet par ordonnance prise par le président du tribunal de grande instance.

Article 8

L'article 21 de la loi nº 95-125 du 8 février 1995 relative à l'organisation des juridictions et à la procédure civile, pénale et administrative est complété par un alinéa ainsi rédigé :

« Si le juge n'a pas recueilli l'accord des parties pour procéder aux tentatives de conciliation prévues au 1°, il peut leur enjoindre de rencontrer une personne qu'il désigne à cet effet et remplissant les conditions fixées au premier alinéa. Celle-ci informe les parties sur l'objet et le déroulement de la mesure de conciliation. »

Article 9

A l'article L. 811-1 du code de l'organisation judiciaire, après les mots : « en matière pénale », sont insérés les mots : « ainsi que des juridictions de proximité ».

Article 10

Le livre IV du code de procédure pénale est complété par un titre XXIV ainsi rédigé :

« Titre XXIV
Dispositions relatives à la juridiction de proximité

Art. 706-72. – La juridiction de proximité est compétente pour juger des contraventions de police dont la liste est fixée par décret en Conseil d'État. Elle statue alors selon la procédure applicable devant le tribunal de police, conformément aux dispositions des articles 521 à 549.

La juridiction de proximité peut également valider, sur délégation donnée par le président du tribunal de grande instance, les mesures de composition pénale prévues aux articles 41-2 et 41-3.

Pour le jugement des contraventions mentionnées au premier alinéa et relevant des quatre premières classes, les fonctions du ministère public sont exercées par un officier du ministère public, conformément aux dispositions des articles 45 à 48. »

[...]

Annexe

La loi d'orientation et de programmation a pour objectifs d'améliorer l'efficacité de la justice en renforçant ses moyens, de faciliter l'accès au juge et de développer l'effectivité de la réponse pénale à la délinquance des majeurs comme des mineurs.

Ces objectifs sont fixés par le présent rapport.

I. – Améliorer l'efficacité de la justice au service des citoyens

A. Permettre à la justice de faire face à l'accroissement de ses charges et au développement de ses missions

1. Réduire les délais de traitement des affaires civiles et pénales

Répondant à une attente essentielle des Français, les moyens des juridictions seront développés afin de réduire les délais de jugement et les stocks d'affaires en attente.

L'objectif visé consiste à ramener les délais moyens de traitement des affaires civiles à douze mois dans les cours d'appel, six mois dans les tribunaux de grande instance et trois mois dans les tribunaux d'instance. De même, les effectifs des juridictions seront adaptés afin de supprimer les goulets d'étranglement qui affectent la chaîne de traitement des affaires pénales, dont les moyens spécifiques seront désormais précisément identifiés. Enfin, des efforts seront consentis pour améliorer les délais de traitement des affaires portées devant les juridictions spécialisées non pénales.

Il est parallèlement nécessaire d'accroître de façon significative le nombre d'agents placés, qu'il s'agisse de magistrats, de greffiers en chef ou de greffiers, afin de pallier les vacances d'emploi et d'assurer la continuité du service dans l'ensemble des cours et tribunaux.

La création de ces emplois s'accompagnera d'une modernisation de l'organisation et des méthodes de travail des juridictions :
– la politique de contractualisation par objectifs avec les juridictions, initiée avec les contrats de résorption de stocks dans les cours d'appel, sera généralisée ;
– la participation des magistrats de l'ordre judiciaire à des commissions administratives représente une charge lourde, correspondant à environ 130 000 heures de travail par an. Il est ainsi prévu d'engager une démarche de retrait de ces magistrats des commissions à caractère purement administratif ou dans lesquelles l'institution judiciaire n'a pas vocation à figurer, eu égard à ses missions ;
– le magistrat doit se recentrer sur ses tâches juridictionnelles et être entouré d'une équipe. C'est pourquoi les missions des greffiers seront étendues, pour assister véritablement le magistrat dans le cadre de la mise en état des dossiers et des recherches documentaires. Ces greffiers rédigeront également des projets de décisions et de réquisitoires selon les indications des magistrats ;
– par ailleurs, sans porter atteinte au maillage territorial des implantations judiciaires, il est envisagé de mutualiser les ressources humaines et les moyens budgétaires, dans le cadre d'un futur « tribunal de première instance », pour parvenir à une gestion plus cohérente des juridictions de grande instance, d'instance et de proximité.

2. Maîtriser les politiques publiques appelant l'intervention de l'autorité judiciaire

Phénomène récent, la conduite de politiques publiques par l'institution judiciaire, et notamment par les parquets, s'est fortement développée ces dernières années. Il s'agit là d'une condition essentielle de l'action de la justice et spécialement de la politique d'action publique des parquets liée à ses missions de lutte contre la délinquance.

Qu'elles soient menées par la justice ou en partenariat avec d'autres institutions, le maintien et le développement de ces actions requièrent la création d'emplois de magistrats et de fonctionnaires à défaut desquels, soit elles ne peuvent être pleinement remplies, soit le traitement du contentieux en est affecté.

B. Rapprocher la justice du citoyen et créer une véritable justice de proximité

Afin de répondre au besoin d'une justice plus accessible, plus simple et capable de résoudre plus efficacement les litiges de la vie quotidienne en matière tant civile que pénale, il est prévu de créer une juridiction de proximité.

Il ne s'agira pas de juges de carrière, mais de personnes disposant d'une compétence ou d'une expérience professionnelle les qualifiant tout particulièrement pour exercer des fonctions judiciaires.

La juridiction d'instance verra ses compétences élargies.

La généralisation des guichets uniques de greffe améliorera l'accueil personnalisé du justiciable en lui offrant un seul point d'entrée commun à plusieurs juridictions.

Par ailleurs, les courriers et requêtes des justiciables appelant l'attention du ministre de la justice, garde des sceaux, sur les problèmes de fonctionnement des juridictions méritent une attention particulière ainsi qu'un traitement rapide, cohérent et adapté. La création à la chancellerie d'un service centralisé traitant l'ensemble des requêtes des particuliers aura pour effet d'apporter une réponse précise aux requérants dans les meilleurs délais. Elle permettra également de définir les actions générales à engager pour améliorer le fonctionnement de la justice sur la base de l'analyse des problèmes rencontrés et des dysfonctionnements éventuels.

C. Renforcer la justice administrative dans le sens de la célérité

L'augmentation continue du contentieux devant les juridictions administratives (plus de 20 % durant les cinq dernières années) engendre des délais de jugement trop longs : un an et neuf mois devant les tribunaux administratifs et trois ans et un mois devant les cours administratives d'appel.

Les juridictions administratives doivent être dotées des moyens nécessaires pour résorber le retard actuel et faire face à l'afflux prévisible du contentieux dans les années à venir.

L'objectif est de ramener à un an l'ensemble des délais de jugement à l'issue de la période de programmation, comme c'est le cas devant la Conseil d'État.

Trois volets sont prévus :

1. Augmenter les effectifs

Les effectifs seront renforcés par le recrutement de magistrats et par la création d'emplois de fonctionnaires destinés à renforcer les greffes des juridictions et les services administratifs du Conseil d'État. Des assistants de justice seront en outre recrutés afin d'apporter leur concours aux tâches juridictionnelles des membres du Conseil d'État et des magistrats des tribunaux administratifs et des cours administratives d'appel.

L'attractivité du corps des tribunaux administratifs et des cours administratives d'appel sera renforcée.

2. Renforcer les moyens en fonctionnement et en investissement

Des investissements seront engagés afin de permettre la réhabilitation, l'extension ou le relogement des juridictions existantes, ainsi que la création de trois nouvelles juridictions (une cour administrative d'appel en région parisienne et deux tribunaux administratifs).

Des moyens nouveaux seront affectés au fonctionnement des juridictions administratives ainsi qu'à l'amélioration de l'outil informatique.

3. Engager des réformes

D'ores et déjà, la loi comporte des dispositions nécessaires à la réalisation de ces objectifs : prorogation pendant la durée de la loi de programmation du régime du concours de recrutement complémentaire et pérennisation de la possibilité pour les magistrats administratifs d'être maintenus en surnombre au-delà de la limite d'âge ; création d'un cadre juridique permettant le recrutement des assistants de justice.

D'autres réformes devront être mises en œuvre pour améliorer l'efficacité de la justice administrative et, en particulier, pour lutter contre l'encombrement des cours administratives d'appel.

En outre, après la création, en région parisienne, d'une nouvelle cour administrative d'appel, interviendra le transfert du Conseil d'État aux cours d'administratives d'appel, de l'appel contre les jugements relatifs aux arrêtés de reconduite à la frontière, dont le principe a été posé par l'article 22 bis de l'ordonnance du 2 novembre 1945 relative aux conditions d'entrée et de séjour des étrangers en France.

D. Développer l'efficacité de l'administration judiciaire

1. Renforcer l'efficacité des services centraux

L'administration centrale n'est pas en capacité suffisante de faire face aux tâches de préparation de textes ou de suivi de négociations internationales alors que la complexité de ces champs d'intervention ne cesse de croître. De même, les moyens de gestion dont elle est dotée n'ont pas suivi ceux qu'elle est chargée globalement d'administrer. Les études d'impact des projets de textes législatifs et réglementaires sont encore insuffisantes de même que les fonctions de pilotage des services d'administration déconcentrée.

De façon à atteindre les objectifs énoncés par la présente loi de programmation, l'organisation de l'administration centrale du ministère de la justice doit être adaptée mais également renforcée.

Les fonctions de gestion et d'expertise technique et juridique seront renforcées quantitativement et qualitativement de même que l'attractivité des fonctions d'administration centrale. Ces renforts seront en grande partie affectés aux fonctions de support des juridictions et des services déconcentrés (immobilier, informatique). Les conditions de travail de ses agents seront améliorées. La politique immobilière du ministère ainsi que la politique de développement informatique seront réévaluées et développées.

2. Mettre à niveau les services de formation et d'administration des juridictions judiciaires

Pour répondre à l'élargissement de ses missions et à l'accroissement des effectifs à former, l'École nationale de la magistrature verra son encadrement pédagogique et administratif ainsi que ses moyens logistiques et financiers renforcés. Ses implantations à Bordeaux et à Paris seront adaptées en conséquence. Un contrat d'objectifs sur cinq ans sera établi à cette fin.

L'École nationale des greffes disposera de moyens accrus afin d'être en mesure de former les personnels dans le cadre de départs massifs à la retraite (60 % des corps de catégorie A et B entre 2002 et 2020) et d'assurer en sus la formation initiale de plus de 3 500 stagiaires environ dans les cinq prochaines années. Dans le même temps, une réforme statutaire redéfinira la durée et le contenu des formations dispensées.

Pour conduire efficacement la gestion d'un parc immobilier dont l'ensemble représente 1 800 000 mètres carrés, les cours d'appel bénéficieront de l'expertise de techniciens de haut niveau.

Dans le cadre de la déconcentration mise en œuvre au sein des services judiciaires pour les personnels et les crédits, les services administratifs régionaux et les cellules budgétaires d'arrondissement judiciaire seront développés en tenant compte de la mise en œuvre de la loi organique du 1er août 2001 relative aux lois de finances.

La professionnalisation des personnels et le renforcement des moyens des services administratifs régionaux en matière budgétaire, immobilière et informatique seront poursuivis.

3. Améliorer le traitement financier et le déroulement de carrière des agents en juridiction

La formation, les responsabilités et le professionnalisme des magistrats et fonctionnaires des juridictions doivent être mieux reconnus et pris en compte.

Pour les fonctionnaires des greffes, la spécificité de leurs fonctions liées aux contraintes de l'activité juridictionnelle sera également reconnue.

Une meilleure cohérence entre les métiers de greffe et les statuts des personnels concernés sera recherchée.

La prise en compte de la charge effective de l'activité exercée sera assurée par une modulation des régimes indemnitaires.

E. Améliorer l'équipement et le fonctionnement matériel, notamment informatique, des juridictions judiciaires

1. Mieux prendre en compte les besoins immobiliers des juridictions

Le patrimoine des juridictions représente un million de mètres carrés de surface utile judiciaire, soit 1 800 000 mètres carrés de surface hors œuvre nette (SHON), répartis sur plus de mille juridictions et près de huit cents sites.

Malgré un premier programme de constructions neuves réalisé au cours de la dernière décennie, il demeure vétuste et insuffisant, et trop souvent en-deçà des normes de sécurité et d'accessibilité des bâtiments publics.

En outre, le déficit des surfaces judiciaires reste important. Un renforcement significatif des crédits affectés à cette fin sera prévu.

Les mesures de protection et, en particulier, celles relatives au gardiennage des palais de justice, notamment grâce à une externalisation accrue de la prestation à des entreprises spécialisées, doivent également bénéficier de crédits supplémentaires. Il en va de la protection des personnels, des usagers et du patrimoine immobilier de l'État.

2. Assurer un bon fonctionnement courant des juridictions

L'installation des nouveaux magistrats et fonctionnaires induit des besoins de premier équipement mobilier et informatique et engendre des dépenses de fonctionnement pérennes, liées à leur activité. Ces moyens, indissociables des créations d'emploi, sont indispensables pour garantir l'efficacité de l'activité judiciaire.

3. Développer le recours à l'informatique dans les juridictions

Les juridictions doivent être dotées de moyens informatiques modernes et performants.

Le développement des réseaux informatiques internes et externes favorisera la communication électronique avec les auxiliaires de justice, tant en matière civile que pénale, les échanges avec les autres administrations, en particulier avec les services de police et de gendarmerie, ainsi que le partage d'informations entre l'administration centrale et les juridictions.

*
* *

La réalisation de ces objectifs, permettant à la justice de faire face à l'accroissement de ses charges et au développement de ses missions, se traduira par la création de 4 397 emplois, dont 3 737 pour les services judiciaires, 480 pour les juridictions administratives et 180 pour l'administration centrale : 1 329 MEUR (coût des emplois compris) seront consacrés à ces objectifs en dépenses ordinaires ainsi que, pour les investissements, 382 MEUR en autorisations de programme.

Les crédits de fonctionnement comprendront les crédits de vacations, permettant le recrutement de 3 300 juges de proximité.

Fait à Paris, le 9 septembre 2002.

Jacques Chirac
Par le Président de la République :

Le Premier ministre,
Jean-Pierre Raffarin

Le garde des sceaux, ministre de la justice,
Dominique Perben

Le ministre de l'économie,
des finances et de l'industrie,
Francis Mer

Le ministre de la fonction publique,
de la réforme de l'État et de l'aménagement du territoire,
Jean-Paul Delevoye

Source : *Journal officiel,* n° 211, 10 septembre 2002.

Document 2

Loi organique n° 2003-153 du 26 février 2003 relative aux juges de proximité

L'Assemblée nationale et le Sénat ont adopté,
Le Conseil constitutionnel a déclaré conforme à la Constitution,
Le Président de la République promulgue la loi dont la teneur suit :

Article 1

Après le chapitre V quater de l'ordonnance n° 58-1270 du 22 décembre 1958 portant loi organique relative au statut de la magistrature, il est inséré un chapitre V quinquies ainsi rédigé :

« Chapitre V quinquies
Des juges de proximité

Art. 41-17. Peuvent être nommés juges de proximité, pour exercer une part limitée des fonctions des magistrats des juridictions judiciaires de première instance, s'ils remplissent les conditions prévues aux 2° à 5° de l'article 16 :

1° Les anciens magistrats de l'ordre judiciaire et de l'ordre administratif ;

2° Les personnes, âgées de trente-cinq ans au moins, que leur compétence et leur expérience qualifient pour exercer ces fonctions. Ces personnes doivent soit remplir les conditions fixées au 1° de l'article 16, soit être membres ou anciens membres des professions libérales juridiques et judiciaires soumises à un statut législatif ou réglementaire ou dont le titre est protégé. Elles doivent, en outre, justifier de quatre années au moins d'exercice professionnel dans le domaine juridique ;

3° Les personnes justifiant de vingt-cinq années au moins d'activité dans des fonctions impliquant des responsabilités de direction ou d'encadrement dans le domaine juridique, [Dispositions déclarées non conformes à la Constitution par décision du Conseil constitutionnel n° 2003-466 DC du 20 février 2003] les qualifiant pour l'exercice des fonctions judiciaires ;

4° Les anciens fonctionnaires des services judiciaires des catégories A et B, que leur expérience qualifie pour l'exercice des fonctions judiciaires ;

5° Les conciliateurs de justice ayant exercé leurs fonctions pendant au moins cinq ans.

Art. 41-18. Le magistrat du siège du tribunal de grande instance chargé de l'administration du tribunal d'instance organise l'activité et les services de la juridiction de proximité.
Il fixe par une ordonnance annuelle la répartition des juges de proximité dans les différents services de la juridiction.
Cette ordonnance est prise en la forme prévue par le code de l'organisation judiciaire.

Art. 41-19. Les juges de proximité sont nommés pour une durée de sept ans non renouvelable, dans les formes prévues pour les magistrats du siège.
L'article 27-1 ne leur est pas applicable.

Avant de rendre son avis, la formation compétente du Conseil supérieur de la magistrature peut décider de soumettre l'intéressé à une formation probatoire organisée par l'École nationale de la magistrature et comportant un stage en juridiction effectué selon les modalités prévues à l'article 19. Le deuxième alinéa de l'article 25-3 est applicable aux stagiaires.

Le directeur de l'École nationale de la magistrature établit, sous forme d'un rapport, le bilan du stage probatoire du candidat, qu'il adresse à la formation compétente du Conseil supérieur de la magistrature et au garde des sceaux, ministre de la justice.

Préalablement à leur entrée en fonction, les juges de proximité prêtent serment dans les conditions prévues à l'article 6.

Les juges de proximité n'ayant pas été soumis à la formation probatoire prévue dans le troisième alinéa suivent une formation organisée par l'École nationale de la magistrature et comportant un stage en juridiction effectué selon les modalités prévues à l'article 19.

Un décret en Conseil d'État détermine les conditions de dépôt et d'instruction des dossiers de candidature, les modalités d'organisation et la durée de la formation, ainsi que les conditions dans lesquelles sont assurées l'indemnisation et la protection sociale des stagiaires mentionnés au présent article.

Art. 41-20. Les juges de proximité sont soumis au présent statut. Toutefois, ils ne peuvent être membres ni du Conseil supérieur de la magistrature, ni de la commission d'avancement, ni participer à la désignation des membres de ces instances.

Ils ne peuvent recevoir aucun avancement de grade. Ils ne peuvent pas être mutés sans leur consentement.

Les articles 13 et 76 ne leur sont pas applicables.

Art. 41-21. Les juges de proximité exercent leurs fonctions à temps partiel. Ils perçoivent une indemnité de vacation dans des conditions fixées par décret en Conseil d'État.

Art. 41-22. Par dérogation au premier alinéa de l'article 8, les juges de proximité peuvent exercer une activité professionnelle concomitamment à leurs fonctions judiciaires, sous réserve que cette activité ne soit pas de nature à porter atteinte à la dignité de la fonction et à son indépendance. Les membres des professions libérales juridiques et judiciaires soumises à un statut législatif ou réglementaire ou dont le titre est protégé et leurs salariés ne peuvent exercer des fonctions de juge de proximité dans le ressort du tribunal de grande instance où ils ont leur domicile professionnel ; ils ne peuvent effectuer aucun acte de leur profession dans le ressort de la juridiction de proximité à laquelle ils sont affectés.

Sans préjudice de l'application des dispositions du deuxième alinéa de l'article 8, les juges de proximité ne peuvent exercer concomitamment aucune activité d'agent public, à l'exception de celle de professeur et de maître de conférences des universités.

En cas de changement d'activité professionnelle, les juges de proximité en informent le premier président de la cour d'appel dans le ressort de laquelle ils sont affectés, qui leur fait connaître, le cas échéant, que leur nouvelle activité n'est pas compatible avec l'exercice de leurs fonctions judiciaires.

Les juges de proximité ne peuvent connaître des litiges présentant un lien avec leur activité professionnelle ou lorsqu'ils entretiennent ou ont entretenu des relations professionnelles avec l'une des parties. Dans ces cas, le président du tribunal de grande instance dans le ressort duquel ils sont affectés décide, à leur demande ou à celle de l'une des parties, que l'affaire sera soumise à un autre juge de proximité du même ressort. Cette décision de renvoi est insusceptible de recours.

Les juges de proximité ne peuvent mentionner cette qualité ni en faire état dans les documents relatifs à l'exercice de leur activité professionnelle, tant pendant la durée de leurs fonctions que postérieurement.

Art. 41-23. Le pouvoir d'avertissement et le pouvoir disciplinaire à l'égard des juges de proximité sont exercés dans les conditions définies au chapitre VII. Indépendamment de l'avertissement prévu à l'article 44 et de la sanction prévue au 1° de l'article 45, peut seule être prononcée, à titre de sanction disciplinaire, la fin des fonctions.

Art. 41-24. Les juges de proximité ne peuvent demeurer en fonction au-delà de l'âge de soixante-quinze ans.

Il ne peut être mis fin à leurs fonctions qu'à leur demande ou au cas où aurait été prononcée à leur encontre la sanction de la fin des fonctions prévue à l'article 41-23.

Durant un an à compter de la cessation de leurs fonctions judiciaires, les juges de proximité sont tenus de s'abstenir de toute prise de position publique en relation avec ces fonctions. »

Article 2

I. – Après la première phrase du deuxième alinéa de l'article 12-1 de l'ordonnance n° 58-1270 du 22 décembre 1958 précitée, il est inséré une phrase ainsi rédigée :

« S'agissant des juges de proximité, elle est précédée d'un entretien avec le magistrat du siège du tribunal de grande instance chargé de l'administration du service du tribunal d'instance dans le ressort duquel est située la juridiction de proximité. »

II. – Au début de la dernière phrase du même alinéa, le mot : « Elle » est remplacé par les mots : « L'évaluation ».

Article 3

Dans le premier alinéa, dans la première phrase du deuxième alinéa et dans la première phrase du dernier alinéa de l'article 28-3 de l'ordonnance n° 58-1270 du 22 décembre 1958 précitée, les mots : « de juge des affaires familiales » sont supprimés.

Article 4

La loi organique n° 88-23 du 7 janvier 1988 portant maintien en activité des magistrats des cours d'appel et des tribunaux de grande instance est ainsi modifiée :

1° Au début du premier alinéa de l'article 1er, les mots : « Jusqu'au 31 décembre 2002, » sont supprimés ;

2° Dans la première phrase de l'article 2, les mots : « grade, classe et échelon » sont remplacés par les mots : « grade et échelon ».

La présente loi sera exécutée comme loi de l'État.

Fait à Paris, le 26 février 2003.

Jacques Chirac
Par le Président de la République :

Le Premier ministre,
Jean-Pierre Raffarin

Le garde des sceaux, ministre de la justice,
Dominique Perben

Source : *Journal officiel*, n° 49, 27 février 2003.

Document 3

Ministère de la justice

Décret n° 2003-438 du 15 mai 2003 modifiant le décret n° 93-21 du 7 janvier 1993 pris pour l'application de l'ordonnance n° 58-1270 du 22 décembre 1958 portant loi organique relative au statut de la magistrature

Le Premier ministre,
Sur le rapport du garde des sceaux, ministre de la justice,

Vu l'ordonnance n° 58-1270 du 22 décembre 1958 portant loi organique relative au statut de la magistrature, modifiée en dernier lieu par la loi organique n° 2003-153 du 26 février 2003, en particulier ses articles 41-19 et 41-21 ;

Vu le code de la sécurité sociale ;

Vu le décret n° 90-437 du 28 mai 1990 modifié fixant les conditions et les modalités de règlement des frais occasionnés par les déplacements des personnels civils sur le territoire métropolitain de la France lorsqu'ils sont à la charge des budgets de l'État, des établissements publics nationaux à caractère administratif et de certains organismes subventionnés ;

Vu le décret n° 93-21 du 7 janvier 1993 modifié pris pour l'application de l'ordonnance n° 58-1270 du 22 décembre 1958 portant loi organique relative au statut de la magistrature ;

Le Conseil d'État (section de l'intérieur) entendu,

Décrète :

Article 1

Il est inséré dans le décret du 7 janvier 1993 susvisé un chapitre VI bis ainsi rédigé :

« Chapitre VI bis
Des juges de proximité

Art. 35-7. Tout candidat aux fonctions de juge de proximité prévues par le chapitre V quinquies de l'ordonnance du 22 décembre 1958 susvisée doit déposer sa demande, adressée au garde des sceaux, ministre de la justice, auprès des chefs de la cour d'appel dans le ressort de laquelle il réside, qui procèdent à l'instruction de sa candidature.

Le dossier de candidature doit comporter l'indication de la ou des juridictions de proximité à laquelle ou auxquelles l'intéressé aspire à être nommé.

Le dossier de candidature, assorti de l'avis motivé des chefs de cour, est transmis au garde des sceaux, ministre de la justice, qui procède, le cas échéant, à une instruction complémentaire du dossier.

Art. 35-8. Le garde des sceaux, ministre de la justice, saisit la formation du Conseil supérieur de la magistrature compétente à l'égard des magistrats du siège des projets de nomination aux fonctions de juge de proximité. Il lui transmet, avec chaque projet de nomination, la liste de tous les candidats aux fonctions de juge de proximité dans la même juridiction.

Les dossiers de l'ensemble des candidats aux fonctions de juge de proximité sont tenus à la disposition de la formation compétente du Conseil supérieur de la magistrature.

Art. 35-9. Sous réserve des dispositions de l'article 35-11 relatives à la formation probatoire, les candidats nommés juges de proximité suivent la formation prévue au sixième alinéa de l'article 41-19 de l'ordonnance du 22 décembre 1958 susvisée préalablement à leur installation dans leurs fonctions.

Cette formation comprend une première période de cinq jours consécutifs organisée par l'École nationale de la magistrature et un stage en juridiction à raison de seize jours de présence effective en juridiction sur une période de huit semaines ; la durée du stage en juridiction peut, à titre exceptionnel, être réduite par le Conseil supérieur de la magistrature, au vu de l'expérience professionnelle du candidat.

Art. 35-10. La formation organisée par l'École nationale de la magistrature sur une période de cinq jours consécutifs comprend, notamment et sans préjudice de la formation donnée au cours du stage en juridiction, des enseignements portant sur la déontologie, les principes de la procédure et le fonctionnement d'une juridiction, ainsi que l'apprentissage de la technique de rédaction des jugements et de la tenue d'une audience.

Le stage en juridiction est organisé par l'École nationale de la magistrature. Il vise à parfaire la formation théorique et pratique des intéressés en vue de les préparer à l'exercice de leurs fonctions juridictionnelles.

Art. 35-11. Les candidats soumis par le Conseil supérieur de la magistrature à la formation probatoire prévue au troisième alinéa de l'article 41-19 de l'ordonnance du 22 décembre 1958 susvisée suivent la formation organisée par l'École nationale de la magistrature sur une période de cinq jours consécutifs mentionnée au premier alinéa de l'article 35-10. Ils effectuent en outre un stage en juridiction à raison de vingt-quatre jours de présence effective en juridiction sur une période de douze semaines.

Le directeur de l'École nationale de la magistrature établit le bilan de la formation probatoire sous la forme d'un rapport et émet un avis motivé sur l'aptitude du candidat à exercer les fonctions de juge de proximité. Il adresse ce rapport à la formation compétente du Conseil supérieur de la magistrature et au garde des sceaux, ministre de la justice.

Art. 35-12. Le lieu du stage en juridiction est choisi par l'École nationale de la magistrature dans le ressort de la cour d'appel, ou dans celui d'une cour d'appel limitrophe, dont relève la juridiction d'affectation du juge de proximité ou la juridiction pour laquelle une proposition d'affectation du candidat a été faite.

Tout candidat ou juge de proximité membre ou ancien membre d'une profession libérale juridique et judiciaire soumise à un statut législatif ou réglementaire ou dont le titre est protégé ne peut effectuer ce stage dans une juridiction du ressort du tribunal de grande instance où il exerce, ou a exercé depuis moins de cinq ans, son activité professionnelle.

Art. 35-13. Les juges de proximité suivent, pendant la période d'exercice de leurs fonctions, une formation continue obligatoire d'une durée totale de dix jours.

Art. 35-14. Dans la limite des crédits ouverts à cet effet au budget du ministère de la justice, il est attribué aux juges de proximité, pour l'accomplissement des fonctions judiciaires qui leur sont dévolues, une indemnité de vacation forfaitaire dont le taux unitaire est égal à vingt-cinq dix millièmes du traitement brut annuel moyen d'un magistrat du second grade. Le nombre de vacations allouées à chaque juge de proximité ne peut excéder 15 par mois et 132 par an. Les modalités d'attribution de cette indemnité sont fixées par arrêté conjoint du garde des sceaux, ministre de la justice, et du ministre chargé du budget.

Les juges de proximité perçoivent pour toute journée de formation continue, dans la limite de dix journées pendant la période d'exercice de leurs fonctions, une indemnité de vacation correspondant au taux unitaire défini au premier alinéa ; cette indemnité s'impute sur leurs vacations annuelles.

Lorsqu'ils suivent l'une des formations prévues par l'article 41-19 de l'ordonnance du 22 décembre 1958 susvisée, les juges de proximité et les candidats à ces fonctions perçoivent, par jour, une indemnité de vacation correspondant au taux unitaire défini au premier alinéa.

Le versement de l'indemnité de vacation durant une formation est exclusif du versement de l'indemnité de stage prévue par le décret du 28 mai 1990 susvisé.

Les juges de proximité et les candidats à ces fonctions sont indemnisés de leurs frais de déplacement temporaire dans les conditions prévues par le décret du 28 mai 1990 susvisé.

Art. 35-15. La réglementation du régime général de sécurité sociale ainsi que celle relative aux accidents du travail et aux maladies professionnelles s'appliquent, sauf dispositions contraires, aux candidats aux fonctions de juge de proximité, pendant la durée de leur formation probatoire. »

Article 2

Les articles 3 et 4 du décret du 7 janvier 1993 susvisé sont ainsi modifiés :

I. – Au deuxième alinéa de l'article 3, les mots : « juge des affaires familiales » sont supprimés ;

II. – Au quatrième alinéa de l'article 4, les mots : « des affaires familiales, » sont supprimés.

Article 3

L'article 20 du décret du 7 janvier 1993 susvisé est ainsi modifié :

I. – Le onzième alinéa est complété par les mots suivants : « , ou, s'il exerce les fonctions de juge de proximité, par le magistrat du siège du tribunal de grande instance chargé de l'administration et de la direction du tribunal d'instance dans le ressort duquel est située la juridiction de proximité » ;

II. – Le treizième alinéa est complété par la phrase suivante :

« S'agissant des juges de proximité, cet avis est émis par le magistrat du siège du tribunal de grande instance chargé de l'administration et de la direction du tribunal d'instance dans le ressort duquel est située la juridiction de proximité. »

Article 4

Le ministre des affaires sociales, du travail et de la solidarité, le garde des sceaux, ministre de la justice, le ministre de l'économie, des finances et de l'industrie et le ministre délégué au budget et à la réforme budgétaire sont chargés, chacun en ce qui le concerne, de l'exécution du présent décret, qui sera publié au *Journal officiel* de la République française.

Fait à Paris, le 15 mai 2003.

Source : *Journal officiel*, n° 114, 17 mai 2003.

Document 4

Ministère de la Justice

Direction des Services judiciaires
Mission Juges de proximité

Circulaire du 12 septembre 2003 : instructions relatives au fonctionnement des juridictions de proximité

I – La juridiction de proximité : l'organisation judiciaire

1. Siège et ressort

Le décret n° 2003-542 du 23 juin 2003 fixe le siège et le ressort de la juridiction de proximité, lesquels sont identiques au siège et au ressort du tribunal d'instance (R. 331-4 du COJ et tableaux I et V bis du COJ).

2. Juridiction à juge unique

La juridiction de proximité statue à juge unique (L. 331-7 nouveau du COJ).

3. Organisation coordonnée par le magistrat chargé de la direction et de l'administration du tribunal d'instance

La juridiction de proximité est dotée d'une organisation coordonnée par le magistrat chargé de la direction et de l'administration du tribunal d'instance dans le ressort duquel elle a son siège (nouvel article 41-18 de l'ordonnance n° 58-1270 du 22 décembre 1958 portant loi organique relative au statut de la magistrature).
[...]

II. – La juridiction de proximité : une juridiction civile

1. Les règles de compétence

1.1. Compétence d'attribution

L'article L. 331-2 du COJ dispose que la juridiction de proximité est compétente pour juger, en dernier ressort, de toutes actions personnelles mobilières jusqu'à la valeur de 1 500 euros, quand elle en est saisie par une personne physique pour les besoins de sa vie non professionnelle. La juridiction de proximité est également compétente pour juger d'une demande indéterminée dont l'origine est l'exécution d'une obligation d'un montant n'excédant pas 1 500 euros. Ainsi, la juridiction de proximité peut-elle connaître d'une action en résiliation d'un contrat portant sur une somme n'excédant pas 1 500 euros.

En vertu de l'article R. 331-2 du COJ, la juridiction de proximité connaît, en outre, de toutes les demandes incidentes – demandes additionnelles, demandes reconventionnelles, interventions – ainsi que de toutes les exceptions ou moyens de défense, à deux réserves près : d'une part, que ces demandes, exceptions ou moyens ne soulèvent pas une question relevant de la compétence exclusive d'une autre juridiction ; d'autre part, qu'il ne s'agisse pas d'une exception d'incompétence qui relève, en vertu de l'article 847-5 du nouveau Code de procédure civile, de la seule compétence du juge d'instance.

La juridiction de proximité est également compétente en matière d'injonction de payer, toujours dans le cas de la saisine d'un particulier pour les besoins de sa vie non professionnelle d'une demande portant sur moins de 1 500 euros. En matière d'injonction de faire, il faut que la demande porte sur l'exécution d'une obligation dont le montant ne dépasse pas 1 500 euros.

La juridiction de proximité n'est pas compétente en matière de requête ou de référé.

Si des difficultés particulières liées aux compétences respectives du tribunal d'instance et de la juridiction de proximité se présentaient, vous êtes invités à saisir votre correspondant à la direction des affaires civiles et du sceau dont les coordonnées du bureau figurent en annexe. A la lumière des difficultés qui pourraient se révéler, des éléments d'analyse complémentaires pourraient être adressés aux juridictions par voie de circulaire.
[...]

2. La procédure applicable en matière civile devant la juridiction de proximité

En vertu de l'article L. 331-3 du COJ, la juridiction de proximité statue en matière civile selon les règles applicables devant le tribunal d'instance. La procédure est orale et les parties peuvent se faire assister et représenter dans les conditions de l'article 828 du nouveau Code de procédure civile.

Deux exceptions doivent cependant être relevées.

2.1. Le renvoi pour difficulté juridique sérieuse

Lorsque le juge de proximité se heurte à une difficulté juridique sérieuse portant soit sur l'application d'une règle de droit, soit sur l'interprétation d'un contrat liant les parties, il peut renvoyer l'affaire devant le juge d'instance (art. L. 331-4 du COJ).

Ce renvoi peut être ordonné d'office ou à la demande des parties. Afin de respecter le principe du contradictoire, le juge de proximité doit recueillir l'avis des parties lorsqu'il envisage de saisir le juge d'instance ou l'avis de l'autre partie lorsque cette demande émane de l'une des parties.

La décision de renvoi devant le juge d'instance est une mesure d'administration judiciaire (art. 847-4 du nouveau Code de procédure civile). Elle est en conséquence insusceptible de recours. Elle ne nécessite pas la rédaction d'un jugement et peut revêtir la forme d'une simple mention au dossier.

En vertu de l'article L. 331-4 du COJ, le juge d'instance saisi d'un renvoi pour difficulté juridique sérieuse statue en qualité de juge de proximité. Le renvoi au juge d'instance ne dessaisit donc pas la juridiction de proximité. Afin de respecter le principe d'oralité des débats, le juge d'instance devra réentendre les parties en leurs observations sur le fond de l'affaire, si celles-ci les ont déjà formulées devant le juge de proximité, avant de poursuivre la procédure jusqu'à la décision au fond (art. 847-4, alinéa 3 du nouveau Code de procédure civile).

2.2. Le renvoi en matière d'exception de compétence

L'article R. 331-2, alinéa 2 du COJ fait obligation au juge de proximité de relever son incompétence si une exception ou un moyen de défense implique l'examen d'une question de nature immobilière pétitoire.

L'article 847-5, alinéa 2 du nouveau Code de procédure civile lui permet de soulever d'office son incompétence au profit du tribunal d'instance. Afin de préserver la souplesse et la proximité du rapport existant entre les deux ordres de juridiction, une disposition parallèle est prévue pour le juge d'instance qui peut relever d'office son incompétence lorsque l'affaire relève du juge de proximité. Sa décision, qui peut revêtir la forme d'une simple mention au dossier, est alors sans recours.

En tout état de cause, en vertu de l'article 847-5 du nouveau Code de procédure civile, le juge de proximité n'est pas compétent pour statuer en matière d'incidents de compétence. Dès lors qu'une ou les parties soulèvent une exception d'incompétence ou que lui-même relève d'office son incompétence, il doit renvoyer le dossier au juge d'instance.
[...]

3. La conciliation

La procédure aux fins de tentative préalable de conciliation, applicable devant le juge d'instance, est également applicable devant la juridiction de proximité (art. 830 à 835 du nouveau Code de procédure civile). Par ailleurs, le juge de proximité doit s'efforcer de concilier les parties et peut désigner un conciliateur de justice pour mener cette conciliation, après avoir recueilli l'accord des parties (art. L. 331-3 du COJ).

Comme le juge d'instance, le juge de proximité est compétent pour donner force exécutoire à l'accord issu d'une tentative préalable de conciliation (art. L. 331-2, alinéa 3 du COJ).

Il y a lieu de rappeler le rôle éminent joué par les conciliateurs de justice et en conséquence de sensibiliser les juges de proximité sur la nécessaire articulation entre la mission qui leur est confiée et celle qui est dévolue aux conciliateurs.

Il conviendra d'organiser une rencontre entre le ou les juges de proximité dès leur prise de fonction et les conciliateurs de la juridiction.

A cet égard, afin de renforcer la conciliation, le dernier alinéa de l'article 829 du nouveau Code de procédure civile dispose que le juge d'instance ou le juge de proximité peut ordonner aux parties, faute d'accord de celles-ci pour procéder à une tentative de conciliation, de rencontrer un conciliateur de justice.

Cette décision n'est pas susceptible de recours.

Les parties se rendront auprès du conciliateur de justice qui les informera sur l'objet et le déroulement de la mesure de conciliation. Lorsque l'affaire sera à nouveau examinée à l'audience, les parties pourront donner ou non leur consentement à cette mesure en toute connaissance de cause.
[...]

III – La juridiction de proximité : une juridiction pénale

Les compétences de la juridiction de proximité en matière pénale sont déterminées par l'article 706-72 du Code de procédure pénale.

Aux termes de cet article, la juridiction de proximité est compétente, d'une part, pour juger des contraventions de police dont la liste est fixée par décret en Conseil d'État et, d'autre part, pour valider, sur délégation donnée par le président du tribunal de grande instance, les mesures de composition pénale prévues aux articles 41-2 et 41-3.

Ces dispositions ont été précisées par le décret du 23 juin 2003 relatif à la juridiction de proximité, qui insère à cette fin dans le Code de procédure pénale deux articles R. 53-40 et R. 53-41.

1. Compétence d'attribution, obligatoire et exclusive, de la juridiction de proximité en matière contraventionnelle

En matière contraventionnelle, la compétence de la juridiction de proximité est une compétence d'attribution (1-1), qui est à la fois obligatoire et exclusive (1-2), mais qui ne donne pas lieu à des règles de procédure particulière (1-3), même si ont été prévues des dispositions de droit transitoire (1-4).

1.1. Compétence d'attribution de la juridiction de proximité

L'article R. 53-40 du Code de procédure pénale fixe, de façon limitative, la liste des contraventions relevant de la compétence de la juridiction de proximité. En dépit de la variété des contraventions concernées, ont été retenues des contraventions « de proximité » touchant pour l'essentiel le quotidien des justiciables.

1.1.1. Liste des contraventions relevant de la compétence de la juridiction de proximité

En application des dispositions de l'article R. 53-40, la juridiction de proximité est compétente pour juger les contraventions de police suivantes.

1°) Contraventions réprimées par les articles suivants du Code pénal :

a) Contraventions contre les personnes réprimées par :
– l'article R. 622-1 relatif aux atteintes involontaires à l'intégrité de la personne n'ayant entraîné aucune incapacité de travail ;
– l'article R. 622-2 relatif à la divagation d'animaux dangereux ;
– l'article R. 623-1 relatif aux menaces de violences ;
– l'article R. 623-2 relatif aux bruits ou tapages injurieux ou nocturnes ;
– l'article R. 623-3 relatif à l'excitation d'animaux dangereux ;
– l'article R. 624-1 relatif aux violences légères ;
– l'article R. 624-2 relatif à la diffusion de messages contraires à la décence ;
– l'article R. 625-1 relatif aux violences ayant entraîné une incapacité totale de travail d'une durée inférieure ou égale à huit jours.

b) Contraventions contre les biens réprimées par :
– l'article R. 631-1 relatif aux menaces de destruction, de dégradation ou de détérioration n'entraînant qu'un dommage léger ;
– l'article R. 632-1 relatif à l'abandon d'ordures, déchets, matériaux ou autres objets ;
– l'article R. 634-1 relatif aux menaces de destruction, de dégradation ou de détérioration ne présentant pas de danger pour les personnes ;
– l'article R. 635-1 relatif aux destructions, dégradations et détériorations dont il n'est résulté qu'un dommage léger ;
– l'article R. 635-8 relatif à l'abandon d'épaves de véhicules ou d'ordures, déchets, matériaux et autres objets transportés dans un véhicule.

c) Contraventions contre la nation, l'État ou la paix publique réprimées par :
– l'article R. 641-1 relatif à l'abandon d'armes ou d'objets dangereux ;
– l'article R. 645-12 relatif à l'intrusion dans les établissements scolaires.

d) Autres contraventions réprimées par :
– l'article R. 653-1 relatif aux atteintes involontaires à la vie ou à l'intégrité d'un animal ;
– l'article R. 654-1 relatif aux mauvais traitements envers un animal ;
– l'article R. 655-1 relatif aux atteintes volontaires à la vie d'un animal.

2°) Contraventions des quatre premières classes réprimées par le Code de la route.

3°) Contraventions réprimées par les articles suivants du Code de la santé publique :
– l'article R. 48-2 relatif à la lutte contre les bruits de voisinage (cette contravention est désormais réprimées par l'article R. 1336-7 du Code de la santé publique) ;
– le premier alinéa de l'article R. 355-28-13 relatif à l'interdiction de fumer dans les lieux affectés à un usage collectif (cette contravention est désormais réprimées par l'article R. 3512-1 du Code de la santé publique).

4°) Contraventions réprimées par les articles suivants du Code forestier :
– l'article R. 322-5 relatif à la défense et à la lutte contre les incendies ;
– l'article R. 331-3 relatif à la protection de tous bois et forêts.

5°) Contraventions réprimées par l'article R. 4 du Code des débits de boissons et des mesures contre l'alcoolisme et relative à la répression de l'ivresse publique (cette contravention est désormais réprimée par l'article R. 3353-1 du Code de la santé publique).

6°) Contraventions réprimées par les articles 80-1, 80-2 et 80-3 du décret n° 42-730 du 22 mars 1942 sur la police, la sûreté et l'exploitation des voies ferrées d'intérêt général et local et relatives à la police des chemins de fer.

7°) Contraventions réprimées par l'article 18 du décret n° 96-596 du 27 juin 1996 relatif à la lutte contre la rage (cet article est désormais codifié à l'article R. 228-8 du Code rural, depuis le décret du 1er août 2003).

8°) Contraventions réprimées par l'article 8 du décret n° 99-1164 du 29 décembre 1999 pris pour l'application du chapitre III du titre II du livre II du Code rural et relatives à la détention de chiens dangereux (cet article est désormais codifié à l'article R. 215-2 du Code rural).

La liste précitée n'appelle pas de commentaire particulier, si ce n'est qu'il convient de souligner le caractère général de la compétence de la juridiction de proximité en matière de contraventions au Code de la route, qui relèvent toutes de sa compétence à l'exception des contraventions de la cinquième classe.

A cet égard, il convient de souligner que lorsque la juridiction de proximité est compétente pour des contraventions énumérés par l'article R. 53-40 qui constituent des contraventions de la 5e classe, elle est également compétente lorsqu'il s'agit de contraventions commises en récidive, lorsque la récidive est prévue par le règlement (ainsi la contravention de l'article R. 625-1 du Code pénal relatif aux violences ayant entraîné une incapacité totale de travail d'une durée inférieure ou égale à huit jours).

La liste de l'article R. 53-40 est limitative et toutes les autres contraventions demeurent de la compétence du tribunal de police. En l'absence de précision dans la loi ou le règlement, il convient de considérer que si une personne physique doit être poursuivie pour plusieurs contraventions, dont certaines seulement relèvent de la compétence de la juridiction de proximité, il sera nécessaire d'engager des poursuites pénales distinctes devant le tribunal de police et la juridiction de proximité (par exemple, en cas de commission simultanée d'une contravention de la cinquième classe du Code de la route, et d'une autre contravention de ce code des quatre premières classes).

1.1.2. Limitation de la compétence de la juridiction de proximité aux seules personnes physiques

L'article R. 53-40 précise que les contraventions qu'il énumère sont de la compétence de la juridiction de proximité « lorsqu'elles sont commises par des personnes physiques ».
[...]

IV – La juridiction de proximité : le greffe

[...]
1.1.2. Modalités particulières

a) Les renvois du juge de proximité au juge d'instance en cas de difficulté juridique sérieuse

L'application de cette disposition, prévue à l'article L. 331-4 de la loi n° 2002-1138 du 9 septembre 2002, concerne les affaires dans lesquelles le juge de proximité rencontre des difficultés dans l'application d'une règle de droit ou l'interprétation d'un contrat. Il a la possibilité de renvoyer l'affaire au tribunal d'instance qui statue alors en tant que juridiction de proximité.

Sur le plan de la gestion de l'affaire, le dossier initialement enregistré dans les registres 91 « *Contentieux général – juridiction de proximité* » et 93 « *Tentatives de conciliation – juridiction de proximité* » ne change pas de registre. Il conviendra d'indiquer, lors du suivi de l'affaire, une nouvelle décision « *Renvoi difficulté juridique sérieuse* » qui ne dessaisit pas la juridiction de proximité. Le traitement de l'affaire se poursuit et le numéro de répertoire général est conservé.

b) Les cas d'incompétence

– L'incompétence soulevée d'office (le renvoi pour incompétence) :

Il s'agit des dossiers dans lesquels le juge de proximité soulève d'office son incompétence au profit du juge d'instance, ainsi que le prévoit l'article 847-5, alinéa 2 du décret n° 2003-542 du 23 juin 2003.

L'affaire a été inscrite, dans un premier temps, dans le registre 91 ou 93 qui concerne la juridiction de proximité. Celle-ci étant dessaisie, la décision à enregistrer au moment du suivi d'audience est « *Incompétence* ». Le dossier est réenrôlé dans le registre 11 relatif au contentieux général ou dans le registre 13 relatif aux tentatives de conciliation de la compétence du tribunal d'instance ; un nouveau numéro de répertoire général lui est attribué. Le mode de saisine à indiquer est « *Renvoi après incompétence* ».

– L'incompétence soulevée par les parties (le renvoi pour exception d'incompétence) :

Cette disposition de l'article 847-5, alinéa 1 du décret n° 2003-542 du 23 juin 2003 s'applique lorsque les parties à une affaire soumise au juge de proximité soulèvent son incompétence. Dans ce cas, le texte prévoit que le juge d'instance statue sur le problème de compétence et décide, le cas échéant, que la juridiction de proximité doit être dessaisie.

L'affaire reste en cours jusqu'à la décision du juge d'instance et le dossier initialement enrôlé dans le registre 91 ou 93 demeure ouvert. Le suivi d'audience s'effectue en mentionnant une décision ne dessaisissant pas la juridiction intitulée « *Exception d'incompétence* ».

Parallèlement, une affaire sera créée dans le registre 11 ou 13 et soumise au juge d'instance afin qu'il statue sur la compétence du juge de proximité. Le mode de saisine à indiquer sera « *Autre saisine à la diligence du magistrat* » et la nature d'affaire sera celle du dossier initial. Il sera nécessaire d'indiquer le code procédure particulière 4A « *Contredit de compétence et appel sur la compétence* » existant actuellement dans la table.

Si le juge d'instance estime que la juridiction de proximité est compétente pour statuer sur l'affaire, le dossier soumis au juge d'instance (registres 11 ou 13) est clôturé avec l'indication de la décision « *Renvoi devant une autre juridiction* ». L'affaire enregistrée dans les registres 91 ou 93 reprendra alors son cours normal.

En revanche, si le juge d'instance relève effectivement l'incompétence de la juridiction de proximité, la gestion de l'affaire sera terminée dans les registres 91 ou 93 par l'enregistrement de la décision « *Dessaisissement au profit d'une autre juridiction* » et le dossier sera soumis à la juridiction compétente.

1.2. La gestion des affaires d'injonction de payer

Celles-ci seront inscrites dans un premier temps dans le même répertoire que les injonctions de payer adressées au juge d'instance puis, dans un second temps, un registre spécifique sera mis à la disposition des juridictions afin de leur permettre un enregistrement distinct des injonctions de payer à destination des juridictions de proximité.

[...]

Document 5

Loi nº 2005-47 du 26 janvier 2005 relative aux compétences du tribunal d'instance, de la juridiction de proximité et du tribunal de grande instance

L'Assemblée nationale et le Sénat ont adopté,
Vu la décision du Conseil constitutionnel nº 2004-510 DC du 20 janvier 2005 ;
Le Président de la République promulgue la loi dont la teneur suit :

Titre Ier
DISPOSITIONS MODIFIANT LE CODE DE L'ORGANISATION JUDICIAIRE

Chapitre Ier
Dispositions relatives au tribunal d'instance

Article 1

L'article L. 321-2 du code de l'organisation judiciaire est ainsi rédigé :

« Art. L. 321-2. Sous réserve des dispositions législatives ou réglementaires fixant la compétence particulière des autres juridictions, le tribunal d'instance connaît, en matière civile, à charge d'appel, de toutes actions personnelles ou mobilières jusqu'à la valeur de 10 000 EUR. Il connaît aussi, à charge d'appel, des demandes indéterminées qui ont pour origine l'exécution d'une obligation dont le montant n'excède pas 10 000 EUR. »

Article 2

Après l'article L. 321-2 du même code, sont insérés quatre articles L. 321-2-1 à L. 321-2-4 ainsi rédigés :

« Art. L. 321-2-1. Sous réserve des dispositions législatives ou réglementaires fixant la compétence particulière des autres juridictions, le tribunal d'instance connaît, en dernier ressort jusqu'à la valeur de 4 000 EUR, et à charge d'appel lorsque la demande excède cette somme ou est indéterminée, des actions dont un contrat de louage d'immeubles ou un contrat portant sur l'occupation d'un logement est l'objet, la cause ou l'occasion, ainsi que des actions relatives à l'application de la loi nº 48-1360 du 1er septembre 1948 portant modification et codification de la législation relative aux rapports des bailleurs et locataires ou occupants de locaux d'habitation ou à usage professionnel et instituant des allocations de logement.

« Sont exclues de la compétence du tribunal d'instance toutes les contestations en matière de baux visés par les articles L. 145-1 et L. 145-2 du code de commerce.

« Art. L. 321-2-2. Le tribunal d'instance connaît à charge d'appel des actions aux fins d'expulsion des occupants sans droit ni titre des immeubles à usage d'habitation.

« Art. L. 321-2-3. Le tribunal d'instance connaît, en dernier ressort jusqu'à la valeur de 4 000 EUR, et à charge d'appel lorsque la demande excède cette somme ou est indéterminée, des actions relatives à l'application du chapitre 1er du titre Ier du livre III du code de la consommation.

« Art. L. 321-2-4. Les compétences particulières du tribunal d'instance sont fixées par décret en Conseil d'État. »

Chapitre II
Dispositions relatives à la juridiction de proximité

Article 3

L'article L. 331-2 du même code est ainsi rédigé :

« Art. L. 331-2. Sous réserve des dispositions législatives ou réglementaires fixant la compétence particulière des autres juridictions, la juridiction de proximité connaît en matière civile, en dernier ressort, des actions personnelles ou mobilières jusqu'à la valeur de 4 000 EUR. Elle connaît aussi à charge d'appel des demandes indéterminées qui ont pour origine l'exécution d'une obligation dont le montant n'excède pas 4 000 EUR.

Elle connaît aussi, dans les mêmes conditions, en vue de lui donner force exécutoire, de la demande d'homologation du constat d'accord formée par les parties, à l'issue d'une tentative préalable de conciliation menée en application de l'article 21 de la loi nº 95-125 du 8 février 1995 relative à l'organisation des juridictions et à la procédure civile, pénale et administrative. »

Article 4

Après l'article L. 331-2 du même code, sont insérés deux articles L. 331-2-1 et L. 331-2-2 ainsi rédigés :

« Art. L. 331-2-1. La juridiction de proximité connaît, en dernier ressort, jusqu'à la valeur de 4 000 EUR, des actions relatives à l'application de l'article 22 de la loi nº 89-462 du 6 juillet 1989 tendant à améliorer les rapports locatifs et portant modification de la loi nº 86-1290 du 23 décembre 1986.

Art. L. 331-2-2. Les compétences particulières de la juridiction de proximité en matière civile sont fixées par décret en Conseil d'État. »

Article 5

L'article L. 331-5 du même code est ainsi modifié :

1° Les mots : « l'article 706-72 » sont remplacés par les mots : « le deuxième alinéa de l'article 521 » ;

2° Il est complété par deux alinéas ainsi rédigés :

« Le président du tribunal de grande instance établit avant le début de l'année judiciaire la liste des juges de proximité de son ressort susceptibles de siéger en qualité d'assesseur au sein de la formation collégiale du tribunal correctionnel.

Cette formation ne peut comprendre plus d'un juge de proximité. »

Chapitre III
Dispositions relatives au tribunal de grande instance

Article 6

Le chapitre II du titre Ier du livre III du même code est complété par une section 6 ainsi rédigée :

« Section 6
Dispositions particulières aux actions immobilières possessoires

Art. L. 312-7. Les actions possessoires relèvent de la compétence exclusive du tribunal de grande instance. »

Titre II
DISPOSITIONS MODIFIANT LE CODE DE PROCÉDURE PÉNALE

Chapitre Ier
Dispositions étendant la compétence de la juridiction de proximité pour le jugement des contraventions

Article 7

I. – Le chapitre Ier du titre III du livre II du code de procédure pénale est intitulé : « De la compétence du tribunal de police et de la juridiction de proximité ».

II. – L'article 521 du même code est ainsi rédigé :

« Art. 521. – Le tribunal de police connaît des contraventions de la cinquième classe.

La juridiction de proximité connaît des contraventions des quatre premières classes.

Un décret en Conseil d'État peut toutefois préciser les contraventions des quatre premières classes qui sont de la compétence du tribunal de police.

Le tribunal de police est également compétent en cas de poursuite concomitante d'une contravention relevant de sa compétence avec une contravention connexe relevant de la compétence de la juridiction de proximité. »

III. – Après l'article 522 du même code, sont insérés deux articles 522-1 et 522-2 ainsi rédigés :

« Art. 522-1. La compétence territoriale des juridictions de proximité est identique à celle prévue par l'article 522 pour les tribunaux de police, y compris les tribunaux d'instance ayant compétence exclusive en matière pénale en application des dispositions de l'article L. 623-2 du code de l'organisation judiciaire.

Art. 522-2. Lorsque la juridiction de proximité constate que la qualification retenue dans l'acte qui la saisit concerne des faits relevant de la compétence du tribunal de police, elle renvoie l'affaire devant ce tribunal après s'être déclarée incompétente. Il en est de même lorsque le tribunal de police est saisi de faits relevant de la juridiction de proximité. Ce renvoi peut le cas échéant se faire à une audience qui se tient le même jour. »

IV. – Après l'article 523 du même code, il est inséré un article 523-1 ainsi rédigé :

« Art. 523-1. – La juridiction de proximité est constituée comme il est dit aux articles L. 331-7 et L. 331-9 du code de l'organisation judiciaire.

Les fonctions du ministère public près la juridiction de proximité sont exercées par un officier du ministère public conformément aux dispositions des articles 45 à 48 du présent cod. »

V. – Le titre XXIV du livre IV du même code et son article 706-72 sont abrogés.

Chapitre II
Dispositions relatives à la validation
des compositions pénales par le juge de proximité

Article 8

I. – Avant le dernier alinéa de l'article 41-2 du code de procédure pénale, il est inséré un alinéa ainsi rédigé :

« Le président du tribunal peut désigner, aux fins de validation de la composition pénale, tout juge du tribunal ainsi que tout juge de proximité exerçant dans le ressort du tribunal. »

II. – Le dernier alinéa de l'article 41-3 du même code est ainsi rédigé :

« La requête en validation est portée, selon la nature de la contravention, devant le juge du tribunal de police ou devant le juge de la juridiction de proximité, sauf si le juge de proximité est désigné par le président du tribunal aux fins de validation de l'ensemble des compositions pénales contraventionnelles. »

[...]

Fait à Paris, le 26 janvier 2005.

Jacques Chirac
Par le Président de la République :

Le Premier ministre,
Jean-Pierre Raffarin

Le garde des sceaux, ministre de la justice,
Dominique Perben

Source : *Journal officiel*, n° 22, 27 janvier 2005.

Document 6

ACTUALITÉ

La juridiction de proximité : retouchée mais pas encore coulée

L. n° 2005-41, 26 janv. 2005

par Frédéric RUEL,
Maître de conférences à l'université Paul Cézanne, Aix-Marseille III

Moins de deux ans après la mise en place de ses premiers juges, la juridiction de proximité fait l'objet de retouches significatives avec la loi n° 2005-47 du 26 janvier 2005 (*JO* 27 janv. 2005, p. 1409 ; *JCP* G 2005, III, 20006) relative aux compétences du tribunal d'instance, de la juridiction de proximité et du tribunal de grande instance, loi que le Conseil constitutionnel a déclarée conforme à la Constitution (Conseil const., 20 janv. 2005, n° 2004-510 DC : *JO* 27 janv. 2005, p. 1412 ; *JCP* G 2005, III, 20007).

Cette réforme précipitée du législateur s'explique essentiellement par les difficultés rencontrées par le ministère de la Justice dans la mise en place de cette nouvelle juridiction, notamment au niveau de la faible masse du contentieux traité par les juges de proximité.

Estimant qu'une montée en puissance des juridictions de proximité était nécessaire pour répondre aux objectifs d'une justice plus proche des citoyens, le législateur a décidé d'étendre les compétences de la juridiction de proximité en matière civile (**1**) et de redéfinir les compétences des juges de proximité en matière pénale (**2**).

1 – L'extension des compétences de la juridiction de proximité en matière civile

L'extension des compétences de la juridiction de proximité en matière civile apparaît d'une part avec le relèvement de son taux de compétence (**A**) et d'autre part avec l'élargissement des actions devant cette juridiction (**B**).

A – Le relèvement du taux de compétence

Jusqu'à présent, les juridictions de proximité étaient chargées de traiter les contentieux les plus courants de la vie quotidienne, à savoir les actions civiles des personnes physiques dont le montant était inférieur à 1 500 €. Ce faible taux de compétence faisait que les juridictions de proximité ne traitaient qu'environ 5 % du contentieux civil des tribunaux d'instance.

La majorité des juges de proximité en fonction avait attiré l'attention du ministère de la Justice sur le fait qu'elle avait peu d'audiences civiles, généralement une seule par mois, ce qui n'était pas très motivant et formateur. Face à cette situation, le législateur a décidé de relever le taux de compétence de la juridiction de proximité qui passe de 1 500 à 4 000 €.

Ce relèvement qui est significatif va, sans aucun doute, accroître très fortement le nombre d'affaires traitées par les juridictions de proximité. Si le taux précédent de 1 500 € limitait considérablement la saisine du juge de proximité, il s'inscrivait dans la logique initiale du législateur de confier au juge de proximité le traitement des petits litiges. Désormais, avec un taux de compétence de 4 000 €, on s'éloigne quelque peu d'un traitement du petit contentieux pour un contentieux beaucoup plus important.

Le juge de proximité statue toujours en dernier ressort sauf pour les demandes indéterminées qui ont pour origine l'exécution d'une obligation dont le montant n'excède pas 4 000 € où il statue à charge d'appel. Le relèvement du taux de compétence de la juridiction de proximité entraîne bien évidemment celui du tribunal d'instance qui passe de 7 600 à 10 000 € et dont l'ensemble des décisions concernant les actions personnelles ou mobilières est rendu à charge d'appel.

B – L'élargissement des actions

Un des principaux reproches fait aux juridictions de proximité était leur compétence d'attribution, limitée aux seules actions des personnes physiques pour les besoins de leur vie non professionnelle. Ainsi, les personnes morales tels les plaideurs institutionnels (créanciers du type EDF, banques, opérateurs téléphoniques, sociétés HLM...), les entrepreneurs individuels (commerçants, artisans, agriculteurs, professions libérales) ne pouvaient saisir la juridiction de proximité et devaient continuer de porter leur litige devant le tribunal d'instance. Or, s'agissant par exemple d'une créance impayée, il n'y a aucune différence de traitement d'un tel contentieux pour le juge face à une demande émanant d'un chirurgien dentiste ou d'un simple particulier. Le travail reste le même, seule la qualification juridique des parties diffère.

Cette répartition purement artificielle et difficilement compréhensible pour le justiciable entre la juridiction de proximité et le tribunal d'instance, en fonction de l'origine du demandeur, disparaît avec la loi du 26 janvier 2005.

Désormais, la juridiction de proximité est compétente pour traiter des litiges concernant les personnes physiques comme les personnes morales que ce soit pour les besoins de leur vie professionnelle ou non professionnelle. En outre, le législateur a étendu le périmètre d'intervention de la juridiction de proximité aux actions mobilières ou personnelles et non plus aux seules actions personnelles mobilières comme cela était le cas auparavant. Ainsi, échappaient à la connaissance des juridictions de proximité : les actions réelles mobilières telles l'action en revendication contre un possesseur d'un meuble perdu ou les actions réelles immobilières ou mixtes. Désormais, la juridiction de proximité comme le tribunal d'instance ou de grande instance a une compétence générale.

Seuls les litiges relatifs à la famille, à l'état civil, à la propriété immobilière et au crédit à la consommation demeurent de la compétence des tribunaux d'instance ou de grande instance. Le contentieux relatif au crédit à la consommation reste de la compétence exclusive du tribunal d'instance en raison de son caractère technique comme celui afférent aux baux d'habitation, en dehors des actions en restitution de dépôts de garantie d'une valeur n'excédant pas 4 000 € qui sont de la compétence de la juridiction de proximité. L'expulsion des occupants sans droit ni titre des immeubles à usage d'habitation reste également de la compétence du tribunal d'instance.

Ce nouveau périmètre d'intervention de la juridiction de proximité va accroître très fortement le contentieux civil traité et faire d'elle une véritable juridiction à part entière.

2 – Une redéfinition des compétences des juges de proximité en matière pénale

La loi du 26 janvier 2005 redéfinit la compétence des juridictions de proximité en matière pénale en leur attribuant le contentieux des quatre premières classes de contraventions (**A**) et instaure la participation des juges de proximité aux formations collégiales du tribunal correctionnel (**B**).

A – La juridiction des quatre premières classes de contraventions

Jusqu'à présent, la juridiction de proximité était compétente pour juger des contraventions de police, limitativement énumérées par l'article R. 53-40 du Code de procédure pénale à savoir les contraventions des quatre premières classes mais aussi certaines infractions de cinquième classe. Désormais, la juridiction de proximité devient compétente pour les quatre premières classes de contraventions, sauf si elles sont connexes avec des contraventions de cinquième classe, le tribunal de police conservant la pleine compétence pour les infractions de cinquième classe, c'est-à-dire les plus graves.

Cette répartition des compétences entre les juridictions de proximité et les tribunaux d'instance qui a le mérite d'être simple est néanmoins assortie d'une exception, puisque les tribunaux de police peuvent conserver des contraventions des quatre premières classes dans des conditions prévues par un décret en Conseil d'État.

S'agissant des mineurs, la juridiction de proximité conserve sa compétence pour les contraventions des quatre premières classes limitée par l'article 21 de l'ordonnance du 2 février 1945 relative à l'enfance délinquante.

En se voyant octroyer la quasi-totalité des contraventions des quatre premières classes, les juges de proximité siégeront certainement moins souvent qu'auparavant lorsqu'ils étaient compétents pour certaines contraventions de cinquième classe et traiteront essentiellement les infractions relevant de leur compétence par ordonnance pénale c'est-à-dire sans suivre la procédure ordinaire de l'audience.

B – La participation aux formations collégiales du tribunal correctionnel

La plus importante innovation de la loi du 26 janvier 2005 est la possibilité pour les juges de proximité de siéger comme assesseur au sein des formations collégiales des tribunaux correctionnels. Cette mesure qui a suscité de nombreuses critiques de la part de l'opposition parlementaire lors de la discussion de la loi et qui est en grande partie à l'origine de la saisine du Conseil constitutionnel avait été souvent envisagée comme le meilleur moyen de faire participer le citoyen à la justice mais n'avait jamais été mise en œuvre par crainte d'une réaction hostile de la part des magistrats. Il semble qu'aujourd'hui cette crainte se soit quelque peu estompée avec les réformes qui ont instauré l'appel en matière criminelle et créé le juge des libertés et de la détention, détournant de nombreux juges civilistes de leur domaine de prédilection vers des tâches pénales pour combler certains effectifs manquants.

La loi du 26 janvier 2005 prévoit que le président du tribunal de grande instance établit avant le début de l'année judiciaire, la liste des juges de proximité de son ressort susceptibles de siéger en qualité d'assesseur au sein de la formation collégiale du tribunal correctionnel. La loi précise que cette formation ne peut comprendre plus d'un seul juge de proximité. Le juge désigné aura donc une voix consultative au sein de la formation collégiale du tribunal correctionnel sans qu'il puisse présider l'audience.

L'accès des juges de proximité aux formations collégiales des tribunaux correctionnels permettra d'accélérer les capacités de traitement des affaires pénales et d'associer davantage les juges de proximité à l'instance judiciaire afin qu'ils ne restent pas confinés dans leur juridiction.

Est-ce que ces retouches apportées par la loi du 26 janvier 2005 seront suffisantes pour relancer une juridiction qui a du mal à trouver ses marques à l'intérieur d'un monde judiciaire qui y reste très hostile ? Rien n'est moins sûr, car en donnant plus de compétences à la juridiction de proximité, le législateur s'est éloigné de ce que souhaitait le Président de la République à savoir une justice humaine, pacificatrice et accessible à tous comme l'était la justice de paix créée par la loi des 16-24 août 1790 avant d'être remplacée par le tribunal d'instance lors de la grande réforme de la justice de 1958.

Cependant, l'intervention du législateur était quasiment nécessaire au risque de voir la mise en place des juridictions de proximité être un échec retentissant. En effet, la faible masse de contentieux confiée au juge de proximité mise en relation avec le nombre de juges qui doivent être recrutés d'ici 2008 (3 300) faisait que les juges de proximité n'allaient statuer qu'une ou deux fois par an ! Comment dans ces conditions attirer des personnes de la société civile et les motiver pour être juge de proximité pendant sept ans ? En élargissant les compétences de la juridiction de proximité, ces juges siégeront plus souvent notamment en matière civile et seront certainement très présents au sein des tribunaux correctionnels manquant de magistrats. On peut donc penser que les juges de proximité siégeront au moins une fois par semaine comme l'avait promis le ministère de la Justice lors de sa campagne de recrutement des premiers juges de proximité.

Reste que l'on peut se demander si cette réforme de la juridiction de proximité ne va pas accroître les difficultés existant dans la mise en place de ces nouveaux juges. En effet, l'extension des compétences civiles des juridictions de proximité va demander à ces juges des connaissances juridiques et un travail de rédaction des jugements beaucoup plus important qu'auparavant. Aussi, une formation renforcée des candidats à la fonction de juge de proximité apparaît nécessaire car l'accomplissement actuel d'un stage de formation de 16 ou 24 jours en juridiction semble bien court pour former un juge à part entière, soumis aux mêmes exigences qu'un juge professionnel.

La redéfinition des compétences des juges de proximité en matière pénale avec la possibilité de siéger comme assesseur au sein des formations collégiales des tribunaux correctionnels va exiger une plus grande disponibilité de la part des juges de proximité qui seront parfois amenés à effectuer des déplacements lorsque le tribunal correctionnel n'est pas dans la même ville que leur juridiction. Cette situation risque de décourager les juges de proximité qui ont une autre activité professionnelle et qui ne pourront pas concilier les deux, pour des raisons d'emploi du temps.

La difficulté à laquelle risque également de se heurter à terme le ministère de la Justice est celle de la rémunération des juges de proximité qui est peu élevée compte tenu du travail qu'exige la fonction. En effet, pour chaque audience, le juge de proximité perçoit une rémunération de 211,68 € bruts, soit 3 taux de vacation, taux fixé à 70,56 € bruts par l'article 35-14 du décret n° 93-21 du 7 janvier 1993. Cette rémunération prend forfaitairement en compte : le temps de préparation des dossiers et la tenue de l'audience qui peuvent être évalués en moyenne à une demi-journée chacun et enfin la rédaction des jugements, tâche la plus longue car elle exige la consultation des pièces et écritures fournies par les parties. Lorsque le juge de proximité statue sous la forme d'ordonnances d'injonction de payer ou d'ordonnances pénales, un seul taux de vacation est versé par demi-journée de présence dans la juridiction. Enfin, les frais de déplacement des juges de proximité de leur domicile personnel jusqu'au lieu d'exercice de leur fonction ne sont pas pris en compte. La conséquence de tout cela est que très rapidement les candidatures à la fonction de juge de proximité diminuent et que certains en fonction démissionnent.

Il est donc indispensable qu'un important effort budgétaire mais également de formation des juges de proximité accompagne la réforme de cette nouvelle juridiction, au risque de voir son avenir définitivement menacé.

Source : *La Semaine Juridique édition générale*, n° 10, 9 mars 2005, pages 417-419.

Commentaire

Lecture et découverte du sujet et des documents

Le sujet

Qu'évoque-t-il de prime abord ?

Le juge de proximité est une innovation introduite récemment dans notre système judiciaire et qui a fait l'objet de nombreux commentaires, dont certains à caractère polémique. Comme son nom le suggère, ce nouveau type de juge a pour mission de rapprocher la justice des citoyens.

« Proximité » implique en effet, par définition, un accès plus facile et plus rapide, dans l'intérêt même des justiciables. Cela laisse entendre que les affaires évoquées sont aussi plus simples à traiter.

Laissons-nous guider, à présent, par le survol rapide des documents.

Survol des documents

A l'exception du dernier (document 6), tous les documents sont des documents officiels : on y trouve trois lois, datant respectivement de 2002, 2003, et 2005 (documents 1, 2 et 5) et qui, toutes, traitent bien sûr du juge de proximité, quoique non exclusivement.

On y trouve également un décret pris en application de la loi de 2003 (document 3) et une circulaire de la même année, portant « instructions relatives au fonctionnement des juridictions de proximité » (document 4).

Tous ces documents apparaissent comme des outils précieux pour expliciter l'organisation, le fonctionnement et les compétences des juges de proximité dont la création remonte à 2002 seulement.

Le document 6 se distingue des autres en ce qu'il s'agit d'un article extrait de *La Semaine juridique* (numéro du 9 mars 2005), au titre volontairement provocateur : « La juridiction de proximité : retouchée mais pas encore coulée. »

Écrit trois ans après la publication de la première loi créant l'institution, il laisse entendre que celle-ci a pu paraître menacée, voire remise en cause, avant d'être réformée en partie.

Exploitation du dossier et élaboration du plan

Exploitation du dossier

Procédons à présent à l'exploitation plus systématique du dossier par une lecture approfondie, en nous attachant notamment à repérer les passages directement utiles et en cherchant les articulations propres à permettre l'élaboration de l'esquisse du plan.

Document 1

Ce document est un extrait de la loi n° 2002-1138 du 9 septembre 2002 d'orientation et de programmation pour la justice ; celle-ci comprend un titre III intitulé « La juridiction de proximité » et une Annexe intitulée « Améliorer l'efficacité de la justice au service des citoyens ».

C'est cette loi du 9 septembre 2002 qui a créé la justice de proximité, dans un contexte particulier : répondre à une forte attente des Français en matière de justice et permettre à celle-ci de faire face à l'accroissement de ses charges et au développement de ses missions.

De l'« Annexe », vous pouviez retenir que l'institution de la justice de proximité, qui vise à « rapprocher la justice du citoyen », s'inscrit parmi d'autres objectifs tels que la réduction des délais de traitement des affaires civiles et pénales, l'amélioration du fonctionnement courant des juridictions.

Le titre III lui-même décrit dans les grandes lignes l'organisation et le fonctionnement de la justice de proximité en distinguant notamment les compétences civiles et pénales. En matière civile, la juridiction de proximité couvre en dernier ressort des actions personnelles mobilières dont elle est saisie par une personne physique pour les besoins de sa vie non professionnelle jusqu'à la valeur de 1 500 euros ou d'une valeur indéterminée, mais qui ont pour origine l'exécution d'une obligation dont le montant n'excède pas 1 500 euros.

En matière pénale, elle est compétente pour juger des contraventions de police dont la liste est fixée par décret en Conseil d'État.

Document 2

Cette loi organique n° 2003-153 du 26 février 2003 « relative aux juges de proximité » est au cœur du sujet et mérite à ce titre d'être soigneusement parcourue et reprise.

Elle est importante en ce qu'elle complète, comme cela est indiqué à l'article 1, l'ordonnance du 22 décembre 1958 portant loi organique relative au statut de la magistrature.

Tout d'abord, en ce qui concerne le recrutement des juges de proximité, l'article 41-17 nouveau de l'ordonnance du 22 décembre 1958 énonce les catégories de personnes pouvant être nommées à ces fonctions : les anciens magistrats, les personnes de plus de 35 ans que leur compétence ou expérience qualifient pour exercer de telles fonctions, etc.

Ensuite, c'est le magistrat du siège du TGI (tribunal de grande instance) chargé de l'administration du tribunal d'instance qui organise les activités et les services de la juridiction de proximité. Les juges de proximité sont donc placés auprès des tribunaux d'instance, juridictions de base de l'ordre judiciaire.

Les juges de proximité sont nommés pour une durée de sept ans non renouvelables, après avis du Conseil supérieur de la magistrature qui peut décider de les soumettre à une formation probatoire préalable.

Ils exercent leur activité à temps partiel et perçoivent une indemnité de vacation.

Ils peuvent exercer une activité professionnelle concomitamment à leurs fonctions judiciaires, sous réserve que cette activité ne soit pas de nature à porter atteinte à la dignité de la fonction et à son indépendance. Ils ne peuvent ainsi exercer aucune activité d'agent public, à l'exception de celle de professeur des universités.

Enfin, leur indépendance est notamment assurée par le fait qu'il ne peut être mis fin à leurs fonctions qu'à leur demande ou au cas où aurait été prononcée une sanction disciplinaire, sous certaines conditions.

Toutes ces informations sont reprises quasiment telles quelles de la loi. Étant donné leur importance pour le sujet à traiter, vous pouvez d'ores et déjà supposer qu'il vous suffira de les transposer pratiquement en l'état dans votre note.

Document 3

Il s'agit ici d'un décret pris en application de la loi organique du 26 février 2003 (voir document 2). Il complète donc celle-ci et en précise certaines dispositions concernant le juge de proximité.

Le texte expose les conditions dans lesquelles les candidatures aux fonctions de juge de proximité doivent être déposées. Il porte aussi sur la formation des candidats, sur le rôle du Conseil supérieur de la magistrature dans la nomination des candidats et sur leur rémunération.

Les précisions ainsi apportées ont leur importance mais, tenant sur trois pages, elles doivent être résumées, élaguées, pour ne retenir que l'essentiel. Il est inutile, par exemple, s'agissant d'une note de synthèse, de détailler la durée de la formation initiale, le nombre de jours à effectuer à l'École nationale de la magistrature (ENM), le contenu complet de cette formation avec les dérogations possibles.

De fait, les éléments à retenir peuvent se résumer ainsi :
– tout candidat aux fonctions de juge de proximité doit déposer sa demande à la Cour d'appel dans le ressort de laquelle il réside ;
– le dossier est instruit par la Cour d'appel et transmis au ministre de la Justice qui saisit le Conseil supérieur de la magistrature pour avis ;
– les candidats retenus suivent une formation en juridiction et à l'ENM, d'une durée et d'un contenu variables selon l'expérience acquise ;
– les juges de proximité ont droit à la formation continue et bénéficient, pour leur activité, d'une indemnité de vacation forfaitaire.

Document 4

Ce document est un extrait de la circulaire du 12 septembre 2003 portant « instructions relatives au fonctionnement des juridictions de proximité ».

Son intérêt, évident dès le premier abord, est qu'il porte sur une problématique non abordée dans les précédents documents, à savoir les règles de compétence auxquelles les juges de proximité doivent obéir.

Les juridictions de proximité sont en effet des juridictions civiles et pénales.

– Au civil, elles sont compétentes pour juger en dernier ressort de toutes actions personnelles mobilières jusqu'à la valeur de 1 500 euros. Elles sont également compétentes pour juger d'une demande indéterminée dont l'origine est l'exécution d'une obligation d'un montant n'excédant pas 1 500 euros. Ainsi une juridiction de proximité peut-elle connaître d'une action en résiliation d'un contrat portant sur une somme n'excédant pas 1 500 euros.

La procédure applicable est celle en vigueur devant le tribunal d'instance : procédure orale, avec assistance non obligatoire d'un avocat, possibilité de procéder à une tentative de conciliation préalable, etc. Le juge de proximité peut renvoyer l'affaire devant le juge d'instance s'il se heurte à une difficulté juridique sérieuse ou s'il s'estime incompétent.

– Au pénal, les juridictions de proximité sont compétentes d'une part, pour juger des contraventions de police dont la liste est fixée par décret en Conseil d'État et, d'autre part, pour valider, sur délégation donnée par le président du tribunal de grande instance, certaines mesures de composition pénale. La liste des contraventions figure dans le document mais il est inutile de s'y appesantir ni de la reprendre dans une courte note de synthèse.

Document 5

Cette loi du 26 janvier 2005 nous intéresse en ce qu'elle vient modifier la compétence des juridictions de proximité.

Le texte est court et ne nécessite pas un examen prolongé. Il suffit de reprendre ses dispositions pertinentes :
– les juridictions de proximité connaissent désormais en matière civile, en dernier ressort, des actions personnelles ou mobilières jusqu'à la valeur de 4 000 euros (et non plus 1 500) ;
– elles connaissent aussi à charge d'appel des demandes indéterminées qui ont pour origine l'exécution d'une obligation dont le montant n'excède pas 4 000 euros ;
– au pénal, les juridictions de proximité connaissent désormais des contraventions des quatre premières classes.

Document 6

Cet article de *La Semaine juridique* présente un intérêt tout particulier : contrairement aux documents précédents, il porte des appréciations sur l'institution des juges de proximité, tout en rappelant le contexte.

Ainsi, il met en avant les difficultés rencontrées dès le départ dans la mise en place de cette nouvelle catégorie de juridiction, notamment en ce qui concerne la faible masse du contentieux traité.

L'article apporte aussi un commentaire critique de la loi du 26 janvier 2005 (document 5) et explique pourquoi, comment et jusqu'où le législateur a décidé d'étendre les compétences de la juridiction de proximité en matière civile (taux de compétence élevé à 4 000 euros, élargissement aux personnes morales...) tout en redéfinissant ses compétences en matière pénale : la possibilité pour les juges de proximité de siéger comme assesseurs au sein des formations collégiales des tribunaux correctionnels constitue ainsi une innovation importante, au moins symboliquement.

La question reste de savoir si ces « retouches » apportées par la loi du 26 janvier 2005 seront suffisantes pour relancer l'institution des juges de proximité. Se pose notamment le problème du coût de la réforme et du niveau de formation, qui risque d'être insuffisant eu égard aux nouvelles exigences.

Élaboration du plan

Après cette lecture approfondie des documents, nous arrivons au moment délicat du plan à bâtir.

Il vous faut regrouper l'ensemble des informations utiles, recueillies dans un ordre logique comme le préconise la méthode proposée plus haut (pages 27-28), pour aboutir à un plan cohérent, le plus détaillé possible. Dans ce dossier, quels types d'informations observons-nous ?

– Celles qui répondent à la **question du « comment »** : comment sont organisés les juges de proximité ? Comment sont-ils recrutés, rémunérés, évalués ?
On trouve de nombreux éléments de réponse dans les documents 2 et 3.

– Celles qui répondent à la **question du « pourquoi »** : pourquoi a-t-on créé des juges de proximité ? Quel était l'objectif à atteindre ?
Les documents 1 et 6 apportent des réponses.

A cette question du « pourquoi » s'ajoutent les informations sur les compétences mêmes des juges de proximité ; nous avons vu que celles-ci ont été en grande partie revues dans le sens de l'extension, au civil comme au pénal, par la loi du 2 janvier 2005 (documents 1, 4, 5 et 6).

Au final, nous voyons ainsi s'élaborer une esquisse possible et, à vrai dire, très classique du plan.

Une première partie pourrait être consacrée à une présentation des juridictions de proximité, sous l'angle de l'organisation et du fonctionnement. C'est la réponse au « comment ? ».
Une seconde partie serait consacrée aux compétences de ces juridictions et à leur évolution dans le temps. C'est la réponse au « pourquoi ? ».

La rédaction d'une conclusion est à écarter, dès lors qu'elle n'apporterait rien de plus au contenu de la note.

Corrigé proposé

Rappel du sujet : Le juge de proximité.

Les juges de proximité sont relativement nouveaux dans le paysage judiciaire puisqu'ils ont été institués par la loi du 7 septembre 2002 afin de « rapprocher la justice du citoyen ».
Plusieurs textes sont intervenus depuis pour préciser l'organisation et le fonctionnement de ce nouveau type de juridiction **(I)**. Plus de trois ans après le texte fondateur, une loi du 26 janvier 2005 a tiré un premier bilan et étendu leur compétence, tant en matière civile que pénale **(II)**.

I. Une nouvelle catégorie de juges pour le règlement des contentieux simples

I. 1. Un recrutement sous le contrôle des juges d'instance

Les juges de proximité ont été institués par la loi du 9 septembre 2002 d'orientation et de programmation pour la justice « afin de répondre au besoin d'une justice plus accessible, plus simple et capable de résoudre plus efficacement les litiges de la vie quotidienne en matière tant civile que pénale ». Cette création s'inscrit dans un contexte plus large de modernisation de la justice, de réduction des délais de traitement et d'amélioration du fonctionnement courant des juridictions, qui reste toujours d'actualité.

Le juges de proximité sont placés auprès des tribunaux d'instance, juridictions de base de l'ordre judiciaire. C'est le magistrat du siège du tribunal de grande instance chargé de l'administration du tribunal d'instance qui en organise les activités et les services.

Les juges de proximité sont nommés pour une durée de sept ans non renouvelables, après avis du Conseil supérieur de la magistrature

La loi du 26 février 2003 précise que peuvent être nommés juges de proximité :
– les anciens magistrats ;
– les personnes âgées de 35 ans au moins que leur compétence et leur expérience qualifient pour exercer ces fonctions ;
– les personnes justifiant de 25 années au moins d'activité dans des fonctions de responsabilité dans le domaine juridique ;
– les anciens fonctionnaires des services judiciaires des catégories A et B ayant l'expérience nécessaire, ainsi que les anciens conciliateurs de justice.

Avant de rendre son avis, le Conseil supérieur de la magistrature peut décider de soumettre le(s) intéressé(s) à une formation probatoire organisée par l'École nationale de la magistrature, avec stage en juridiction.

I. 2. Une activité indépendante à temps partiel

Les juges de proximité exercent leur activité à temps partiel et perçoivent une indemnité de vacation. Ils peuvent exercer une activité professionnelle concomitamment à leurs fonctions judiciaires, sous réserve que cette activité ne soit pas de nature à porter atteinte à la dignité de la fonction et à son indépendance. Ils ne peuvent ainsi exercer aucune activité d'agent public, à l'exception de celle de professeur des universités.

Leur indépendance est assurée par le fait qu'il ne peut être mis fin à leurs fonctions qu'à leur demande ou au cas où aurait été prononcée une sanction disciplinaire, sous certaines conditions.

Un décret du 15 mai 2003 précise que tout candidat aux fonctions de juge de proximité doit déposer sa demande à la Cour d'appel dans le ressort de laquelle il réside. Le dossier est instruit par la Cour d'appel et transmis au ministre de la Justice qui saisit le Conseil supérieur de la magistrature.
Les juges de proximité ont droit à la formation continue et bénéficient, pour leur activité, d'une indemnité de vacation forfaitaire.

II. Des compétences civiles et pénales élargies depuis la loi du 26 janvier 2005

II. 1. Les compétences des juges de proximité couvrent les matières civiles et pénales

Les compétences du juge de proximité, soigneusement décrites dans la loi du 9 septembre 2002, ont été précisées par plusieurs textes ultérieurs, avant d'être étendues en 2005.

En matière civile, la juridiction de proximité connaît en dernier ressort, selon la loi initiale, « les actions personnelles mobilières dont elle est saisie par une personne physique pour les besoins de sa vie non professionnelle, jusqu'à la valeur de 1 500 euros ou d'une valeur indéterminée mais qui ont pour origine l'exécution d'une obligation dont le montant n'excède pas 1 500 euros ».
Les parties, comme devant le tribunal d'instance, peuvent se faire assister par un avocat, mais ceci n'est pas obligatoire. En cas de difficulté juridique sérieuse, un renvoi est possible devant le juge d'instance.

En matière pénale, la juridiction de proximité est compétente pour juger des contraventions de police dont la liste est fixée par décret en Conseil d'État.

L'ensemble de ces compétences ont été précisées dans une circulaire du ministère de la Justice du 12 septembre 2003. Très vite néanmoins, elles se sont révélées trop limitées pour faire face aux objectifs affichés.

Trois ans après la réforme, le contentieux traité était insuffisant : de nombreux juges de proximité étaient paradoxalement sous-occupés alors que l'ensemble des juridictions continuait d'être en surcharge.

Une nouvelle loi a en conséquence été adoptée le 26 janvier 2005 pour remédier à cette situation.

II. 2. Les réformes apportées par la loi du 26 janvier 2005

En matière civile, l'extension des compétences de la juridiction de proximité apparaît d'abord avec le relèvement de son taux de compétence. Elle connaît désormais, en matière civile en dernier ressort, des actions personnelles ou mobilières jusqu'à la valeur de 4 000 euros, et non plus 1 500. Elle connaît aussi à charge d'appel des demandes indéterminées qui ont pour origine l'exécution d'une obligation dont le montant n'excède pas 4 000 euros.

Par ailleurs, les actions ont été étendues aux personnes morales et non plus seulement aux personnes physiques, ce qui élargit substantiellement la liste des justiciables concernés.

En matière pénale, la nouvelle loi redéfinit les compétences des juridictions de proximité en leur attribuant l'ensemble du contentieux des quatre premières classes de contraventions et en instaurant la participation des juges de proximité aux formations collégiales du tribunal correctionnel.

Il est encore un peu tôt pour savoir si ces réformes répondront aux objectifs généraux d'amélioration du fonctionnement de la justice au quotidien. Elles devraient, quoiqu'il en soit, renforcer les fonctions du juge de proximité qui avaient paru contestées, voire menacées, dès leur institution.

Les questions qui demeurent en suspens sont celle du coût de la réforme comme celle du niveau de formation requis, qui risquent d'être insuffisante eu égard aux nouvelles exigences.

Imprimerie de la Direction de l'information légale et administrative IMPRIM'VERT®
N° 503100303-000210 – Dépôt légal : mars 2010